Wissenschaftliche Untersuchungen
zum Neuen Testament

Begründet von Joachim Jeremias und Otto Michel
Herausgegeben von
Martin Hengel und Otfried Hofius

62

Heidenapostel aus Israel

Die jüdische Identität des Paulus
nach ihrer Darstellung in seinen Briefen

von

Karl-Wilhelm Niebuhr

J. C. B. Mohr (Paul Siebeck) Tübingen

Die Deutsche Bibliothek – CIP-Einheitsaufnahme

Niebuhr, Karl-Wilhelm:
Heidenapostel aus Israel: die jüdische Identität des Paulus
nach ihrer Darstellung in seinen Briefen /
von Karl-Wilhelm Niebuhr. – Tübingen: Mohr, 1992
  (Wissenschaftliche Untersuchungen zum Neuen Testament; 62)
  ISBN 3-16-145892-3
NE: GT

© 1992 J. C. B. Mohr (Paul Siebeck) Tübingen.

Das Buch wurde von Gulde-Druck in Tübingen aus der Bembo gesetzt, auf alterungsbeständiges Werkdruckpapier der Papierfabrik Buhl in Ettlingen gedruckt und von der Großbuchbinderei Heinr. Koch in Tübingen gebunden.

ISSN 0512-1604

Meiner Frau

Vorwort

Die vorliegende Untersuchung wurde im Sommersemester 1991 von der Theologischen Fakultät der Martin-Luther-Universität Halle–Wittenberg als Habilitationsschrift angenommen. Für den Druck wurden lediglich einige kleinere Korrekturen vorgenommen sowie Hinweise auf zuletzt erschienene Literatur nachgetragen.

Daß mein Weg über Theologiestudium und Promotion sowie Vikariat und Ordination bis zur Habilitation führte, habe ich in erster Linie meinem verehrten Lehrer Professor Dr. Traugott Holtz zu verdanken. Er hat, seit ich ihn kenne, in für mich vorbildlicher Weise wissenschaftliche Arbeit und kirchliches Engagement miteinander verbunden und durch sein verantwortungsvolles und treues Wirken unter den politischen Verhältnissen der DDR den Kirchen im Osten Deutschlands einen großen Dienst erwiesen.

Gutachten zu meiner Arbeit erstellten neben ihm die Herren Professoren Dr. Dietrich-Alex Koch und Dr. Wolfgang Wiefel. Ihnen danke ich für manche weiterführenden Hinweise.

Während der Arbeit an der vorliegenden Untersuchung erfuhr ich auch von anderen Seiten vielfältige Unterstützung. Herr Professor Dr. Martin Hengel stellte mir frühzeitig das Manuskript seiner soeben erschienenen Arbeit über den »vorchristlichen Paulus« zur Verfügung, gab mancherlei sachliche Hinweise und schließlich auch die Anregung zum Titel des Buches. Ihm sowie Herrn Professor Dr. Otfried Hofius habe ich auch für die Aufnahme der Arbeit in die »Wissenschaftlichen Untersuchungen zum Neuen Testament« zu danken. Die Herren Professoren Dr. Ulrich Luz und Dr. Peter Stuhlmacher interessierten sich in ausführlichen Gesprächen für meine Arbeit und gaben weiterführende Ratschläge. Herr Dr. Rainer Riesner stellte mir freundlicherweise Auszüge seiner demnächst erscheinenden Habilitationsschrift zur Verfügung.

Ein vierwöchiger Studienaufenthalt an der Theologischen Fakultät in Bern sowie die großzügige Unterstützung der Universitätsbibliothek Tübingen und ihres Mitarbeiters Dr. Christoph Burger verschafften mir leichteren Zugang zu einer Fülle vor allem fremdsprachiger Sekundärliteratur vorbei an den langen und verschlungenen Wegen des Fernleihsystems von DDR-Bibliotheken.

Das Manuskript schrieb Frau Bettina Stephan. Sie half auch beim Korrekturlesen und beim Erstellen der Register. Für ihre Zuverlässigkeit sei ihr besonders gedankt.

Herr Georg Siebeck und die Mitarbeiter seines Verlages haben durch großzügiges Engagement und vorzügliche Betreuung erneut den Druck einer Arbeit von mir ermöglicht. Ihnen gebührt für ihr traditionsreiches und verdienstvolles Wirken großer Dank.

Meine Frau trug und trägt meine Arbeit Tag für Tag mit. Ihr sei deshalb dieses Buch gewidmet.

Leipzig, Februar 1992   Karl-Wilhelm Niebuhr

Inhalt

Einleitung

Die paulinischen Briefe bilden den Teil des Neuen Testaments, in dem in einzigartiger Weise das inhaltliche Anliegen mit der Person, dem Geschick und dem Wirken des Textautors verknüpft ist. In dem Kommunikationsgeschehen zwischen Autor und Adressaten macht sich der Autor immer wieder selbst zum Gegenstand seiner Erörterungen, weil ihm nach seinem Selbstverständnis seine Botschaft in einem exklusiven Geschehen durch Gott selbst vermittelt worden ist und von daher von seiner Person nicht abtrennbar ist.

Dieser für jede Paulusinterpretation grundlegende Befund soll in der vorliegenden Untersuchung nach einer bestimmten, m. E. für das Verständnis des Apostels und seines Werkes wesentlichen Seite hin entfaltet und fruchtbar gemacht werden. Es soll untersucht werden, in welcher Weise und unter welchen Zielstellungen Paulus in seinen Briefen seine Identität als Jude seinen Adressaten gegenüber zur Sprache bringt.

Mit dieser Fragestellung verbinden sich verschiedene, wenn auch sachlich miteinander zusammenhängende Untersuchungsziele. Zum einen wollen wir den biographischen Aspekt des Themas herausarbeiten. Anhand der paulinischen Selbstaussagen und unter kritischer Berücksichtigung des Zeugnisses der Apostelgeschichte werden wir versuchen, den Ort innerhalb des Judentums seiner Zeit zu bestimmen, von dem Paulus herkommt, an dem er seine geistige Prägung erfahren hat und der seinen Gesichtskreis bleibend beeinflußt hat. Es wird weiter zu fragen sein, in welcher Lebenssituation ihn das Geschehen traf, von dem her er in allen seinen uns überlieferten Zeugnissen seine Existenz als Christusapostel begründet. Schließlich wird es für das Verständnis der Berufung des Paulus auf seine jüdische Identität in seinen Briefen von entscheidender Bedeutung sein, die Situationen zu berücksichtigen, in denen er bei ihrer Abfassung steht und in die hinein er spricht.

Ein zweites Ziel der Arbeit besteht darin, zu zeigen, wie Paulus sein eigenes Judesein argumentativ einbringt in theologische Aussagezusammenhänge, die er seinen Adressaten vermitteln will. Dabei wird die Aussageintention solcher Textkomplexe im Rahmen ihres brieflichen Kontextes maßgeblich zu berücksichtigen sein und nach der argumentativen Strategie ebenso wie nach dem inneren Zusammenhang der verschiedenen Argumente zu fragen sein, ohne daß eine Systematisierung im modernen Sinne angestrebt würde. Aus methodischen Gründen wird diese Zielstellung jeweils den Einstieg in die Textanalysen bestimmen, denn alle expliziten Bezugnahmen des Paulus auf sein eigenes Judesein setzen seine Berufung zum Christusapostel voraus und sind in Gestalt von brieflicher Kommunikation mit seinen Gemeinden Teil seiner sich aus dieser Berufung herleitenden apostolischen Wirksamkeit.

Schließlich wird darüber hinaus die Frage verfolgt, ob und inwiefern für Paulus die jüdische Herkunft und Identität konstitutiver Bestandteil seines Selbstverständnisses als Christusapostel für die Heiden ist. Damit verbunden ist die Frage, wie er zur Zeit der Abfassung seiner Briefe sein Verhältnis zu Israel bestimmt und welche Rolle die von ihm gegenwärtig erfahrene Wirklichkeit Israels in seiner Stellung gegenüber dem Christusevangelium bei der Gestaltung seines Missionswerkes und in seinen dieses Missionswerk begleitenden und reflektierenden Briefen spielt.

Zwei mit unserer Fragestellung an sich sachlich eng zusammenhängende Themenkreise werden aus unterschiedlichen Gründen bewußt nicht explizit behandelt werden. Aus mehr äußerlichen Gründen der sachlichen Begrenzung und Konzentration und angesichts der gegenwärtigen Forschungslage ist die Diskussion um das paulinische Gesetzesverständnis zwar verfolgt und berücksichtigt, nicht aber eigenständig aufgegriffen und weitergeführt worden. Eine andere Entscheidung an dieser Stelle hätte freilich nicht nur den Rahmen der vorliegenden Arbeit sprengen müssen, sondern auch ihre innere Gewichtung und ihre Perspektive grundlegend verändert[1].

---

[1] Forschungsüberblicke zum Gesetzesverständnis des Paulus findet man in jüngerer Zeit bei LAMBRECHT, Gesetzesverständnis 94–108; HÜBNER, Paulusforschung 2668–2694. Neuere Monographien (seit 1978): HÜBNER, Gesetz: RHYNE, Faith; RÄISÄNEN, Law; SANDERS, Law; REINMUTH, Geist; SCHNABEL, Law; LIEBERS, Gesetz; MARTIN, Christ; THIELMAN, Plight. Stellungnahmen zur Forschungsdiskussion seit Sanders und Räisänen liefern (chronologisch geordnet, ohne Rezensionen): HOOKER, Nomism 47–56; DUNN, Perspective 95–122; HÜBNER, Werke 123–133; SCHREINER, Obedience 245–278; WEDDERBURN, Law 613–622; BARCLAY, Law 5–15; DEIDUN, Cake 43–52; MOO, Law 287–307; ZELLER, Diskussion 481–499; DONALDSON, Zealot 655–682. Weitere Beiträge zum paulinischen Gesetzesverständnis insgesamt (alphabetisch geordnet): BETZ, Mensch 129–196; BOVON, Homme 22–33; DAVIES, Law 4–16; GASTON, Torah 15–34; GUNDRY, Grace 1–38; HALL, Lawyer 1–49; KERTELGE, Autorität 358–376; G. KLEIN, TRE XIII 64–72; LAMBRECHT, Gesetzesverständnis 88–127; LARSSON, Law 425–436; LUZ, Gesetz 89–112; MOO, Works 73–100; RÄISÄNEN, Break 543–553; DERSELBE, Hellenists 242–306; Call 55–92; Conversion 404–419; REICKE, Gesetz 237–257; SCHREINER, Abolition 47–74; SNODGRASS, Spheres 93–113; STEGEMANN, Tora 4–20; TALBERT, Covenant 299–313; VOLLENWEIDER, Zeit 97–116; WEDDERBURN, Jesus 161–182; WEDER, Gesetz 357–376; WESTERHOLM, Torah 327–336; vgl. auch die Exkurse bei ZELLER, Röm 154–157; STUHLMACHER, Röm 112–117. Weitere Untersuchungen zu Einzeltexten und -fragen (in Auswahl): BELLEVILLE, Law 53–78; BRUCE, Curse 27–36; DUNN, Works 523–542; FLUSSER, Gesetz 30–46; GASTON, Law 64–79; DERSELBE, Corinthians 151–168; HEILIGENTHAL, Implikationen 38–53; HOFIUS, Mose 50–74; DERSELBE, Gesetz 75–120; KERTELGE, Freiheit 382–394; KLUMBIES, Pneuma 109–135; LULL, Law 481–498; VON DER OSTEN-SACKEN, Verständnis 9–59; SANDERS, Opponents 75–90; STUHLMACHER, Understanding 87–104; WEDER, Einsicht 21–29; YATES, Law 105–124.

Die zweite Abgrenzung betrifft ein Problem, das sachlich bereits in die vorgelegte Untersuchung selbst hineinreicht und dessen Vorentscheidung sich durch ihren Fortgang bestätigen ließ. Die Arbeit ist bewußt nicht so angelegt worden, daß sie eine Gegenüberstellung zwischen dem paulinischen Denken und »dem Judentum« zum Ziel hätte[2]. M. E. würde eine solche Gegenüberstellung weder dem Selbstverständnis des Paulus noch der Vielfalt der Ausprägungen jüdischen Glaubens zu neutestamentlicher Zeit gerecht. Es soll hier vielmehr versucht werden, die zu unserem Thema gehörenden Aussagen des Paulus als Selbstzeugnisse eines Juden zu verstehen, der im Christusgeschehen den Gott Israels eschatologisch handelnd erfahren hat und von dieser Erfahrung her seine eigene Identität als Glied des Volkes Israel reflektiert. Erst im Ergebnis einer solchen an der Struktur der paulinischen Selbstaussagen (und nicht an einem von außen an den Untersuchungsgegenstand herangetragenen, objektivierenden Frageschema nach Art des Themas »Paulus und das Judentum«) orientierten Untersuchungsansatzes kann dann gefragt werden, in welchem Verhältnis das sich in den paulinischen Zeugnissen niederschlagende Bild vom Selbstverständnis eines Juden, der zum Christusapostel geworden ist, zu anderen Ausprägungen jüdischen Selbstverständnisses steht und inwiefern es selbst zu dem vielfältigen Gesamtbild jüdischen Glaubens in frühjüdischer Zeit einen ernstzunehmenden Beitrag liefert[3].

Die beiden zuletzt genannten Fragen stehen nicht mehr im Mittelpunkt unserer Untersuchung, bestimmen aber durchaus die Perspektive ihrer Anlage. Insofern kommt ihr der Status einer Vorarbeit zu, die zur Erforschung der Erscheinungsformen des Judentums, in dem das Christentum geschichtlich verwurzelt ist[4], ebenso beitragen will wie zur Vergegenwärtigung und Klärung der biblisch-theologischen Grundlagen der Kirche Jesu Christi.

---

[2] Exemplarisch und mit großer Resonanz in der Forschung hat eine solche Gegenüberstellung E. P. SANDERS vorgelegt (Paul; vgl. auch DERSELBE, Patterns 455–478; Attitude 175–187; Jesus 390–450; Fulfilling 103–126).

[3] Zusätzlich zu den in Anm. 2 genannten Untersuchungen von Sanders sei vorweg noch auf eine Reihe von Arbeiten verwiesen, die in unterschiedlicher Weise die Beziehung zwischen Paulus und Israel thematisieren: ANNEN, Saulus 37–66; BARTH, Jude 107–137; DERSELBE, Jesus; Volk 45–134; BECKER, Paulus 486–502; BEKER, Apostle 337–347; BLANK, Jude 15–41; DAVIES, People 4–39; ECKERT, Israel 1–13; FISCHER, Context 211–236; HAACKER, Judentum 161–177; DERSELBE, Galaterbrief 95–111; HORBURY, Judaism 116–118; KLEIN, Präliminarien 229–243; LOADER, Fighting 11–20; LÜDEMANN, Judentum; MARTYN, Interpreters 1–15; MOULE, Jesus 43–52; SÄNGER, Antijudaismus 210–231; SANDERS, Law 171–206; STEGEMANN, Jude 117–139; STUHLMACHER, Apostat 11–34; DERSELBE, Röm 160–166; WATSON, Paul; WIEFEL, Judentum 142–147; ZELLER, Christus 256–278. Neuere Darstellungen aus jüdischer Sicht bieten BEN-CHORIN, Völkerapostel; LAPIDE, Rabbi 35–61; FLUSSER, Bildung 150–181; vgl. zum jüdischen Paulusverständnis WIEFEL, Sicht 109–115. 151–172; HAGNER, Thought 143–165.

[4] Vgl. HAHN, Verwurzelung 193–209.

I. Der Wandel im Ἰουδαϊσμός (Gal 1,13f)

1. Der autobiographische Rechenschaftsbericht Gal 1,10–2,21

a) Kontext

Die autobiographischen Aussagen in Gal 1,13–2,14 sind eng mit ihrem Kontext verzahnt und haben eine wesentliche Funktion im Aufbau des Galaterbriefs[1]. Nach dem Präskript (1,1–5) und einer Bestimmung der Situation bei den Adressaten, die in einen doppelten Fluch über die Verkündiger eines dem paulinischen entgegenstehenden Evangeliums ausmündet (1,6–9), setzt mit 1,10 eine längere Passage ein, die vorwiegend durch das autobiographische Ich des Briefautors zusammengehalten wird (1,10–2,21).

In den VV. 11ff treten schrittweise weitere sprachliche Merkmale hinzu, die einen Wechsel der Textsorte signalisieren: Die »Enthüllungsformel« γνωρίζω γὰρ ὑμῖν, ἀδελφοί[2] führt das im folgenden verhandelte Thema ein und verweist vor auf die mit V. 12 einsetzenden thematischen Ausführungen. Von V. 12 an herrscht das Erzähltempus Aorist vor. In V. 13 beginnt die autobiographische Ereignisfolge (erkennbar an den verschiedenen Zeitsignalen zwischen 1,13 und 2,14). Schrittweise geht die argumentative in die narrative Textsorte über. Der autobiographische Teil des Galaterbriefs läßt sich nicht scharf von der Briefeinleitung trennen, sondern wird durch Überleitungsverse eng mit ihr verbunden[3]. Vierfaches γάρ in den VV. 10–13 verknüpft die Aussagen, ganz abgesehen davon, wie jedes γάρ im einzelnen zu verstehen ist[4]. Die Antithese »nicht Menschen, sondern Gott« beherrscht die VV. 10–12, »Evangelium« verbindet als logisches Objekt die VV. 11f.

---

[1] Vgl. zum Aufbau des Galaterbriefs neben den Kommentaren (bes. BETZ, Gal 54–68) HALL, Outline 282–287; SMIT, Letter 9–22; SMIGA, Language 63–165.

[2] Vgl. 1Kor 12,3; 15,1; 2Kor 8,1. Dazu BETZ, Gal 118.123f; LYONS, Autobiography 131.154.

[3] Vgl. dazu LYONS, Autobiography 136ff.

[4] Der Beginn der Narratio ist umstritten, vgl. die erschöpfende Aufzählung der verschiedenen Meinungen bei LYONS, Autobiography 131f, Anm. 25. M. E. handelt es sich um einen schrittweisen Übergang, dessen Ziel mit dem Einsatz der autobiographischen Ereignisfolge ab 1,13 erreicht ist. HESTER, Structure 225–228, bestimmt V. 11f als stasis der folgenden apologetischen Argumentation und läßt die Narratio erst V. 15 beginnen, während er V. 13f als Übergang vom Exordium zur Narratio ansieht (a.a.O., 229).

Auch die Abgrenzung nach hinten ist nicht sprachlich eindeutig signalisiert. Die autobiographische Erzählebene wird in 3,1 durch direkte Anrede der Adressaten abgeschlossen. Damit wird die Konstellation Paulus – Galater von 1,6–9 wieder aufgenommen. Zwischen 2,21 und 3,1 gibt es keine sprachlichen Verbindungsglieder. Allerdings begegnen schon ab 2,16 die Stichwörter, die die anschließende Argumentation beherrschen (δικαιοῦσθαι, ἔργα νόμου, πίστις). Das bis 2,14a vorherrschende Erzähltempus ist, bedingt durch die wörtliche Rede, ab V. 14b durch das Präsens ersetzt. Die Verbindung durch Zeitadverbien ist aufgegeben, stattdessen begegnen verstärkt kausale und konditionale Verknüpfungen[5]. Vor allem: Die noch bis 2,21 die Aussagen bestimmende 1. Person Singular kann spätestens ab V. 18 nicht mehr als autobiographisches Ich angesehen werden[6]. Es vollzieht sich also wieder ein schrittweiser Übergang, diesmal von der erzählenden Textsorte zur argumentativen. Es ergibt sich: Die autobiographische Passage Gal 1,13–2, 14a, die aufgrund sprachlicher Merkmale (Erzähltempus, autobiographisches Ich, zeitlich geordnete Ereignisfolge) als eigenständige Einheit zu betrachten ist, wird durch ein- und überleitende Sätze mit dem argumentativen Kontext des Galaterbriefs untrennbar verknüpft. Dies ist bei der Bestimmung ihrer Funktion zu berücksichtigen.

b) Funktion

Für die Bestimmung der Funktion seiner Aussagen ist die Erkenntnis leitend, daß der Galaterbrief ein nach rhetorischen Gesichtspunkten gestalteter Brief ist. Paulus will mit ihm bei seinen Lesern durch sprachliche Mitteilung Veränderung bewirken[7]. Dieser textpragmatische Aspekt spiegelt sich nicht nur in der direkten Anrede der Leser wider (vgl. z. B. 1,6.11; 3,1; 4,12.21), sondern auch innerhalb der autobiographischen Erzählung (vgl. die Leserbezüge in 1,20; 2,5).

Freilich ist es nicht möglich, den Galaterbrief eindeutig einer der drei antiken Redegattungen zuzuordnen[8]. Unterschiedliche sprachliche Merkmale innerhalb

---

[5] Vgl. LYONS, Autobiography 130: »In any event, 2:14b and 15–21 share the character of argumentative discourse as opposed to historical narrative.«

[6] Vgl. zur Identifikation der 1. Pers. Sing. in 2,18–21 SUHL, Galaterbrief 3098–3119.

[7] Vgl. EGGER, Gal 9f. Zur »rhetorischen Situation« des Galaterbriefs s. jetzt STANLEY, Curse 488–492.

[8] Sehr instruktiv ist hierfür die ausführliche Auseinandersetzung mit dem Galaterbrief-Kommentar von Betz durch LYONS, Autobiography (bes. 112–119.173ff). Während Betz den Galaterbrief als »apologetischen Brief« der dikanischen Gattung zuordnet (Gal 55ff.68–72; darin zustimmend HÜBNER, Epistolographie 244; vgl. auch LÜDEMANN, Heidenapostel I 63–79; BECKER, Paulus 288–294; BRINSMEAD, Response 37–55; nach AUNE, Rez. Betz, Galatians 325, wechselt der Redestil vom forensischen in Kap. 1f zum deliberativen in Kap. 3f), plädiert Lyons für das genus deliberativum, findet aber auch zahlreiche Merkmale der epideiktischen Gattung wieder (vgl. auch SMIT, Letter 1–26; STANDAERT, Rhétorique 36ff; HALL, Outline 277–287; VOUGA, Gattung 291f; STANLEY, Curse 491; Betz hat auf diese Kritik im Vorwort zur deutschen Ausgabe seines Kommentars kurz geantwortet). SMIGA, Language 160, charakterisiert den

verschiedener Briefteile lassen darauf schließen, daß rhetorische Elemente aus allen drei herkömmlichen Redegattungen die Gestaltung des Briefes beeinflußt haben. Zudem ist bei der Interpretation der Paulus-Briefe anhand von Kategorien der antiken Rhetorik in Rechnung zu stellen, daß diese Kategorien für die Schulrhetorik und die von ihr abgeleitete literarische Rhetorik entwickelt wurden. Das Verhältnis zwischen antiker Rhetorik und den spezifischen Kommunikationsbedingungen und Konventionen der Epistolographie müßte genauer bestimmt werden[9].

Der ausführliche erzählende Bericht 1,13–2,14 entspricht der Narratio innerhalb des antiken Redeschemas[10]. Er hat die Funktion eines autobiographischen Rechenschaftsberichts[11]. Die enge Verklammerung der autobiographischen Erzählung mit dem argumentativen Kontext zeigt, daß neben der darstellenden Intention auch apologetische und instruktive Absichten verfolgt werden. Dabei dürfen jedoch nicht vorschnell alle positiven Aussagen des Paulus in Vorwürfe von Gegnern umgewandelt werden[12]. So impliziert die die VV. 10ff beherrschende Antithese »nicht Menschen, sondern Gott« keineswegs zwangsläufig einen entsprechenden gegnerischen Vorwurf, sondern entspricht der bei Paulus auch sonst begegnenden Verwendung antithetischer Konstruktionen zur Darstellung der eigenen Aussage[13]. Indem die autobiographische Erzählung das Thema dieser Antithese ausführt, unterstellt sie sich insgesamt ihrer Funktion, die Leser angesichts eines Konflikts in Galatien um das rechte Evangelium (1,6–9) zur Entscheidung für die paulinische Evangeliumsverkündigung zu bewegen[14].

Galaterbrief unter Verweis auf Gal 4,12 als »the basic request« als »a letter of request«, ohne eine Beziehung zu den herkömmlichen Redegattungen herzustellen.

[9] Vgl. in diesem Sinne Hübner, Epistolographie 241–245. Gaventa, Galatians 324ff, sieht den literaturgeschichtlichen Hintergrund von Gal 1f nicht so sehr in antiken Autobiographien, sondern eher in autobiographischen Passagen antiker Briefe, die häufig neben apologetischen auch paränetische Tendenzen aufweisen.

[10] Betz, Gal 58ff.122–128; Lüdemann, Heidenapostel I 74–79; Lyons, Autobiography 130–135. Eine so ausführliche Narratio weist am ehesten auf die epideiktische Gattung, der es um die wertende Darstellung einer Situation oder einer Person geht, vgl. Lausberg, Elemente 18f; Berger, Formgeschichte 18. Innerhalb der dikanischen Gattung wird von der Narratio Kürze verlangt (vgl. Betz, Gal 125f; Lyons, Autobiography 115), innerhalb der symbuleutischen wird sie oft ganz weggelassen (Lyons, Autobiography 175).

[11] Vgl. Berger, Formgeschichte 275, der 1,12–2,14 innerhalb der epideiktischen Gattungen als »autobiographische(n) Abschnitt . . . (mit apologetischer Tendenz)« einordnet.

[12] Gegen solches »mirror reading« des Galaterbriefs wendet sich mit guten Gründen Lyons, Autobiography 96–105; vgl. auch schon Eckert, Verkündigung 24ff; Lategan, Defending 411–417; Smiga, Language 291–294. Möglichkeiten und Schwierigkeiten des »mirror reading« reflektiert Barclay, Mirror-Reading 73–93. Ohne solche methodischen Bedenken arbeiten besonders extensiv Gunther, Opponents, und Brinsmead, Response.

[13] Vgl. dazu Lyons, Autobiography 105–112; Lategan, Defending 418–423.

[14] Vgl. Lyons, Autobiography 152–156; Hall, Outline 279f.284. Lategan, Defending 411–430, blendet jeden Bezug auf aktuelle Veranlassungen ganz aus und sieht die Aussageab-

Gleichwohl läßt die Konzentration der autobiographischen Angaben auf das Verhältnis des Paulus zu Jerusalem und speziell zu den dort ansässigen Autoritäten der Urgemeinde vermuten, daß Paulus auch aus aktuellem, von außen kommenden Anlaß Rechenschaft über Herkunft und Führung seines Apostolats gibt. Dafür sprechen auch die zahlreichen Negationen bei der Darstellung der Ereignisfolge[15]. Insofern kann eine apologetische Ausrichtung nicht geleugnet werden.

Exkurs: Die Gegner des Paulus in Galatien

Bei der Frage nach dem Gegenstand, den Beteiligten und den Umständen des Konflikts in Galatien[16] ist neben der bereits erwähnten Gefahr des »mirror reading« und der einseitigen Quellenlage besonders die Kommunikationssituation des Briefes zu berücksichtigen. Paulus wendet sich durchgehend an die Gemeinde (2. Person Plural) und streut dabei einige Bemerkungen über seine der Gemeinde offensichtlich bekannten, aber nicht zu ihr gehörenden Widersacher (3. Person Plural) ein[17].

Unter den durchweg polemischen Bezugnahmen auf die Gegner (1,7.9; 4,17; 5,10.12; 6,12f) bietet allein die in 6,12f explizit genannte, in 5,12 sarkastisch aufgegriffene und in 5,2f vorausgesetzte Beschneidungsforderung gegenüber den galatischen Heidenchristen einen sicheren Anhaltspunkt für deren Identifizierung[18]. Sie sind Judenchristen[19], die bereits zu Christus bekehrte Heiden nachträglich zur Übernahme der Beschneidung, also zum Eintritt ins Judentum veranlassen wollen[20].

---

sicht des Paulus allein darin, die theologische Qualität seines Evangeliums gegenüber menschlichen Wertmaßstäben als »Umwertung aller Werte« zum Ausdruck zu bringen (a.a.O., 420.430). Das ist kaum überzeugend.

[15] Vgl. u., S. 16.

[16] Vgl. dazu die Forschungsübersichten bei KÜMMEL, Einleitung 260–263; MUSSNER, Gal 14–24; ROHDE, Gal 14–21; LYONS, Autobiography 75–121; BRINSMEAD, Response 9–33; KIM, Kampf 9–23; HOWARD, Crisis 1–7; ECKERT, Verkündigung 1–18; SUHL, Galaterbrief 3067–3088; vgl. DERSELBE, Geist 267–296.

[17] Daß er die Gegner als namenlose τίνες auftreten läßt (1,7.9; vgl. auch die rhetorischen Fragen 3,1; 5,7) bzw. allein durch die grammatische Form des Verbs repräsentiert (4,17; 6,12f) und ihr Wirken lediglich durch die Partizipien ὁ ταράσσων und οἱ ἀναστατοῦντες (5,10.12; vgl. 1,7) benennt und bewertet, zeigt nicht nur, daß sie den Adressaten bekannt sind, sondern ist gleichzeitig ein rhetorisches Mittel, sie abzuqualifizieren (vgl. dieselbe Technik im 2. Korintherbrief, dazu u., S. 118; s. a. MARTYN, Mission 313f; MUSSNER, Gal 11).

[18] Mit Recht setzen bei ihr die Lösungsversuche von ECKERT, Verkündigung 31–71; LYONS, Autobiography 125–130; KIM, Kampf 46–53, an; vgl. auch BETZ, Gal 42f; MUSSNER, Gal 28.

[19] Das dürfte sich aus 1,6–9 mit Sicherheit ergeben. WALTER, Gegner 351–356, möchte in ihnen nichtchristliche jüdische Gegenmissionare sehen, die sich des werbewirksamen paulinischen Schlagwortes εὐαγγέλιον für ihre Proselytenwerbung bemächtigt haben (a.a.O., 351). Aber wie sollten sie dann durch das Kreuz Christi Verfolgung zu befürchten haben (6,12)?

[20] Aufgrund dessen werden sie heute meist als »judaistische Judenchristen« bezeichnet (vgl. die o., Anm. 16, genannten Forschungsberichte). Die von SCHMITHALS, Judaisten 27–58, in

Welche Motive sie mit ihrer Beschneidungsforderung darüber hinaus verbanden[21], welches Gesetzesverständnis sich hinter einer solchen Forderung verbarg[22], wie sie innerhalb bekannter Strömungen des Judentums bzw. des Judenchristentums einzuordnen sind[23], in welcher Beziehung sie zum Wirken des Paulus als Heidenmissionar standen[24], alle diese Fragen sicher zu beantworten,

---

Anknüpfung an frühere Untersuchungen erneut vorgetragene grundsätzliche Bestreitung einer judaistischen Absicht der Gegner kann nicht überzeugen, da sie für das einzig sichere Merkmal ihrer Tätigkeit, die Beschneidungsagitation, keine befriedigende Erklärung bietet.

[21] Das von Paulus in 6,12 ihnen unterstellte Motiv, Verfolgung durch das Kreuz Christi zu vermeiden, dürfte sich primär seiner Polemik verdanken, die eigene Erfahrungen reflektiert (vgl. 5,11; s. a. u., S. 68f). JEWETT, Agitators 203–208, baut freilich darauf seine These auf, die Agitatoren hätten an ihrem Herkunftsort Palästina Verfolgungen von seiten der zelotischen Bewegung wegen ihrer Kontakte mit unbeschnittenen Heidenchristen in der Diaspora zu befürchten gehabt (vgl. auch SUHL, Galaterbrief 3082; H. HÜBNER, TRE XII 7f). Daß Beschneidungsforderung und Verfolgungssituation miteinander zusammenhängen können, zeigt die im Philipperbrief vorausgesetzte Situation (vgl. u., S. 88–97).

[22] Impliziert die Beschneidungsforderung eine grundsätzliche Einstellung zur Tora als auch für Heidenchristen heilsnotwendige Lebensordnung (so z. B. MUSSNER, Gal 14.24; BETZ, Gal 46)? So dürfte die Auswertung der Kapp. 3f für die Nachzeichnung der gegnerischen Anschauungen bei ECKERT, Verkündigung 72–130, zu verstehen sein (vgl. jetzt auch SUHL, Geist 286–296). Auch die in jüngerer Zeit zunehmend vertretene Auffassung, der Konflikt um Beschneidung und Gesetzesgehorsam der Heidenchristen spiegle primär nicht ein soteriologisches, sondern ein ekklesiologisches Problem wider, nämlich die Auseinandersetzung um den bedingungslosen Einschluß der unbeschnittenen Heidenchristen in die Gemeinden (vgl. HOWARD, Crisis 46–82; KIM, Kampf 4.23–30.160–165.286–292; WATSON, Paul 49–72; GORDON, Problem 32–43), variiert lediglich die Interpretation der Beschneidungsforderung als Ausdruck eines grundsätzlichen Nomismus. Ganz abgesehen von der m. E. fragwürdigen Isolierung des ekklesiologischen Aspekts von seinen theologischen, christologischen und soteriologischen Wurzeln bei den zuletzt genannten Arbeiten ist jedoch zu fragen, ob nicht die grundsätzliche Erörterung der Zusammenhänge von δικαιοσύνη, νόμος und πίστις in Gal 2,15–5,12 viel mehr die paulinische Antwort auf den Konflikt in Galatien widerspiegelt als die Anschauung der Beschneidungsagitatoren. Umgekehrt ist es freilich ebensowenig überzeugend, aus den paulinischen Formulierungen in 5,3; 6,13 oder der Paränese 5,13–6,10 auf einen prinzipiellen Antinomismus und Libertinismus der Agitatoren zu schließen (gegen die entsprechenden Thesen von Schmithals vgl. ECKERT, Verkündigung 131–162).

[23] Die Auflistung eines breiten Vergleichsmaterials aus dem Bereich eines synkretistischen, apokalyptisch-enthusiastischen, mysterienartigen oder gnostisierenden Juden- bzw. Judenchristentums bei GUNTHER, Opponents, und BRINSMEAD, Response 91–181, ist zwar eindrucksvoll, seine Verbindung mit Anschauungen der im Galaterbrief erwähnten Beschneidungsagitatoren aber kaum nachweisbar (zurückhaltend hinsichtlich einer religionsgeschichtlichen Einordnung der Gegner äußern sich auch JEWETT, Agitators 209–212; ECKERT, Verkündigung 64–71. 126–130.156.162). Bei der Auswertung von Gal 4,8–11 für die Identifikation der Gegner wird m. E. zu wenig beobachtet, daß die dort genannten Mißstände das gegenwärtige Verhalten der Gemeindeglieder betreffen, während ihr mögliches Eingehen auf die von außen an sie herangetragene Beschneidungsforderung nach 5,12; 6,12f (vgl. auch 1,7) noch in der Zukunft liegt. Beides muß also durchaus nicht so eng miteinander verknüpft sein, wie meist angenommen wird.

[24] Mit Paulus rivalisierende Judenchristen sehen in ihnen LÜDEMANN, Heidenapostel I 58ff; II 144f; BETZ, Gal 43.46; ECKERT, Verkündigung 63f (vgl. auch WALTER, Gegner 351f: antipauli-

bietet die einzige zur Verfügung stehende Primärquelle, der Galaterbrief, keine ausreichenden Informationen. Paulus braucht die seinen Adressaten ja bestens bekannten Beschneidungsagitatoren nicht näher zu identifizieren. Er ist vielmehr daran interessiert, mit Hilfe seines Briefs die galatischen Christen vor dem Eingehen auf deren Propaganda zu bewahren[25].

Freilich weist die apologetische Ausrichtung des autobiographischen Rechenschaftsberichts Gal 1,13–2,14 darauf hin, daß es Paulus für notwendig erachtet, sich den Adressaten gegenüber auch gegen Angriffe auf seine Person und seinen Apostolat zu verteidigen[26]. Daß solche Angriffe von denselben Gegnern vorgebracht worden sind, mit deren Beschneidungsagitation er sich im weiteren Brief auseinanderzusetzen hat, wird zwar nicht ausdrücklich gesagt[27], ist aber angesichts der Einbettung des autobiographischen Teils in den seiner Aussageabsicht nach einheitlichen Galaterbrief (vgl. 1,6–9!) allein wahrscheinlich.

---

nische jüdische Proselytenmissionare). Solche die die paulinische Verkündigung eher ergänzen und bestimmte ihrer Defizite ausgleichen wollen, ohne sich direkt gegen Paulus zu stellen (worauf Paulus selbst erst polemisch reagiert), vermuten HOWARD, Crisis 8–11.19.45; MARTYN, Mission 316–323; SMIGA, Language 293 f.

[25] Vgl. LYONS, Autobiography 129 f.

[26] LYONS, Autobiography 136–164, will zeigen, wie sich die häufig antithetische Gestaltung der autobiographischen Erzählung (Gott – Menschen, einst – jetzt, Paulus – Kephas) allein aus der paulinischen Aussageabsicht ergibt, ohne daß dabei gegnerische Vorwürfe vorausgesetzt werden müssen. Dabei gewinne der Rekurs auf den eigenen Lebenslauf gegenüber den Lesern paradigmatische Funktion, »to contrast Paul's conversion from Judaism to Christianity with the Galatians' inverted conversion« (a.a.O., 150). Zur Begründung verweist er a.a.O., 136, auf die Nachahmungsforderung in 4,12–20 als »the major raison d'être of the autobiographical narrative« (vgl. auch SMIGA, Language 160–163). Die Stärke dieser Deutung liegt darin, daß sie nicht auf die Rekonstruktion einer gegnerischen Position angewiesen ist und dennoch die paulinischen Aussagen situationsbezogen verstehen kann. Daß sich die Gestaltung der autobiographischen Aussagen *allein* aus der Aufforderung zur Nachahmung erklären läßt, ist jedoch unwahrscheinlich. Der einst-jetzt-Kontrast bestimmt lediglich den Beginn der Narratio. Die folgenden Etappen können kaum allein aus dem Gegensatz »nicht von Menschen, sondern von Gott« hergeleitet werden. Daß Paulus speziell seine Beziehung zu Jerusalem und den Aposteln dort in den Blickpunkt rückt, läßt sich dadurch nicht erklären. Wie 1 Thess 2,4 ff.13 zeigt, kann er denselben Gegensatz auch ganz anders ausgestalten (so auch SUHL, Galaterbrief 3092 ff). Daß Paulus allerdings nicht bei der Bestreitung gegnerischer Vorwürfe stehenbleibt, sondern vorrangig seine eigene Aussageabsicht verwirklicht, hat Lyons mit Recht gegenüber einer einseitig auf Apologetik abhebenden Exegese wieder in den Blick gerückt.

Auch GAVENTA, Galatians 309–326, betont den paradigmatischen Charakter der autobiographischen Aussagen, schließt aber auch apologetische Absichten nicht aus (a.a.O., 315). Gegnerische Vorwürfe als Hintergrund der paulinischen Argumentation in Gal 1 f vermuten auch SUHL, Galaterbrief 3092 ff; DERSELBE, Geist 277–284; HALL, Outline 282; WATSON, Paul 59 ff; WALTER, Gegner 352; HESTER, Use 392–395; H. HÜBNER, TRE XII 6 f; BRINSMEAD, Response 50; STENGER, Biographisches 127 f; LÜDEMANN, Heidenapostel I 58 ff.75; II 144 ff; HOWARD, Crisis 21–45; ECKERT, Verteidigung 3–10; DERSELBE, Verkündigung 200–228; HOLMBERG, Power 14 f.

[27] BRINSMEAD, Response 50 f, bestreitet dies denn auch.

Kaum sicher zu entscheiden ist allerdings, in welcher Beziehung die Gegner zu Jerusalem und den dort ansässigen Führungspersonen der Urgemeinde standen[28], und ob sie in eine historische Beziehung zu den in Gal 2,1–14 berichteten Ereignissen zu setzen sind[29]. Paulus verteidigt sich jedenfalls in einer Weise, die annehmen läßt, daß ihm zugleich Abhängigkeit von den Jerusalemer Autoritäten unterstellt und Abweichung von ihrer Verkündigung vorgeworfen wurde[30].

Die autobiographischen Ausführungen in Gal 1f haben demnach die Funktion, angesichts in Galatien aktueller Auseinandersetzungen um die paulinische Evangeliumsverkündigung und um den Ursprung und die Autorität seines Apostolats, hervorgerufen durch eingedrungene Beschneidungsagitatoren, die Leser des Galaterbriefs mittels einer Selbstrechtfertigung dazu zu bringen, sich für die Position des Paulus zu entscheiden.

c) Gliederung und Gestaltung (1,13–2,14)

Die zahlreichen temporalen Sprachelemente innerhalb der autobiographischen Erzählung lassen darauf schließen, daß eine zeitlich geordnete Ereignisfolge intendiert ist[31]. ὅτε δέ signalisiert zweimal (1,15; 2,11) einen Einschnitt in der Ereignisfolge[32]. Das Zeitverb verweist vor auf die dem mit ὅτε δέ eingeführ-

---

[28] Eine positive Beziehung nach Jerusalem vermuten Eckert, Verkündigung 214–219; Jewett, Agitators 204; Howard, Crisis 19; Lüdemann, Heidenapostel I 59f; II 148ff.162f; H. Hübner, TRE XII 7; Suhl, Galaterbrief 3082–3088; vgl. Borse, Gal 23; Mussner, Gal 26; anders Brinsmead, Response 50.64f; Schmithals, Judaisten 32f.

[29] Dafür z.B. Lüdemann, Heidenapostel II 148ff; Watson, Paul 59ff, und (vorsichtig) Eckert, Verkündigung 228, dagegen Lyons, Autobiography 163.

[30] Vgl. Holtz, Zwischenfall 344: »Paulus will zeigen, daß sein Evangelium und Apostolat zugleich unabhängig von und identisch mit dem der Jerusalemer ist, die vor ihm Apostel waren.« Der Einwand von Lyons, Autobiography 91, judenchristliche Gegner hätten Paulus kaum Abhängigkeit von Jerusalemer Autoritäten vorgeworfen (vgl. ähnlich Schmithals, Judaisten 32f), ist nicht überzeugend. Es handelt sich ja weniger um einen Vorwurf, als vielmehr um die Unterstellung, Paulus sei in Fragen der Beschneidung von Christen (so die Streitfrage in Galatien) nicht eigenständig kompetent, da er ja sein Evangelium und seinen Apostolat den gerade in dieser Frage viel kompetenteren Jerusalemer Autoritäten verdanke. Demgegenüber stellt Paulus seine eigenständige Kompetenz und Autorität sowohl hinsichtlich des Gesetzesgehorsams von Christen (1,13f) als auch hinsichtlich des Ursprungs seines Evangeliums (1,15–24) heraus und zeigt, wie er beides in Einvernehmen und Konflikt mit den Jerusalemer Autoritäten bewiesen hat. Vgl. auch Eckert, Verteidigung 6f; Suhl, Galaterbrief 3094; Dunn, Relationship 461–478; Lüdemann, Heidenapostel II 144ff.

[31] Zur anderslautenden These bei Lüdemann, Heidenapostel I 43ff, vgl. die Kritik von H. Hübner, ThLZ 107, 1982, 743; derselbe, ThLZ 111, 1986, 670, sowie Holtz, Zwischenfall 346f; Becker, Paulus 21. S. jetzt auch Riesner, Frühzeit 23–26.194.

[32] δέ ist adversativ (sonst stünde das gebräuchlichere καὶ ὅτε), impliziert also den Abschluß des Vorangehenden. Auf die Signalwirkung von ὅτε δέ verweisen auch Smit, Galaten 346f; Hester, Use 403.

ten Nebensatz folgende Aussage, deren Voraussetzung es benennt und deren Bedeutung es hervorhebt[33].

Eine nähere Betrachtung der Zeitangaben zeigt aber, daß Paulus offenbar nicht beabsichtigt, eine geschlossene und vollständige historisch-autobiographische Darstellung zu geben. So beschreibt der mit ἔπειτα eingeführte Satz 1,21 keinen eigenen Zeitabschnitt, sondern signalisiert lediglich den Abschluß des vergangenen[34]. Die auf ἔπειτα zweimal folgenden Zeitangaben (μετὰ ἔτη τρία, 1,18; διὰ δεκατεσσάρων ἐτῶν, 2,1; vgl. auch ἡμέρας δεκαπέντε, 1,18) ergeben keinen geschlossenen Zeitablauf, denn weder wird allen berichteten Ereignissen ein Zeitraum zugeordnet, noch sind die Bezugspunkte der genannten Zeiträume eindeutig zu bestimmen[35]. Lange Zeiträume erwähnt Paulus nur nebenbei (so die Jahre zwischen der Berufung und dem ersten sowie die zwischen dem ersten und dem zweiten Jerusalembesuch), über Ereignisse weniger Tage berichtet er dagegen um so ausführlicher (so über den 14tägigen Besuch bei Kephas, das Apostelkonzil und den antiochenischen Zwischenfall). Offenbar hat er für seinen autobiographischen Rechenschaftsbericht gezielt bestimmte Ereignisse ausgewählt und absichtsvoll gestaltet.

Dies gilt auch im Blick auf die Anordnung von vorchristlichem Lebensabschnitt und Berufung zum Heidenapostel. Die zeitliche Aufeinanderfolge wird sprachlich gestaltet und sachlich überlagert durch den Kontrast zwischen »einst« und »jetzt«, zwischen Verfolger und Verkündiger[36]. In 1,23 wird dieser Kontrast innerhalb eines Rückblicks auf die bis dahin angeführten autobiographischen Abschnitte seit der Berufung wieder aufgenommen[37] und zu einem prä-

---

[33] ὅτε δέ begegnet bei Paulus nur in diesem Sinn: 2,12b beendet es den Zeitraum, in dem Kephas mit den Heidenchristen Tischgemeinschaft hielt, und nennt die Voraussetzung dafür (nämlich das Kommen der Jakobus-Leute), daß er sich in der Folgezeit von dieser Tischgemeinschaft zurückzog. 4,4 bezeichnet es die Voraussetzung für den heilsgeschichtlichen Einschnitt, der die damit abgeschlossene Epoche der Unmündigkeit und Knechtschaft von der ihr zeitlich folgenden der Sohnschaft trennt (vgl. auch die stark bezeugte, aber wohl doch sekundär verdeutlichende Lesart zu 1 Kor 13,11 b sowie Tit 3,3 ff). Daß ὅτε δέ die Erzählung weiterführt, ist also nicht »ein alter exegetischer Zopf« (LÜDEMANN, Heidenapostel I 104), sondern gut paulinischer Sprachgebrauch, der im übrigen sämtlichen (nicht sehr häufigen) Vorkommen in NT (Mt 9,25; 13,26; 21,34; Lk 15,30; Apg 8,12.39; 11,2; 12,6; 21,5.35; 27,39; 28,16) und LXX (Tob 2,1.13; 8,1.3; Jdt 5,18; Est 1,5; Dan 6,5; 1 Makk 12,50 [S]) entspricht.

[34] So auch STENGER, Biographisches 127, Anm. 9. Vgl. u., S. 14.

[35] Vgl. zur diesbezüglichen Diskussion BETZ, Gal 163 f; ROHDE, Gal 74 f; BORSE, Gal 109 ff; SUHL, Briefe 46 f; JEWETT, Paulus-Chronologie 93–96; LÜDEMANN, Heidenapostel I 85 f; BEKKER, Paulus 19 ff. S. jetzt auch RIESNER, Frühzeit 269 ff.

[36] Dies betont besonders LYONS, Autobiography 133 f.150; vgl. auch STENGER, Biographisches 125 f.

[37] Das doppelte ποτε in 1,23 verweist auf der paulinischen Textebene zurück auf das ποτε des Wandels im Ἰουδαϊσμός (1,13). Im Zusammenhang der Rückblende 1,22–24 signalisiert es die Überschreitung des Zeitraums, den die Rückblende erfaßt. Dieser setzt erst in Folge der Berufung ein (mit εὐθέως, V. 16 b), auf ihn beziehen sich die imperfektischen Verbkonstruktio-

gnanten Schema verdichtet: Der einst (ποτε) verfolgte, verkündigt nun (νῦν) den Glauben, den er einst (ποτε) vernichten wollte. Allerdings wird durch dieses Schema die erzählerisch gestaltete Ereignisfolge in 1,13–17 nicht gesprengt. Anstelle des νῦν im Schema steht innerhalb der autobiographischen Erzählung εὐθέως, an das sich die weiteren Zeitpartikeln anschließen, anstelle des Präsens das Erzähltempus Aorist[38].

Auch hinsichtlich der Darstellung des antiochenischen Zwischenfalls (2,11–14) wird zwar die zeitliche Reihenfolge der berichteten Ereignisse respektiert[39], daß aber diesem Ereignis überhaupt eine so gewichtige Rolle innerhalb der Ereignisfolge zugemessen wird, ergibt sich nur aus Aufbau und Anliegen des autobiographischen Rechenschaftsberichts: In der Schilderung des Konflikts mit Kephas um die Tischgemeinschaft mit Unbeschnittenen ist das Ziel der Erzählung erreicht. Hier schließt nahtlos die argumentative Erörterung des Briefthemas an. Auf diese Weise kann Paulus den in Galatien zur Debatte stehenden Konflikt gewissermaßen in seine autobiographische Erzählung direkt einbeziehen. Durch ausführliche Darstellung und betonte Stellung am Schluß der Ereignisfolge erhält dieses Ereignis das größte Gewicht[40].

Das Bild, das sich bei Betrachtung der Zeitangaben ergibt, wird durch die Ortsangaben des Textes gestützt (vgl. die Übersicht »Ereignisfolge«). Die autobiographische Erzählung setzt ein mit einer durch Verdoppelung betonten

---

nen ἤμην ἀγνοούμενος, ἀκούοντες ἦσαν, ἐδόξαζον. Ähnlichen, den Zeitraum des unmittelbaren Kontextes überschreitenden temporalen Sinn hat das ποτε in 2,6. Es dürfte auf einen Zeitpunkt vor der Berufung zurückverweisen (gegen Rehkopf, Grammatik § 303₂; Lüdemann, Heidenapostel I 92, Anm. 74; Mussner, Gal 114; Oepke, Gal 78, mit Lyons, Autobiography 150f; Rohde, Gal 85; Becker, Gal 24; Schlier, Gal 75; unentschieden Betz, Gal 178–183.

[38] Nach Stenger, Biographisches 125f, verbindet εὐθέως den idealbiographischen Einsetzungsbericht V. 15f mit der Reihe der biographischen Einzelereignisse ab V. 16b. Paulus kann den Kontrast in seiner Biographie durchaus auch unabhängig von einer zeitlich geordneten Ereignisfolge ausdrücken (vgl. Phil 3,4–11; 1Kor 15,9f). Daß er in Gal 1f die sprachliche Form einer autobiographischen Erzählung wählt, die nicht einfach aus dem Kontrastschema abgeleitet werden kann, macht es unwahrscheinlich, ihre Funktion allein darin zu sehen, Paulus als Paradigma für die »conversion from Judaism to Christianity« hinzustellen, um diese der drohenden umgekehrten »Konversion« der Galater entgegenzuhalten (gegen Lyons, Autobiography 150).

[39] Gegen Lüdemann, Heidenapostel I 43ff.104 (vgl. o. Anm. 31).

[40] Nach Lyons, Autobiography 134f, entspricht 2,11–21 der σύγκρισις der antiken Biographie »which compare and contrast the ethos of the autobiographer with that of other exemplary individuals«. Freilich ist auch hier wieder zu beachten, daß es beim antiochenischen Zwischenfall nicht allein um ein Paradigma geht, sondern um eine der galatischen Auseinandersetzung eng verwandte Frage. Überzeugender ist die Bestimmung des Abschnitts durch Hester, Structure 231f, als »egressus«: »... it gives him a chance to use a historical event that expresses his indignation over a situation of importance to him – and, therefore, to the Galatians also – and pictures him rebuking one of the very men upon whom he was supposed to be dependent or from whom he was supposed to have learned the gospel«. Vgl. auch Holtz, Zwischenfall 344.

Ereignisfolge

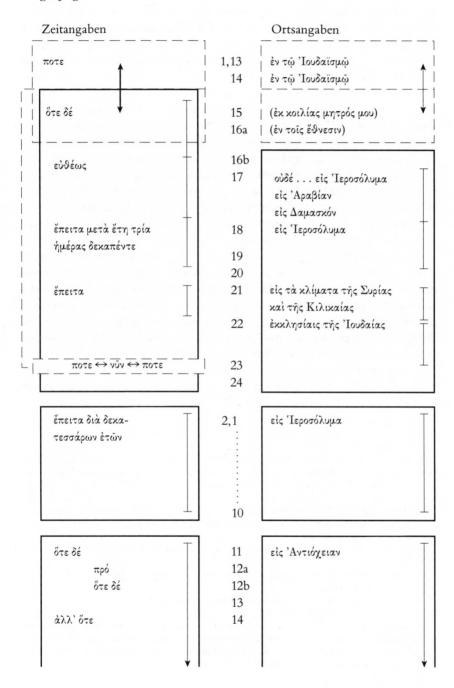

Zeitangaben   Ortsangaben

ποτε	1,13	ἐν τῷ ᾿Ιουδαϊσμῷ
	14	ἐν τῷ ᾿Ιουδαϊσμῷ
ὅτε δέ	15	(ἐκ κοιλίας μητρός μου)
	16a	(ἐν τοῖς ἔθνεσιν)
εὐθέως	16b	
	17	οὐδέ . . . εἰς ᾿Ιεροσόλυμα
		εἰς ᾿Αραβίαν
		εἰς Δαμασκόν
ἔπειτα μετὰ ἔτη τρία	18	εἰς ᾿Ιεροσόλυμα
ἡμέρας δεκαπέντε		
	19	
	20	
ἔπειτα	21	εἰς τὰ κλίματα τῆς Συρίας
		καὶ τῆς Κιλικαίας
	22	ἐκκλησίαις τῆς ᾿Ιουδαίας
ποτε ↔ νῦν ↔ ποτε	23	
	24	
ἔπειτα διὰ δεκα-	2,1	εἰς ᾿Ιεροσόλυμα
τεσσάρων ἐτῶν		
	10	
ὅτε δέ	11	εἰς ᾿Αντιόχειαν
πρό	12a	
ὅτε δέ	12b	
	13	
ἀλλ᾿ ὅτε	14	

Ortsbestimmung (ἐν τῷ Ἰουδαϊσμῷ, V. 13f), die nicht eine geographische Orts-lage, sondern einen durch spezifische religiöse und soziale Gegebenheiten be-stimmten Lebensraum benennt[41]. Der auf diese Weise verortete Lebensabschnitt des Paulus wird abgeschlossen durch seine Berufung zum Aposteldienst ἐν τοῖς ἔθνεσιν (V. 16)[42], der er durch seinen Weggang nach Arabien und seine Rückkehr nach Damaskus nachkommt (V. 17).

Die zahlreichen verschiedenen Ortsangaben in 1,17–24 sind alle auf Jerusalem bezogen[43], wenngleich die Stadt nicht immer Ort der Handlung ist. Arabien und Damaskus (V. 17) unterstreichen die betont an die Spitze der Ereignisfolge gestellte Distanz zu Jerusalem (V. 17a)[44]. Über Ereignisse oder Tätigkeiten dort wird nichts gesagt. Dagegen berichtet V. 18f relativ ausführlich über den 14tägi-gen Jerusalemaufenthalt bei Kephas. Syrien und Zilizien (V. 21) werden wiederum nicht als eigener Handlungsort genannt, sondern lediglich als Richtung des Weggangs von Jerusalem. Wieder ist von Tätigkeiten oder Ereignissen in diesen Gebieten nicht die Rede. Stattdessen wendet V. 22ff den Blick sofort wieder zurück auf die Gemeinden Judäas, zu denen die Jerusalemer gehören[45].

Um so ausführlicher wird dann der zweite Jerusalemaufenthalt geschildert (2,1–10)[46]. In 2,11 wird durch ὅτε δέ und den Ortswechsel εἰς Ἀντιόχειαν ein neuer Abschnitt eingeleitet[47]. Antiochia ist im folgenden, obwohl nicht mehr ausdrücklich genannt, konstanter Handlungsort. Dennoch bleibt ein geogra-phischer Bezug auf Jerusalem auch hier implizit bestehen. Er wird signalisiert durch die im Vergleich zum Jerusalemer Geschehen von 2,1–10 relativ konstante Personenkonstellation: Paulus/Barnabas – Kephas/Jakobus(-Leute)[48]. Das drei-fache ἔρχεσθαι (V. 11f) unterstreicht auf der Textebene innerhalb des lokalen Codes die enge Verbindung zwischen Jerusalem und Antiochia, ohne daß damit

---

[41] Vgl. u., S. 21–24. Ähnlich Smit, Galaten 346f. Daß dieser Lebensraum im Blick auf die Herkunft des Paulus auch geographisch lokalisiert werden kann, wird aufgrund historischer Argumentation noch gezeigt werden, ergibt sich aber nicht schon aus dem Text in 1,13f (vgl. u., S. 43–48).

[42] Panier, Parcours 24, betrachtet ἐκ κοιλίας μητρός μου (V. 15) und ἐν τοῖς ἔθνεσιν als Ortsangaben, die die räumliche Distanz zum Wandel im Ἰουδαϊσμός (V. 13f) unterstreichen. Vgl. auch Dieterlé, Juste 8ff.

[43] Das wird schon an den Verben sichtbar: ἀν-, ἀπῆλθον, V. 17; ἀνῆλθον, V. 18; ἀνέβην, 2,1f (2×).

[44] So auch Lüdemann, Heidenapostel I 80f mit Anm. 47a; Riesner, Frühzeit 196f.

[45] S. u., S. 59 mit Anm. 262.

[46] Zur rhetorischen Gestaltung dieses Abschnitts vgl. Hester, Use 395–402.

[47] Ähnlich Stenger, Biographisches 131, Anm. 18.

[48] Vgl. die Übersicht »Personenkonstellation«. Der Kontrast zum vorher berichteten Ereig-nis wird dadurch signalisiert, daß bei relativ konstanter Personenkonstellation in Jerusalem das Einvernehmen, in Antiochia aber der Konflikt betont wird (vgl. 1,18f; 2,9 mit 2,11.14). Vgl. auch Dieterlé, Juste 10–13; Lyons, Autobiography 158–164.

Personenkonstellation

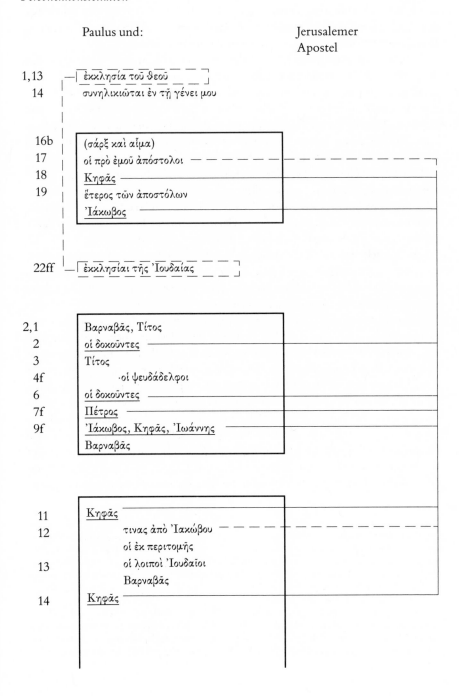

Paulus und: Jerusalemer
                                Apostel

1,13   — ἐκκλησία τοῦ θεοῦ
14   συνηλικιῶται ἐν τῇ γένει μου

16b   (σάρξ καὶ αἷμα)
17   οἱ πρὸ ἐμοῦ ἀπόστολοι
18   Κηφᾶς
19   ἕτερος τῶν ἀποστόλων
      Ἰάκωβος

22ff — ἐκκλησίαι τῆς Ἰουδαίας

2,1   Βαρναβᾶς, Τίτος
2   οἱ δοκοῦντες
3   Τίτος
4f   ·οἱ ψευδάδελφοι
6   οἱ δοκοῦντες
7f   Πέτρος
9f   Ἰάκωβος, Κηφᾶς, Ἰωάννης
      Βαρναβᾶς

11   Κηφᾶς
12   τινας ἀπὸ Ἰακώβου
           οἱ ἐκ περιτομῆς
13   οἱ λοιποὶ Ἰουδαῖοι
           Βαρναβᾶς
14   Κηφᾶς

die historische Frage nach der Herkunft der Jakobus-Leute eindeutig beantwortet ist. Weitere semantische Bezüge lassen erschließen, daß die beiden gegenüber den 1,17–24 lediglich aufgezählten Etappen weit ausführlicher dargestellten Ereignisse auch inhaltlich miteinander in Verbindung stehen[49].

Auch die Ortsangaben in 1,13–2,14 dienen also nicht in erster Linie dazu, den Weg bzw. die geographischen Lebensstationen des Paulus biographisch vollständig zu erfassen. Sie sind wie die Zeitbestimmungen entsprechend der Aussageabsicht im Kontext der autobiographischen Erzählung gezielt ausgewählt und gestaltet. Durchgängige Gesichtspunkte sind die Distanz zu bzw. Präsenz in Jerusalem sowie die Beziehungen zu den Jerusalemer Aposteln. Gliederung und Gestaltung sind primär sachlich, nicht historisch-biographisch bedingt.

Allerdings bleibt doch bei aller Unterordnung des autobiographischen Materials unter die Tendenz der Erzählung die Form des Rechenschaftsberichts gewahrt. Es geht durchaus um die Person des Paulus und das von ihr Berichtete, nicht nur um ein Paradigma für die in Galatien strittige Frage. Dies wird daran deutlich, daß Paulus weitgehend mit Negationen operiert (vgl. 1,16b.17.19.22; 2,3.5.6). Auch die seine Wahrhaftigkeit beschwörende Anrede der Leser (1,20)[50] ist an eine solche Negation angeschlossen. Dagegen wird von positiven Aktivitäten oder Verhaltensweisen kaum etwas gesagt. Dies läßt sich nur bei Annahme einer apologetischen Ausrichtung erklären[51].

Damit bestätigt sich, daß sich im autobiographischen Rechenschaftsbericht mehrere Aussageabsichten und Funktionen (und deshalb auch Merkmale verschiedener Redegattungen) durchdringen. Paulus will zum einen wesentliche Etappen seines Lebensweges darstellen und einschätzen (epideiktische Funktion). Er will sich gleichzeitig gegen Angriffe auf die Autorität seines Evangeliums und seines Apostolats verteidigen (dikanische Funktion). Er will schließlich dadurch die Adressaten in Galatien dazu bringen, an seinem (beschneidungsfreien) Evangelium festzuhalten, wie er selbst es in seinem gesamten Lebensgang als Apostel vorbildlich getan hat (symbuleutische Funktion). Der autobiographische Rechenschaftsbericht in Gal 1,13–2,14 ist somit ein Zeugnis der Relevanz des paulinischen Bios für die Konsequenzen seiner Verkündigung.

---

[49] Vgl. die Übersicht »Thematische Textverknüpfung«, bes. die Konstellation Juden/Heiden bzw. Beschneidung/Unbeschnittenheit (2,2f.7ff.12.14b.15). Zur historischen Verbindung von Apostelkonzil und antiochenischem Zwischenfall vgl. SUHL, Galaterbrief 3082–3088; HOLTZ, Zwischenfall 346–349.351–355; DUNN, Incident 4–7.33–38; LÜDEMANN, Heidenapostel I 86–110; WATSON, Paul 50–56.

[50] Vgl. dazu SAMPLEY, God 477–482.

[51] LYONS, Autobiography 134, will in 1,18–2,10 den Topos der πράξεις innerhalb der antiken Biographie wiederfinden. Aber πράξεις werden ja eben gerade nicht berichtet, schon gar nicht »in Syria and Cilicia« (vgl. das wenig überzeugende Schema zur Struktur der Narratio, a.a.O., 135, in dem 1,21–24 [!] als zweiter Teil dem πράξεις-Abschnitt zugeordnet wird).

Thematische Textverknüpfung

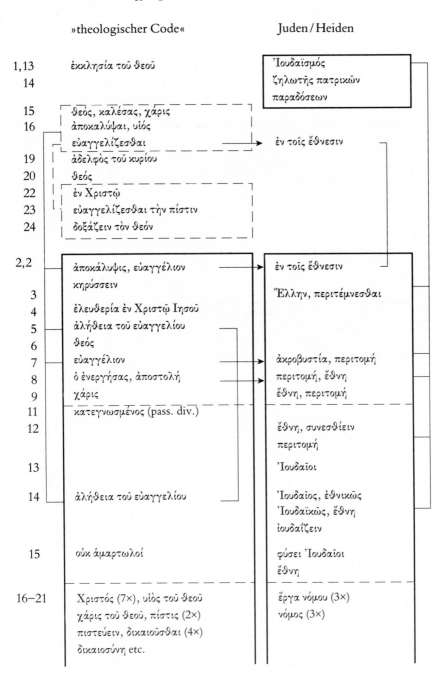

	»theologischer Code«	Juden / Heiden
1,13	ἐκκλησία τοῦ θεοῦ	Ἰουδαϊσμός
14		ζηλωτὴς πατρικῶν
		παραδόσεων
15	θεός, καλέσας, χάρις	
16	ἀποκαλύψαι, υἱός	
	εὐαγγελίζεσθαι	ἐν τοῖς ἔθνεσιν
19	ἀδελφὸς τοῦ κυρίου	
20	θεός	
22	ἐν Χριστῷ	
23	εὐαγγελίζεσθαι τὴν πίστιν	
24	δοξάζειν τὸν θεόν	
2,2	ἀποκάλυψις, εὐαγγέλιον	ἐν τοῖς ἔθνεσιν
	κηρύσσειν	
3		Ἕλλην, περιτέμνεσθαι
4	ἐλευθερία ἐν Χριστῷ Ἰησοῦ	
5	ἀλήθεια τοῦ εὐαγγελίου	
6	θεός	
7	εὐαγγέλιον	ἀκροβυστία, περιτομή
8	ὁ ἐνεργήσας, ἀποστολή	περιτομή, ἔθνη
9	χάρις	ἔθνη, περιτομή
11	κατεγνωσμένος (pass. div.)	
12		ἔθνη, συνεσθίειν
		περιτομή
13		Ἰουδαῖοι
14	ἀλήθεια τοῦ εὐαγγελίου	Ἰουδαῖος, ἐθνικῶς
		Ἰουδαϊκῶς, ἔθνη
		ἰουδαΐζειν
15	οὐκ ἁμαρτωλοί	φύσει Ἰουδαῖοι
		ἔθνη
16–21	Χριστός (7×), υἱὸς τοῦ θεοῦ	ἔργα νόμου (3×)
	χάρις τοῦ θεοῦ, πίστις (2×)	νόμος (3×)
	πιστεύειν, δικαιοῦσθαι (4×)	
	δικαιοσύνη etc.	

Unter Berücksichtigung der festgehaltenen Textbeobachtungen und der erschlossenen Aussageabsichten bietet sich folgende Gliederungsübersicht an[52]:

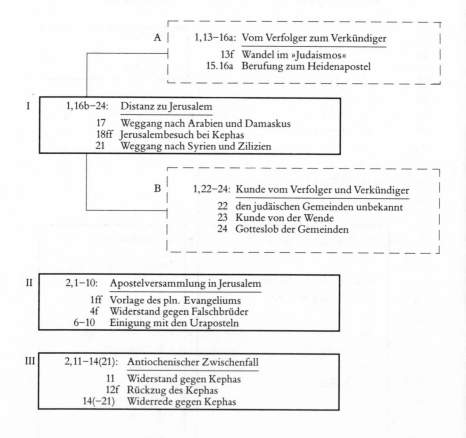

A | 1,13–16a: Vom Verfolger zum Verkündiger
13f Wandel im »Judaismos«
15.16a Berufung zum Heidenapostel

I 1,16b–24: Distanz zu Jerusalem
17 Weggang nach Arabien und Damaskus
18ff Jerusalembesuch bei Kephas
21 Weggang nach Syrien und Zilizien

B | 1,22–24: Kunde vom Verfolger und Verkündiger
22 den judäischen Gemeinden unbekannt
23 Kunde von der Wende
24 Gotteslob der Gemeinden

II 2,1–10: Apostelversammlung in Jerusalem
1ff Vorlage des pln. Evangeliums
4f Widerstand gegen Falschbrüder
6–10 Einigung mit den Uraposteln

III 2,11–14(21): Antiochenischer Zwischenfall
11 Widerstand gegen Kephas
12f Rückzug des Kephas
14(–21) Widerrede gegen Kephas

---

[52] Weitere Gliederungsvorschläge bei Betz, Gal 58ff; Suhl, Galaterbrief 3128; Hester, Structure 233; Smit, Letter 12, Anm. 1; derselbe, Galaten 345ff; Stenger, Biographisches 126; Von der Osten-Sacken, Wahrheit 120; Panier, Parcours 23–28; Dieterlé, Juste 8–13.18.

2. Exegese Gal 1,13f

a) Struktur und Funktion

Der mit ἠκούσατε eingeführte Hauptsatz[53] wird durch zwei gleichgeordnete Nebensätze erweitert. Die Nebensätze erläutern das Objekt des Hauptsatzes (τὴν ἐμὴν ἀναστροφήν ποτε ἐν τῷ Ἰουδαϊσμῷ)[54].

Der erste Nebensatz enthält zwei koordinierte verba finita (ἐδίωκον, προέκοπτον), der zweite ist durch (untergeordnetes) participium coniunctum (ζηλωτὴς ὑπάρχων) erweitert. Das gesamte Satzgefüge dient der Beschreibung der Existenz des Paulus ἐν τῷ Ἰουδαϊσμῷ. Auffälliges Gestaltungsmittel ist die Häufung steigernder Sprachelemente (καθ᾽ ὑπερβολήν, ὑπὲρ πολλούς, περισσοτέρως). Innerhalb der autobiographischen Erzählung bilden die VV. 1,13f einen eigenen Abschnitt[55]. Es ist nun nach deren spezifischer Funktion innerhalb der paulinischen Aussageabsicht zu fragen.

Im Zusammenhang des Rechenschaftsberichts als ganzem bildet der paulinische Wandel im »Judaismos« einen Kontrast für seine Berufung zum Heidenapostel. Zudem unterstreicht das besonders herausgestellte Wirken als Christenverfolger die Tendenz der Darstellung, jeden Einfluß anderer christlicher Autoritäten auf Paulus beim Empfang seines Evangeliums auszuschließen[56]. An der Verfolgungsaussage ist Paulus offenbar aktuell besonders interessiert, weshalb er sie sofort als Konsequenz seines Wandels im »Judaismos« nennt, noch bevor er diesen näher beschreibt. Darüber hinaus ist aber angesichts der eindringlichen Schilderung der jüdischen Existenz im Rahmen der paulinischen Autobiographie nach einer spezifischen Aussageabsicht zu suchen, die sich in diesen Aussagen selbst niederschlägt. Die Aufeinanderfolge von Wandel im »Judaismos« und Berufung zum Apostel bildet ja in VV. 13–17 im Unterschied zu V. 23 keineswegs ein Kontrastschema. ὅτε δέ schließt zwar die vorangehende Epoche ab, hebt sie aber in ihrer Bedeutung nicht auf. Wir haben einen erzählenden, durch

---

[53] Die Erinnerung der Hörer an Bekanntes gehört zum Stil am Beginn der Narratio (vgl. Lüdemann, Heidenapostel I 75; Betz, Gal 136, Anm. 92), sagt also nichts über Möglichkeiten, wie die Galater zu ihrer Kunde gekommen sind. Vgl. auch u., S. 39 mit Anm. 153, zu ἀκούειν in 1,23.

[54] ὅτι ist epexegetisch (so auch Betz, Gal 137, Anm. 96; Mussner, Gal 78; vgl. Bauer, Wörterbuch 61 ff s. v. ἀκούω 1.b. und 3.e., sowie Rehkopf, Grammatik § 394.4; 396.1; 397.1; 416.1b).

[55] Vgl. die Übersicht S. 18.

[56] Freilich bietet die Textgestaltung dafür keine direkten Anhaltspunkte. Die Verfolgungsaussagen sind hier (anders als in V. 23!) nicht Aussagen über ein positives Verhältnis zu Gliedern der Gemeinde Gottes gegenübergestellt, sondern explizieren den Wandel im »Judaismos«. Die Verfolgung der Gemeinde ist eine Konsequenz des gesetzestreuen Wandels, nicht umgekehrt die Gesetzestreue Ausdruck der Feindschaft gegen Christen und Bestätigung der Unabhängigkeit von ihnen.

aufeinanderfolgende Ereignisse gegliederten Text vor uns, nicht einen primär
argumentativ antithetisch gestalteten[57]. Dies bedeutet, daß im Moment der
Berufung die ihr vorangehende Epoche der paulinischen Biographie nicht irrelevant geworden ist.

Die Berufungsaussage leitet zudem syntaktisch (im Nebensatz!) lediglich die
Aussagen über das Verhältnis zu Jerusalem ein, wodurch freilich ihre sachliche
Bedeutung im Kontext nicht geschmälert wird. Sie ist aber eben nicht in erster
Linie als Kontrast zum vorangehenden angeführt[58].

Geht man von den Aussagen der VV. 13f selbst aus, so ist in ihnen von einer
streng am Gesetz ausgerichteten Lebensweise des Paulus und seiner daraus
resultierenden Verfolgung von Christen die Rede[59]. Dies wird im Zusammenhang der Ausrichtung der autobiographischen Erzählung am besten dann verständlich, wenn dadurch bereits Streitpunkte anklingen, die gegenwärtig in
Galatien aktuell sind. Dabei geht es speziell um die Frage der Beschneidung von
(Heiden-)Christen[60]. Wenn die Aussageabsicht der autobiographischen Erzählung wie gezeigt darin besteht, die Leser anhand der Darstellung ausgewählter
Abschnitte und Ereignisse aus der Biographie des Paulus unter Abweisung von
Angriffen auf Ursprung und Autorität seines Apostolats von der paulinischen
Position in diesem Streit zu überzeugen, dann müssen auch die Aussagen der
VV. 13f in diesem Horizont interpretiert werden. Durch die Darstellung der
ersten Epoche seiner Biographie will Paulus zeigen, daß er weiß, wovon er
redet, wenn er in den Streit um die Beschneidung in Galatien eingreift: Er selbst
konnte damals als vorbildlicher Vertreter des »Judaismos«, der streng am Gesetz
orientierten Lebensweise gelten, und er weiß genau um die Relevanz der Gesetzesfrage für Christen, denn seine eigene Verfolgertätigkeit war Ausdruck seines
vorbildlichen Gesetzeswandels[61].

Freilich stellt Paulus diesen ersten Abschnitt seiner Biographie unter das
Vorzeichen des ποτε und läßt ihm weitere folgen, die nicht mehr durch den

---

[57] Vgl. o., S. 10ff.

[58] LYONS, Autobiography 132f, deutet Gal 1,13–17 anhand des Aufbaus der antiken Autobiographie als Topos der ἀναστροφή. Dabei liege die Betonung weniger auf dem Bios als
vielmehr auf dem Ethos. Freilich muß er selbst eingestehen, es fehle in Gal 1 eine zu erwartende
»description of his personal choices deciding his character and profession (ἐπιτηδεύματα)«.
Deren Stelle nehme hier der Anspruch der göttlichen Berufung zum Heidenmissionar ein, die
betont den vorangehenden Aussagen entgegengestellt wird.
M. E. kann Lyons' Gliederung nicht überzeugen. Der Haupttrenner ὅτε δέ wird übergangen,
stattdessen die schon in V. 16b beginnende Ereignisfolge auseinandergerissen. Die Überschriften für die zwei Teile der ἀναστροφή (a.a.O., 135: »persecutor of the church«, »preacher of the
gospel«) entsprechen nicht deren Inhalt. Von einer Predigttätigkeit des Paulus ist nichts
erwähnt, ein positives Ethos wird gerade nicht ausgeführt (vgl. auch o., Anm. 26).

[59] Damit greifen wir auf das Ergebnis der folgenden Einzeluntersuchungen vor.

[60] Vgl. o., S. 7–10.

[61] So auch LÜHRMANN, Gal 32; WALTER, Gegner 352.

»Judaismos« bestimmt sind, sondern seine Berufung zum Christusapostel zur Voraussetzung haben. In seiner Biographie wurde durch seine Berufung die Epoche des »Judaismos« abgeschlossen. Daß Paulus jedoch auch als Christusapostel lange Jahre später noch auf diese seine erste Lebensphase zurückgreifen kann, um gegenwärtig anstehende Probleme in seinen Gemeinden in seinem Sinne zu beeinflussen, zeigt, daß ihre Relevanz für seinen Dienst als Apostel keineswegs durch seine Berufung aufgehoben worden ist[62]. Allerdings ist diese Relevanz im Rahmen der Auseinandersetzung im Galaterbrief gewissermaßen eine negative. Denn es ist klar, daß die gegenwärtige Position des Paulus in der Frage des Gesetzesgehorsams von Christen seiner Haltung in der ersten Epoche seines Lebens entgegengesetzt ist.

Somit wird bereits bei der Frage nach der Funktion der Darstellung der jüdischen Existenz des Paulus innerhalb seiner autobiographischen Erzählung in Gal 1f die ganze Spannweite der Fragestellung unserer Untersuchung ansatzweise sichtbar. Paulus sieht auch in seinem Wirken als Christusapostel gegenüber seinen heidenchristlichen Gemeinden von seiner Existenz als Jude nicht ab.

b) ἀναστροφή ἐν τῷ Ἰουδαϊσμῷ

Der Wandel [63] des Paulus vor seiner Berufung zum Apostel war bestimmt durch den Ἰουδαϊσμός. Das relativ seltene griechische Wort kommt im Neuen Testament nur in Gal 1,13f vor[64]. Für die Bestimmung seiner Bedeutung auszuscheiden hat die Gegenüberstellung zu Χριστιανισμός, die erst bei Ignatius begegnet (Magn 10,3; Phld 6,1; vgl. Magn 8,1)[65]. In der Septuaginta ist es auf das 2. und 4.

---

[62] Vgl. ähnlich BRUCE, Thoughts 22: »The Galatian Christians were being tempted to put themselves under the Jewish law in order to win acceptance in God's sight. But let them recollect that he himself had once pursued this course, and shown greater zeal in doing so than any of them were likely to match... But in fact his devotion to the law led him into a course of action clean contrary to the will of God – his campaign of repression against the followers of Christ ... if the law had led him so terribly into sin, it would not lead his converts into the way of righteousness.«

[63] Vgl. J. BAUMGARTEN, EWNT I 223: »Mit dem *Wandel* ist das gesamte menschliche Dasein in seiner Bestimmung durch Heidentum, Judentum oder den christl. Glauben umschrieben.« ἀναστροφή bei Paulus nur hier (vgl. Eph 4,22; 1Tim 4,12), in LXX nur zweimal, dort jeweils in Bezug auf eine am Maßstab des jüdischen Gesetzes ausgerichtete Lebenspraxis: 2Makk 6,23 (der Entschluß des Eleasar zum Martyrium ist »würdig ... seiner von Kindesbeinen an untadeligen Lebensweise [τῆς ἐκ παιδὸς καλλίστης ἀναστροφῆς], noch mehr aber des heiligen und von Gott gestifteten Gesetzeswerkes«); Tob 4,14 (innerhalb einer geprägten Zusammenstellung typischer Verhaltensweisen, in denen sich das vorbildliche Leben entsprechend dem Willen Gottes widerspiegelt [vgl. dazu NIEBUHR, Gesetz 203–206], als zusammenfassende Mahnung: »Achte auf dich selbst, Kind, in all deinen Werken und sei wohl erzogen in deinem ganzen Wandel!« [ἴσθι πεπαιδευμένος ἐν πάσῃ ἀναστροφῇ σου]). Zu beachten ist an beiden Stellen der Kontext der Erziehung zu einem dem Gesetz entsprechenden Leben!

[64] Vgl. noch ἰουδαΐζειν, Ἰουδαϊκῶς Gal 2,14, sowie (weniger prägnant) Ἰουδαϊκός Tit 1,14. S. a. O. BETZ, EWNT II 470ff; W. GUTBROD, ThWNT III 385.

[65] Vgl. HAACKER, Galaterbrief 96. Nach BAUER, Wörterbuch 1768, ist Χριστιανισμός nur bei Ignatius und im MartPol belegt.

Makkabäerbuch beschränkt (2Makk 2,21; 8,1; 14,38 [2x]; 4Makk 4,26)[66]. Hinzu kommen zwei inschriftliche Belege (CIJ I 694 [Stobi] .537 [Rom])[67]. Bei Josephus und Philo fehlt es.

Im Vorwort zu dem Auszug aus den fünf Büchern Jasons von Kyrene, die der Verfasser des 2Makk[68] zusammenfassen will (2,23), werden u. a. erwähnt »die Himmelserscheinungen, die den für die jüdische Sache voller Eifer und Tapferkeit Kämpfenden (ὑπὲρ τοῦ Ἰουδαϊσμοῦ φιλοτίμως ἀνδραγαθήσασιν) zuteilgeworden sind, so daß sie trotz ihrer geringen Zahl das gesamte Land verheerten und die Massen der Barbaren verfolgten, daß sie weiter das in der ganzen besiedelten Welt berühmte Heiligtum (ἱερόν) zurückeroberten, die Stadt (πόλιν) befreiten und den schon fast beseitigten Gesetzen (νόμους) wieder Geltung verschafften« (2,21 f).

Der Abschnitt über die Taten Judas' des Makkabäers (vorher wurde er nur kurz erwähnt, vgl. 5,27) wird eingeleitet durch einen Bericht von der heimlichen Sammlung von »am Judentum Festhaltenden« (τοὺς μεμενηκότας ἐν τῷ Ἰουδαϊσμῷ, 8,1), die angesichts des bedrängten Volkes (λαόν), des von gottlosen Menschen geschändeten Tempels (ναόν), der von Zerstörung bedrohten Stadt (πόλιν), der Leiden der Bevölkerung und der Lästerungen gegen den Namen Gottes den Herrn um Hilfe anrufen (8,2ff).

Eine Einzelepisode aus dem Kampf gegen Nikanor (Kp. 14f) erzählt von einem Ältesten aus Jerusalem namens Rasi, einem hochangesehenen und von seinen Mitbürgern »Vater der Juden« (πατὴρ τῶν Ἰουδαίων, 14,37) genannten Manne, der schon »in den früheren Zeiten der Uneinigkeit wegen seiner jüdischen Lebensweise schwerer Prüfung unterzogen worden (war) und ... Leib und Seele mit größter Ausdauer für die jüdische Sache eingesetzt« hatte (ἐν τοῖς ἔμπροσθεν χρόνοις τῆς ἀμειξίας κρίσιν εἰσενηνεγμένος Ἰουδαϊσμοῦ, καὶ σῶμα καὶ ψυχὴν ὑπὲρ τοῦ Ἰουδαϊσμοῦ παραβεβλημένος μετὰ πάσης ἐκτενίας, 14,38)[69].

Zu Anfang des erzählenden Teils des 4Makk (vgl. 3,19), bevor das Martyrium des Eleasar und der sieben Brüder ausführlich geschildert wird (Kpp. 5–14), berichtet die Schrift einleitend und summarisch vom Konflikt zwischen der gesetzestreuen Jerusalemer Bevölkerung und der feindlichen seleukidischen Besatzungsmacht[70]. Im Anschluß an Ereignisse aus der Zeit des Hohenpriesters Onias und des syrischen Königs Seleukos IV.

---

[66] Vgl. Est 8,17 (ιουδάιζον) sowie für die »judäische« Sprache (Ιουδαϊστί) 4Reg 18,26.28; 2Chr 32,18; 2Esr 23,24; Jes 36,11.13.

[67] Vgl. dazu Hengel, Synagogeninschrift 145–183. S. a. die Zusammenstellung der Belege bei Amir, Begriff 102 f.

[68] Übersetzungen im folgenden nach Habicht, 2. Makkabäerbuch.

[69] Vgl. auch die Übersetzung von Goldstein, 2Makk 473: »in the preceding time of war he had been brought to trial on a charge of practicing Judaism«. Weitere Übersetzungsvorschläge bei Habicht, 2. Makkabäerbuch 276, Anm. 38 b). Amir, Begriff 102, übersetzt: »erbrachte einen Beweis seines Judentums, indem er mit ganzer Macht Leib und Seele für das Judentum hingab«.
Zu χρόνοις ἀμειξίας vgl. 14,3 (dazu Goldstein, 2Makk 483f, der allerdings in 14,3 mit der lateinischen und syrischen Überlieferung gegen die meisten griechischen Handschriften ἐπιμιξία voraussetzt, sowie Habicht, 2. Makkabäerbuch 271, Anm. 3b); zur Wortgruppe im Diasporajudentum vgl. Delling, Bewältigung 15f). Gemeint ist in 14,38 zweifellos die Zeit der Religionsverfolgung unter Antiochus IV. (so auch Goldstein, 2Makk 483f; Habicht, 2. Makkabäerbuch 275, Anm. 38a).

[70] Zum Gesetzesgehorsam in 4Makk insgesamt vgl. Niebuhr, Gesetz 216–222; Delling, Bewältigung 23. Übersetzungen im folgenden nach Klauck, 4. Makkabäerbuch.

(3,20–4,14) kommt der Verfasser auf die Auseinandersetzungen um den Gesetzesgehorsam unter Antiochus IV. zu sprechen (4,15–26). Der von diesem eingesetzte Hohepriester Jason »brachte das Volk von der bisherigen Lebensweise ab und entwöhnte es der ihm eigentümlichen Verfassung bis hin zur gänzlichen Gesetzeswidrigkeit« (παρανομία, V. 19), indem er in Jerusalem ein Gymnasium errichtete und »die Loyalität gegenüber dem Tempel (τὴν τοῦ ἱεροῦ κηδεμονίαν, V. 20) abzubauen verstand«. Die darob ergrimmte göttliche Gerechtigkeit führt zur Strafe Antiochus IV. als Eroberer herbei, der alsbald den Erlaß ergehen läßt: »Wenn welche von ihnen dabei ertappt würden, daß sie nach dem väterlichen Gesetz ihr Leben führten (τῷ πατρίῳ πολιτευόμενοι νόμῳ, V. 23), so sollten sie sterben.« Freilich gelingt es ihm dadurch nicht, »die Gesetzesobservanz des Volkes (τὴν τοῦ ἔθνους εὐνομίαν, V. 24) . . . ins Wanken zu bringen . . . – was dazu führte, daß Frauen, weil sie ihre Knäblein beschnitten hatten (περιέτεμον τὰ παιδία, V. 25), mit ihren Säuglingen in die Tiefe gestürzt wurden«. Deshalb »versuchte er höchstpersönlich, durch Folterqualen einen jeden einzelnen aus dem Volk dazu zu zwingen, von unreinen Speisen zu kosten und so jüdischer Lebensart abzuschwören« (μιαρῶν ἀπογευομένους τροφῶν ἐξόμνυσθαι τὸν Ἰουδαϊσμόν, V. 26).

Der Kontext der wenigen Belege der Septuaginta für Ἰουδαϊσμός läßt den historischen und kulturell-religiösen Horizont des Wortes deutlich erkennen. Ἰουδαϊσμός begegnet in einem Wortfeld mit νόμοι (παρα-, εὐνομία), ἱερόν (ναός), ἔθνος (λαός), πόλις. Für (ὑπέρ) den Ἰουδαϊσμός streitet man (ἀνδραγαθεῖν), seinetwegen (Genitiv) wird man angeklagt (κρίσιν εἰσφέρεσθαι), der Forderung, ihn abzuschwören (Akkusativ + ἐξόμνυσθαι), widersteht man, indem man in ihm (ἐν + Dativ) bleibt (μένειν). Für ihn einzutreten, bedeutet, sich mit Leib und Leben für den Tempel, das Volk und die Stadt (Jerusalem) hinzugeben und den jüdischen Gesetzen treu zu bleiben durch Festhalten an Beschneidung und Einhaltung der Speisevorschriften.

Geschichtlicher Hintergrund aller dieser Aussagen sind die Auseinandersetzungen im Zusammenhang mit Hellenisierungsbestrebungen in Jerusalem unter Antiochus IV. und dem Hohenpriester Jason. »Judaismos« ist somit die sich in der Auseinandersetzung mit der religiösen und kulturellen Bedrohung des Hellenismus[71] bewährende Haltung der Treue zur jüdischen Lebensweise, für die der Tempeldienst, die Stadt Jerusalem sowie das Praktizieren religiöser Bräuche (Beschneidung, Speisevorschriften) die äußerlich sichtbaren Merkmale sind[72]. Daß dieser Sprachgebrauch nicht auf die historische Situation seines Ursprungs,

---

[71] Das Wort gebrauche ich im heute üblichen Sinn für die seit Alexander d. Gr. die gesamte Mittelmeerwelt prägende geistige Bewegung der Vermischung griechischer und orientalischer Kultur, während in der Antike damit lediglich die Beherrschung der griechischen Sprache bezeichnet wurde (vgl. H. Volkmann, KP II 1009; Hengel, Judentum 2).

[72] Vgl. Hengel, Judentum 2: »Ἰουδαϊσμός . . . gibt jenen schon für die antike Welt erstaunlichen Tatbestand wieder, daß damit in gleicher Weise die politisch-blutsmäßige Bindung an das jüdische Volk wie der exklusive Glaube an den einen Gott Israels und das Festhalten an der von ihm gegebenen Tora gemeint ist«. S. a. O. Betz, EWNT II 471; von der Osten-Sacken, Wahrheit 153–156. Die Aufteilung des Sprachgebrauchs von Ἰουδαῖος und Ableitungen auf die Diaspora und Ἰσραήλ auf Palästina bei K. G. Kuhn, ThWNT III 360–366, erscheint mir zu schematisch. Auch Amir, Begriff 108–111, schränkt m. E. die Bedeutung von Ἰουδαϊσμός zu sehr auf die Situation der Diaspora ein. Seine detaillierte Analyse der Bedeutungskomponenten

die Religionsverfolgung unter Antiochus IV., beschränkt blieb, zeigen (neben Gal 1,13f) die beiden o. g. Inschriften aus späterer Zeit[73].

Aus der Wortfeldanalyse ergibt sich für die Interpretation von Gal 1,13f, daß Paulus bei der Charakterisierung seiner ersten in die autobiographische Erzählung aufgenommenen Lebensphase nicht lediglich eine dunkle Folie für sein späteres Leben als Christusapostel zeichnet, sondern auf ein Wort zurückgreift, das geeignet war, den existentiellen Vollzug einer positiven, am Gesetz Gottes ausgerichteten Lebenshaltung auszudrücken. Wohl wird durch diese Wortwahl auch ein Moment der Abgrenzung besonders akzentuiert, allerdings nicht einer Abgrenzung gegenüber seinem späteren Christusglauben, sondern gegenüber einer Lebensweise, die gemessen an der Norm der Tora als Abfall zu beurteilen ist[74].

Wenn Paulus seinen einstigen Wandel im »Judaismos« im folgenden dadurch erläutert, daß er auf seine Verfolgertätigkeit gegenüber der »Gemeinde Gottes«, also gegenüber Christen, zu sprechen kommt, so wird zu fragen sein, ob bereits in dieser Wortwahl ein Urteil über die von ihm Verfolgten als von der maßgeblichen Norm jüdischen Lebens Abgefallene impliziert ist. Angesichts der gewählten sprachlichen Ausdrucksweise wäre zu folgern, daß er seine Auseinandersetzung mit der »Gemeinde Gottes« als eine innerjüdische Auseinandersetzung um die Frage der Geltung der Tora beurteilt[75].

c) προκόπτειν

Bevor die Verfolgungsaussage näher untersucht wird, wenden wir uns im Interesse der Analyse (entgegen der von Paulus gezielt vorgenommenen Umstellung der Reihenfolge des Berichteten[76]) zunächst dem zweiten den Wandel

---

des Wortes ist dennoch hilfreich. Er findet in ihm ausgedrückt: 1) den umschlossenen Lebensbereich jüdischen Lebens in Abgrenzung zu allem, was von außen dieses bedroht, 2) die Norm für das Zusammenleben innerhalb einer solchen abgegrenzten Gemeinschaft, 3) den Wert, für den es sich lohnt, Leib und Leben einzusetzen, und 4) die Lehre, das Studium der Tora im unlöslichen Zusammenhang mit ihrer Ausübung (einziger Beleg dafür ist aufgrund des Zusammenhangs [προκόπτειν] Gal 1,14).

[73] Vgl. zu Datierung, Wortlaut und Interpretation Hengel, Synagogeninschrift 145–183, bes. 178f (»ein Frömmigkeitstypus…, der in besonderer Weise die lebenslange Treue zur jüdischen Tradition betont«) und 181 (»alte, der Tradition jüdisch-hellenistischer Theologie eigentümliche Begriffe«). Hengel vermutet (a.a.O., 179), daß das Wort erst von Jason von Kyrene, dessen Werk in 2Makk exzerpiert wird, gebildet worden sei.

[74] Der Abwehrkampf der Juden gegen die Hellenisierungstendenzen unter Antiochus IV. vollzog sich wesentlich als eine innerjüdische Auseinandersetzung um die Geltung der Tora (vgl. dazu Hengel, Judentum 486–564).

[75] Richtig Haacker, Galaterbrief 97: Paulus macht »in Gal 1,13f. eine Aussage über sein früheres Engagement im Abwehrkampf gegen eine (vermeintliche) Abfallbewegung (die Jesusbewegung). Der im Damaskusereignis vollzogene Abschied von dieser Aktivität bedeutet kein Ausscheiden aus dem Judentum, sondern einen Frontwechsel in einem innerjüdischen Richtungskampf.«

[76] Vgl. o., S. 19.

im »Judaismos« erläuternden Nebensatz zu. Unter Wiederaufnahme des zu erläuternden Stichwortes benennt Paulus sein erfolgreiches Voranschreiten in der damit bezeichneten Lebensweise im Vergleich zu seinen jüdischen Altersgenossen[77].

Der Vergleich mit den Altersgenossen legt es nahe, anzunehmen, daß hier das Verb προκόπτειν wie in der philosophischen Ethik der Stoa den Bildungsgang bezeichnet[78]. Dieser Wortgebrauch ist im hellenistischen Judentum wie auch im Neuen Testament belegt[79].

Josephus (Ant X 186–189) erzählt, wie Nebukadnezzar aus den nach Babylon deportierten jüdischen Knaben die edelsten auswählte, um sie von Erziehern ausbilden zu lassen, unter ihnen auch Daniel, Hananja, Misael und Azarja, welche der König »wegen ihrer ausgezeichneten geistigen Befähigung, ihrer fleißigen Studien und ihrer Fortschritte (προκοπή) in den Wissenschaften« besonders in Ehren hielt (189)[80].

Besonders aufschlußreich für das Verständnis der paulinischen Autobiographie ist die Passage, in der Josephus von seinem eigenen Bildungsgang spricht (Vit 8–12). Gemeinsam mit seinem Bruder erzogen, habe er sich einen hohen Grad von Bildung angeeignet (εἰς μεγάλην παιδείας προύκοπτον, 8) und andere an Gedächtnis und Verstand übertroffen. Dadurch habe er sich schon mit 14 Jahren eine solch hervorragende Bildung angeeignet, daß selbst Hohepriester und die Ersten der Stadt zu ihm kamen, um eine besonders gründliche Gesetzesauslegung von ihm zu erfahren (περὶ τῶν νομίμων ἀκριβέστερόν τι γνῶναι, 9). Schließlich habe er im Alter von 16 Jahren begonnen, die drei jüdischen αἱρέσεις durch eigene Erfahrung zu prüfen, bevor er dann im 19. Lebensjahr seine öffentliche Laufbahn als Anhänger der Pharisäer begann.

Auch im Qumran kannte man einen vergleichbaren Bildungs- und Entwicklungsgang, wie wir aus der Gemeinschaftsregel erfahren (1QSa I 6–9): »Und von [seiner Jug]end an soll man ihn (sc. jeden in Israel Geborenen) unterweisen im Buch Hagi. Und entsprechend seinem Alter belehre man ihn in den Satzungen des Bundes, und er soll [erhalten] seine

---

[77] γένος = »Volk« wie Phil 3,5; 2Kor 11,26, nicht »Genossenschaft« (der Pharisäer), wie BARNIKOL, Zeit 31–46, zu begründen versucht. Seine Belege für γένος als Bezeichnung für die Gemeinschaften jüdischer Parteien (Josephus, Ant XIII 172.297) reichen nicht aus, da dort von einem genossenschaftlichen Leben der genannten Parteien (von denen die der Pharisäer übrigens gerade nicht als γένος bezeichnet wird!) nicht die Rede ist (CLEMENTZ, Altertümer, übersetzt, im Sinne des Josephus nicht untreffend, mit »Sekte«). DOEVE, Pharisäer 170–181, der annimmt, »dass Paulus in Gal. i 13 bis 15 eine Aussage macht, die etwas mit seinem früheren Pharisäertum zu tun hat« (a.a.O., 170), bezieht sich dafür nicht auf γένος, sondern auf das Verb ἀφορίζειν (V. 15) und auf den Vergleich mit den Altersgenossen (V. 14). Gegen Barnikol auch OEPKE, Gal 59; Betz, Gal 138, Anm. 103; vgl. auch MUSSNER, Gal 79, Anm. 11.

[78] Vgl. W. SCHENK, EWNT III 379f; G. STÄHLIN, ThWNT VI 703–719 (zu Gal 1,14 s. S. 714); SPICQ, Notes II 752–755.

[79] Vgl. zu Philo ausführlich G. STÄHLIN, ThWNT VI 709ff, sowie im NT Lk 2,52 (Verbum) und 1Tim 4,15 (Substantiv). Allerdings gehört nach Stählin (a.a.O., 711) die Wortgruppe »zu den ausgesprochen hellenistischen Elementen im Griechischen des Neuen Testaments« und begegnet »nur bei solchen neutestamentlichen Autoren..., die sich auch sonst stärker an die Koine der Gebildeten anlehnen oder sogar in größerem Umfang Anleihen bei der Sprache und den Ausdrucksformen der kynisch-stoischen Diatribe machen« (Paulus, Lukas, Pastoralbriefe). Um so bedeutsamer sind die gleich zu besprechenden Stellen aus dem frühjüdischen Bereich.

[80] Übersetzung nach CLEMENTZ, Altertümer.

[Er]ziehung in ihren Satzungen zehn Jahre lang. Wenn er gute Fortschritte [m]acht (בֹּא בָטֹב[ַיִ]), wenn er zwanzig Jahre alt ist, [soll er hinübergehen] [zu] den Gemusterten...«[81]

Wenn Paulus also von seinen Fortschritten im »Judaismos« spricht, nimmt er Bezug auf den Prozeß seiner Erziehung[82], Entwicklung und Vervollkommnung in einer ganz durch die jüdische Lebensweise bestimmten Haltung[83].

d) ζηλωτὴς τῶν πατρικῶν παραδόσεων

Zur Klärung des semantischen Gehalts von ζηλωτής ist von der ursprünglichen und am weitesten verbreiteten Bedeutung des Wortes im Griechischen »Nacheiferer, Nachahmer, Verehrer« auszugehen[84]. Der sehr weite Anwendungsbereich der Wortgruppe wird in der Regel durch Genitivbestimmungen eingegrenzt[85]. Absoluter Gebrauch ist selten[86]. Die nähere Bestimmung der Bedeutung von ζηλωτής in Gal 1,14 wird also die Genitivbestimmung τῶν πατρικῶν μου παραδόσεων maßgeblich in Betracht ziehen müssen.

Zunächst sei jedoch darauf hingewiesen, daß Paulus in 1Kor 14,12 das Wort durch den Genitiv Plural von πρεῦμα näher bestimmt: ζηλωταί ἐστε πνευμάτων (vgl. 14,1.39; 12,31 ζηλοῦν + Akkusativ). Gleich strukturiert sind die übrigen neutestamentlichen Vorkommen des Wortes (abgesehen von Lk 6,15; Apg 1,13, wo ζηλωτής Parteiname ist): Apg 21,20 (ζ. τοῦ νόμου); 22,3 (ζ. τοῦ θεοῦ); Tit 2,14 (ζ. καλῶν ἔργων); 1Petr 3,13 (τοῦ ἀγαθοῦ ζ.)[87]. Dieser Sprachgebrauch entspricht also ganz dem allgemeinen und ursprünglichen griechischen. Er findet sich ebenso bei Josephus[88] und Philo[89] sowie in frühchristlichen Schrif-

---

[81] Übersetzung nach Lohse, Texte.

[82] Vgl. zum Erziehungs- und Bildungsgang eines Juden in neutestamentlicher Zeit Hengel, Judentum 143–152; Riesner, Lehrer 97–118.151 ff.182–199; Lichtenberger, Studien 285–291.

[83] Nach Amir, Begriff 110f, läßt sich aufgrund von Gal 1,14 für das Wort Ἰουδαϊσμός selbst eine Bedeutungskomponente im Sinne von Lehre (תלמוד תורה) erheben. Hengel, Paulus 240, bezieht Gal 1,13f insgesamt auf das »Gesetzesstudium pharisäischer Prägung« des Paulus in Jerusalem. Vgl. auch W. Schenk, EWNT III 379: »daß er sich ständig (Impf.) in der jüd. Lebensart (geistig und moralisch) weiterbildete«; G. Stählin, ThWNT VI 714: »Fortschreiten darin, ganz und gar Jude zu sein«; Spicq, Notes II 752f: »en ce sens d'avancement continu et effectif dans la connaissance et les mœurs que l'on entendra«.

[84] Hengel, Zeloten 61; derselbe, Sikarier 185. Vgl. Liddell-Scott, Lexicon 755: »emulator, zealous admirer or follower«.

[85] Vgl. A. Stumpff, ThWNT II 879: »Sein allgemeiner Charakter macht das Wort (sc. ζῆλος) zu mannigfacher Verwendung brauchbar; meist muß ein unmittelbar damit verbundener Gen oder der Zshg die Bdtg im einzelnen Fall bestimmen.«

[86] Hengel, Zeloten 63. Schon von daher scheidet die Parteibezeichnung »Zelot« für das Verständnis unserer Stelle aus (vgl. aber im NT Lk 6,15; Apg 1,13); zu ζηλωτής als Parteiname vgl. Hengel, a.a.O., 64–76.

[87] Vgl. H. Merkel, EWNT II 250ff.

[88] Bell VI 59; Ap I 162; Vit 11.

[89] SpecLeg I 30; Virt 175; Abr 33.60.

ten[90]. Von daher liegt es zunächst nahe, auch in Gal 1,14 ζηλωτής im Sine eines »eifrigen Anhängers« der väterlichen Überlieferungen zu verstehen[91]. Auffällig ist allerdings die Verwendung des Wortes in der Septuaginta. Sechsmal steht es als Apposition zu θεός[92], einmal absolut[93] und nur einmal in einer Genitivverbindung[94]. Im Hintergrund steht hier offensichtlich nicht der übliche griechische Sprachgebrauch, sondern der spezifisch alttestamentliche Gedanke vom Eifer Gottes (hebr. קַנָּא)[95].

Diese Anschauung hat innerhalb bestimmter Teile der Septuaginta und der frühjüdischen Literatur Spuren auch hinsichtlich der Verwendung der Wortgruppe ζῆλος, ζηλοῦν, ζηλωτής hinterlassen[96]. Ihre besondere Zuspitzung hat sie dadurch erfahren, daß seit der Makkabäerzeit der Eifer von Menschen für Gott, sein Gesetz und sein Heiligtum nach dem alttestamentlichen Vorbild solcher »Eiferer« wie Pinhas (vgl. Num 25,11) und Elija (vgl. 1Kön 19,10.14) zu einer das ganze palästinische Judentum betreffenden Erscheinung wurde[97]. Ihren sprachlichen Niederschlag fand diese Bewegung u. a. in der Parteibezeichnung οἱ ζηλωταί für die jüdische Freiheitsbewegung des 1. Jh. n. Chr.[98]. Jedoch ist der Eifer für Gott keineswegs allein für die Zeloten kennzeichnend, sondern stellt eine breit belegte Tradition innerhalb des palästinischen Judentums dar[99].

Diese Tradition hat an zwei Stellen offenbar auch den paulinischen Gebrauch der Wortgruppe ζῆλος κτλ. beeinflußt. So wird 2Kor 11,2 (ζηλῶ γὰρ ὑμᾶς θεοῦ ζήλῳ) am besten verständlich, wenn man annimmt, daß Paulus hier den spezifischen Sprachgebrauch der Septuaginta vom θεὸς ζηλωτής (Ex 20,5 u. ö.) auf das

---

[90] 1Clem 45,1; Polyk 6,3.

[91] Vgl. HENGEL, Zeloten 159f mit Anm. 5; DERSELBE, Sikarier 186 (anders aber offenbar DERSELBE, Zeloten 184f.

[92] Ex 20,5; 34,14; Dtn 4,24; 5,9; 6,15; Nah 1,2.

[93] 4Makk 18,12 (ὁ ζ. Φινεες), vgl. die vl 1Esr 8,69 (A).

[94] 2Makk 4,2 (ζ. τῶν νόμων).

[95] Vgl. dazu G. SAUER, THAT II 647–650; A. STUMPFF, ThWNT II 886 (vgl. 880f); HENGEL, Zeloten 151–154.

[96] Ca. die Hälfte der LXX-Belege für ζῆλος bezeichnet das Handeln Gottes (A. STUMPFF, ThWNT II 880). Zu ζηλοῦν »mit ausgesprochen *religiösem Bedeutungsgehalt*« vgl. STUMPFF, a.a.O., 886.

[97] Vgl. dazu HENGEL, Zeloten 151–234 (229f: »Dieser ›Eifer‹ gründete in dem Bewußtsein der Erwählung und Besonderheit Israels... Der Eifer forderte ... die *völlige Hingabe* an Gottes Willen, den leidenschaftlichen Einsatz bis hin zum Opfer des eigenen Lebens, für Gottes Ehre bzw. für die Rettung der bedrohten Glaubensgüter.«).

[98] Vgl. HENGEL, Zeloten 61–76. Die Bezeichnung, wohl »eine ehrenvolle Selbstbezeichnung« (HENGEL, a.a.O., 68), benennt die entscheidende religiöse Wurzel des bewaffneten Freiheitskampfes gegen die römische Besatzung, den im Eifer Gottes für Israel gründenden Eifer für die Bewahrung der Reinheit Israels und seines Tempels vor heidnischer Befleckung sowie, damit verbunden, das gewaltsame Vorgehen gegen Übertreter des Gesetzes (ausführlich dazu a.a.O., 188–229).

[99] Die Belege im einzelnen bei HENGEL, Zeloten 181–188.

Verhältnis zwischen Apostel und Gemeinde überträgt[100]. In Röm 10,2 konzediert Paulus dem nicht an Christus glaubenden Israel: ζῆλον θεοῦ ἔχουσιν. Die Wendung ist als genitivus objectivus zu deuten und meint den Eifer für Gott[101]. Freilich verwendet Paulus sonst die Wortgruppe meist im allgemeinen, im Griechischen üblichen Sinn, so in 2Kor 7,7.11; Gal 4,17 im Sinne von »umwerben«[102] oder in 1Kor 14,1.39; 12,31; 2Kor 9,2 im Sinne von »sich eifrig bemühen«, darüber hinaus auch in Lasterkatalogen neben ἔρις Röm 13,13; 1Kor 3,3; 2Kor 12,20; Gal 5,20 (vgl. auch das Verb in 1Kor 13,4). Anhand des paulinischen Sprachgebrauchs läßt sich also die Interpretation von Gal 1,14 im Sinne der spezifischen frühjüdischen Tradition vom Eifer für Gott nicht zwingend nachweisen.

Nun scheint allerdings Phil 3,6 κατὰ ζῆλος διώκων τὴν ἐκκλησίαν vor allem wegen des mit Gal 1,13f verwandten Zusammenhangs nahezulegen, beide Stellen als Ausdruck des herausragenden Gesetzeseifers des Paulus vor seiner Berufung zu verstehen. Freilich ist zunächst die genaue Bedeutung der betreffenden einzelnen Wendungen zu überprüfen.

ζῆλος ist in Phil 3,6 nicht mit einer der Aussagen des Kontextes über die jüdische Herkunft des Paulus oder seinen dem Gesetz entsprechenden Wandel (vgl. νόμος in V. 5 und 6) verbunden, sondern mit der Verfolgungsaussage. Es entspricht damit der Stellung von καθ᾽ ὑπερβολήν in Gal 1,13. Dagegen entspricht die Aussage, in der in Gal 1,14 ζηλωτής vorkommt, am ehesten der Wendung κατὰ δικαιοσύνην τὴν ἐν νόμῳ γενόμενος ἄμεμπτος. Gegenüber der interpretierenden Kombination der beiden wurzelverwandten Wörter in Gal 1,14 und Phil 3,6 ist also zumindest Vorsicht geboten.

Sodann bereitet der absolute Gebrauch des Substantivs der Deutung von ζῆλος in Phil 3,6 als Eifer für Gott Schwierigkeiten. Paulus gebraucht ζῆλος absolut nur in Lasterkatalogen (Röm 13,13; 1Kor 3,3; 2Kor 12,20; Gal 5,20) sowie in der o. g. Bedeutung »umwerben« (2Kor 7,11; vgl. 7,7 ὑπὲρ ἐμοῦ) oder »sich bemühen« (2Kor 9,2). Dies entspricht dem Wortgebrauch des Neuen Testaments insgesamt[103]. Auch in der Septuaginta findet sich absoluter Gebrauch von ζῆλος für Eifer für Gott nur an zwei Stellen, und zwar bezeichnenderweise dort, wo von den beiden klassischen Eiferern der jüdischen Tradition die Rede ist: Sir 48,2 (Elija) und 1Makk 2,54 (Pinhas)[104]. Sonst ist meist Gottes Eifer gemeint

---

[100] So A. Stumpff, ThWNT II 883; W. Popkes, EWNT II 249; Lang, Kor 335; Hengel, Zeloten 185.

[101] Vgl. Hengel, Zeloten 182; Wilckens, Röm II 219f; Käsemann, Röm 270f; Cranfield, Röm II 514. Zum Kontext vgl. u., S. 163–167.
Auf der Linie des gemeinjüdischen Eifers für Gott liegt auch Apg 22,3 (Paulus als ζηλωτὴς τοῦ θεοῦ); 21,20 (judäische Judenchristen als ζηλωταὶ τοῦ νόμου) kommt man mit der üblichen griechischen Bedeutung »Nacheiferer, Anhänger« aus (Roloff, Apg 314: »gläubig gewordene[r] Juden…, die streng nach dem Gesetz leben«; vgl. auch Hengel, Zeloten 185).

[102] W. Popkes, EWNT II 249f.

[103] ζῆλος absolut nur Apg 5,17; 13,45, jeweils in der Wendung ἐπλήσθησαν ζήλου, sowie Jak 3,14.16 (neben ἐριθεία).

[104] Vgl. dazu Hengel, Zeloten 152–159. Zu undifferenziert stellt Schenk, Phil 281f, LXX-Belege für ζῆλος zusammen (Sir 50 [gemeint: 51!], 18f; 45,23 steht das Verb, Num 25,10f; Weish 5,17f ist von Gottes Eifer die Rede, Ps 105,30f kommt das Wort überhaupt nicht vor). Sein Ergebnis (»Man wird also den griech. Ausdruck darum mit ›Leidenschaft‹ im Sinne des sachlichen Engagements übersetzen können.«) läßt von dem Inhalt der von ihm angeführten LXX-Stellen freilich nichts mehr erkennen.

oder von Eifersucht als menschlicher Charaktereigenschaft oder Verhaltensweise die Rede[105]. Philo hat das Substantiv überhaupt nicht im Sinne der spezifischen Bedeutung der Septuaginta[106], bei Josephus ist es insgesamt selten[107]. Absolut gebraucht ist ζῆλος als Ausdruck für den menschlichen Eifer für Gott im Sinne der alttestamentlich-frühjüdischen Tradition in der einschlägigen Literatur nicht belegt.

Nun entspricht freilich andererseits die Wendung κατὰ ζῆλος formal der voraufgehenden κατὰ νόμον und der folgenden κατὰ δικαιοσύνην. Die reihenartige Gestaltung ist allerdings hier rhetorisches Mittel zur Erhöhung der Eindringlichkeit des paulinischen Selbstzeugnisses[108], darf also nicht inhaltlich gepreßt werden. Ohnehin betrifft die formale Übereinstimmung jeweils nur die Konstruktion κατά mit Akkusativ, nicht aber mehr die angeschlossenen Wendungen im Nominativ. Zudem hat κατά mit Akkusativ unterschiedliche Bedeutungsnuancen[109].

Auch mit Hilfe des Verweises auf Phil 3,6 läßt sich kein philologisch eindeutiger Nachweis dafür führen, daß ζηλωτής in Gal 1,14 vom Septuaginta-Sprachgebrauch (Eifer für Gott) her zu verstehen ist.

Mit diesen philologischen Argumenten kann und soll freilich nicht die Möglichkeit ausgeschlossen werden, daß sich Paulus in seinem Wirken als Verfolger bewußt in die Bewegung einreihte, die das Gesetz mit allen Mitteln vor Abtrünnigen schützen und verteidigen wollte. Der Kontext in Gal 1,13f ist zweifellos durch eine solche Haltung geprägt. Sie schwingt im Wort Ἰουδαϊσμός mit und kommt in der Verfolgungsaussage explizit zum Ausdruck. In Phil 3,6 ist zudem der ζῆλος direkt mit der Verfolgungsaussage verbunden. Von daher dürfte für die Darstellung der jüdischen Existenz des Paulus in Gal 1,13f auch der Aspekt des persönlichen Einsatzes für die Bewahrung der Tora vor ihren Feinden wesentlich sein[110].

---

[105] Vgl. A. STUMPFF, ThWNT II 880f. Auch wenn das Verb ζηλοῦν den Eifer von Menschen für Gott meint, geht das jeweils aus dem Kontext eindeutig hervor, vgl. Num 25,11.13; 3Reg 19,10.14; 4Reg 10,16; Sir 45,23; 1Makk 2,26.27.50.54.58. Im übrigen entspricht das Verb in seinem Gebrauch dem Substantiv, bezeichnet also häufig Gottes Eifern sowie menschliche »Eifersucht« oder auch »eifriges Streben nach« (Sir 51,18).

[106] Vgl. A. STUMPFF, ThWNT II 881f: »ausschließlich in Verbindung mit lobenswerten Eigenschaften, im Sinn von: ›eifriges Streben nach etwas‹ ... auf dem Boden der griech Ethik«.

[107] Bell VII 357; Ap I 166; II 271.280.282 bezeichnet es die Nachahmung jüdischer Gesetze durch Nichtjuden, sonst begegnet es nur noch Ant XIV 161 (Eifersucht); XV 82 (Erregung); XIX 211 (Nachahmung). HENGEL, Zeloten 159f, vermutet, daß er das Stichwort Eifer bei der (positiven) Darstellung der Makkabäer bewußt unterschlägt.

[108] Vgl. ähnlich 2Kor 11,22f im Unterschied zu dem primär erzählenden Text Gal 1,13f.

[109] Während es in der ersten und dritten Wendung normativ zu verstehen ist (»gemäß«, vgl. GENTHE, Bedeutung 85.96; BAUER, Wörterbuch 827f s. v. II.6.), kann diese Bedeutung für κατὰ ζῆλος nicht aufrecht erhalten werden. Möglich wäre kausales Verständnis »aus Eifer« wie in 2,3 καθ᾽ ἐριθείαν ... κατὰ κενοδοξίαν (das schlägt GENTHE, Bedeutung 73f, vor, mit der Bemerkung, daß Übergänge zu instrumentaler Bedeutung fließend sind) oder auch eine adverbiale Deutung »eifrig« (so BAUER, Wörterbuch 827 s. v. II.5.b.β., mit zahlreichen paulinischen Belegen).

[110] Auch M. HENGEL (brieflich) vertritt die Auffassung, »daß Gal 1,14 und noch mehr Phil 3,6 die in jener Zeit im Judentum verbreitete Haltung meint, das Gesetz gegenüber seinen Feinden auch mit Gewalt zu verteidigen. Wegen dieses ›Eifers‹ gegenüber dem Gesetzesbrecher

Betrachten wir nun die Genitivbestimmung τῶν πατρικῶν μου παραδόσεων. Ist sie sachlich mit dem jüdischen Gesetz identisch, so daß Gal 1,14b mit der Wendung ζηλωτὴς τοῦ νόμου synonym und von ihr her zu interpretieren wäre[111]? Im Interesse der Erfassung eventueller Bedeutungsnuancen soll diese Deutung, die an sich dem Kontext durchaus eingepaßt werden könnte, einer genauen Überprüfung unterzogen werden.

Die Wendung πατρικαὶ παραδόσεις begegnet sonst im Neuen Testament nicht mehr. Allerdings ist in Mk 7,3.5; Mt 15,2 von der παράδοσις τῶν πρεσβυτέρων (vgl. Mk 7,8 π. τῶν ἀνθρώπων, Mk 7,9.13; Mt 15,3.6 π. ὑμῶν) die Rede. Sie steht im Gegensatz[112] zu ἐντολή (Mk 7,8.9; Mt 15,3; vgl. die vl νόμος Mt 15,6) bzw. λόγος (Mk 7,13; Mt 15,6), wie aus den gegensätzlichen Verben in Mk 7,8f (ἀφέντες — κρατεῖτε, ἀθετεῖτε — στήσητε) ebenso wie aus den Formulierungen von Mt 15,3.6 klar hervorgeht.

Diese Entgegensetzung von παράδοσις und ἐντολή wurzelt in dem Verhältnis von geschriebener Tora und ihrer mündlichen Auslegungstradition, wie es im Frühjudentum sich herausbildete und diskutiert wurde[113]. Sie ist Teil eines reichen Vokabulars, das im Frühjudentum zur Verfügung stand, um den Lebensbezug des Gesetzes zur Sprache zu bringen.

Während die Septuaginta das Wort παράδοσις nicht im Sinne von »Überlieferung« verwendet[114], kann[115] Josephus es in ganz ähnlicher Weise wie die synoptische Perikope der schriftlich fixierten Mosetora gegenüberstellen. Ant XIII 297 nennt als Charakteristikum der Pharisäer, daß sie dem Volk in der Nachfolge ihrer Väter (ἐκ πατέρων διαδοχῆς)

---

wird Paulus/Saulus zum Verfolger, das κατὰ ζῆλος bedeutet mehr als eine emotionale ›eifrige‹ Haltung. Wir müssen dabei bedenken, in welcher Zeit Paulus schreibt und was sich gleichzeitig zwischen 50 und 60 n. Chr. im jüdischen Palästina abspielte. Ich glaube, der ›Eifer‹ war damals eine sehr prägnante und verbreitete Haltung, gewissermaßen ein ›Schlagwort‹, das sofort verstanden wurde.« Vgl. jetzt auch DONALDSON, Zealot 655–682 (bes. 655.672ff).

[111] So etwa BETZ, Gal 138f mit Anm. 106.109; H. MERKEL, EWNT II 250, der Gal 1,14 sogar (stillschweigend) in dieser Weise übersetzt: »besonderen Eiferer für das von meinen Vätern überkommene Gesetz«.

[112] Nicht »in Analogie«, wie W. POPKES, EWNT III 49, meint!

[113] Den unlösbaren Zusammenhang beider Komponenten des pharisäischen Gesetzesverständnisses und dessen sachliche Berechtigung hat überzeugend schon KÜMMEL herausgestellt (Traditionsgedanke 17–26). In unserem Zusammenhang geht es nicht darum, sondern lediglich um die semantische Differenz zwischen παράδοσις und ἐντολή bzw. νόμος. Solange sich synonymer Gebrauch der Wörter nicht nachweisen läßt, wird man zwar davon ausgehen können, daß für den glaubenden Juden »Gesetz und Tradition nicht nur untrennbar verbunden, sondern ... ein und dasselbe« sind (KÜMMEL, a.a.O., 25), nicht aber ohne weiteres davon, daß Paulus νόμος meint, wenn er παράδοσις sagt und umgekehrt. Deshalb erscheint mir Kümmels Hinweis auf Gal 1,14 und Phil 3,6 an dieser Stelle nicht aussagekräftig.

[114] In den alttestamentlichen Pseudepigraphen (vgl. DENIS, Concordance) fehlt es ganz.

[115] Üblicherweise gebraucht Josephus παράδοσις entweder im Sinne von Übergabe bzw. Auslieferung in militärischen Zusammenhängen (Ant X 10 sowie häufig in Bell) oder im Sinne von Geschichtsüberlieferung bzw. -darstellung (Ant XX 259; Vit 361.364; Ap I 8.39 [neben νόμοι!].50.53; II 287). Zu Ant X 51 s. u., S. 32.

einige Vorschriften überliefert haben (νόμιμά τινα παρέδοσαν), welche nicht im Gesetz des Mose aufgeschrieben sind (οὐκ ἀναγέγραπται ἐν τοῖς Μωυσέως νόμοις). Diese verwerfen die Sadduzäer, die behaupten, man müsse nur die geschriebenen Bestimmungen halten, nicht aber die aus der Überlieferung der Väter (δεῖν ἡγεῖσθαι νόμιμα τὰ γεγραμμένα, τὰ δ᾽ἐκ παραδόσεως τῶν πατέρων μὴ τηρεῖν). Auch in Ant XIII 408 ist von den pharisäischen Sonderbestimmungen die Rede, wenn berichtet wird, daß Salome Alexandra die von Hyrkanus außer Kraft gesetzten Vorschriften (νόμιμα) wieder einsetzt, welche die Pharisäer der väterlichen Überlieferung entsprechend eingeführt hatten (εἰσήνεγκαν οἱ Φαρισαῖοι κατὰ τὴν πατρῷαν παράδοσιν). Der Gebrauch von τὰ νόμιμα für die mündlich überlieferten Gesetzesbestimmungen der Pharisäer dient bei Josephus bisweilen dazu, diese gerade nicht mit ὁ νόμος zu identifizieren, sondern eher davon abzusetzen, freilich nicht im Sinne eines wesensmäßigen Unterschieds, sondern lediglich zum Zwecke semantischer Präzision. Der νόμος setzt sich zusammen aus νόμιμα unterschiedlicher Art, nämlich schriftlichen und mündlich überlieferten. Wenn also Gesetzesbestimmungen überliefert werden (νόμιμα παρέδοσαν, Ant XIII 297), so bedeutet das nicht, daß νόμος und παράδοσις synonym sind. An anderer Stelle (Vit 191) kann Josephus aber auch sagen, daß die Sekte der Pharisäer in strenger Beachtung der väterlichen Satzungen (τὰ πάτρια νόμιμα) alle anderen übertrifft, wobei τὰ πάτρια νόμιμα die gesamte Tora zu meinen scheint.

Die Septuaginta hat τὰ νόμιμα meist für hebr. חֹק bzw. חֻקָּה[116], aber auch für תּוֹרָה (Gen 26,5; Prov 3,1; Hos 8,12; Ἱερ 33,4; Ez 43,11; 44,5.24). In den Makkabäerbüchern kann es von Gesetzesbestimmungen fremder Völker ebenso gebraucht werden (1Makk 1,14.42.44) wie von denen der Juden (1Makk 3,21.29; 6,59; 2Makk 11,24; 3Makk 1,3; 3,2; 4 Makk 15,10). Im Neuen Testament fehlt es, in der frühchristlichen Literatur scheint es dagegen als Ausdruck für die Satzungen und Gebote Gottes beliebt zu sein (vgl. 1Clem 1,3; 3,4; 40,4; Herm vis 1,3,4), vielleicht gerade zur Vermeidung von νόμος bzw. ἐντολή.

Bei Philo, der das Wort παράδοσις nur zweimal verwendet, ist es in Ebr 120 gleichbedeutend mit ὑφήγησις (Anweisung, Anleitung, Lehre, Unterricht)[117], in SpecLeg IV 150 bezeichnet es den Vorgang des Überlieferns der ungeschriebenen Gesetze, d.h. der von den Eltern an die Kinder vermittelten Weisungen zu einem dem Gesetz entsprechenden Leben im Unterschied zu und in Anknüpfung an schriftlich in der Tora fixierte Einzelgebote[118]. Für Philo steht das Wort demnach nicht wie bei Josephus im Zusammenhang mit der frühjüdischen Unterscheidung zwischen mündlicher und schriftlicher Tora, es bezeichnet jedoch wie bei Josephus eine bestimmte Art von autoritativem Wort (bzw. der Übermittlung eines solchen) *im Unterschied* zur schriftlich fixierten Tora. Auffällig ist darüber hinaus, daß an beiden Stellen bei Philo der Bereich der Erziehung und Unterweisung assoziiert ist.

Für diesen Sprachgebrauch läßt sich nun auch bei Josephus ein Beleg finden. Ant X 48–56 erzählt von den ersten Unternehmungen des mit acht Jahren zur Herrschaft gelangten Königs Joschija. Josephus folgt dabei der Reihenfolge der Ereignisse nach 2Chr 34 (im Gegensatz zu 2Kön 22!), indem er die Kultreformen Joschijas von der Auffindung des Gesetzesbuches trennt und dieser sechs Jahre voranstellt. Es unterstreicht noch die Jugendlichkeit des Herrschers, wenn dieser nach Josephus die Kultreform statt im zwölf-

---

[116] Vgl. KOEHLER-BAUMGARTNER, Lexikon 332f: Bestimmung, Regel, Vorschrift bzw. Satzung.

[117] Vgl. COHN-HEINEMANN, Werke V 48, Anm. 4.

[118] Vgl. zum Verhältnis von »ungeschriebenen Gesetzen« und Tora bei Philo NIEBUHR, Gesetz 53ff.

ten Regierungsjahr im Alter von zwölf Jahren beginnt (Ant X 50)[119]. In diesem Zusammenhang hebt Josephus (ohne Anhalt am Bibeltext) ausdrücklich hervor, daß Joschija seine Reformen nicht nur aus eigener Weisheit und Einsicht durchführte, sondern auch dabei dem Ratschlag und der Überlieferung der Älteren folgte (τῇ τῶν πρεσβυτέρων πειθόμενος συμβουλίᾳ καὶ παραδόσει, 51). παράδοσις meint also hier die autoritative Unterweisung, die Jüngeren durch Ältere erteilt wird[120]. Nun wird freilich solche Unterweisung im Judentum inhaltlich zentral durch die Tora bestimmt, wie es Josephus in Ap I 60 zum Ausdruck bringt: »Den größten Eifer aber verwenden wir auf die Erziehung der Kinder, und die Beobachtung der Gesetze wie der durch sie überlieferten Frömmigkeit (τὸ φυλάττειν τοὺς νόμους καὶ τὴν κατὰ τούτους παραδεδομένην εὐσέβειαν) machen wir zur wichtigsten Aufgabe unseres Lebens.«[121] In diesen Zusammenhang gehören die zahlreichen Belege für die Unterweisung der Söhne im Gesetz durch die Väter[122] sowie die häufig begegnenden Wendungen »Gesetz(e)« bzw. »Gebot(e) der Väter« oder »väterliche(s) Gesetz(e)«[123].

Nirgends wird allerdings solche väterliche Unterweisung im Gesetz als παράδοσις bezeichnet oder mit ihr identifiziert. Zudem begegnet in solchen Wendungen nie das Adjektiv πατρικός, sondern immer entweder πατρῷος oder πάτριος[124]. Philo verbindet wohl gern πάτριος mit νόμος oder ἔθη, nie aber πατρικός. Besonders lehrreich ist in diesem Zusammenhang VitMos I 241f, wo πάτριος und πατρικός nebeneinander begegnen. Zunächst (241) ist davon die Rede, daß die urverwandten Kanaanäer im Unterschied zu den aus der ägyptischen Knechtschaft in ihr Herkunftsland zurückkehrenden Hebräern »keine der väterlichen Sitten (τῶν πατρίων) mehr beobachteten, sondern alle Einrichtungen der alten Verfassung (τῆς ἀρχαίας πολιτείας) geändert hatten«[125]. Direkt im Anschluß führt Philo aus, die Kanaanäer hätten angesichts der Rückkehr der Hebräer im Gegensatz zu diesen keinerlei Sinn für Verwandtschaft gezeigt und stattdessen »die Feindschaft von den Vätern her« (πατρικὴν ἔχθραν) von neuem entfacht, was sogleich durch die Erzählung von der Feindschaft zwischen dem »Ahnherr dieses Volkes« und seinem Bruder (gemeint sind natürlich Esau und Jakob) erläutert wird. Philo resümiert:

---

[119] Auch Samuel beginnt nach Ant V 348 seine Prophetentätigkeit mit zwölf Jahren. Vgl. auch den zwölfjährigen Jesus, Lk 2,42.

[120] Vgl. dazu der Sache nach Sir 8,9: μὴ ἀστόχει διηγήματος γερόντων, καὶ γὰρ αὐτοὶ ἔμαθον παρὰ τῶν πατέρων αὐτῶν.

[121] Übersetzung nach CLEMENTZ, Schriften. Zur Unterweisung im Gesetz vgl. NIEBUHR, Gesetz 65f.

[122] Vgl. NIEBUHR, Gesetz 91f (mit Anm. 97). 65f.203.218.

[123] πάτριος νόμος (bzw. Plural): 2Makk 6,1; 7,2 (vgl. 7,30); 4Makk 4,23; 5,33; Philo, Hyp 7,11 (häufiger bei Philo πάτρια ἔθη); Prob 80; Josephus, Ant IV 130; X 214; XIV 116; XVII 149; XIX 349; Bell II 393; πάτριαι ἐντολαί: 4Makk 9,1; πατρῷος νόμος: 3Makk 1,23; 4Makk 16,16; ἐντολὴ πατέρων: Test Jud 13,7; ἐ. πατρός: TestSeb 10,2; ἐντολαὶ πατέρων: 1Makk 2,19.

[124] Auf den Bedeutungsunterschied der Adjektive hat G. SCHRENK, ThWNT V 1016f.1023, aufmerksam gemacht. πατρῷος und πάτριος meinen in der Septuaginta und bei Josephus das, was »von den Vätern herstammt« (a.a.O., 1016), dagegen ist »der Grieche geneigt ... bei πατρικός vorwiegend an den Vater zu denken«. »... im jüdisch-hell Bereich wird πατρικός nicht bei Gesetzen, Einrichtungen, Sitten der Väter, des Volkes gebraucht« (a.a.O., 1023). Entsprechend wird nach Schrenk Gal 1,14 »πατρικός die religiöse Erbschaft des väterlichen Hauses bezeichnen ... und dabei bewußt an den eigenen Vater gedacht sein« (a.a.O., 1024). OEPKE, Gal 59; SCHLIER, Gal 51; BETZ, Gal 138, Anm. 106, bestreiten den Bedeutungsunterschied der Adjektive, können aber aus dem jüdisch-hellenistischen Bereich keine Belege gegen Schrenk vorweisen. Auch der Sprachgebrauch bei Philo bestätigt Schrenk.

[125] Übersetzung hier und im folgenden nach COHN-HEINEMANN, Werke I 276f.

»diese alte Feindseligkeit des Einzelnen gegen den Einzelnen (ἑνὸς πρὸς ἕνα ἔχθραν) erneuerte so viele Generationen später das Volk«(242). Hier wird also klar zwischen πάτριος (= das Herkömmliche) und πατρικός (= das von den leiblichen Ahnherren Herrührende) unterschieden. Auch die restlichen Belege für πατρικός bei Philo beziehen sich eindeutig auf den leiblichen Vater (Migr 159.160.162 »Vaterhaus«; SpecLeg II 19 »väterlicher Freund«).

Die Wendung τῶν πατρικῶν μου παραδόσεων in Gal 1,14 ist somit nicht schon durch den Verweis auf Belege aus der frühjüdischen Literatur über den πάτριος νόμος oder ähnliche Wendungen in ihrer Bedeutung ausreichend bestimmt. Hätte Paulus lediglich sagen wollen, er sei ein eifriger Gesetzesanhänger und -verfechter gewesen, dann hätten ihm dafür Wendungen zur Verfügung gestanden, wie sie breit im Frühjudentum (und auch im Neuen Testament, vgl. Apg 21,20: ζηλωταὶ τοῦ νόμου) belegt sind. Daß die Formulierung in Gal 1,14 mit solchen Wendungen synonym ist, läßt sich nicht belegen und ist angesichts des nicht sehr häufigen Vorkommens der verwendeten Wörter eher unwahrscheinlich[126]. Versuchen wir, die spezifische Bedeutung der Formulierung von Gal 1,14b zu bestimmen, dann haben wir von den in frühjüdischen griechischen Quellen belegten Verwendungsmöglichkeiten der hier begegnenden Wörter auszugehen. Die gängige Bedeutung »Übergabe, Auslieferung« scheidet für παράδοσις in Gal 1,14 aus. Daß Paulus auf die spezifisch pharisäischen Überlieferungen im Unterschied zur schriftlich fixierten Tora (und ihrer sadduzäischen Auslegung) Bezug nimmt, ist im Zusammenhang von Gal 1,14 durch nichts signalisiert[127]. Es bleibt die Möglichkeit, παράδοσις in der bei Philo und Josephus belegten Verwendung zu verstehen als den Vorgang und den Inhalt autoritativer Unterweisung Jüngerer durch Ältere.

Das Moment der Unterweisung läßt sich bei sämtlichen neutestamentlichen Belegen von παράδοσις beobachten. Mk 7,7 (par Mt 15,9) unterstreicht die Polemik gegen die παράδοσις τῶν ἀνθρώπων (Mk 7,8; vgl. Mt 15,3 π. ὑμῶν) durch das Zitat (Jes 29,13): διδάσκοντες διδασκαλίας ἐντάλματα ἀνθρώπων. 1Kor 11,2 nimmt Paulus Bezug auf autoritative Weisungen, die er der Gemeinde übermittelt hat (vgl. 11,3, wo eine derartige bisher der Gemeinde unbekannte Weisung eingeführt wird mit der Wendung θέλω ὑμᾶς εἰδέναι). 2Thess 2,15 mahnt zum Festhalten an den Überlieferungen ἃς ἐδιδάχθητε εἴτε διὰ λόγου εἴτε δι' ἐπιστολῆς ἡμῶν. 3,6 παρελάβοσαν παρ' ἡμῶν dürfte ebenso zu interpretieren sein, allerdings erweitert durch die begründend angeschlossene Aufforderung zur Nachahmung des Paulus (3,7f). Kol 2,8 κατὰ τὴν παράδοσιν τῶν ἀνθρώπων wird in V. 22 wieder aufgenommen durch κατὰ τὰ ἐντάλματα καὶ διδασκαλίας τῶν ἀνθρώπων.

---

[126] παράδοσις hat im NT immer die spezifische Bedeutung »das durch Menschen Überlieferte«, so einerseits (positiv) durch Paulus (1Kor 11,2; 2Thess 2,15; 3,6), andererseits abwertend im Blick auf bekämpfte Überlieferungsinhalte (παράδοσις τῶν ἀνθρώπων, Mk 7,8; Kol 2,8). Die Bedeutung »traditionelle Regelung« (W. POPKES, EWNT III 49) finde ich nirgends belegt.

[127] Ein solches Verständnis ließe sich höchstens aus der Kombination unserer Stelle mit Phil 3,5 κατὰ νόμον Φαρισαῖος erschließen. Die Adressaten des Galaterbriefs konnten diesen semantischen Gehalt aber aus der Formulierung von Gal 1,14 nicht entnehmen.

Ein solches Verständnis wird dadurch gestützt, daß der Bereich der Erziehung mehrfach im Kontext anklingt, so besonders, wenn Paulus von seinen Fortschritten (προέκοπτον) im »Judaismos« im Vergleich zu seinen Altersgenossen spricht[128]. Es ermöglicht darüber hinaus, das Adjektiv πατρικός entsprechend der frühjüdisch bezeugten Bedeutung zu verstehen, so daß mit πατρικαὶ παραδόσεις die väterliche Erziehung gemeint ist. Bei einem solchen Verständnis bekommt auch das μου einen Sinn, indem es den subjektiven, lebensgeschichtlichen Bezug des gesamten Kontextes aufnimmt und unterstreicht[129]. Man wird allerdings in Rechnung zu stellen haben, daß die Formulierung in Gal 1,14b den Lebensbereich der häuslichen, väterlichen Erziehung und Unterweisung eher assoziativ anklingen läßt, als daß sie den entsprechenden Vorgang explizit entfaltet[130]. Im Zusammenhang geht es Paulus darum, seinen vorbildlichen und hervorragenden Wandel im »Judaismos« zu schildern. V. 14a verweist dafür auf seine Erziehung zur Bewahrung der jüdischen Lebensweise entsprechend den Forderungen der Tora. V. 14b entfaltet dies exemplarisch, indem die Wendung τῶν πατρικῶν μου παραδόσεων auf das verweist, was Paulus »von Hause aus« für einen solchen Wandel im »Judaismos« mitbekommen hat, und περισσοτέρως ζηλωτὴς ὑπάρχων betont herausstellt, mit welchem Eifer er dem von Hause aus Ererbten treu geblieben ist und seine persönliche Lebensweise daran ausgerichtet hat.

Überblicken wir die bisher erarbeiteten Analysen unter der Fragestellung nach dem Standort und Gesichtskreis des Paulus innerhalb des Judentums vor seiner Berufung, so können wir erste Schlußfolgerungen ziehen. Nach eigenem Zeugnis entsprechen Werdegang und Lebensweise des Paulus vor seiner Berufung den Maßstäben eines Judentums, das seine Identität auf die Bewahrung und Bewährung des Lebens entsprechend der Tora angesichts der Herausforderung durch den Hellenismus gründete. Eine solche Lebensweise profilierte sich unter Rückgriff auf und Anknüpfung an die Erfahrungen der Auseinandersetzungen mit kulturellen und religiösen Einflüssen des Hellenismus in den Makkabäerkämpfen.

Dafür, daß die Ausrichtung des Lebens an der Haltung des »Judaismos« die Zordnung des Paulus zu bestimmten Sondergruppen oder Randzonen des Judentums implizierte oder ermöglichte, ließen sich bisher keine Anzeichen nachweisen. Weder ist die Haltung des »Judaismos« auf die hellenistisch-jüdische Diaspora einzugrenzen, noch kann aus den Formulierungen von Gal 1,14 ge-

---

[128] Vgl. o., S. 24ff, sowie zu ἀναστροφή o., Anm. 63. Nach HENGEL, Zeloten 62, kann im griechischen Sprachgebrauch auch ζηλωτής »direkt den Lernenden bedeuten«, vgl. seine Belege, die allerdings hierfür nicht aus dem jüdisch-griechischen Bereich stammen.

[129] Vgl. G. SCHRENK, ThWNT V 1024.

[130] Wohl dürfte mit G. SCHRENK, ThWNT V 1024, »πατρικός die religiöse Erbschaft des väterlichen Hauses bezeichnen«, ob Paulus dabei allerdings »bewußt an den eigenen Vater gedacht« hat, dürfte kaum zu beweisen sein.

schlossen werden, daß Paulus zum zelotischen Flügel des Pharisäismus oder gar zum Zelotismus selbst gerechnet werden muß[131]. Der Einsatz für die Bewahrung der Tora aus Eifer für Gott war keineswegs nur für den Zelotismus kennzeichnend, sondern ist im Frühjudentum insgesamt nachweisbar[132]. Paulus führt in Gal 1,13a.14 aus, daß er, von Hause aus darauf ausgerichtet und durch seine Erziehung dazu befähigt, sich in seinem Lebenswandel mit ganzem persönlichen Einsatz um Treue zur Tora bemüht hat. Mit einer solchen Haltung stand er inmitten der Bestrebungen und Auseinandersetzungen, die für das Judentum zu neutestamentlicher Zeit kennzeichnend sind, nicht irgendwo am Rande. Was ihn als einzelnen innerhalb der jüdischen Glaubensgemeinschaft seiner Zeit darüber hinaus kennzeichnete und auszeichnete, ist mit den bisher analysierten Aussagen freilich noch nicht in den Blick gekommen: zum einen seine Zugehörigkeit zur Gemeinschaft der Pharisäer, zum anderen die nach seinen eigenen Aussagen aus seinem Wandel im »Judaismos« unmittelbar folgende Wirksamkeit als Verfolger der Christengemeinden.

e) διώκειν τὴν ἐκκλησίαν τοῦ θεοῦ, πορθεῖν

Paulus setzt bei seinen Adressaten in Galatien als bekannt voraus[133], daß sein Wandel im »Judaismos« besonders darin sichtbar wurde, daß er die Gemeinde Gottes verfolgt hat. Bevor er die innere Begründung für seinen Wandel aufgrund seiner Erziehung und der darin wurzelnden Lebensausrichtung angibt, benennt er dessen Konsequenzen für die ἐκκλησία τοῦ θεοῦ. Diese Voranstellung der Verfolgeraussage ist offensichtlich textpragmatisch begründet. Paulus nennt zuerst das, was seine Adressaten zumindest indirekt dadurch betrifft, daß sie in Solidarität zu der Gemeinde Gottes stehen (vgl. 1,2: ταῖς ἐκκλησίαις τῆς Γαλατίας), die er verfolgt hat.

Darüber hinaus signalisiert er durch solche Hervorhebung einen unmittelbaren Bezug auf die Absicht, die er mit seinem Brief den Adressaten gegenüber verfolgt. Die Entscheidung, zu der er die Galater bewegen will, betrifft ihre Haltung als Christusgläubige zum jüdischen Gesetz[134]. Dieser Gegenstand der Entscheidung ist Paulus – so signalisiert er in 1,13 – von Anfang an vertraut, denn er hat schon als eifriger Verfechter des »Judaismos« aus Treue zum Gesetz gegen die Christengemeinde Stellung bezogen.

Daß die Verfolgeraussage in 1,13 in Affinität steht zu aktuellen im Galaterbrief verhandelten Problemen, erhellt auch aus den Briefaussagen, die die Veranlassung des Briefes am deutlichsten erkennen lassen. In 5,11 argumentiert Paulus, daß er nicht unter Verfolgung

---

[131] So aber HAACKER, Galaterbrief 103–106. Gegen Haacker auch LÜDEMANN, Judentum 49, Anm. 76. Vgl. zu dieser Frage u., S. 57.

[132] Vgl. HENGEL, Zeloten 181–188.

[133] Vgl. zur rhetorischen Funktion des ἠκούσατε LÜDEMANN, Heidenapostel I 75f.

[134] Vgl. o., S. 20.

zu leiden hätte (διώκομαι), wenn er noch Beschneidung predigte. Dies impliziert, daß Ursache dieser Verfolgung eine Verkündigung ist, die einer durch das Stichwort Beschneidung chrakterisierten Lebenshaltung widerspricht und durch das »Skandalon des Kreuzes« inhaltlich bestimmt ist (V. 11 b). In 6,12 unterstellt er denen, die die Galater zur Annahme der Beschneidung bewegen wollen, sie tun das nur, um nicht wegen des Kreuzes Christi verfolgt zu werden (μὴ διώκωνται). Befürwortung der Beschneidung bewahrt demnach vor Verfolgung, ihre Ablehnung führt in die Gefährdung, verfolgt zu werden.

In 1,13 wie in 5,11; 6,12 setzt Paulus Gesetzesgehorsam (bzw. Beschneidung) in Beziehung zu Verfolgung. Der Unterschied besteht darin, daß er 5,11; 6,12 aus der Perspektive derjenigen formuliert, die Verfolgungen zu erleiden haben (Gesetzesgehorsam ermöglicht es, Verfolgungen nicht ausgesetzt zu sein), 1,13 dagegen aus der Perspektive dessen, der Verfolgungen ausübt (Gesetzesgehorsam ist Grundlage und Antrieb, als Verfolger tätig zu sein)[135].

Innerhalb des autobiographischen Rechenschaftsberichts kommt Paulus noch ein zweites Mal auf seine Verfolgertätigkeit zu sprechen. Er berichtet, daß die Gemeinden in Judäa zum Zeitpunkt seines Weggangs nach Syrien und Zilizien ihn nicht persönlich kannten, sondern lediglich die Kunde vernahmen: »Der uns einst verfolgt hat, verkündigt nun den Glauben, den er einst zerstören wollte.« (1,23). Ein Bezug zur Frage des Gesetzesgehorsams als möglicher Ursache des Verfolgens der Gemeinden ist hier nicht zu erkennen. Die Betonung liegt auf dem Gegensatz zwischen der Epoche des Wandels im »Judaismos« (ποτε), die durch das Verfolgen charakterisiert war, und der Epoche nach seiner Berufung zum Christusapostel (νῦν), die durch sein εὐαγγελίζεσθαι bestimmt ist. Die Aussageabsicht des autobiographischen Rechenschaftsberichts wird darin sichtbar, daß die Verbindung des Paulus mit den Gemeindeautoritäten in Jerusalem ausdrücklich eingeschränkt wird auf die Verbreitung der Kunde von seiner Lebenswende in den Christengemeinden Judäas (abgesehen von dem, was in V. 18f bereits eingeräumt worden war[136])[137], sowie darin, daß seine jetzige Tätigkeit als Christusapostel von ihnen positiv aufgenommen und als Grund zum Gotteslob angesehen wurde (V. 24)[138]. Steht somit die Verfolgungsaussage von V. 23 in einem anderen Zuammenhang und unter einer anderen Zielrichtung als die von V. 13, so sind die Gemeinsamkeiten in der Formulierung um so auffälliger. In gleicher Reihenfolge begegnen zur Beschreibung der Verfolgertätigkeit die Verben διώκειν und πορθεῖν, verbunden mit Akkusativ-Objekten, die die Verfolgten benennen. Weitere Angaben über Verlauf, Gründe oder Erfolg der Verfolgung fehlen jeweils. Dieser Eindruck verstärkt sich noch, wenn man

---

[135] Vgl. auch RÄISÄNEN, Conversion 406; WEDER, Kreuz 195f; ECKERT, Verkündigung 33.46f; RICHARDSON, Israel 84–97.

[136] Auch hier dürften die Zeitangaben in V. 18 sowie der ganze V. 19 im wesentlichen einschränkende Funktion haben, die durch V. 20 beschworen wird (vgl. SAMPLEY, God 477–482).

[137] Vgl. V. 22 sowie μόνον, V. 23.

[138] Vgl. zur apologetischen Ausrichtung und Gestaltung dieses Teils o., S. 10 mit Anm. 30.

die beiden weiteren Stellen in Betracht zieht, an denen Paulus auf seine Verfolgertätigkeit zu sprechen kommt. In 1Kor 15,9 bezeichnet er sich, den letzten in der Reihe der Zeugen der Ostererscheinungen, als den geringsten der Apostel, der nicht würdig ist, Apostel genannt zu werden, denn: ἐδίωξα τὴν ἐκκλησίαν τοῦ θεοῦ. Daß er dennoch zum Apostel berufen wurde und als solcher wirkt, verdankt er einzig der Gnade Gottes, die sich seinem Wirken als Verfolger der Gemeinde Gottes entgegenstellte (δέ, V. 10)[139]. In Phil 3,6 gehört das κατὰ ζῆλος διώκων τὴν ἐκκλησίαν zu den Vorzügen, auf die sich Paulus berufen könnte, wenn er »auf das Fleisch vertrauen« wollte (V. 3f), und steht in einer Reihe mit seiner makellosen jüdischen Herkunft und seiner tadellosen dieser Herkunft entsprechenden Lebensweise. Solches »Vertrauen auf das Fleisch« ist aber für ihn ausgeschlossen, da ihm die Erkenntnis Christi zuteil geworden ist, die ihn alle aufgezählten Vorzüge im Hinblick auf die Teilhabe am eschatologischen Heil als Verlust erkennen ließ[140].

Trotz jeweils unterschiedlicher Aussagezusammenhänge haben alle vier Bezugnahmen auf die Verfolgertätigkeit gemeinsam, daß Paulus sie in Gegensatz zu seiner Existenz und seinem Wirken als Christusapostel stellt, daß er über Verlauf, Gründe und Ergebnisse keine direkten Angaben macht und daß er sie mit fast gleichlautenden Formulierungen benennt. Paulus berichtet nicht von, sondern er argumentiert mit seiner Verfolgertätigkeit, und zwar in der Weise, daß er einen für sein Selbstverständnis und seine Verkündigung als Christusapostel wesentlichen Topos in unterschiedlichen Argumentationen verwendet.

Es stellt sich die Frage, ob die auffällige Übereinstimmung der verschiedenen Verfolgeraussagen daher rührt, daß Paulus nicht frei formuliert, sondern frühchristliches Traditionsgut über ihn als Verfolger übernimmt. In Gal 1,23 könnte es direkt zitiert sein, während an den anderen Stellen Paulus seine Hauptelemente in eigene Formulierungen einfließen ließe. Auch in der Darstellung der Apostelgeschichte fänden sich Spuren dieser Gemeindetradition (vgl. ἐκκλησία, 8,1.3, sowie πορθεῖν, 9,21). Sprecher der Tradition und somit von der paulinischen Verfolgung Betroffene wären Christengemeinden außerhalb Judäas[141], nicht die in Gal 1,22 erwähnten Gemeinden. Diese hörten lediglich von der Verfolgung jener und der Bekehrung des Verfolgers und priesen darüber Gott[142].

---

[139] Vgl. WOLFF, 1Kor 170: »Die negativen Formulierungen bereiten die Gnadenaussagen in V. 10 vor.«; CONZELMANN, 1Kor 317; »Vor der Folie dieser Vergangenheit hebt sich die Größe der Gnade ab«.

[140] Vgl. dazu u., S. 103f.109.

[141] Meist denkt man wegen Gal 1,21 an Syrien und Zilizien, vgl. BURCHARD, Zeuge 49, Anm. 34; LÜDEMANN, Heidenapostel I 72, Anm. 40; DIETZFELBINGER, Berufung 7.

[142] Zur Rekonstruktion einer solchen frühchristlichen Verfolgertradition vgl. DIETZFELBINGER, Berufung 6–10; LÖNING, Saulustradition 48–61; STOLLE, Zeuge 200–204; BURCHARD, Zeuge 49f; BARNIKOL, Zeit 58f; aufgenommen etwa von BECKER, Paulus 60–65. BAMMEL, Galater 108–112, will in Gal 1,23f einen Teil eines Märtyrerhymnus der Urgemeinde erkennen, den Paulus teils zitiert, teils paraphrasiert. Kritisch einschränkend dazu BURCHARD, Zeuge 49, Anm. 34; BETZ, Gal 159f.

Freilich steht die Rekonstruktion einer solchen Gemeindetradition vor erheblichen Schwierigkeiten. Faßt man Gal 1,23 als Zitat des Traditionsstückes, so ist zu konstatieren, daß eines der drei Hauptelemente der angenommenen Tradition (ἐκκλησία) hier gerade fehlt[143]. Unterscheidet man zudem zwischen den Sprechern und den Hörern des Zitats als verschiedenen Personengruppen, so bleibt die erste Gruppe gänzlich ungenannt. Mit Syrien/Zilizien (V. 21) kann sie nicht in Verbindung gebracht werden, da diese Ortsangabe lediglich die Richtung des Weggangs von Jerusalem benennt, von paulinischer Missionstätigkeit in den genannten Gebieten nicht die Rede ist und V. 22 ff den Blick sofort wieder zurück auf die judäischen Gemeinden lenken. Die Sprecher könnten also nur indirekt dadurch erschlossen werden, daß etwas, was zu hören ist, von jemandem gesprochen worden sein muß[144]. Das würde aber bedeuten, daß ein für eine Verfolgungstradition konstitutives Element, nämlich das Objekt der Verfolgung, sei es von den Sprechern der Tradition selbst, sei es von Paulus beim Zitieren, weggelassen worden wäre. Dort aber, wo Paulus nicht traditionsgebunden über seinen eigenen Lebensgang spricht (V. 13), hätte er gerade dieses Element verwendet. Eine nicht sehr wahrscheinliche Annahme.

Sie verliert noch an Glaubwürdigkeit, wenn man nach dem Motiv eines solchen Verfahrens gegenüber den Adressaten in Galatien fragt. Die Antwort, indem Paulus in dieser Sache die Sprache der Verfolgten spreche, übernehme er ihr Urteil über sein Tun und dokumentiere so seinen eigenen Gemeinden gegenüber seine Verbundenheit mit den einst Verfolgten[145], ist kaum überzeugend. Sie setzt voraus, daß die Adressaten in Galatien eine Gemeindetradition über die Verfolgung nichtjüdäischer Christen, die diese als Kunde von den Verfolgten zu hören bekamen, so gut kennen, daß sie Anspielungen darauf (V. 13) entschlüsseln können, bevor Paulus sie in durch den Kontext bedingtem veränderten Wortlaut zitiert (V. 23). Wenn man sich für eine solche Annahme auf das ἠκούσατε von V. 13 berufen will[146], überfordert man nicht nur den semantischen Gehalt dieser Eingangswendung, sondern verkennt vor allem ihre konventionelle rhetorische Funktion[147].

Sehr viel näher liegt es dagegen, die Personengruppe, die in V. 23a.24 Subjekt der Aussage ist und in V. 22 als ἐκκλησίαι τῆς Ἰουδαίας αἱ ἐν Χριστῷ identifiziert wird, mit dem ἡμᾶς von V. 23b zu verbinden, ohne daß der von der Verfolgung betroffene Personenkreis ausschließlich auf sie beschränkt bleiben müßte[148]. Die Formulierung

---

[143] Dietzfelbinger, Berufung 9, nimmt an, weil die Verfolgten selbst sprechen, hätten sie das Objekt der Verfolgung durch das Personalpronomen ἡμᾶς ersetzt. Warum sollten sie das getan haben, wenn sie ein Traditionsstück weitergeben wollten und man mit Dietzfelbinger annimmt, daß »›Gemeinde Gottes‹ ... offenbar eine feste Redewendung, ein schon traditionell gewordener Begriff war«?

[144] Es ist aber logisch keineswegs zwingend, daß die Gruppe der Sprecher von der der Hörer unterschieden sein muß. Man kann sich durchaus auch selbst etwas sagen, zumal im Bereich gruppenbezogener Traditionsvermittlung (vgl. auch Oepke, Gal 67).

[145] Dietzfelbinger, Berufung 10.

[146] So Löning, Saulustradition 55 f.

[147] Vgl. Lüdemann, Heidenapostel I 75 f.

[148] Vgl. Oepke, Gal 67: »ἡμᾶς ist, wie das parallele τὴν πίστιν, ἥν ποτε ἐπόρθει zeigt, aus der christlichen *Gesamt*solidarität heraus gesprochen, erklärt sich aber freilich doch am einfachsten, wenn Paulus mindestens *auch* die judäischen Landgemeinden verfolgt hatte« (s. a. derselbe, Probleme 445); Burchard, Zeuge 50, Anm. 37: »M. E. hat V. 23 ... im jetzigen Kontext nur dann seine Pointe, wenn mit den ehemals verfolgten ›wir‹ dieselben gemeint sind, die jetzt ›hören‹«. Ähnlich Mussner, Gal 99; Schlier, Gal 63; Kümmel, Bekehrung 152, jetzt auch

bezüglich des Objektes der Verfolgung erklärt sich also besser aus dem paulinischen Kontext als aus einer angenommenen vorpaulinischen Tradition[149].

Zudem zwingt die einleitende Wendung ἀκούοντες ἦσαν ὅτι durchaus nicht zur Annahme eines Traditionszitats. Der Wechsel von der dritten in die erste Person Plural signalisiert lediglich die direkte Rede, die auf das ὅτι folgt[150]. Diese muß aber keineswegs Wiedergabe eines Zitats sein[151], sondern kann ebenso gut als ein paulinisches Stilmittel angesehen werden[152]. Diese Möglichkeit wird auch durch das Verb nahegelegt. Statt auf den Urheber einer Nachricht wendet es den Blick auf den Hörer einer Kunde. Dabei muß deren Sprecher nicht mitgedacht sein[153]. Ebenso deutet die periphrastische Konstruktion im Imperfekt darauf hin, daß nicht die Überbringung einer Nachricht, sondern die andauernde Wahrnehmung einer Kunde gemeint ist.

Paulus kommt es im Zusammenhang von Gal 1,15–24 darauf an, seinen Adressaten in Galatien mitzuteilen, daß die judäischen Christengemeinden von seiner Lebenswende vom Verfolger zum Verkündiger Kunde erhalten und diese Wende gutgeheißen haben, ohne daß er selbst als Christusapostel in so enger Verbindung mit ihnen stand, daß man seinen Apostolat als von ihnen abhängig betrachten könnte. Sie kannten ihn nicht einmal persönlich, sondern wußten lediglich »vom Hörensagen« um die Wandlung, die mit ihm vor sich gegangen war[154].

Die VV. 22 ff resümieren die Situation der Gemeinden in und um Jerusalem im Blick auf ihr Verhältnis zu und ihre Kontakte mit Paulus, wie er sie in den VV. 13–21 dargestellt hat. Um dieses Resümee möglichst eindrücklich zu gestalten, formuliert er unter Verwendung von Wörtern, die den Adressaten bereits aus seiner Selbstaussage von V. 13 bekannt sind und sie an diese erinnern sollen, eine prägnante Aussage im Kontrastschema ποτε — νῦν[155] und legt sie denen als wörtliche Rede in den Mund, deren Stellungnahme ihm für seine Aussageabsicht gegenüber den Adressaten wichtig ist.

RIESNER, Frühzeit 64; dagegen DIETZFELBINGER, Berufung 7; LÜDEMANN, Heidenapostel I 80, Anm. 44; LÖNING, Saulustradition 52; STRECKER, Befreiung 482f, Anm. 10.

[149] Vgl. auch MERKLEIN, Ekklesia 302, Anm. 40.

[150] Während die wörtliche Rede einleitendes ὅτι nach verba dicendi im Neuen Testament geläufig ist (= ὅτι recitativum, vgl. dazu REHKOPF, Grammatik § 470,1.; BAUER, Wörterbuch 1193 s. v. ὅτι 2.), leitet es auf ἀκούειν folgend außer an unserer Stelle nie eindeutig direkte Rede oder ein Zitat ein. ὅτι vorangehendes ἀκούειν kann durchgängig mit »erfahren« bezüglich eines Sachverhalts, einer Tat oder eines Ereignisses wiedergegeben werden; an einigen Stellen könnte man auch mit »sagen hören« übersetzen (Mt 20,30; Mk 10,47; Joh 21,7; 1Joh 2,18; vgl. 4,3).

[151] Gegen LÖNING, Saulustradition 51; BETZ, Gal 159.

[152] Auch in 2,14 wechselt Paulus von Bericht in die direkte Rede.

[153] Vgl. BAUER, Wörterbuch 62f s. v. ἀκούω 3.: »erfahren, Kunde v. etw. erhalten«; LIDDELL-SCOTT, Lexicon 54 s. v. ἀκούω (I.)2.: »know by hearsay«. Auch in 1,13 verwendet Paulus ἀκούειν ohne Bezug auf den Urheber des Gehörten oder den Weg seiner Vermittlung.

[154] SCHLIER, Gal 63; vgl. BETZ, Gal 158; BAMMEL, Galater 111 f; OEPKE, Gal 67: »ein Gerücht, bei dem jeder Hörender und Redender zugleich war«.

[155] Der Kontrast ist implizit schon in der Aufeinanderfolge von Verfolgertätigkeit und Berufung zum Apostel in 1,13–16a enthalten, wird jetzt aber auf eine griffige Formel gebracht (vgl. o., S. 11f). LYONS, Autobiography 146–152, zeigt, wie der einst-jetzt-Kontrast die autobiographischen Passagen und den gesamten Brief durchzieht.

Die auffälligen Berührungen der Verfolgeraussagen in Gal 1,13 und 23 gehen somit nicht darauf zurück, daß Paulus die Adressaten des Galaterbriefes in 1,13 an seine Vergangenheit in der Sprache der Tradition erinnere, die er in 1,23 zitiere[156]. Die zweifellos paulinischen Parallelformulierungen in 1Kor 15,9 und Phil 3,6 weisen darauf hin, daß das Abhängigkeitsverhältnis beider Stellen im Galaterbrief umgekehrt verläuft: Die für Paulus typische Verfolgeraussage in Gal 1,13 (διώκειν in der 1. Pers. Sing. und ἐκκλησία als Objekt der Verfolgung) wird in V. 23 dem Kontext und der Aussageabsicht entsprechend variiert.

Ob dieser paulinische Sprachgebrauch selbst traditionsbildend geworden ist und auf diesem Wege in das in der Apostelgeschichte verarbeitete Traditionsgut gelangte, kann hier offen bleiben[157]. Allein die Verwendung des Verbs πορθεῖν in Gal 1,13.23; Apg 9,21 dürfte als Begründung für diese Annahme kaum ausreichen. Das relativ seltene Wort[158] kommt im Neuen Testament nur an den drei genannten Stellen vor. Das macht eine Aussage über »unlukanischen« oder »unpaulinischen« Sprachgebrauch unmöglich[159]. Zudem fehlen in Apg 9,21 gerade die für Paulus typischen Formulierungen der Verfolgeraussage (διώκειν, ἐκκλησία), und die Darstellung ist ganz von der lukanischen Vorstellung von der paulinischen Verfolgertätigkeit geprägt (vgl. 9,1f!). Die antithetische Struktur der Wandlung vom Verfolger zum Verkündiger ergibt sich aus dem bisher von Lukas Erzählten selbst und setzt nicht Kenntnis einer entsprechenden vorlukanischen Tradition voraus.

Enger sind die sprachlichen Berührungen zwischen Paulus und Apg 8,1.3 (διωγμός, ἐκκλησία). Allerdings dürfte eine literarische oder traditionsgeschichtliche Abhängigkeit auch hier schwerlich nachweisbar sein, da die betreffenden Wörter sowohl bei Paulus als auch bei Lukas häufig und unspezifisch gebraucht werden[160].

Die Verben, mit denen Paulus seine Verfolgertätigkeit benennt (διώκειν, πορθεῖν), lassen wenig Konkretes erkennen. Neben dem Faktum seines Verfolgens der Gemeinde Gottes[161] stellt er vor allem die Intensität dieses Tuns heraus: Im Übermaß (καθ᾽ ὑπερβολήν) hat er die Gemeinde verfolgt, ohne daß mit dieser Wendung etwas über konkrete Verfolgungsakte verlautet[162]. Auch das zweimal

---

[156] So LÖNING, Saulustradition 56; vgl. ähnlich DIETZFELBINGER, Berufung 10; dagegen auch LINDEMANN, Christentum 166f, Anm. 126.

[157] Dafür außer den o., Anm. 142, Genannten noch LÜDEMANN, Christentum 118; LINDEMANN, Christentum 52; WEISER, Apg I 233; PESCH, Apg I 301f; ROLOFF, Apg 146f.

[158] Vgl. LIDDELL-SCOTT, Lexicon 1449.

[159] Gegen DIETZFELBINGER, Berufung 8; LÖNING, Saulustradition 44.50; zur Bedeutung von πορθεῖν in Gal 1,13 s. u., Anm. 164.

[160] So auch DIETZFELBINGER, Berufung 8; anders BLANK, Paulus 238.

[161] Paulus verwendet dasselbe Wort, mit dem er sonst die gegenwärtig von Christen zu erleidenden Verfolgungen bezeichnet (vgl. διώκειν in Gal 4,29; 5,11; 6,12; Röm 12,14; 1Kor 4,12; 2Kor 4,9; ἐκδιώκειν 1Thess 2,15; διωγμός Röm 8,35; 2Kor 12,10; 2Thess 1,4) und das »bereits ein terminus technicus für die Verfolgung der Kirche geworden zu sein« scheint (BETZ, Gal 137, Anm. 98).

[162] Mit DIETZFELBINGER, Berufung 11; vgl. auch BLANK, Paulus 238ff; KLEIN, Apostel 128–132. Zu καθ᾽ ὑπερβολήν vgl. BAUER, Wörterbuch 1674f s. v., zur Bedeutung der Wendung in Gal 1,13 HULTGREN, Translating 146ff. Ähnliche Funktion hat κατὰ ζῆλος in Phil 3,6.

verwendete Verb πορθεῖν[163] kann die näheren Umstände und die Methoden der Verfolgung nicht erhellen. Ihm haftet das Moment der Gewaltanwendung an, jedoch kann auch verbale oder moralische Gewalt gemeint sein[164].

Ebensowenig, wie Paulus die Art und Weise seines Vorgehens gegen die Gemeinde Gottes näher beschreibt, nennt er explizit Gründe für seine Verfolgertätigkeit[165]. Die Verfolgungsaussage hat umgekehrt selbst argumentative Funktion. So ist im Aussagezusammenhang von Gal 1,13f der Wandel im »Judaismos« nicht zur Begründung der paulinischen Verfolgertätigkeit angeführt, sondern diese bildet umgekehrt eine Beleg für jenen Wandel[166]. Immerhin ist damit deutlich gemacht, daß Paulus sein Wirken als Verfolger als auf der Grundlage seines gesetzestreuen Wandels stehend und aus ihm erwachsend darstellt, ohne daß er seine Verfolgungsmotive und Begründungen ausdrücklich benennt.

Diejenigen, die seiner Verfolgung ausgesetzt waren, belegt Paulus mit theologisch gefüllten Prädikaten, die seinem gegenwärtigen Urteil zur Zeit der Abfassung seiner Briefe entspringen. In der Bezeichnung ἐκκλησία τοῦ θεοῦ, offenbar der Selbstbezeichnung der ersten christlichen Gemeinden[167], spiegelt sich ihr Selbstverständnis als »das endzeitliche Aufgebot Gottes«[168] wider. Paulus übernimmt diese Selbstbezeichnung und entwickelt sie in seinen Briefen unter Herausstellung des christologischen Aspekts gezielt weiter[169]. In Gal 1,2 redet er die

---

[163] 1,13.23 jeweils Imperfekt de conatu. Vgl. Bauer, Wörterbuch 1389: »ich suchte d. Gemeinde Gottes zu vertilgen«; Rehkopf, Grammatik § 326; EWNT III 328; Spicq, Notes II 723; Betz, Gal 137; Mussner, Gal 79; Oepke, Gal 57; Rohde, Gal 55.

[164] Vgl. Spicq, Notes II 723: »Il implique l'idée de violence physique ou morale contre des personnes.« Menoud, Sens 178–186, plädiert für rein verbale Auseinandersetzungen wegen des Messiasbekenntnisses der Christen, das der Pharisäer Paulus aufgrund des Fluches der Tora über einen Gekreuzigten (Dtn 21,23, vgl. dazu u., S. 70f) als Blasphemie ansehen und mit Argumenten aus der Schrift bekämpfen mußte. Solche »persécution théologique« (a.a.O., 183) sei in Wirklichkeit für die Existenz der christlichen Gemeinde viel gefährlicher gewesen als materielle Verfolgungen. Ähnlich Hultgren, Persecutions 107–110, der darüber hinaus aber noch auf die Anwendung synagogaler Disziplinarmaßnahmen hinweist: »his major concern was to wage a ›war of containment‹ against the church by getting at its leadership for disputation and for discipline, for which punishment was a means.« (a.a.O., 109). Hengel, Jesus 172, Anm. 80 (vgl. derselbe, Geschichtsschreibung 72; Paulus 274f.289f), verweist darauf, daß Synagogenstrafen in Form körperlicher Züchtigungen bisweilen lebensgefährlich sein konnten, und betont stärker das gewaltsame Vorgehen.

[165] Das gilt übrigens ebenso für die Darstellung der Apostelgeschichte.

[166] Das ὅτι (V. 13) hat nicht begründende, sondern explikative Funktion. Freilich ist die Verfolgungsaussage textpragmatisch hervorgehoben (vgl. o., S. 35f). Vgl. auch von der Osten-Sacken, Wahrheit 155.

[167] J. Roloff, EWNT I 1001. Zur Frage, ob hier speziell die Jerusalemer Urgemeinde gemeint ist, vgl. u., S. 59f.

[168] J. Roloff, EWNT I 1000. Vgl. Merklein, Ekklesia 296–318; Schrage, Ekklesia 178–202; Berger, Volksversammlung 167–207; Stuhlmacher, Gerechtigkeit 210f; Oepke, Gal 58; Schlier, Gal 49f; Rohde, Gal 56.

[169] Vgl. J. Roloff, EWNT I 1002–1005; Merklein, Ekklesia 313–316; Berger, Volksver-

Briefadressaten als ἐκκλησίαι τῆς Γαλατίας an und spricht ihnen den Segenswunsch ἀπὸ θεοῦ πατρὸς ἡμῶν καὶ κυρίου Ἰησοῦ Χριστοῦ zu[170]. In 1,22 nennt er die ihm damals persönlich unbekannten Christen von Judäa ἐκκλησία ἐν Χριστῷ[171]. Indem er in 1,13 die von ihm Verfolgten als ἐκκλησία τοῦ θεοῦ qualifiziert[172], verurteilt er sein damaliges Wirken als gegen Gott gerichtet, dem er seinen Apostolat (1,1) und sein Evangelium (1,12) verdankt und der ihn schon aus dem Mutterleib heraus dazu ausgesondert und berufen hat, das Christusevangelium zu empfangen und den Heiden zu verkünden (1,15f)[173]. Wie Paulus vor seiner Berufung über die von ihm Verfolgten theologisch geurteilt hat, ist aus dieser Bewertung nicht zu ersehen. Auch in V. 23 benennt ἡ πίστις den Inhalt der paulinischen Verkündigung, nicht den Verkündigungsinhalt der von ihm damals Verfolgten. ἡ πίστις ist direkt mit εὐαγγελίζεσθαι verbunden und wird nur im Dienste des Kontrastschemas der Aussage indirekt zum Objekt des πορθεῖν. Das Wort bezeichnet hier wie bisweilen auch sonst bei Paulus und im übrigen Neuen Testament den Inhalt der Glaubenspredigt, die fides quae creditur[174]. Über Inhalt und Zielrichtung der Verkündigung der von ihm Verfolgten sagt Paulus nichts.

Die gezielt herausgestellte Darstellung der Verfolgertätigkeit des Paulus enthält über das Faktum dieses Wirkens hinaus keine konkreten Informationen, die eine sichere Bestimmung seines Standortes innerhalb des Judentums seiner Zeit zuließen. Erst unter Berücksichtigung aller zur Verfügung stehenden Daten der paulinischen Biographie vor seiner Berufung und mit Hilfe von Analogien und Zusammenhängen der frühesten Geschichte des Urchristentums wird die angestrebte Einordnung des vorchristlichen Paulus ermöglicht. Diesem Ziel dient das folgende Kapitel.

Um so deutlicher ist gerade bei der Untersuchung der Verfolgeraussagen in Gal 1,13.23 geworden, daß das gegenwärtige Urteil des Apostels über sein früheres Wirken und seine Aussageabsicht gegenüber seinen Adressaten die Art und Weise der Darstellung bestimmt. Deshalb werden wir uns am Schluß des

---

sammlung 198; HOLTZ, 1Thess 100 (zu 1Thess 2,14): »Gemeinde des allein einen Gottes, der in der Christusgeschichte Jesu sich endzeitlich gültig offenbart hat«.

[170] Vgl. die ähnlichen Formulierungen der Briefeingänge 1Kor 1,2; 2Kor 1,1; 1Thess 1,1; 2Thess 1,1. Angesichts dieser Parallelen dürfte auch in Gal 1,2 der »Genitivus auctoris ›Gottes‹ ... mitzudenken« sein (J. ROLOFF, EWNT I 1001).

[171] Vgl. J. ROLOFF, EWNT I 1002: »Gemeint ist ... wiederum der Ursprung der Gemeinde Gottes im Christusgeschehen. «

[172] So auch 1Kor 15,9 (vgl. Phil 3,6). Vgl. dazu MERKLEIN, Ekklesia 302f.

[173] Auch wenn ὁ θεός in 1,15 vermutlich textkritisch sekundär ist (so u. a. MUSSNER, Gal 81; OEPKE, Gal 60; SCHLIER, Gal 53; LIETZMANN, Gal 7f), ist klar, daß als Subjekt der partizipialen Aussagen Gott zu denken ist (vgl. DELLING, Gottesprädikationen 1–59,29).

[174] Vgl. G. BARTH, EWNT III 223; R. BULTMANN, ThWNT VI 214; BETZ, Gal 159, Anm. 223; MUSSNER, Gal 99, Anm. 115; LÜHRMANN, Gal 36; OEPKE, Gal 67; SCHLIER, Gal 63. Man kann also keineswegs unpaulinischen Sprachgebrauch konstatieren (gegen BAMMEL, Galater 108).

ersten Teils der Untersuchung der Frage nach der theologischen Relevanz der autobiographischen Explikation der ersten Lebensphase des Paulus für sein Wirken als Apostel zuwenden.

3. Paulus vor seiner Berufung

a) Die Herkunft

Aus den Paulus-Briefen lassen sich keine direkten Angaben darüber entnehmen, wo Paulus aufgewachsen ist[175]. Auch aus der Eigenart seines anhand der Briefe erkennbaren Denkens und Wirkens sind keine eindeutigen Schlüsse auf den Ort, an dem er eine solche Eigenart hat entwickeln können, zu ziehen. Zum einen gibt es keine sicheren Kriterien, die es erlauben würden, eine Prägung durch die hellenistisch-jüdische Diaspora von der durch palästinisches Judentum abzugrenzen. Das jüdische Palästina war zur Zeit des Paulus erheblichen hellenistischen Einflüssen unterworfen, und umgekehrt bestanden zwischen Jerusalem und der Diaspora lebhafte Kontakte[176]. Zum anderen ist in Rechnung zu stellen, daß Paulus zur Zeit der Abfassung seiner Briefe zweifellos schon eine beträchtliche Zeit lang in engem Kontakt zur jüdisch-hellenistischen Diaspora gestanden hatte und von dort her wesentliche Anregungen und Prägungen empfangen haben konnte, so daß Rückschlüsse von Zügen hellenistischer Bildung oder diaspora-synagogaler Prägung in seinen Briefen auf das geistige Milieu, in welchem er aufwuchs, unsicher bleiben müssen[177]. So dürfte seine Bevorzugung der Septuaginta zumindest auch damit zusammenhängen, daß für jemanden, der auf Griechisch an griechisch sprechende Adressaten schreibt, es naheliegend ist, auch seine Zitate aus griechischen Vorlagen zu nehmen.

Schließlich darf der Tatbestand nicht außer acht gelassen werden, daß zwischen der Zeit, in der Paulus seine prägenden Erziehungs- und Bildungseindrük-

---

[175] Vgl. zum ganzen den Forschungsbericht bei Hübner, Paulusforschung 2658–2667.

[176] Vgl. Hengel, Judentum 191–195.459f; derselbe, Paulus 256–265; Neusner, Pictures 54f; Sevenster, Greek 176–191; Argyle, Greek 87ff. Mit Blick auf Paulus vgl. Burchard, Zeuge 34f, Anm. 42: »... auch wenn Paulus in hellenistisch-jüdischem Millieu studierte..., dann kann das in Jerusalem gewesen sein«. Umgekehrt formuliert das gleiche Ergebnis Conzelmann, Geschichte 65. Vgl. auch Kim, Origin 37f. Nicht überzeugend, da auf einem Zirkelschluß basierend, ist die einseitige geographische Eingrenzung des für den Umgang des Paulus mit der Schrift prägenden Milieus auf die kleinasiatisch-syrische Diaspora bei Koch, Schrift 190–232. Zum einen setzt er sein Ergebnis schon vor aller Untersuchung voraus (a.a.O., 92f), zum andern ist Paulus für ihn der einzige literarische Zeuge für die Schriftauslegung der Diaspora Kleinasiens (a.a.O., 202). Die von Koch selbst a.a.O., 200f, aufgezeigte Wechselbeziehung zwischen palästinischer Exegese und hellenistischer Auslegungsmethodik verbietet m. E. eindeutige Festlegungen. Vgl. auch die Kritik an Kochs Bewertung der Schriftkenntnis bei Hengel, Paulus 234f.

[177] Vgl. van Unnik, Tarsus 305f; Harrison, Test 253; Kim, Origin 38.

ke empfangen hat, und der Lebensphase, in der er seine Briefe schreibt, das für seinen Lebensgang entscheidende Ereignis seiner Berufung zum Christusapostel für die Heiden lag. Die Eigenart der paulinischen Wirksamkeit, die sich in seinen Briefen zu erkennen gibt, ist entscheidend von diesem Ereignis bestimmt und steht keineswegs in voller Kontinuität zu den ihm durch Herkunft und Erziehung zugekommenen Prägungen[178].

Während also die Paulusbriefe keine sicheren Schlüsse darüber, wo Paulus die Lebenszeit vor seiner Berufung zugebracht hat[179], zulassen, bietet die Apostelgeschichte eine detaillierte Darstellung. Danach ist er in Tarsus in Zilizien geboren (21,39; 22,3; vgl. 9,11; 23,34), verlebte seine Kindheit und Jugend aber in Jerusalem und erhielt dort bei Gamaliel I.[180] eine Ausbildung (22,3; vgl. 26,4).

Das exakte Verständnis der drei Partizipien in Apg 22,3 ist entscheidend durch W. C. van Unnik gefördert worden. Er hat nachgewiesen, daß sich Lukas hier (wie auch in 7,20 ff in Bezug auf Mose) eines literarischen Schemas bedient, mit dessen Hilfe man drei aufeinanderfolgende wesentliche Entwicklungsstufen der Jugend einzelner Persönlichkeiten beschrieb[181]. Dabei bezieht sich ἀνατεθραμμένος auf die häusliche Pflege und Erziehung von frühester Kindheit an bis zum Schulalter, während πεπαιδευμένος die Unterweisung durch einen Lehrer bezeichnet.

In Apg 22,3 steht ἐν τῇ πόλει ταύτῃ im Kontrast zu ἐν Ταρσῷ τῆς Κιλικίας, meint Jerusalem und gehört zu ἀνατεθραμμένος. Folglich »impliziert die Formel, daß Paulus in einem Alter von Tarsus nach Jerusalem kam, in dem er nicht allein reisen konnte«[182].

Offenbar im Zusammenhang bzw. infolge seiner Ausbildung wurde Paulus Pharisäer (23,6; 26,5)[183]. Als solcher (ὅς) hat er in Jerusalem die Christen verfolgt (22,4f; vgl. 22,19f; 26,9–12; 7,58; 8,1.3; 9,1f.13f.21), bevor er, auf dem Wege zu weiterer Verfolgertätigkeit, in der Nähe von Damaskus durch eine Erscheinung des auferstandenen Jesus zum Glauben an diesen bekehrt und zur Verkündigung seiner als des Sohnes Gottes berufen wurde (22,6–21; vgl. 9,3–22; 26,12–18).

---

[178] Dies hat Koch, Schrift passim, hinsichtlich des Umgangs des Paulus mit der Schrift überzeugend nachgewiesen.

[179] Daß sie spürbar sowohl von offenbar palästinischen als auch von deutlich diasporajüdischen Einflüssen geprägt sind, wie Hengel, Paulus 232–237.248–256, zeigt, unterstreicht dieses Urteil.

[180] Vgl. zu ihm Strack/Stemberger, Einleitung 74 f; Neusner, Tradition I 341–376.

[181] Van Unnik, Tarsus 281.

[182] Burchard, Zeuge 32.

[183] Burchard, Zeuge 33, weist darauf hin, daß Lukas »mit ἀκρίβεια ... das Stichwort, das bei Josephus und mit dem er selbst in Apg 26,5 die Haltung der Pharisäer gegenüber dem Gesetz kennzeichnet« benutzt und außerdem in 5,34 Gamaliel ausdrücklich als Pharisäer bezeichnet hat. Die ganze Wendung κατὰ ἀκρίβειαν τοῦ πατρῴου νόμου zieht er zu ζηλωτὴς ὑπάρχων κτλ. und betrachtet sie als »Schlußwendung, die das Ergebnis aussagt«, während παρὰ τοὺς πόδας Γαμαλιήλ im Zusammenhang des Schemas »primär die Erziehung zum Gentleman, nicht die Berufsausbildung im Blick« hat. Anders Hengel, Paulus 239 f.

Gegen den historischen Wert dieser geschlossenen Darstellung der vorchristlichen Zeit des Paulus wird eingewendet, sie entspringe dem Paulus-Bild des
Lukas, das sich wesentlich von dem Bild des Apostels unterscheidet, das man aus
seinen Briefen gewinnt[184]. Die Briefe wiesen auf eine jüdisch-hellenistische, in
der Diaspora und nicht in Jerusalem bei Gamaliel I. erworbene Bildung[185].
Außerdem schließe Gal 1,22 einen längeren Aufenthalt des Paulus in Jerusalem
vor der Berufung aus[186], und in Phil 3,5 hätte Paulus seine Ausbildung in
Jerusalem erwähnen müssen, wenn er eine solche erfahren hatte[187]. Die genannten Argumente gegen den historischen Wert der Darstellung der Apostelgeschichte reichen jedoch nicht aus, alle ihre Angaben über den Werdegang des
Paulus von vornherein für historisch unzutreffend zu erklären. Sie haben zumindest Anspruch darauf, als überlieferte Quellenbelege zur Frühzeit des Paulus
kritisch geprüft zu werden[188]. So kann man die Angabe, Paulus habe seine
Kindheit und Jugend in Jerusalem verbracht, nicht allein schon durch den
Verweis auf eine entsprechende lukanische Tendenz widerlegen. Lukas kann
auch historisch Zutreffendes seiner Tendenz dienstbar machen! Auch der
Schluß, die in den Briefen erkennbare hellenistische Bildung zwinge zur Annah-

---

[184] Zum Paulus-Bild der Apostelgeschichte vgl. KAHL, Armenevangelium 169–176;
MADDOX, Purpose 31–46.66–90.180–187; SCHILLE, Paulus-Bild 9–52; STOLLE, Zeuge
63f.90.136–140.206–212.271–284; LÖNING, Saulustradition 126–210; BURCHARD, Zeuge
35f.50f.129–136. 160f.165–168.173–185; JERVELL, Apostelgeschichte 378–392 (vgl. DERSELBE,
Lehrer 164–190); DE BOER, Images 359–380; ROLOFF, Paulus-Darstellung 510–531; DERSELBE,
Apg 3ff.370ff; WEISER, Apg I 35; SCHILLE, Apg 48–52.229–233; SCHNEIDER, Apg II 42–45;
HAENCHEN, Apg 121–124; LINDEMANN, Christentum 49–68; DASSMANN, Stachel 22–34; HEN-
GEL, Geschichtsschreibung 58–61. Zu Forschungsgeschichte und -stand vgl. HAHN, Stand 183;
MÜLLER, Paulinismus 157–201; LÖNING, Paulinismus 202–234; GRÄSSER, Acta-Forschung
56ff.276–281.289f; BURCHARD, Apostelgeschichte 888–893. Zu den Differenzen zwischen
Paulus und dem Bild von ihm in der Apostelgeschichte vgl. HAENCHEN, Apg 597: »Lukas kennt
keinen Bruch in der Stellung des Paulus zum Gesetz.«; CONZELMANN, Apg 125: »Der lukanische
Paulus verwirft nicht wie der historische seinen Eifer für das Gesetz (Phil 3₄ff), sondern nur die
falschen Konsequenzen, die er daraus einst zog.« BORNKAMM, Paulus 27: »Tendenz, ihn als
Urjuden zu kennzeichnen und so früh und intensiv wie möglich mit Jerusalem in Verbindung
zu bringen« (vgl. a.a.O., 35, sowie DERSELBE, RGG³ V 168, wo dieses Urteil auf ein Studium bei
Gamaliel I. eingeschränkt wird, während »mindestens der Bericht eines zeitweiligen Aufent-
halts des P. in Jerusalem und seiner Ausbildung dort zum Pharisäer schon darum Vertrauen«
verdient, »weil die uns verfügbaren Quellen den Pharisäismus als eine palästinische Bewegung
und Jerusalem als ihr Zentrum ausweisen«); SCHENKE/FISCHER, Einleitung I 37: »das Studium
des Paulus in Jerusalem und bei Gamaliel ist eine halb naive, halb tendenziöse Eintragung des
Verfassers der Apg«; LINDEMANN, Christentum 65: »Offenbar soll mit diesen Angaben das
Judentum des Paulus ausgemalt und noch glaubwürdiger gemacht werden.«
[185] HAENCHEN, Apg 597; FISCHER, Urchristentum 87; BORNKAMM, Paulus 32f; R. BULT-
MANN, RGG² IV 1020f.
[186] Vgl. neben den in Anm. 184 Genannten STRECKER, Befreiung 482f, Anm. 10.
[187] BORNKAMM, Paulus 27; KOCH, Schrift 92f; HAENCHEN, Apg 288.
[188] Daß Lukas als theologischer Geschichtsschreiber seine Darstellung in aktueller Ausrichtung auf der Grundlage von Traditionen schreibt, nicht als erbaulicher Romanschriftsteller, der
willkürlich im Interesse seiner Aussageabsicht Fakten und Ereignisse erfindet, hat HENGEL,

me einer Diaspora-Herkunft und -Prägung, ist, wie oben gezeigt, nicht zwingend. Ebensowenig schließt Gal 1,22 die Darstellung der Apostelgeschichte aus[189].

Das argumentum e silentio aus Phil 3,5f hat schon als solches wenig Überzeugungskraft. Es verkennt zudem die spezifische Aussageabsicht von Phil 3,5f in seinem paränetischen Kontext[190]. Dort geht es Paulus nicht darum, Einzelheiten über seine Biographie zu berichten, sondern seine Position im Blick auf die Frage des Zugangs zum Christusheil an sich selbst als einem Beispiel zu verdeutlichen. In diesem Zusammenhang hätte er wohl auch seine Ausbildung in Jerusalem erwähnen können, aber jedenfalls keineswegs müssen. Sie dürfte für ihn im übrigen in der Aussage κατὰ νόμον Φαρισαῖος enthalten gewesen sein, ohne daß er Anlaß gehabt hätte, dies gegenüber den Adressaten in Philippi näher auszuführen[191]. Fehlen also überzeugende Argumente, die einen frühen, dauerhaften Aufenthalt des Paulus in Jerusalem ausschließen, so gibt es umgekehrt durchaus Indizien, die die entsprechende Darstellung der Apostelgeschichte unterstützen können. Daß es für die in der Diaspora lebenden Juden Motive und Gelegenheiten gab, nach Jerusalem umzusiedeln, ist belegt. Ein Motiv war das Streben nach Unterweisung in den Geboten.

M. Hengel hat auf die Theodotus-Inschrift in Jerusalem als ein Zeugnis für in der Heiligen Stadt gegründete Synagogengemeinden von Rückkehrern aus der Diaspora hingewiesen: »Die aus der Diaspora nach Jerusalem zurückgekehrten Juden hatten für ihre Heimkehr in erster Linie religiöse Motive... Man fühlte sich als Rückkehrer mit Tempel und Tora auf das intensivste verbunden«[192].

Nach der Theodotus-Inschrift wurde diese Synagoge, die u.a. eine Herberge mit Fremdenzimmern für aus dem Ausland kommende Juden enthielt, erbaut »zur Vorlesung des Gesetzes und zum Unterricht in den Geboten« (εἰς ἀν[άγν]ωσ[ιν] νόμου καὶ εἰς [δ]ιδαχ[ὴ]ν ἐντολῶν). Hengel nimmt in diesem Zusammenhang an, »daß der Stifter dem pharisäischen Programm der ›Erziehung des Volkes im Gesetz‹ nahestand«. »Gerade bei den dem Pharisäismus nahestehenden Diasporajuden war die Motivation zur Rückkehr in das Heilige Land besonders stark, denn alles heidnische Gebiet war unrein.«[193]

Geschichtsschreibung 54–61, nachdrücklich herausgestellt. Vgl. zum Geschichtswert der Darstellung der Apostelgeschichte weiter Hahn, Stand 180–183; Weiser, Apg I 31f.36ff; Roloff, Apg 9f; Pesch, Apg I 45–51; Burchard, Zeuge 169–173. E. Gräßer betont in seinem Vorwort zur 7. Aufl. des Apg-Kommentars von Haenchen (Haenchen, Apg 8), »daß Haenchens große Zurückhaltung hinsichtlich der Historiographie und der Quellengrundlagen des Lukas forschungsgeschichtlich nicht mehr ohne weiteres gerechtfertigt ist«.

[189] Dieses Urteil wird u., S. 58ff, im Zusammenhang der Frage nach dem Ort der paulinischen Verfolgertätigkeit begründet werden.

[190] Vgl. dazu u., S. 103f.

[191] So auch Harrison, Test 254. Hengel, Paulus 235f, macht darauf aufmerksam, daß eine Erwähnung seiner Ausbildung zum γραμματεύς für die Adressaten in Philippi eher irreführend gewesen wäre, da sie darunter einen Schreiber verstanden hätten.

[192] Hengel, Jesus 185.

[193] Hengel, Jesus 184f mit Anm. 119 und 123; vgl. a.a.O., 181; derselbe, Ursprünge 28; Paulus 259f.

Darauf, daß die Familie des Paulus zu solchen Rückwanderern aus der Diaspora gehört hat, die schon im Ausland die Verbindung zum jüdischen Mutterland aufrecht erhalten hatten (vgl. Phil 3,5: Ἑβραῖος ἐξ Ἑβραίων)[194], könnte die Erwähnung eines in Jerusalem lebenden Neffen (Sohn einer Schwester) in Apg 23,16–22 hinweisen[195].

Der entscheidende Hinweis darauf, daß Paulus vor seiner Berufung längere Zeit in Palästina, und zwar wahrscheinlich in Jerusalem, gelebt haben muß, ist sein eigenes Zeugnis, daß er Pharisäer gewesen ist (Phil 3,5). Für die Existenz von Pharisäern in der Diaspora gibt es keine Belege[196]. Eine Unterweisung im Gesetz bei Gamaliel I., dem Pharisäer, Synhedriumsmitglied und beim Volk verehrten Gesetzeslehrer (Apg 5,34), ist durchaus möglich[197]. Man sollte allerdings nicht von rabbinischer Hochschulbildung[198] oder pharisäischer Ausbildung[199] sprechen. Der erste Ausdruck impliziert Verhältnisse späterer Zeit, der zweite verfehlt das Spezifikum der Pharisäer. Zum Pharisäer wurde man nicht ausgebildet, sondern man trat in eine pharisäische Genossenschaft ein. Apg 22,3 sagt nicht mehr, als daß Paulus Gesetzesunterweisung erfahren hat, und zwar nicht im Sinne einer schriftgelehrten »Berufsausbildung«, sondern im Rahmen einer außerhäuslichen Erziehung[200].

Eine Überprüfung aller zugänglichen Informationen ergibt somit, daß wir nach dem Sekundärzeugnis der Apostelgeschichte[201], dem die Primärquellen

---

[194] Vgl. dazu u., S. 106ff.

[195] Vgl. dazu BURCHARD, Zeuge 32, Anm. 33: »Die Episode beruht auf Tradition. ... Überlieferung, gegen deren Geschichtlichkeit nichts spricht«; LÜDEMANN, Christentum 255: »ein historisches Faktum«; PESCH, Apg II 238. Anders SCHILLE, Apg 428f.

[196] Vgl. dazu ausführlich u., S. 55ff.

[197] Aufwachsen, Erziehung und Ausbildung in Jerusalem bei Gamaliel I. halten für möglich bis wahrscheinlich: BECKER, Paulus 15.40f; BLANK, Paulus 218; BORNKAMM, Paulus 35; BORSE, Jerusalem 43; BURCHARD, Zeuge 34f, Anm. 42; DEISSMANN, Paulus 74; DIETZFELBINGER, Berufung 22; HARRISON, Test 254f; HENGEL, Geschichtsschreibung 71; DERSELBE, Paulus 212–225; KIM, Origin 34; OEPKE, Probleme 445f; PESCH, Apg II 238; ROLOFF, Apg 322; RIESNER, Lehrer 61; DERSELBE, Frühzeit 64; SCHELKLE, Paulus 38; STUHLMACHER, Apostat 15; DERSELBE, Ende 176; VAN UNNIK, Tarsus 301; WEISER, Apg II 610; WEISS, Urchristentum 131.134; WIKENHAUSER/SCHMID, Einleitung 388.

[198] Vgl. OEPKE, Probleme 444; ähnlich WIKENHAUSER/SCHMID, Einleitung 388; VAN UNNIK, Tarsus 301.

[199] Vgl. VAN UNNIK, Tarsus 296: »training as a Pharisee«.

[200] So mit Recht BURCHARD, Zeuge 32f mit Anm. 36. HENGEL, Paulus 256–265, erschließt aus den paulinischen und lukanischen Angaben, Paulus habe in Jerusalem ein »Gesetzesstudium pharisäischer Prägung« (a.a.O., 240) absolviert und außerdem eine (griechische) rhetorische Grundausbildung innerhalb einer jüdisch-hellenistischen Schule Jerusalems erfahren, um sich die sprachliche Kompetenz für ein Wirken als Lehrer und Prediger in der hellenistischen Synagoge in Jerusalem zu erwerben. Vgl. zu den Ausbildungsmöglichkeiten in Jerusalem zur Zeit des Paulus auch RIESNER, Lehrer 151–182.

[201] Wie Lukas zu seinen Informationen von Apg 22,3 gekommen ist, ist nicht auszumachen, vgl. BURCHARD, Zeuge 34: »er gibt ... Wissen weiter«; ROLOFF, Apg 320: »aus der in den Gemeinden umlaufenden Paulus-Überlieferung«; ähnlich PESCH, Apg II 230. Immerhin ist mit BURCHARD, Zeuge 34f, Anm. 42, festzuhalten: »Jedenfalls haben wir für Paulus' Aufwachsen

nicht widersprechen und das durch Indizien gestützt wird, annehmen dürfen, daß Paulus in Jerusalem aufgewachsen und erzogen worden ist. In Tarsus[202] als römischer Bürger[203] geboren (so nach Apg 22,28; vgl. 16,37ff; 21,39; 22,25–29; 23,27), empfing er die seine Erziehung und Entwicklung prägenden Einflüsse im religiösen, nationalen und kulturellen Zentrum des Judentums[204].

b) Der Pharisäer

In Phil 3,5 bezeichnet sich Paulus im Hinblick auf die Art und Weise, nach dem Gesetz zu leben, als Pharisäer[205]. Im folgenden soll dieses zweifelsfreie biographische Datum für die Standortbestimmung des Paulus in seiner vorchristlichen Zeit fruchtbar gemacht werden, indem zunächst versucht wird, die spezifischen Erscheinungsformen der pharisäischen Bewegung nachzuzeichnen[206], und anschließend Konsequenzen im Blick auf die Einordnung des Paulus in das Judentum seiner Zeit gezogen werden.

α) Zur Quellenlage

Selbstdarstellungen des Pharisäismus zur Zeit des Paulus, die von aktiven Gliedern der pharisäischen Gemeinschaft während der Zeit ihrer Zugehörigkeit abgefaßt wurden, sind nicht erhalten. Auch läßt sich keine einzige der überlieferten frühjüdischen Quellen sicher auf Pharisäer als Autoren zurückführen[207]. Dies scheint nicht nur in den Zufällen der Überlieferung durch die Jahrhunderte

---

und Ausbildung in Jerusalem in Apg 22,3 eine Tradition, die immerhin älter ist als Lukas. Für Tarsus haben wir gar keine«.

[202] Vgl. zur Zuverlässigkeit dieser ebenfalls nur aus der Sekundärquelle bekannten Information BURCHARD, Zeuge 34, Anm. 42.

[203] Vgl. zur Auseinandersetzung um die Frage des römischen Bürgerrechts einerseits STEGE-MANN, Apostel 200–229, andererseits HENGEL, Paulus 193–208; BURCHARD, Zeuge 37ff; LÜDE-MANN, Christentum 249f. S. jetzt auch den einschlägigen Exkurs bei RIESNER, Frühzeit 127–135.

[204] Ob er freilich seine ganze Kindheit bereits in Jerusalem verbracht hat (so VAN UNNIK, Tarsus 301) oder nicht wenigstens einen Teil seiner (jüdischen!) Elementarschulbildung schon in Tarsus erfahren hat (so HENGEL, Paulus 237f, unter Berufung darauf, »daß Paulus das Griechische zwar eigenwillig, aber doch zugleich so meisterhaft beherrscht, daß es mir unwahrscheinlich erscheint, daß er es erst als Zweitsprache erlernt hat« [a.a.O., 233], sowie auf seinen souveränen Umgang mit dem Text der griechischen Bibel; ähnlich BECKER, Paulus 55), kann man fragen.

[205] Vgl. u., S. 108f.

[206] Literaturzusammenstellungen zur Pharisäerforschung finden sich bei FELDMAN, Josephus 542–575; G. BAUMBACH, EWNT III 992f; SCHÜRER, History II 381f; R. MEYER, ThWNT IX 11f (vgl. ThWNT X 1288f); MAIER/SCHREINER, Literatur 451f; MAIER, Geschichte 66f; MICHEL/LE MOYNE, Pharisiens 1110–1115.

[207] Auch bei den PsSal, für die häufig pharisäischer Ursprung angenommen wird, bleibt eine solche Zuweisung unsicher (vgl. NIEBUHR, Gesetz 222f). Zur Quellenlage insgesamt vgl. auch NEUSNER, Pictures 51ff.

begründet zu sein, sondern läßt bereits auf bestimmte Charakteristika des Pharisäismus selbst wie auch seiner Nachgeschichte schließen. Von zwei Gliedern der pharisäischen Gemeinschaft vor 70 n. Chr. besitzen wir Selbstzeugnisse, die freilich jeweils zu einer Zeit verfaßt worden sind, als ihre Verfasser sich bereits vom pharisäischen Gemeinschaftsleben getrennt hatten. Der eine ist Paulus (Phil 3,5), der andere Josephus (Vit 10 ff). Beide verfolgen mit ihren pharisäischen Selbstzeugnissen aktuelle Aussageintentionen gegenüber ihren Adressaten. Paulus bezeugt sein Pharisäertum als Element der Darstellung einer für die Adressaten in einer ganz konkreten Frage vorbildlichen Entscheidung. Josephus will gegenüber einem offenbar wenigstens zum Teil nichtjüdischen Lesepublikum seine universale Bildung als Voraussetzung für seinen Lebensgang herausstellen[208].

Als weitere Quellen für den Pharisäismus vor 70 stehen zur Verfügung die Schriften des Josephus, einige neutestamentliche Schriften (synoptische Evangelien, Johannesevangelium, Apostelgeschichte) sowie die rabbinische Literatur. In allen drei Quellenbereichen ist die Zuverlässigkeit des Berichteten jeweils unter Beachtung der Aussageintentionen der Verfasser zu prüfen. Die speziell für die Pharisäer typischen Züge sind erst unter kritischer Berücksichtigung der Tendenz der jeweiligen Literaturwerke zu ermitteln.

Josephus, der nach der Katastrophe des Jahres 70 n. Chr. in Rom schreibt, stellt die Pharisäer gern als die bedeutendste und beim Volk einflußreichste Gruppe des Judentums dar (vgl. Ant XIII 288.298.401 f.408–415.423; XVIII 15.17; Bell II 162) und schildert sie weitgehend positiv. Das könnte zumindest auch damit zusammenhängen, daß er seinen Lesern diejenige Gruppierung im Judentum besonders nahebringen will, auf die sich die bei der Neukonstituierung der Judenheit führenden Kreise stützten und beriefen[209]. Von besonderem Interesse sind deshalb gerade jene Pharisäerberichte des Josephus, die eine antipharisäische Tendenz erkennen lassen (vgl. etwa Ant XIII 401 f.408–415; XVII 41–45; Bell I 110 ff)[210].

Die synoptischen Evangelien und besonders das Johannesevangelium sehen in den Pharisäern, z. T. zusammen mit den Schriftgelehrten sowie anderen jüdischen Autoritäten, die prinzipiellen Gegner Jesu und seiner Anhänger[211]. Darin spiegelt sich die Auseinandersetzung mit den nach 70 maßgeblichen Kreisen des Judentums wider, die die Abfassungssituation der Evangelien und ihrer Adressaten prägte. Von daher kommt den Stellen hervorgehobene Bedeutung zu, in denen ein günstigeres Pharisäerbild gezeichnet wird (vgl. Mt 23,2; Lk 7,36–50; 11,37; 13,31; 14,1; Joh 3,1). Auch die Belege der Apostelgeschichte (5,34; 15,5; 23,6–9; 26,5) zeigen insgesamt keine pharisäerfeindliche Tendenz.

---

[208] Vgl. Vit 10. Vit 12 vergleicht er die Pharisäer mit den griechischen Stoikern. Zur historischen Zuverlässigkeit des josephischen Selbstzeugnisses vgl. HENGEL, Zeloten 378, Anm. 3.

[209] Vgl. SANDERS, Judaism 365; HENGEL, Zeloten 6 f.10 ff; BAUMBACH, Jesus 75.15; NEUSNER, Pictures 51.58–63; GOODBLATT, Place 12–30.

[210] Die Differenz zur sonstigen Darstellung der Pharisäer scheint jeweils auf Benutzung verschiedener Quellen zurückzugehen (vgl. MICHEL/BAUERFEIND, Bello I 408, Anm. 63).

[211] Vgl. dazu G. BAUMBACH, EWNT III 993 ff; DERSELBE, Jesus 78–91; H.-F. WEISS, ThWNT IX 36–49; DERSELBE, Pharisäismus 102–111.

Die Zeugnisse der rabbinischen Literatur sind hinsichtlich ihrer Aussagekraft für den Pharisäismus vor 70 besonders schwierig zu bewerten. In ihrer Kodifizierung seit dem 2. Jahrhundert n. Chr.[212] schlägt sich das Selbstverständnis des nach der Katastrophe des Jüdischen Krieges sich neu konstituierenden Judentums nieder, das seine gegenwärtige Gestalt und Ausprägung in geschlossener Traditionslinie bis auf die göttliche Offenbarung der Tora an Mose auf dem Sinai zurückführt (vgl. Av I 1 – II 16). Aus diesem Traditionsverständnis resultiert eine straffe Vereinheitlichung und Systematisierung des überlieferten Traditionsgutes, die prinzipiell nicht an den geschichtlichen Hintergründen der einzelnen Überlieferungsstücke orientiert ist. Da bei der Neukonstituierung des Judentums nach 70 offenbar sowohl Persönlichkeiten als auch Wesenszüge des Pharisäismus eine führende Rolle übernahmen[213], ist damit zu rechnen, daß das Bild des Pharisäismus als maßgeblicher geistig-religiöser und politischer Strömung im Judentum, wie es die rabbinische Literatur zeichnet, stärker deren Abfassungssituation widerspiegelt als die tatsächlichen Verhältnisse vor 70.

β) Einfluß und Bedeutung des Pharisäismus zur Zeit des Paulus

Hat es nach der Darstellung des Josephus wie auch der Evangelien auf den ersten Blick den Anschein, daß die Pharisäer im 1. Jahrhundert n. Chr. eine beherrschende Stellung im Judentum einnahmen, so weisen einige Indizien darauf hin, daß dies nicht uneingeschränkt gilt. Mögen Sie auch »*die im Grunde geistig führende Gruppe* im Volk« gewesen sein[214], so deutet doch Josephus selbst an, daß das Kräfteverhältnis zwischen den verschiedenen Gruppen des Judentums vor 70 schwankte und die Pharisäer angesichts der Verschärfung der Spannungen mit der römischen Besatzungsmacht den entscheidenden Einfluß auf die Bevölkerung zugunsten radikalerer Gruppen zunehmend verloren[215].

Herkömmlich hatte der Pharisäismus seine Anhänger vorwiegend in städtisch-plebejischen Laienkreisen, während das Synhedrium von einer priesterlich-sadduzäischen Mehrheit bestimmt wurde, die ihren sozial-ökonomischen Hintergrund in der ländlichen Patrizierschaft hatte[216]. Angesichts der Zuspitzung der Auseinandersetzungen mit der römischen Fremdherrschaft kam es im Laufe der Jahrzehnte vor dem Aufstand gegen Rom zu einer gewissen Umgruppierung der Kräfte. Während die sadduzäischen Führungskreise im Interesse der Erhaltung ihrer Position, aber auch mit Bedacht auf die Möglichkeiten zur

---

[212] Vgl. dazu STRACK/STEMBERGER, Einleitung 127–142. 151–158.168–177.189–199.

[213] Vgl. NEUSNER, Emergent Judaism 43.48; DERSELBE, Pharisaic-Rabbinic Judaism 63ff.69; THOMA, Pharisäismus 271 f; MAIER, Geschichte 92–95; R. MEYER, ThWNT IX 31–35.

[214] So HENGEL, Paulus 246.

[215] Vgl. R. MEYER, ThWNT IX 26f; DERSELBE, Tradition 51–54.67; HENGEL, Zeloten 89ff.384f; MAIER, Geschichte 73f; NEUSNER, Pictures 61–64. Dem steht das offenbar von der Tradition bestimmte, undifferenzierte Urteil von Stern, Zeit 335, gegenüber:»Die gesamte Ära des Zweiten Tempels war geprägt von der dominierenden Stellung der Pharisäer«. Vgl. zur Diskussion dieser Frage jetzt GOODBLATT, Place 12–30; HENGEL, Paulus 246ff.

[216] Vgl. FINKELSTEIN, Pharisees I 82–100; SCHÜRER, History II 388 (Anm. 15).398f (Anm. 59).402 (Anm. 73); BAUMBACH, Jesus 59f.76; JEREMIAS, Jerusalem 293f.

Verwirklichung ihrer national-partikularen Intentionen[217], um einen Ausgleich mit den römischen Machthabern bemüht waren, bildete sich gegenüber den Römern und denen, die mit ihnen zusammenarbeiteten, eine breite Widerstandsfront, die sowohl aus sadduzäischen als auch aus pharisäischen und essenischen Quellen gespeist wurde[218]. Diese Bewegung gewann soviel Einfluß auf weite Teile der Bevölkerung, daß es ihr gelang, einen das ganze Land erfassenden Aufstand auszulösen, der zur nationalen Katastrophe des Judentums führte. Daß die Pharisäer als einzige geschlossene Gruppe diese Katastrophe überlebt haben und demzufolge die Führung beim Wieder- und Neuaufbau übernehmen konnten, zeigt, daß sie sich im Widerstand gegen Rom offenbar nicht exponiert hatten. Das zwingt aber zu dem Schluß, daß sie zumindest in der entscheidenden Phase der jüdischen Geschichte des 1. Jahrhunderts n. Chr. keinen maßgeblichen Einfluß ausüben konnten[219].

γ) Spezifische Gruppenmerkmale

Geht man von den pharisäerkritischen Berichten bei Josephus aus, so zeichnen sich die Pharisäer durch Frömmigkeit sowie außergewöhnliche Kenntnis und Beobachtung der Gesetze aus. Sie verfügen über besondere Überlieferungen und setzen, sofern es ihnen möglich ist, diesen entsprechende Bestimmungen für das Leben des Volkes durch.

Freilich wird man fragen müssen, ob damit wirklich schon die spezifisch pharisäischen Gruppenmerkmale erfaßt sind, die sie von anderen frühjüdischen Gruppen unterscheiden.

Gesetzesstrenge und Frömmigkeit der Pharisäer werden charakteristisch beschrieben in Ant XVII 41 (ἐπ' ἐξακριβώσει μέγα φρονοῦν τοῦ πατρίου καὶ νόμων οἷς χαίρει τὸ θεῖον προσποιουμένων) und Bell I 110 (δοκοῦν εὐσεβέστερον εἶναι τῶν ἄλλων καὶ τοὺς νόμους ἀκριβέστερον ἀφηγεῖσθαι). Josephus betont diese Züge auch sonst (Vit 191.198; Bell II 162).

Die »väterliche Überlieferung« (πατρῷα παράδοσις) und deren »Bestimmungen« (νόμιμα) für das Volk erwähnt Ant XIII 408. Im Zusammenhang von Ant XIII 296, auf das sich 408 zurückbezieht, kommt Josephus auf Differenzen zwischen Pharisäern und Sadduzäern zu sprechen, die darin bestehen, daß die Pharisäer dem Volk »aus der Nachfolge der Väter« (ἐκ πατέρων διαδοχῆς) »einige Bestimmungen überliefern« (νόμιμά τινα παρέδοσαν), die »nicht in den Gesetzen des Mose aufgeschrieben sind« (οὐκ ἀναγέγραπται ἐν τοῖς Μωυσέως νόμοις). Die Sadduzäer verwerfen dies und verlangen, nur die »geschriebenen Bestimmungen« (νόμιμα τὰ γεγραμμένα), nicht aber »die aus väterlicher Überlieferung« (ἐκ παραδόσεως τῶν πατέρων) einzuhalten (297).

---

[217] Darauf verweist bes. BAUMBACH, Jesus 53–59; vgl. DERSELBE, Konservativismus 208f.

[218] Vgl. zu den religiösen, sozialen und politischen Wurzeln des Zelotismus HENGEL, Zeloten 89ff und passim; BAUMBACH, Jesus 13–24.

[219] BAUMBACH, Jesus 56, bezeichnet sie als »die eigentlich Loyalen den Römern gegenüber ... für die auch die römische Obrigkeit von Gott war und für die es keinen ›heiligen Krieg‹ gegen die Römer geben konnte, weil sie die persönliche Gehorsamsbindung an die Tora dem nationalen Interesse an Land und Tempel weit überordneten«.

Gesetzesstrenge und Überlieferungspflege finden sich überraschend deutlich auch als hervorstechende Züge in der Pharisäerdarstellung der Evangelien und der Apostelgeschichte (Apg 26,5; Lk 18,11 f; Mk 7,1–15 par Mt 15,1–11; Mt 23,2; Joh 3,1). Jedoch fällt auf, daß an den betreffenden Stellen der synoptischen Evangelien die genannten Züge neben den Pharisäern auch den Schriftgelehrten zugeschrieben werden (Mk 7,1; Mt 15,1; 23,2). Entspricht dies auch zweifellos der Tendenz, verschiedene jüdische Gruppen in eine einheitliche Front gegen Jesus einzureihen[220], so trifft diese Darstellung doch insofern historisch Richtiges, als die Forderung nach Torakenntnis und Toragehorsam unter Berücksichtigung überlieferter Auslegungstraditionen nicht allein für den Pharisäismus kennzeichnend ist, sondern schon lange vorher besonderes Anliegen und Hauptbetätigungsfeld der frühjüdischen Weisen und Schriftgelehrten war[221]. Zwar gab der Pharisäismus »einen bes. fruchtbaren Boden für die Weisheit u. Schriftgelehrsamkeit« ab[222], und innerhalb der pharisäischen Laienbewegung hatten schriftgelehrte Pharisäer die Führung in den Händen[223]. Insofern trifft die Pharisäerbeschreibung bei Josephus durchaus zu, wenn sie das benennt, was Pharisäern und Schriftgelehrten gemeinsam ist. Daß damit aber das die Pharisäer von anderen frühjüdischen Gruppen Unterscheidende noch nicht erfaßt ist, bestätigt Josephus selbst an anderer Stelle, wenn er in Ap I 60 strengen Gesetzesgehorsam unter Einschluß der »überlieferten Frömmigkeit« (τὸ φυλάττειν τοὺς νόμους καὶ τὴν κατὰ τούτους παραδεδομένην εὐσέβειαν) als Erziehungs- und Lebensziel *jedes* Juden bezeichnet, ohne daß damit etwa alle zu Pharisäern werden sollten.

Versucht man, aus der rabbinischen Literatur ein Bild des Pharisäismus vor 70 zu gewinnen, so steht man vor großen methodischen Schwierigkeiten[224].

Aus der jeweiligen Quellenauswahl resultieren stark voneinander abweichende Pharisäerbilder. J. Neusner sieht in den Pharisäern des 1. Jahrhunderts n. Chr. Glieder einer Gemeinschaft (Chaberim), die sich in erster Linie um kultisch-rituelle Reinheit im Alltagsleben bemühte, und grenzt sie von der auf das Studium und die Auslegung der Tora konzentrierten Bewegung der Schriftgelehrten ab[225]. E. Rivkin identifiziert sie gerade mit den Weisen und Schriftgelehrten als den Urhebern der mündlichen Tora im Gegensatz zu den Sadduzäern und bestreitet ihr zentrales Interesse an kultischer Reinheit sowie ihre Beziehung zu den Chaberim[226].

---

[220] Vgl. H.-F. WEISS, ThWNT IX 38–41.

[221] Zu vor- und nichtpharisäischen rechtlichen Überlieferungen vgl. MAIER, Überlieferungen 57–64. Zu den Weisen und Schriftgelehrten vgl. G. BAUMBACH, EWNT I 625 f; R. MEYER, ThWNT IX 20–23; ZENGER, Weisheit 43–56; LOHSE, Umwelt 82–86; GERHARDSSON, Memory 85–92; JEREMIAS, Jerusalem 265–278.

[222] R. MEYER, ThWNT IX 20.

[223] Vgl. JEREMIAS, Jerusalem 286–294; GRUNDMANN, Judentum 270 f.

[224] Zur Tendenz der rabbinischen Traditionssammlungen s. o., S. 50. Zur Kriteriendiskussion bezüglich rabbinischer Überlieferungen über die Pharisäer vor 70 vgl. den kurzen Überblick über die gegenwärtige Forschungslage bei SANDERS, Paulus 56 f. Während nach J. Neusner nur solche Überlieferungen für den Pharisäismus vor 70 aussagekräftig sind, die namentlich bekannten Pharisäern aus dieser Zeit oder den Schulen Hillels bzw. Schammais zugeschrieben werden (vgl. NEUSNER, Überlieferungen 64; DERSELBE, Pictures 64), sind für E. Rivkin bei der Definition der Pharisäer diejenigen Texte maßgeblich, in denen Pharisäer und Sadduzäer polemisch gegenübergestellt werden (vgl. RIVKIN, Pharisees 205–208.244–248). Vgl. auch HENGEL, Paulus 242–245.

[225] Emergent Judaism 43 f; DERSELBE, Pharisaic-Rabbinic Judaism 64–69; Überlieferungen 65 ff.70; Pictures 65 f.

[226] Pharisees 231 f.233 f.244 f.247 f.

Freilich überzeugt die Ausschaltung der Überlieferungen über die Bemühung der Pharisäer um kultische Reinheit bei Rivkin im Gegenüber zu der Fülle des von Neusner gesammelten diesbezüglichen Materials nicht. Die Abgrenzung der Pharisäer von den Chaberim wird bei Rivkin nur damit begründet, daß das Bild der Chaberim nicht mit dem Pharisäerbild übereinstimmt, das die von Sadduzäerpolemik bestimmten Überlieferungen zeichnen[227]. Zudem scheint bei Rivkin zu stark das traditionelle, auf der Darstellung der rabbinischen Überlieferungswerke in ihrer redigierten Gestalt beruhende Pharisäerbild vorzuherrschen. Demgegenüber dürften die von Neusner angelegten Kriterien für die Freilegung der spezifischen Züge des Pharisäismus vor 70 hilfreicher sein, wenngleich er möglicherweise die Rolle des Torastudiums innerhalb der pharisäischen Gemeinschaften unterbewertet.

Die am ehesten die Verhältnisse vor 70 widerspiegelnden Überlieferungen lassen erkennen, daß die Pharisäer sich, um der Heiligkeitsforderung der Tora gerecht zu werden, darum bemühten, die levitischen Reinheitsvorschriften, die ursprünglich für die Priester während ihres Dienstes am Tempel galten, auch im Alltagsleben einzuhalten. Zudem waren sie auf die korrekte Einhaltung der Zehnt- und Opferbestimmungen der Tora bedacht[228]. Beides stand insofern im Zusammenhang, als auch das Verzehren nicht korrekt verzehnteter Speisen als verunreinigend angesehen wurde. Das Einnehmen der Mahlzeiten war also der Bereich des Alltagslebens, in dem die pharisäischen Reinheitsvorstellungen am deutlichsten hervortraten, zumal die Pharisäer, anders als etwa die Essener, nicht in geschlossenen Orden lebten und auch keine geschlossenen Gemeinschaftsmahlzeiten abhielten[229]. Es ging den Pharisäern also nicht um Heiligung einzelner Bereiche und Verrichtungen, sondern darum, den Status der Heiligkeit bei der Teilnahme am täglichen öffentlichen Leben nicht zu gefährden. Dazu war es nötig, die Gebote der Tora durch Bestimmungen zu ergänzen und z. T. zu modifzieren, die die Gefahr von Gesetzesübertretungen in den zahllosen Alltagssituationen möglichst weit einschränkten, ja, z. T. konsequenten Gesetzesgehorsam überhaupt erst ermöglichten. Man errichtete einen »Zaun um die Tora«, um sie vor Übertretungen zu schützen[230]. Dies war der Ort, an dem die Schriftgelehrten eine entscheidende Funktion innerhalb des Pharisäismus hatten[231].

---

[227] Pharisees 244–248.

[228] Vgl. Neusner, Überlieferungen 65; derselbe, Emergent Judaism 43 f; Pharisaic-Rabbinic Judaism 51. Ähnlich Meyer, Tradition 21 f, der auf priesterliche Wurzeln der pharisäischen Bewegung verweist. S. a. R. Meyer, ThWNT IX 15; Finkelstein, Pharisees 74–77; Baumbach, Jesus 72.75; Jeremias, Jerusalem 301 f.

[229] Vgl. Neusner, Emergent Judaism 45 f; derselbe, Traditions I 376; Überlieferungen 65; Baumbach, Jesus 78.

[230] Vgl. Baumbach, Jesus 76; Grundmann, Judentum 272; R. Meyer, ThWNT IX 28 f.

[231] Vgl. R. Meyer, ThWNT IX 21 f.23 f; derselbe, Tradition 33.35 f. Thoma, Pharisäismus 260, betont durchaus zu recht, daß die Pharisäer nicht als Verfechter der rigorosesten Reinheitsauffassungen angesehen werden dürfen, sondern in dieser Hinsicht eine Mittelstellung zwischen rigoristischen priesterlich bestimmten Gruppierungen (Essener, Zeloten) und den soge-

Blickt man von hier aus auf die Pharisäerdarstellung der synoptischen Evangelien, so ist deutlich, daß sie trotz aller polemischen Tendenz doch wesentliche Züge des Pharisäismus sachgemäß wiedergeben. Als hervorragende Merkmale erscheinen auch dort die Einhaltung von Reinheitsvorschriften, speziell im Blick auf Speisen, und die Zehntbestimmungen (vgl. Mk 2,16 parr Mt 9,11; Lk 5,30; Mk 7,1–15 parr Mt 15,1–11; Lk 11,37–41; Mt 23,23.25 par Lk 11,42ff; Lk 15,2)[232].

δ) Organisationsformen

Aus den herausgearbeiteten spezifischen Gruppenmerkmalen der Pharisäer lassen sich Schlüsse auf ihre Organisationsformen ziehen. Die überlieferten pharisäischen Vorschriften behandeln im wesentlichen solche Fragen der kultischen Reinheit, speziell der Speisen, die für die Lebensweise der Gruppenmitglieder von Bedeutung waren[233]. Um die pharisäische Lebensweise auch im ständigen Kontakt mit nicht zur Gruppe Gehörenden durchhalten zu können, mußten die Pharisäer Möglichkeiten gruppeninternen Zusammenhalts finden, die das einzelne Gruppenmitglied für die Bewährung der Gruppenideale im Alltag ausrüsteten. Eine solche Möglichkeit war offenbar der Zusammenschluß zu pharisäischen Genossenschaften. Zwar sind die in der rabbinischen Literatur erwähnten pharisäischen Chaburoth für die vorchristliche Zeit nicht direkt belegt. Indizien wie z. B. die gegen Pharisäer gerichtete Polemik mancher Qumran-Schriften weisen aber darauf hin, daß »die Peruschim sich spätestens zu Beginn des 1. Jahrhunderts v. Chr. fest organisiert haben müssen«[234].

Mit dem Eintritt in eine solche Genossenschaft nahm der Einzelne die Verpflichtung auf sich, sein Leben im Alltag nach den Richtlinien pharisäischen Gesetzes- und Reinheitsverständnisses zu führen[235]. Pharisäer zu sein, bedeutete also nicht lediglich, bestimmte Auffassungen über die Art und Weise der Lebensweise nach der Tora zu vertreten, sondern es bedeutete darüber hinaus, sich durch Eintritt in einen entsprechenden religiösen Verein und Übernahme seiner Satzungen öffentlich dazu zu bekennen und die damit geforderte Lebensweise im Alltag für jeden nachprüfbar zu praktizieren[236]. Es dürfte mit solchen Konse-

---

nannten Am-ha-arez einnahmen. Insgesamt kommt in seiner Pharisäerdarstellung aber der rituelle Aspekt zu kurz.

[232] Vgl. Neusner, Emergent Judaism 43: »The legal materials attributed by later rabbis to the pre-70 Pharisees are thematically congruent to the stories and sayings about Pharisees in the New Testament Gospels, and I take them to be accurate in substance, if not in detail, as representations of the main issues of Pharisaic law.« (vgl. derselbe, Pictures 66). Zur Reinheit/Heiligkeit als einem den Pharisäismus und die Jesusbewegung gleichzeitig verbindenden und unterscheidenden Konzept vgl. jetzt Berger, Pharisäer 238–248.

[233] Vgl. Neusner, Überlieferungen 66–71; Pictures 65f.

[234] R. Meyer, ThWNT IX 16. Vgl. Thoma, Pharisäismus 265f.270f; Maier, Geschichte 74; Jeremias, Jerusalem 280; Baumbach, Jesus 77f; Doeve, Pharisäer 173f.

[235] Zu Einzelheiten vgl. R. Meyer, ThWNT IX 16–20 (bes. 18f), derselbe, Tradition 23–33; Jeremias, Jerusalem 284ff; Strack/Billerbeck, Kommentar II 501–509; IV/1 334f.

[236] Vgl. Doeve, Pharisäer 174.

quenzen zu tun haben, daß einerseits die Zahl der Pharisäer zur Zeit des Paulus offenbar relativ klein war, andererseits die Bewegung erhebliche Ausstrahlungskraft auf breite Bevölkerungskreise ausübte, ohne daß diese sich den pharisäischen Genossenschaften anschlossen[237].

ε) Pharisäer in der Diaspora?

Daß es auch in der Diaspora pharisäische Genossenschaften gegeben hat, wird immer wieder mehr oder weniger vorsichtig behauptet[238] oder vorausgesetzt[239]. Allerdings hat bisher noch niemand dafür einen eindeutigen Beleg nennen können.

Angeführt werden einerseits Paulus (Phil 3,5; Apg 23,6) und andererseits Mt 23,15. Paulus könnte nur dann als Diasporapharisäer gelten, wenn auszuschließen wäre, daß er in seiner vorchristlichen Zeit in Palästina gelebt hat[240]. In Mt 23,15 ist nicht von in der Diaspora lebenden Pharisäern die Rede, sondern von solchen, die die Diaspora bereisen, um dort Proselyten zu werben. Das gleiche gilt für die manchmal in diesem Zusammenhang herangezogene, bei Josephus, Ant XX 17–53, erzählte Geschichte vom Übertritt des Königs Izates von Adiabene zum Judentum, bei der überdies von Pharisäern überhaupt nicht die Rede ist. Auch der Verweis auf den aus Babylon stammenden Hillel trägt nichts aus. Sofern über ihn überhaupt biographisch Zuverlässiges auszumachen ist[241], ist klar, daß er zumindest auch in Palästina gelebt hat.

Eine andere Frage ist die, ob die Pharisäer besonders gute Kontakte mit der Diaspora hatten. Auch wenn man dies bejaht[242], kann dadurch der entscheidende Befund nicht verdeckt werden, daß es für die Existenz pharisäischer Genossenschaften außerhalb Palästinas vor 70 n. Chr. keine Belege gibt[243].

---

[237] Josephus nennt in Ant XVII 42 für die Zeit des Herodes die Zahl von 6000 offenbar genossenschaftlich organisierten Pharisäern. Vgl. dazu und zur zahlenmäßigen Stärke der Pharisäer insgesamt R. MEYER, ThWNT IX 19f; WEISS, Pharisäismus 95; JEREMIAS, Jerusalem 286.

[238] Vorsichtig R. MEYER, ThWNT IX 23; DERSELBE, Tradition 43f; WEISS, Pharisäismus 96.101 (noch vorsichtiger DERSELBE, ThWNT IX 48f); JEREMIAS, Jerusalem 286, Anm. 2 (J. hält es unter Hinweis auf Apg 23,6 für »fraglich«); zuversichtlich SCHLATTER, Geschichte 290f; SCHOEPS, Paulus 12f; ganz ungeschützt FISCHER, Urchristentum 87; SCHENKE/FISCHER, Einleitung I 36f, und jetzt wieder, ohne Nennung neuer Belege, BERGER, Pharisäer 232.

[239] So etwa bei BECKER, Paulus 42–53; BERGER, Pharisäer 254–261.

[240] Vgl. o., S. 43–48.

[241] Vgl. dazu NEUSNER, Traditions I 294–302; STRACK/STEMBERGER, Einleitung 73.

[242] So etwa MAIER, Geschichte 76f; SCHLATTER, Geschichte 290–295; R. MEYER, ThWNT IX 23; HENGEL, Ursprünge 23.

[243] Vgl. HENGEL, Geschichtsschreibung 71: »Von einem organisierten Diasporapharisäertum und von pharisäischen Schulen außerhalb Jerusalems vor 70 n. Chr. wissen wir nichts.«; ausführlich jetzt DERSELBE, Paulus 225–232; vgl. auch G. BORNKAMM, RGG³ V 168: KIM, Origin 33f; LÜHRMANN, Gal 26.

ζ) Der Pharisäer Paulus

Aufgrund des Selbstzeugnisses in Phil 3,5, das durch die Angaben der Apostelgeschichte (23,6; 26,5; vgl. 22,3) gestützt wird, ist davon auszugehen, daß
Paulus vor seiner Berufung Mitglied einer pharisäischen Genossenschaft war.
Dies bedeutet, daß er sich bewußt für eine Lebensweise entschieden hatte, die auf
die konsequente und vollständige Erfüllung sämtlicher Gebote der Tora im
alltäglichen Leben ausgerichtet war[244].

Dieser Tatbestand hat erhebliche Konsequenzen für die Frage nach dem
Standort des Paulus innerhalb des Judentums seiner Zeit. Als Pharisäer kann
Paulus nicht irgendwo am Rande des Judentums angesiedelt werden. Er hatte im
Gegenteil seinen Platz direkt in seinem Zentrum, dort wo man mit besonderem
Ernst nach einer Lebensweise strebte, die der göttlichen Erwählung Israels
entsprach.

Angesichts der Quellenaussagen über den Pharisäismus vor 70 liegt es nahe,
diesen Platz auch geographisch näher zu bestimmen. Da außerhalb Palästinas
lebende Pharisäer nirgendwo bezeugt werden, ist es wahrscheinlich, daß auch
Paulus wenigstens während der Zeit seiner Zugehörigkeit zu einer Pharisäerge-
nossenschaft in Palästina beheimatet war[245].

Man hat nun immer wieder versucht, auch innerhalb des Pharisäismus den
Standort des Paulus noch genauer zu bestimmen. Aufgrund von Apg 22,3
(Gamaliel) wollte man ihn der Schule Hillels zuordnen und suchte von daher
auch in den paulinischen Briefen nach Indizien dafür[246]. In diesem Zusammenhang wird bisweilen die Offenheit der Hillel-Schule gegenüber der Diaspora
und der Zuwendung zu den Heiden hervorgehoben, in der man die spätere
Ausrichtung der paulinischen Mission bereits vorbereitet sieht[247]. Allerdings
kann weder die Zuordnung Gamaliels I. zur Hillel-Schule als gesichert gelten[248],

---

[244] Vgl. G. BAUMBACH, EWNT III 997; GNILKA, Phil 190; SCHENK, Phil 281; KIM, Origin 41;
DUPONT, Conversion 74f; BORNKAMM, Paulus 34.

[245] Das »Problem des Diasporapharisäertums«, das SCHOEPS, Paulus 12–16, diskutiert,
entbehrt damit einer Grundlage in den Quellen. Sein Urteil, »daß das Gesetz dem Diasporapharisäer Paulus aus Tarsus ... kein lebendiger Besitz mehr gewesen sein kann« (a.a.O., 207f),
hängt also in der Luft.

[246] JEREMIAS, Hillelit 88–94.

[247] Vgl. HENGEL, Ursprünge 23; DERSELBE, Geschichtsschreibung 71; JEREMIAS, Hillelit 90.
Aus anderen Gründen wird von anderen (R. BULTMANN, RGG² 1021; BARNIKOL, Zeit 18–24;
SCHOEPS, Paulus 231; BORNKAMM, Paulus 33ff; FISCHER, Urchristentum 89f; HÜBNER, Herkunft 222) unter Berufung auf Gal 5,11 eine Tätigkeit des Paulus als jüdischer Heidenmissionar
mit streng pharisäischen Anschauungen postuliert. Vgl. zur Hypothese einer vorchristlichen
jüdischen Missionstätigkeit des Paulus einschränkend KIM, Origin 39f; ablehnend MUSSNER,
Gal 359; OEPKE, Gal 162f; unentschieden BETZ, Gal 459.

[248] Vgl. NEUSNER, Traditions I 294f.376.

noch sind die Indizien für eine »hillelitische« Prägung des Paulus überzeugend[249].

Stattdessen wird Paulus gegenwärtig meist eher der strengeren, »schammaiti-
schen« Richtung des Pharisäismus zugerechnet[250]. Unter Berufung auf Gal
1,13f und Phil 3,5f versucht man, ihn mit zelotischen Strömungen in Verbindung zu bringen[251]. M. E. werden dabei aber die paulinischen Aussagen überin-
terpretiert[252].

Über eindeutig voneinander abzugrenzende Gruppierungen und Strömungen
innerhalb der pharisäischen Bewegung fehlen uns für die Zeit, in der Paulus
Pharisäer war, historisch zuverlässige Informationen[253]. Deshalb kann man
auch nicht von bestimmten bei Paulus hervortretenden Zügen her auf seine
Zugehörigkeit zu einer speziellen Richtung schließen. Eher sollte man umgekehrt spezifische Züge, die bei Paulus sichtbar werden, als wertvolle Informationen über das Erscheinungsbild eines ehemaligen Pharisäers in der ersten Hälfte
des 1. Jahrhunderts n. Chr. betrachten[254]. Der Paulus der vorchristlichen Zeit
gehört weder an den »rechten« noch an den »linken« Rand des Judentums,
sondern in seine Mitte.

c) Der Verfolger

Die Funktion und die Gestaltung der paulinischen Aussagen zu seiner Verfolgertätigkeit in seinen Briefen wurde bereits untersucht[255]. Dabei ergab sich, daß sie
kaum nähere Informationen über die konkreten Umstände seines Verfolgens
enthalten. Im Zusammenhang der Frage nach der biographischen Einordnung
des Paulus wollen wir nun dennoch versuchen, unter Berücksichtigung der

---

[249] Zur Auseinandersetzung mit Jeremias vgl. HAACKER, Hillelit 106–112; HÜBNER, Herkunft 226–229.

[250] Vgl. HAACKER, Hillelit 114f; DERSELBE, Berufung 10; HÜBNER, Herkunft 222–226; KIM,
Origin 43f; BETZ, Pharisäer 59; BLANK, Jude 18f.

[251] HAACKER, Hillelit 115; DERSELBE, Galaterbrief 104ff; Berufung 7–10; HENGEL, Geschichtsschreibung 72.

[252] Vgl. dazu o., S. 26–35. Haackers Deutung der paulinischen Rechtfertigungslehre, speziell der Polemik gegen eine Gerechtigkeit aus Gesetzeswerken, als »Auseinandersetzung mit
der eigenen Vergangenheit« (Berufung 10–19; Galaterbrief 107f) mag zwar zur traditionsgeschichtlichen Aufhellung der paulinischen Aussagen beitragen, kann aber nicht die Zugehörigkeit des Paulus zur zelotischen Bewegung oder ihren Vorläufern beweisen, wenn diese nicht
durch andere Belege wahrscheinlich gemacht worden ist. Vollends problematisch sind m. E.
die hermeneutischen Konsequenzen, die Haacker daraus zieht (vgl. Wissenschaft 200; Galaterbrief 107f).

[253] Vgl. SANDERS, Paulus 560, Anm. 61: »Ich glaube nicht, daß wir auch nur irgendeine
Information besitzen, die es erlauben würde, uns mit einer solchen Frage zu befassen.«;
zurückhaltend auch HENGEL, Paulus 223f.

[254] Zu der hier nicht weiter verfolgten Frage, ob bestimmte paulinische Aussagen und
Konzeptionen auf seine pharisäische Prägung verweisen, vgl. jetzt BERGER, Pharisäer 251–254;
BECKER, Paulus 42–53.

[255] Vgl. o., S. 35–43.

paulinischen Aussagen und der Darstellung der Apostelgeschichte vorsichtige
Rückschlüsse auf die geschichtlichen Umstände zu ziehen, unter denen Paulus
als Christenverfolger wirkte.

α) Der Ort der Verfolgungen

Den Ort (oder die Orte), an dem (denen) er Christusanhänger verfolgt hat,
nennt Paulus selbst nicht. Nach der Darstellung der Apostelgeschichte verfolgte
er zunächst in Jerusalem (im Anschluß an das Stephanus-Martyrium und die mit
ihm einsetzende Verfolgung, Apg 8,1) die Gemeinde (8,3) und hatte dann vor,
auch in Damaskus gegen sie vorzugehen (9,2f; vgl. 22,5; 26,12).

Gegen diese Ortsangaben der Apostelgeschichte wird häufig die Aussage von
Gal 1,22 ins Feld geführt, Paulus sei den Christengemeinden Judäas persönlich
unbekannt gewesen[256]. Da diese Aussage eine Verfolgertätigkeit des Paulus in
Jerusalem ausschließe, nimmt man stattdessen eine entsprechende Wirksamkeit
in der Diaspora, meist in Damaskus, an[257].

Nun spricht aber der Aussagenzusammenhang von Gal 1 dafür, daß V. 13 und
V. 23 auf dieselbe Verfolgertätigkeit bezugnehmen und die Verfolgten von V. 23
zu den in V. 22 erwähnten judäischen Gemeinden gehören[258]. Der Kontext der
VV. 15–24[259] ist geographisch auf Jerusalem zentriert. Aktivitäten des Paulus
außerhalb Jerusalems werden nicht berichtet. Stellt man V. 22 in den Zusammenhang und die Wirkabsicht des autobiographischen Rechenschaftsberichts,
so gehört der Vers zu dem Teil des Berichts, in dem Paulus bemüht ist,
gleichzeitig die räumliche und zeitliche Distanz zur Jerusalemer Urgemeinde
wie auch deren positive Reaktion auf seine Evangeliumsverkündigung zum
Ausdruck zu bringen.

Ist von daher V. 22 klar auf die Zeit der apostolischen Wirksamkeit des Paulus
zwischen Berufung und Apostelkonzil bezogen[260], so hat die Einräumung

---

[256] Becker, Gal 18; Lührmann, Gal 26; G. Bornkamm, RGG³ V 168f; derselbe, Paulus 38;
Conzelmann, Geschichte 65; Knox, Chapters 36; Räisänen, Law 234f, Anm. 29; Schenke/
Fischer, Einleitung I 37; Schmithals, Paulus 24; Schneider, Apg I 480; Strecker, Befreiung
482f, Anm. 10.

[257] Vgl. Becker, Gal 18; drselbe, Paulus 63; Lührmann, Gal 26; G. Bornkamm, RGG³ V
169; derselbe, Paulus 36; Dietzfelbinger, Berufung 21f; Haenchen, Apg 289; Knox, Chapters 75; Schmithals, Paulus 27; Schneemelcher, Urchristentum 136; Strecker, Befreiung
482f, Anm. 10; Suhl, Briefe 26f.30. Hengel, Paulus 278, weist dagegen darauf hin, daß nach
Lukas Paulus seine Christusvision als Verfolger auf dem Weg nach Damaskus, nicht in
Damaskus erfuhr. Dies kann nicht als redaktionelle Verknüpfung einer angenommenen Tradition von paulinischer Verfolgertätigkeit in Damaskus mit der lukanischen Tendenz der Verbindung des Paulus nach Jerusalem erklärt werden. Dann wäre die Bekehrung am Ort der
Verfolgung selbst weit eher zu erwarten.

[258] Vgl. o., S. 38 mit Anm. 148.

[259] Vgl. o., S. 10–18.

[260] Mit Oepke, Gal 67; Rohde, Gal 71; Becker, Paulus 19f (anders aber a.a.O., 40!);

(μόνον δέ) in V. 23 die Funktion, die positive Stellungnahme der judäischen Gemeinden zu dieser Wirksamkeit (V. 24) einzuführen und so diese gesamte Epoche zu resümieren. Die kontrastierende erneute Erwähnung der Verfolger-tätigkeit ist dieser Aussageabsicht untergeordnet und durch das ποτε deutlich als Rückblende in eine Zeit vor dieser Epoche gekennzeichnet. Folglich bezieht sich das νῦν nicht auf einen konkreten Zeitraum der paulinischen Missionspredigt nach seinem Weggang nach Syrien/Zilizien (V. 21), sondern auf die gesamte Epoche seit seiner Berufung zum Apostel, die hier (anders als in V. 13–16) der vorangegangenen explizit und nach Art eines Kontrastschemas entgegengesetzt wird.

V. 22f sagt also, daß Paulus in der Zeit seines Wirkens als Christusapostel seit seiner Berufung den judäischen Gemeinden nicht persönlich bekannt geworden ist, obwohl ihnen seine Wandlung vom einstigen Verfolger zum jetzigen Ver-kündiger zu Ohren gekommen ist[261]. Auf die Verfolgertätigkeit selbst ist die Aussage von V. 22 nicht bezogen.

Auch die Wendung ἤμην δὲ ἀγνοούμενος τῷ προσώπῳ selbst kann nicht in dem Sinne verstanden werden, daß sie jede Wirksamkeit des Paulus in Jerusalem und Judäa[262] ausschließt. Dies wird schon dadurch klar, daß Paulus selbst ja in V. 18f von seinem Aufenthalt in Jerusalem und seiner Begegnung mit zwei führenden Köpfen der dortigen Gemeinde berichtet. Daß Paulus der Gesamtheit der judäi-schen Gemeinden persönlich unbekannt war, muß demnach keineswegs bedeu-ten, daß man von seiner Verfolgertätigkeit in Judäa nichts wußte und daß diejenigen, die ihr ausgesetzt waren, ihn nicht auch von Angesicht kannten[263]. Dies gilt um so mehr, als man sich Paulus als Verfolger kaum so exponiert vorzustellen hat, wie ihn die Apostelgeschichte beschreibt[264]. Seine Aktivitäten gegen Christusanhänger dürften im wesentlichen auf den Bereich der hellenisti-schen Synagoge(n) Jerusalems beschränkt gewesen sein, zu deren Gliedern er selbst zählte[265].

Somit besteht kein Grund, unter Berufung auf Gal 1,22 zu bezweifeln, daß Paulus, wie die Apostelgeschichte berichtet, in Jerusalem Christen verfolgt hat.

Einen direkten paulinischen Beleg für diese Lokalisierung sieht J. Roloff darin, daß Paulus die Verfolgten ἐκκλησία τοῦ θεοῦ nennt, was nicht die Gesamtkirche, sondern

---

HARRISON, Test 255; HULTGREN, Persecutions 105f; OEPKE, Probleme 444f; WEISS, Urchristen-tum 136, Anm. 1; RIESNER, Frühzeit 64.

[261] Vgl. auch MERKLEIN, Ekklesia 302, Anm. 40.

[262] Die ἐκκλησίαι τῆς Ἰουδαίας schließen die Jerusalemer Gemeinde(n) ein (mit BETZ, Gal 158; OEPKE, Gal 67; SCHLIER, Gal 63; ROHDE, Gal 71; BURCHARD, Zeuge 50, Anm. 37; KIM, Origin 48f, Anm. 4; anders dagegen SCHMITHALS, Heidenmissionar 242).

[263] Mit KIM, Origin 48f, Anm. 4; HENGEL, Paulus 277; LINDEMANN, Christentum 52; MUSSNER, Gal 98; SCHLIER, Gal 63.

[264] Vgl. u., S. 60f.

[265] Vgl. u., S. 62 mit Anm. 279.

speziell die Jerusalemer Urgemeinde meine, deren Selbstbezeichnung er aufnehme[266]. Als eigenständiger Beweis für die jerusalemische Verfolgerwirksamkeit des Paulus kann dies freilich nicht angesehen werden, da Paulus die Wendung nicht ausschließlich für die Gemeinde in Jerusalem gebraucht (vgl. 1 Kor 10,32; 11,22)[267] und in den Verfolgeraussagen (Gal 1,13; 1Kor 15,9; Phil 3,6) primär die durch sie ausgedrückte theologische Qualifikation der verfolgten Gemeinde im Blick ist. Ist aber aufgrund anderer Indizien anzunehmen, daß Paulus in Jerusalem verfolgt hat, so wächst die Wahrscheinlichkeit, daß er bei der Benennung der von ihm Verfolgten als ἐκκλησία τοῦ θεοῦ tatsächlich an die Jerusalemer Urgemeinde gedacht hat.

β) Die Art der Verfolgungen

Im Gegensatz zu Paulus selbst zeichnet die Apostelgeschichte ein lebendiges und detailliertes Bild von der Art und Weise seiner Verfolgertätigkeit (vgl. 8,1.3; 9,1f.13f.21; 22,4f.19f; 26,10f). Ist diese Darstellung auch nicht völlig ohne Traditionsgrundlage[268], so bietet sie doch hinsichtlich des Vorgehens des Verfolgers kaum historisch zuverlässige Informationen über das hinaus, was auch aus den Paulus-Briefen zu erschließen ist[269].

Systematisch auf physische Vernichtung der Jesusanhänger ausgerichtet kann das Wirken des Paulus kaum gewesen sein. Für ein solches Vorgehen fehlten die rechtlichen Voraussetzungen[270]. Dies widerspräche auch dem Bild, das wir sonst in seinen Briefen von Verfolgungen der Christen durch Juden erhalten[271]. Ebensowenig dürfte es sich aber um rein verbale, schriftgelehrte Auseinandersetzungen um den Messiasglauben der Christen gehandelt haben, wenngleich dieser durchaus Ansatzpunkte zu innersynagogalem Streit bot. Wenn Paulus sagt, daß er die Christengemeinde »zerstören« wollte, dann könnte damit der

---

[266] EWNT I 1002; vgl. DERSELBE, Apg 147f; BLANK, Paulus 241f. Auf die Gesamtheit der Christengemeinden beziehen die Wendung in Gal 1,13 dagegen OEPKE, Gal 58; ROHDE, Gal 56; MERKLEIN, Ekklesia 302; SPICQ, Notes II 724.

[267] So auch J. ROLOFF, EWNT I 1005; WOLFF, 1Kor 63. Anders dagegen ROLOFF, Apg 147.

[268] Vgl. dazu BURCHARD, Zeuge 47–51.121–128.163ff; LÖNING, Saulustradition 19–25.91–99; DIETZFELBINGER, Berufung 12ff; BLANK, Paulus 243.247. Man ist sich einig, daß »vorlukanische Tradition über den Verfolger Paulus ... nur in 8,3; 9,1f; 22,19« zu suchen ist (BURCHARD, Zeuge 48; ähnlich DIETZFELBINGER, Berufung 13), während die Einzelheiten der paulinischen Verfolgertätigkeit (bes. die auf physische Vernichtung zielenden Aktivitäten und die Ausweitung der Nachstellungen auf alle Christen) sowie das Gesamtbild einer »von Paulus allein unternommene(n) und durchgeführte(n) Verfolgung, die gegen alle Christen in Jerusalem gerichtet war und zu Hinrichtung oder Widerruf führen sollte ... im wesentlichen rein lukanische Konstruktion« sind (BURCHARD, Zeuge 50f; vgl. DIETZFELBINGER, Berufung 12f; ROLOFF, Apg 130; PESCH, Apg I 266).

[269] Vgl. BURCHARD, Zeuge 49f: »So sehr die Tatsache der Verfolgerschaft festgehalten wurde und jedermann gegenwärtig war, so wenig scheint darüber hinaus Tradition geworden zu sein.« Ähnlich KLEIN, Apostel 142f.

[270] Mit DIETZFELBINGER, Berufung 11; HENGEL, Geschichtsschreibung 65.

[271] Vgl. 2Kor 11,24f; 1Thess 2,14f, sowie die u., Anm. 86 zu S. 96, genannten Belege. Vgl. auch HULTGREN, Persecutions 108f.

Tatbestand insofern zutreffend wiedergegeben sein, als die Auseinandersetzungen die Existenzberechtigung der Gruppe der Jesusanhänger innerhalb des Synagogenverbandes betrafen. Paulus könnte mit allen Mitteln versucht haben, diese Existenzberechtigung zu bestreiten, sei es mit Hilfe schriftgelehrter Diskussion, sei es, daß er versuchte, synagogale Disziplinarmaßnahmen gegen die Christen in Anwendung zu bringen[272], sei es auch durch spontane Ausbrüche körperlicher Gewalt. Seine eigenen Gemeinden waren später offenbar Angriffen auf ihre Existenzberechtigung innerhalb der Synagogengemeinde ausgesetzt[273], und er selbst hat Synagogenstrafen am eigenen Leibe erfahren (2Kor 11,24f). Angesichts der geschilderten Quellenlage ist bei Rückschlüssen auf das tatsächliche Vorgehen des Paulus als Verfolger Vorsicht geboten. Das Fehlen zuverlässiger Traditionen über die Art und Weise seines Wirkens könnte darauf hindeuten, daß er in den ersten christlichen Gemeinden durchaus nicht als der herausragende prominente Christenverfolger bekannt und gefürchtet war, den er später in seinen Briefen herauskehrt und den die Apostelgeschichte beschreibt. Außerhalb der Briefe erfahren wir jedenfalls nicht mehr an zuverlässigen Informationen über seine Verfolgertätigkeit, als sich aus diesen ergibt.

Paulus selbst hebt jedoch in seinen Briefen hervor, daß diese frühere Gegnerschaft für sein späteres Wirken als Christusapostel von Bedeutung ist. Es ist also die Möglichkeit in Rechnung zu stellen, daß sich die Darstellung seiner Gegnerschaft gegenüber den Christen als eines konsequent und engagiert auf die Zerstörung der christlichen Gemeinde gerichteten Wirkens erst dem Urteil verdankt, das er aufgrund seiner Berufung zum Christusapostel gewonnen hat. Das ändert freilich nichts an dem Faktum seiner Verfolgertätigkeit. Dem Bild, das sich aus den Informationen der Paulusbriefe und den Traditionen, die in der Apostelgeschichte verarbeitet sind, ergibt, ist aber durchaus Genüge getan, wenn man annimmt, das Paulus innerhalb der Synagoge als junger[274], engagierter Pharisäer in Treue zur Tora sich aus eigenem Antrieb und mit allen Mitteln gegen diejenigen wandte, die nach seinem Urteil diese Treue in ihrem Verhalten und ihrem Glauben in Frage stellten, und daß er sich mit Erfolg darum bemühte, disziplinarische Maßnahmen der Synagogengemeinschaft gegen sie auszulösen[275].

---

[272] Wenn Apg 22,19 zuverlässige Tradition wiedergeben sollte, dann könnte dies ein Beleg für ein solches Vorgehen sein. Vgl. DIETZFELBINGER, Berufung 13f; BURCHARD, Zeuge 164.

[273] S. u., S. 96f.

[274] Zum Alter vgl. OEPKE, Probleme 438–442; DERSELBE, Gal 69; ROLOFF, Apg 148; WIKENHAUSER/SCHMID, Einleitung 387; HENGEL, Paulus 268ff.

[275] Vgl. OEPKE, Gal 69: »Seine Verfolgertätigkeit übte er wohl mehr hinter den Kulissen, anfangs rein privat, dann unter offiziöser Begünstigung, aber immer kraft eigener Initiative«; DERSELBE, Probleme 418f.444; ähnlich WIKENHAUSER/SCHMID, Einleitung 389; DIETZFELBINGER, Berufung 11; ROLOFF, Apg 148; BURCHARD, Zeuge 50, Anm. 37; BLANK, Paulus 247.

γ) Die Ursachen der Verfolgungen

Paulus selbst verzichtet bei der Erwähnung seines Wirkens als Christenverfolger darauf, Gründe und Ursachen für sein Tun näher auszuführen[276]. Wollen wir angesichts dieses Befundes dennoch nicht auf eine Antwort auf die Frage nach den Motiven seiner Verfolgertätigkeit verzichten, so sind wir (abgesehen von hypothetischen Rückschlüssen aus paulinischen Briefaussagen in anderen Zusammenhängen[277]) auf Analogien aus der frühen Geschichte des Urchristentums angewiesen. Um den biographischen Kontext als Voraussetzung des Wirkens des Apostels geschichtlich verständlich zu machen, wenden wir uns deshalb der Darstellung der Auseinandersetzungen um die ersten Christengemeinden in Jerusalem in der Apostelgeschichte zu.

Die Apostelgeschichte verbindet die Verfolgertätigkeit des Paulus direkt mit dem Stephanus-Martyrium, ohne ihn freilich dabei selbst aktiv werden zu lassen (vgl. Apg 7,58; 8,1 a.3)[278]. Diese Art der Verknüpfung wird am ehesten verständlich, wenn der Verfasser der Apostelgeschichte aufgrund seiner Traditionen zwar von paulinischer Verfolgertätigkeit in Jerusalem wußte, nicht aber von seiner aktiven Beteiligung am Stephanus-Martyrium. Sie trifft insofern geschichtlich Zutreffendes, als das Stephanus-Martyrium und die gegen Christusanhänger gerichteten Aktivitäten des Paulus sowohl chronologisch als auch geographisch eng zusammengehören[279]. Das sich bei kritischer Analyse der Traditionen von der Stephanus-Verfolgung ergebende Bild beleuchtet den Hintergrund für das Wirken des Paulus als Verfolger und belegt die geschichtliche Möglichkeit solchen Vorgehens.

Nach der Darstellung des Lukas kam es zwischen Jesusanhängern aus hellenistischen Synagogen und ihren Gegnern zum Streit um die Funktion und Geltung der Tora und des Tempelkultes.

---

[276] Vgl. o., S. 41.

[277] Vgl. dazu u., S. 67–70.

[278] Die Einführung des Saulus in den Martyriumsbericht des Stephanus wird weitgehend für lukanisch-redaktionell gehalten, vgl. LÖNING, Saulustradition 20f; LÜDEMANN, Christentum 96f; CONZELMANN, Apg 51; HAENCHEN, Apg 94.284.288; KLEIN, Apostel 115; PESCH, Apg I 261.264f; ROLOFF, Apg 126; SCHILLE, Apg 189f; SCHNEIDER, Apg I 471.477; WEISER, Apg I 191. Lediglich BURCHARD, Zeuge 26f.30, vermutet in der Erwähnung des Saulus als Kleiderwächter bei Stephanus' Steinigung vorlukanische Tradition.

[279] Vgl. zum Ort der paulinischen Verfolgertätigkeit o., S. 58ff, zur zeitlichen Einordnung der Stephanus-Verfolgung PESCH, Apg I 267; ROLOFF, Apg 126; CONZELMANN, Geschichte 47; HENGEL, Jesus 172. An der zeitlichen Aufeinanderfolge von Hellenistenverfolgung und Berufung des Paulus zu zweifeln, besteht kein Anlaß (vgl. dazu jetzt RIESNER, Frühzeit 53–65). Daß Paulus in hellenistischen Synagogen als Verfolger aktiv war, wird weithin angenommen (vgl. HENGEL, Jesus 196f, Anm. 145; DERSELBE, Ursprünge 24, Anm. 35; Geschichtsschreibung 65; Paulus 279; BLANK, Paulus 246; BURCHARD, Zeuge 50, Anm. 37; KIM, Origin 48f, Anm. 4; PESCH, Apg I 309; WEISER, Apg I 192).

Im Unterschied zu den Autoren[280], die zwischen einem vorlukanischen Martyriumsbericht (6,8–15; 7,54–8,3) mit möglicherweise auf den Kreis der »Hellenisten« zurückgehenden Traditionen und der zwar auch nicht ohne Traditionsgrundlage, aber doch weitgehend nach den Aussageabsichten des Lukas gestalteten Stephanus-Rede (7,1–53)[281] unterscheiden, vertritt jetzt P. Dschulnigg die Auffassung, Martyriumsbericht und Stephanus-Rede gehören von Anfang an zusammen und gehen in ihren Grundzügen auf das hellenistische Judenchristentum zurück. Lukas habe »in der Substanz den Rahmen des Martyriumsberichts und die Verteidigungsrede des Stephanus übernommen und in sein Werk durch leichte Retuschen und sprachliche Überarbeitung integriert«[282].

Infolge dieser Auseinandersetzungen erlitt Stephanus, ein führender Exponent der »Hellenisten«, das Martyrium, und seine Glaubensgenossen wurden aus Jerusalem verdrängt und über die Gebiete Judäas und Samarias zerstreut. Aus Apg 6,1–7; 8,1 läßt sich erschließen, daß diese Verfolgung lediglich die zu hellenistischen Synagogen Jerusalems gehörenden Jesusanhänger betraf, die sich bereits als eigene Gruppe im Gegenüber zu den aramäisch sprechenden Judenchristen konstituiert hatten[283].

Die im Bericht vom Stephanus-Martyrium (6,8–15; 7,54–8,3) und in der Stephanus-Rede (7,1–53) verarbeiteten Traditionen weisen darauf, daß die Jesusanhänger wegen ihrer Haltung zur Tora und zum Tempel aufgrund ihres Bekenntnisses zu Jesus angegriffen wurden[284]. Versucht man, anhand dieser Traditionen und ihrer Tendenzen ein Bild von den Anschauungen der »Hellenisten« und den Gründen der innersynagogalen Auseinandersetzungen zu gewinnen, so können als Fixpunkte der Vorwurf der Gesetzeskritik, die Kritik am Tempelkult sowie die Berufung auf eine tempel- und gesetzeskritische Haltung Jesu gelten.

---

[280] Zur traditionsgeschichtlichen Analyse vgl. PESCH, Apg I 234ff.261f; WEISER, Apg I 171f.190ff; SCHNEIDER, Apg I 432ff.446–452.471f; ROLOFF, Apg 111ff.126f; LÜDEMANN, Christentum 85–99; WEISER, Tempelkritik 156–168.

[281] Vgl. dazu die Analyse von WILCKENS, Missionsreden 208–224.

[282] Vgl. Rede 195–213 (207).

[283] Vgl. HENGEL, Jesus 151–206; DERSELBE, Geschichtsschreibung 63–70; LÜDEMANN, Christentum 84f; WEISER, Apg I 168f; PESCH, Apg I 230–233; ROLOFF, Apg 107ff. Etwas anders WALTER, Apostelgeschichte 370–393 (vgl. dazu PESCH, Apg I 232f).

[284] Vgl. zu den entsprechenden Traditionen in 6,11.13f WEISER, Tempelkritik 150–154.159; ROLOFF, Apg 112f; LÜDEMANN, Christentum 85–91, zu Tendenz und Traditionen in der Stephanus-Rede ROLOFF, Apg 124f; PESCH, Apg I 246f.256f; DSCHULNIGG, Rede 199–203; WEISER, Apg 181f.187f; WILCKENS, Missionsreden 212ff, zum Zusammenhang der Anklagen des Martyriumsberichts mit den Tendenzen der Rede DSCHULNIGG, Rede 204ff; ROLOFF, Apg 119.
Zu beachten ist, daß bereits auf der Ebene des vorlukanischen Martyriumsberichts (sofern man mit PESCH, Apg I 262; ROLOFF, Apg 127, gegen SCHNEIDER, Apg I 471f; WEISER, Apg I 190f; LÜDEMANN, Christentum 96, die Vision 7,55 oder wenigstens Teile davon der Tradition zuordnet) die Steinigung des Stephanus direkte Folge des als Blasphemie verstandenen Bekenntnisses zu Jesus als erhöhtem Menschensohn ist, während die Anklage wegen Lästerung des Mose und Kritik an Tempel und Tora (6,11.13f) zunächst lediglich zu verbalen Auseinandersetzungen führt.

Die in den synoptischen Evangelien erkennbare Kritik Jesu an einzelnen Toravorschriften und der Praxis ihrer Auslegung und Anwendung durch seine jüdischen Zeitgenossen
dürfte im Kreis seiner Anhänger auch nach Ostern aufgenommen und weitergeführt
worden sein[285]. Wie bei Jesus selbst so führte dies bei ihnen aber nicht zur grundsätzlichen
Ablehnung der Tora[286]. Der bereits für Jesu Haltung zur Tora und zum Tempel zentrale,
mit seinem Autoritätsanspruch verbundene eschatologische Gesichtspunkt erfuhr bei
seinen Anhängern aufgrund der Ostererfahrungen und angesichts des Wirkens des Geistes
in der Gemeinschaft der Christusanhänger einen wesentlich verstärkenden Impuls[287]. Die
möglicherweise an Ansätze der Verkündigung Jesu anknüpfende, jedenfalls sehr bald
nach Ostern begegnende Deutung seines Todes als Sühne (vgl. Röm 3,25; 1Kor 15,3)
geriet in Konkurrenz zu der Sühne wirkenden Funktion des Tempelkults[288]. Allerdings
ist damit zu rechnen, daß zwar das Bekenntnis zum Sühne wirkenden Tod Jesu und zu
seiner Erhöhung zu Gott tempel- und gesetzeskritische Implikationen hatte[289], diese aber
in der frühesten Zeit der christlichen Gemeinde noch nicht durchgängig ihren Ausdruck in
einer konsequenten, nach außen hin erkennbaren tempel- und gesetzeskritischen Haltung
fanden. Angesichts der explosionsartigen Entwicklung christologisch-soteriologischer
Anschauungen in der Folge der Ostererfahrung der ersten Gemeinde[290], die erst allmählich und auf sehr verschiedene Weise die Klärung des Verhältnisses der Christusgläubigen

---

[285] Vgl. WEISER, Tempelkritik 166f; LAMBRECHT, Gesetzesverständnis 90–94; HENGEL, Jesus
195f; DERSELBE, Ursprünge 27ff; Geschichtsschreibung 64; Paulus 286ff; KIM, Origin 44f;
LÜDEMANN, Christentum 91; LUZ, Gesetz 88; BLANK, Paulus 243–247. Dagegen DAUTZENBERG,
Gesetzeskritik 60f; FIEDLER, Tora 79–85 (in Auseinandersetzung mit G. KLEIN, TRE XIII
58–75); RÄISÄNEN, Law 251–256; vgl. DERSELBE, Legalism 45–48; Hellenists 282–288; Conversion 413ff; WEDDERBURN, Law 620ff; DERSELBE, Jesus 161–182.

[286] Vgl. DSCHULNIGG, Rede 205f.208; WEISER, Tempelkritik 167; HENGEL, Jesus 191f; DER
SELBE, Ursprünge 27ff; Geschichtsschreibung 64; Paulus 286f; LUZ, Gesetz 88; LÜDEMANN,
Christentum 91; HULTGREN, Persecutions 98f. Anders freilich jetzt SCHMITHALS, Heidenmissionar 239ff, mit Berufung auf G. KLEIN, TRE XIII 62.

[287] Vgl. HENGEL, Jesus 195f.199; DERSELBE, Geschichtsschreibung 64; PESCH, Apg I 259.

[288] Vgl. STUHLMACHER, Exegese 123f.132–135; DERSELBE, Auferweckung 80–84; Gesetz
154f; HENGEL, Christologie 61f; WILCKENS, Entwicklung 155; DERSELBE, Röm I 241; BLANK,
Paulus 244; WEISER, Tempelkritik 163.168; PESCH, Apg I 239; KIM, Origin 47f; DSCHULNIGG,
Rede 204. Gegen diese Interpretation wendet sich RÄISÄNEN, Hellenists 278–281. Gegenüber
der von ihm wieder vertretenen Herleitung des Sühnegedankens aus frühjüdischer Märtyrertheologie (sie hat STUHLMACHER, Exegese 127–131, mit m. E. überzeugenden Argumenten
widerlegt) ist die Deutung von ἱλαστήριον in Röm 3,25 als »kapporæt« und damit das Verständnis des Kreuzestodes Jesu vom Ritual des großen Versöhnungstages her vorzuziehen (vgl. auch
J. ROLOFF, EWNT II 455ff).

[289] Vgl. zu einem gegenüber solchem Bekenntnis möglichen Blasphemievorwurf BLANK,
Paulus 245.247; MERKLEIN, Bedeutung 7; DIETZFELBINGER, Berufung 39.96; KIM, Origin 46f;
LUZ, Gesetz 91; MENOUD, Sens 183; RÄISÄNEN, Law 249; STUHLMACHER, Ende 181; WEDER,
Kreuz 190, Anm. 258.
  Zur Steinigung als Strafe für Gotteslästerung (vgl. ῥήματα βλάσφημα, Apg 6,11!) nach Lev
24,10–23 vgl. A. S. VAN DER WOUDE, THAT II 541; O. MICHEL, BHH III 1861f; W. KORNFELD,
BL 1764. In frühjüdischer Zeit ist bei Philo, Hyp 7,2, Steinigung wegen gottloser Rede, 11Q
Miqdasch 55,15–21 wegen Götzendienst belegt. Rabbinische Belege bei STRACK/BILLERBECK,
Kommentar I 1013–1019; II 685f. Historisch vorstellbar ist aufgrund der Rechtslage im ersten
Jahrhundert n. Chr. allerdings nur ein Akt spontaner Lynchjustiz, nicht ein ordnungsgemäßes
religionsrechtliches Verfahren (vgl. HENGEL, Jesus 188).

[290] Vgl. HENGEL, Christologie 43–67.

zum Gesetz vorantrieben, dürfte der Anstoß zu Auseinandersetzungen jeweils in sporadischen Konflikten um die Einhaltung der Tora gelegen haben, die Wurzel für ihre in unterschiedlichem Grade und je verschiedenen Einzelfällen anstößige Haltung zur Tora lag aber in ihrem Bekenntnis zum gekreuzigten und auferstandenen Messias[291].

Die Vorgänge beim Martyrium des Stephanus und der Vertreibung seiner Glaubensgenossen sind am ehesten als spontane Aktionen anläßlich begrenzter, konkreter Auseinandersetzungen innerhalb der hellenistischen Synagogen Jerusalems zu verstehen und betrafen offensichtlich nicht die gesamte Jerusalemer Christenheit[292]. Dies muß keineswegs bedeuten, daß die nicht von diesen Vorgängen betroffenen Jerusalemer Christen grundsätzlich andere Auffassungen vertraten als die »Hellenisten«[293]. Geht man davon aus, daß das Bekenntnis zu Jesus und der Sühnewirkung seines Todes die Teilnahme am Tempelgottesdienst und den Gehorsam gegenüber der Tora ja nicht ausschloß, so ist es erklärlich, daß Jesusanhänger, die aufgrund ihrer Herkunft und Prägung sich weiterhin dem Tempel und den von der Tora bestimmten besonderen Lebensweisen verbunden fühlten, nicht unbedingt Anstoß zu Auseinandersetzungen boten. Zudem mußten Auseinandersetzungen zwischen Jesusanhängern und ihren Gegnern keineswegs immer einen solchen Verlauf wie beim Stephanus-Martyrium nehmen (vgl. Apg 4,1–22; 5,17–42). Ebensowenig können andererseits Verfolgungen von nichthellenistischen Christen ausgeschlossen werden[294].

Die Rekonstruktion der Umstände und Ursachen, die zur Verfolgung des Kreises der »Hellenisten« um Stephanus in Jerusalem geführt haben, läßt sich verbinden mit dem Bild von der Verfolgertätigkeit des Paulus, das sich aus den bisherigen Untersuchungen ergab. Als Konsequenz daraus ist es gerechtfertigt, das Vorgehen des Paulus gegen die Gemeinde Gottes als Ausdruck seines gesetzestreuen Wandels im »Judaismos« zu verstehen und ihn in die Front derer einzureihen, die durch das Christusbekenntnis der Jerusalemer »Hellenisten«-Gemeinden und seine gesetzes- und tempelkritischen Implikationen das Fundament ihres Glaubens und die Existenz des Gottesvolkes Israel bedroht sahen.

---

[291] Die verbreitete Auffassung, Ursache der Stephanus-Verfolgung sei nicht der Messiasglaube, sondern die Gesetzeskritik der »Hellenisten« gewesen (vgl. BECKER, Gal 17; BORNKAMM, Paulus 37f; KASTING, Anfänge 54; RÄISÄNEN, Hellenists 286f; DERSELBE, Law 252–255; SMITH, Reason 262; WEDDERBURN, Law 620f), übersieht den Zusammenhang beider Verfolgungsmotivationen (richtig HENGEL, Jesus 190–196; DERSELBE, Geschichtsschreibung 64; KIM, Origin 45f; LÜDEMANN, Christentum 90f; LUZ, Gesetz 88). Vgl. jetzt auch DONALDSON, Zealot 670ff.

[292] Freilich bewirkten sie, daß nun ein Teil der Jerusalemer Gemeinde(n) die Stadt verließ und sich missionarischen Aktivitäten außerhalb des jüdischen Kerngebietes widmete (vgl. HENGEL, Geschichtsschreibung 65–70).

[293] Mit DONALDSON, Zealot 671f.

[294] Vgl. Apg 12,1–19 (zum Martyrium des Zebedaiden Jakobus s. PESCH, Apg I 363.368f); Mk 13,9 (vgl. GNILKA, Mk II 190); 1Thess 2,14; Josephus, Ant XX 200f (vgl. HENGEL, Jakobus 73–79).

d) Zusammenfassung

Aus den Bezugnahmen des Paulus auf sein Judesein vor seiner Berufung läßt sich bei kritischer Analyse und unter entsprechender Berücksichtigung der Paulus betreffenden biographischen Informationen der Apostelgeschichte folgendes Bild erkennen: Paulus gehört nicht an den Rand des Judentums seiner Zeit, sondern in dessen Zentrum. Als in der Diaspora geborener, aber hauptsächlich in Jerusalem aufgewachsener Jude, entstammt er einer bewußt die Treue zum Judentum und die Verbindung zum jüdischen Kernland Palästina pflegenden Familie. Seine Erziehung und Ausbildung erfuhr er ganz den Maßstäben entsprechend, die auf die Bewahrung der Treue zur Tora als dem Ausdruck des Gotteswillens ausgerichtet waren. Durch seinen Eintritt in die Gemeinschaft der Pharisäer versuchte er, dieses Lebensideal in aller Konsequenz im Alltag zu verwirklichen. Seine Wendung gegen Jesusanhänger, die aufgrund ihres Bekenntnisses zu dem gekreuzigten Jesus als Messias nach dem Urteil des Paulus begannen, Grundfesten des Toragehorsams als der Grundlage jüdischen Heilsverständnisses in Frage zu stellen, war eine Konsequenz seiner auf Bewahrung der jüdischen Existenz ausgerichteten Lebensweise.

4. Der Verfolger im Urteil des Verkündigers

Die Leitfrage unserer Untersuchung: Was bedeutet es für den Heidenapostel Paulus, daß er aus dem Volk Israel stammt?, steht im Blick auf den Galaterbrief in enger Verbindung mit der konkreten Situation der galatischen Gemeinden, die das Schreiben veranlaßt hat. Diese Situation ist bestimmt durch das Auftreten von Agitatoren, die von den galatischen Heidenchristen verlangen, sich beschneiden zu lassen (6,12). Angesichts dieser Situation versucht Paulus, unter Hinweis auf sich selbst und seine Biographie die Adressaten in seinem Sinne zu beeinflussen, und das bedeutet, der Beschneidungsforderung zu widerstehen.

Die Funktion der Aussagen über seinen früheren Wandel nach den Maßstäben des »Judaismos« und sein Wirken als Verfolger der Christen ergibt sich aus dieser Zielstellung des Briefes. Der Verweis auf die eigene frühere Verfolgertätigkeit als Konsequenz einer streng jüdischen Existenz bereitet das polemische Argument vor, die Gegner forderten die Beschneidung von den Galatern nur aus eigennützigen Motiven. Verbunden sind autobiographische Bezugnahme und polemisches Argument durch den gemeinsamen Referenten Verfolgung von Christen durch Juden sowie den jeweils im Hintergrund stehenden Sachzusammenhang der Spannung zwischen Toragehorsam und Christusglauben[295].

---

[295] Vgl. o., S. 35f.

Die oben formulierte Leitfrage kann also für den Galaterbrief konkretisiert werden: In welcher Weise bringt Paulus als Christusapostel und Gemeindegründer den galatischen Heidenchristen gegenüber seine frühere, aus konsequenter jüdischer Existenz erwachsende Verfolgertätigkeit zur Geltung, um sie vor dem Eingehen auf die Beschneidungsforderung der Agitatoren zu bewahren?

Eine solche funktionale Betrachtung des autobiographischen Verweises auf das Verfolgen der Gemeinde Gottes erhält dadurch zusätzliche Berechtigung, daß die bisherige Untersuchung deutlich werden ließ, wie wenig Paulus an konkreten Informationen, Begründungen oder Motivationen bei der Darstellung seines Verfolgerwirkens interessiert ist. Sein Urteil über das Verfolgen von Christen durch Juden – über sein eigenes wie über das, dem die Beschneidungsagitatoren entgehen wollen – verdankt sich so, wie er es im Galaterbrief vorbringt, erst seiner Christuserfahrung und Berufung zum Heidenapostel. Es ist gewissermaßen Teil des paulinischen Evangeliums, mit dem er vor Damaskus betraut worden ist, das er den Galatern bei der Gründung der Gemeinde verkündigt hat und das er nun angesichts der Bedrohung durch ein »anderes Evangelium« (1,6–9) neu zur Geltung bringen will.

Somit bietet die Argumentation des Paulus im Galaterbrief den Verständnisrahmen für die Bewertung seiner eigenen Verfolgertätigkeit in Gal 1,13.23. Die Frage nach dem Urteil des Verkündigers über den Verfolger ist also nur unter Berücksichtigung der Funktion der autobiographischen Aussagen im Rahmen der Wirkabsicht des Briefes zu beantworten. Es wird sich dabei zeigen, daß Paulus im Interesse dieser konkreten Zielstellung seines Briefes grundlegende theologische Sachzusammenhänge seines Evangeliums und seines Selbstverständnisses als Apostel zur Sprache bringt.

Betrachten wir weitere Stellen im Galaterbrief, an denen Paulus von Verfolgungen der Christen durch Juden spricht, so lassen sich auch dort nirgends deren Gründe und Motive aus der Perspektive der Verfolger erkennen, um so deutlicher aber die argumentative Funktion, die Paulus solchen Bezugnahmen auf Verfolgungserfahrungen zumißt.

Nach Gal 4,28 f erfahren die Galater als Verheißungskinder – ihrem alttestamentlichen Typos Isaak entsprechend – Verfolgung von seiten der Juden[296]. Vor ihnen als den »Kindern der Freien« steht aber das verheißene Erbe. Die Gegenüberstellung des »nach dem Fleisch Gezeugten« und des »Sohnes der Freien« ist Teil eines typologischen Arguments[297] und entbehrt schon von daher jeder Konkretion hinsichtlich des Verfolgungsgeschehens. Sie dient ganz dazu,

---

[296] Gegen Mussner, Gal 331 f, der »die christlichen Judaisten« als »die wahren Verfolger« gemeint findet. Aber διώκειν meint immer im Galaterbrief Verfolgungen von Christen durch Juden (vgl. 1,13.23; 5,11; 6,12) und wird von Paulus nie für Nachstellungen von seiten judaistischer Gegner gebraucht (mit Betz, Gal 428 f; Oepke, Gal 152; Schlier, Gal 226 f; Rohde, Gal 204).

[297] Vgl. Betz, Gal 428 f.

die Adressaten, die doch als »nach dem Geist Gezeugte« vom Gesetz frei sind, davon abzuhalten, wieder »unter dem Gesetz sein zu wollen« (4,21), indem sie auf die Agitation der Gegner eingehen (4,17). In Gal 6,12 unterstellt Paulus den Gegnern, die von den Galatern verlangen, sich beschneiden zu lassen, sie tun dies nur, um Verfolgungen wegen des Kreuzes Christi zu vermeiden. Eine Verfolgung, die dadurch vermieden wird, daß man sich gegenüber Unbeschnittenen für die Beschneidung einsetzt, kann nur von Juden ausgehen. Freilich bleiben auch hier alle weiteren konkreten Fragen offen, und der paulinischen Formulierung liegt sein theologisches Urteil als Apostel zugrunde (vgl. das »Kürzel« σταυρὸς Χριστοῦ).

Unter der Voraussetzung, daß die paulinische Unterstellung Situation und Anliegen der Gegner trifft (wenn auch nicht objektiv wiedergibt)[298], benennt τῷ σταυρῷ τοῦ Χριστοῦ die Ursache der Verfolgung[299], die Beschneidungsforderung das Mittel, sie zu vermeiden.

Dies entspricht formal der Art und Weise, in der Paulus in 5,11 im Blick auf sich selbst Beschneidungsforderung, Verfolgung und das Kreuz Christi miteinander verbindet. Wenn er (noch) Beschneidung predigte, dann hätte er die Verfolgung, die er gegenwärtig erfährt (διώκομαι), vermeiden können, da dann der Verfolgungsgrund, der Anstoß des Kreuzes Christi, hinfällig wäre. Allerdings ist hier noch deutlicher als in 6,12 zu erkennen, daß Paulus sowohl den Verfolgungsgrund als auch das Mittel, Verfolgung abzuwehren, ganz von seiner eigenen Einschätzung seines Apostolats und des Inhalts seiner Evangeliumsverkündigung her formuliert. In dieser Perspektive steht das περιτομὴν κηρύσσειν grundsätzlich seiner eigenen Verkündigung an die Heiden entgegen (vgl. Gal 2,2: τὸ εὐαγγέλιον ὃ κηρύσσω ἐν τοῖς ἔθνεσιν).

Durch absoluten Gebrauch von περιτομή kann Paulus die Juden im Unterschied zu den Heiden (= ἀκροβυστία) bezeichnen (Gal 2,7ff; Röm 2,26f; 3,30; 4,9.12; 15,8; vgl. Eph 2,11; Kol 3,11; 4,11)[300]. Die soteriologische Relativierung dieses Gegensatzes durch das Christusgeschehen betont er in Gal 5,6; 6,15; 1Kor 7,19.

Das paulinische κηρύσσειν ist inhaltlich durch Christus, den auferstandenen Gekreuzigten, bestimmt (1Kor 1,23; Röm 10,8f; 1Kor 15,11f; 2Kor 1,19; 4,5; 11,4). Indem Paulus

---

[298] Die gegenteilige Ansicht, daß »Paulus hier eigene Erfahrungen einträgt« und »die Jerusalemer Situation vor Augen hat« (MUSSNER, Gal 412, unter Berufung auf MARXSEN, Einleitung 52f), löst die Frage nach den konkreten Umständen der in Gal 6,12 erwähnten (drohenden) Verfolgung ebensowenig und ist zudem mit der problematischen Annahme belastet, der Apostel versuche »der Beschneidung in Galatien einen Sinn abzugewinnen, weil er sie allem Anschein nach nicht durchschaut« (so MARXSEN, Einleitung 54). An der Faktizität der Verfolgungsgefahr für Christusverkündiger in Galatien zu zweifeln, besteht angesichts der einschlägigen Erfahrungen des Paulus kein Grund (gegen SUHL, Galaterbrief 3082f). Er durchschaut die Situation seiner Missionsgemeinden nicht nur, sondern hat sie am eigenen Leibe erfahren (vgl. 5,11; 1Thess 2,15f; 2Kor 11,24f). Vgl. zur Situation in Galatien auch o., S. 7–10.

[299] Dativ causae, vgl. MUSSNER, Gal 411f; SCHLIER, Gal 280, Anm. 4.

[300] Vgl. dazu jetzt MARCUS, Circumcision 67–81.

dem von ihm verkündigten beschneidungsfreien Evangelium (vgl. Gal 2,2f.7) in Gal 5,11 die von ihm nicht verkündigte Beschneidung entgegenstellt, nimmt er Bezug auf die Abwendung der Galater zu einem »anderen Evangelium« (1,6f).

Das Kreuz Christi ist in Gal 5,11 nicht lediglich Grund zur Verfolgung, sondern σκάνδαλον, Anstoß zum eschatologischen Heilsverlust oder Heilsgewinn[301]. Die soteriologische Interpretation und Entscheidung der in Galatien anstehenden Beschneidungsfrage entspricht der paulinischen Argumentation im ganzen Brief: Die Galater stehen im Begriff, sich abwenden zu lassen von dem, der sie in der Gnade Christi berufen hat, von Leuten, die das Evangelium Christi verkehren wollen (1,6f). Diese Leute stellt Paulus unter den eschatologisch wirksamen Fluch (1,8f). Wenn Christen die erfahrene Gnade verwerfen, dann ist Christus umsonst gestorben (2,21). Wenn sich die Galater beschneiden lassen, dann wird ihnen Christus nichts nützen (5,2), dann sind sie von Christus abgeschnitten, aus der Gnade gefallen (5,4). Angesichts des Kreuzes Christi gilt weder Beschneidung noch Unbeschnittenheit etwas, sondern nur Neuschöpfung (6,15). Der erfahrenen oder drohenden Verfolgung wegen des Kreuzes Christi stellt Paulus im Galaterbrief den eschatologischen Heilsverlust als Folge des Eingehens auf die Beschneidungsforderung entgegen. Am Kreuz als σκάνδαλον entscheidet sich das eschatologische Geschick.

Vom Anstoß des Kreuzes kann Paulus auch ganz unabhängig von Verfolgungserfahrungen sprechen, wenn er sich mit der Ablehnung des Christusevangeliums durch die Juden auseinandersetzt (vgl. 1Kor 1,23; Röm 9,33)[302]. Daran wird sichtbar: Sein grundsätzliches, aus seinem eigenen Verständnis des Kreuzes Christi herrührendes Urteil liegt der Bewertung der gegenwärtigen Leidenserfahrungen der Christen von seiten der Juden zugrunde. Dies gilt sowohl für die Verfolgungserfahrungen der Gemeinde als auch für Verfolgungen, denen er selbst bei seinem Aposteldienst ausgesetzt ist.

In 2Kor 11,24f sind die von Paulus erlittenen Synagogenstrafen – zusammen mit weiteren Leidenserfahrungen – Ausweis seiner apostolischen Existenz im Dienst Christi. In 1Thess 2,14 sind die Verfolgungserfahrungen der judäischen Christengemeinden (τῶν ἐκκλησιῶν τοῦ θεοῦ ... ἐν Χριστῷ Ἰησοῦ) von seiten der Juden Vorbild für die gegenwärtigen Leidenserfahrungen der Thessalonicher von seiten ihrer Mitbürger. Paulus wendet im folgenden den Gedanken von der Erwähnung der Leidenserfahrungen der Thessalonicher über die von den judäischen Gemeinden durch Juden erlittenen Verfolgungen zu einer Aussage über die Ablehnung Jesu durch die Juden, die sich in der Verfolgung der Christusapostel und deren Behinderung bei der Heidenmission fortsetzt

---

[301] Vgl. MÜLLER, Anstoß 108–122; KUHN, Jesus 36f. καταργεῖν begegnet bei Paulus »durchgängig in eschatologisch relevanten Zusammenhängen« (MÜLLER, Anstoß 116).
[302] Vgl. dazu MÜLLER, Anstoß 71–107; WEDER, Kreuz 151–156; HOLTZ, Theo-logie 115ff; KOCH, Schrift 161f; LÜBKING, Israel 81f; WILCKENS, Röm II 213f.

(V. 15f). Die Aussage gipfelt in einer eschatologischen Gerichtsansage über die sich dem Christusevangelium in den Weg stellenden Juden[303].

Dieses theologische Urteil des Paulus über Motive und Gründe des Handelns der Juden ist ganz aus seiner eigenen, auf die eschatologische Relevanz seiner Kreuzesverkündigung zentrierten Sicht formuliert, nicht aus der Perspektive der jüdischen Verfolger. Um so bedeutsamer ist es, daß selbst aus diesem Blickwinkel die Haltung der Juden als in dem Bemühen begründet erscheint, durch die Hinderung der paulinischen Heidenmission die Völker vor der Verführung durch die paulinische Kreuzesverkündigung zu bewahren, nicht etwa darin, ihnen grundsätzlich das eschatologische Heil vorzuenthalten[304]. Die Juden können, so sagt Paulus in 1Kor 1,23, im Kreuz Jesu nur ein Zeichen der Verwerfung, in seiner Verkündigung nur eine Verführung zum Verderben erkennen[305]. Ihr Handeln ist die Konsequenz dieses ihres Urteils. Daß ihr Handeln dem eschatologischen Gerichtszorn Gottes unterworfen ist, liegt nicht an ihrem subjektiven Wollen, sondern an ihrem »objektiven«, sich erst aufgrund der paulinischen Einschätzung des Christusgeschehens als Endzeitgeschehen als solches erweisenden Fehlurteil gegenüber dem Kreuz Jesu.

Paulus sieht somit den Grund für die Ablehnung des Christusevangeliums durch die Juden in ihrem Urteil über das Kreuz Jesu als Zeichen seiner Verwerfung. Schlägt sich darin auch ein charakteristisches Element paulinischer Theologie nieder, so läßt sich dafür doch auch ein traditionsgeschichtlicher Hintergrund aufzeigen. Die Diagnose, die Paulus in seinen Briefen stellt, fußt auf Auseinandersetzungen der frühesten Zeit des Urchristentums zwischen christusgläubigen und nichtchristusgläubigen Juden um die Relevanz des Kreuzestodes Jesu für die Bewertung der christlichen Verkündigung.

Paulus selbst nimmt im Argumentationszusammenhang der Frage der Haltung unbeschnittener Christen zur Tora (Gal 3,1–4,11) explizit Bezug auf das Verfluchungsurteil der Tora über einen Gekreuzigten (Dtn 21,23 in Gal 3,13)[306]. Christus hat sich »für uns« dem Fluch der Tora über einen Gekreuzigten unterworfen und so den Fluch der Tora über alle, die auf dem Wege des Gesetzesgehorsams Gerechtigkeit erlangen wollen (3,10ff), unwirksam gemacht, damit die Heiden auf dem Wege des Christusglaubens Anteil am Heil bekommen (3,14). Für Paulus hat hier offenbar das Verfluchungsurteil der Tora über einen Gekreuzigten auf den Kreuzestod Jesu angewandt die unter soteriologischem Aspekt

---

[303] Vgl. HOLTZ, 1Thess 99–109; DERSELBE, Gericht 119–123.

[304] Vgl. HOLTZ, 1Thess 106; DERSELBE, Gericht 122.

[305] HOLTZ, Theo-logie 115f; vgl. SCHRAGE, Skandalon 68–72 (a.a.O., 72: »Kreuz und Messianität scheinen sich nach jüdischem Verhältnis [sic!] gegenseitig auszuschließen.«).

[306] Vgl. dazu STUHLMACHER, Ende 181f; DERSELBE, Kreuzestheologie 195ff; LAMBRECHT, Gesetzesverständnis 120–126; BRUCE, Curse 30–33; KUHN, Jesus 31–37; RÄISÄNEN, Law 59ff.249ff; TUCKETT, Conversion 345–350; HAYS, Faith 208f; DONALDSON, Curse 94–112; STANLEY, Curse 481–511.

positive Funktion. Es ermöglicht dadurch, daß es von Christus stellvertretend »für uns« getragen wird, die Zuwendung des Heils zu den Heiden.

Diese Argumentation verdankt sich zwar in erster Linie dem paulinischen Argumentationsziel im Galaterbrief und entspricht seinem spezifischen Umgang mit der Schrift[307], knüpft aber durch Aufnahme traditioneller Formulierungen an im Urchristentum verbreitete Anschauungen an. In 3,13 betrifft das die Loskaufvorstellung (ἐξηγόρασεν)[308], die Deutung des Todes Jesu vom Gedanken der stellvertretenden Sühne her (ὑπὲρ ἡμῶν)[309] sowie eben die Bezugnahme auf die besondere Todesart Jesu in ihrer theologisch-soteriologischen Bedeutung.

Bezüge zu Dtn 21,22 ff im Zusammenhang mit dem Kreuzestod Jesu finden sich in verschiedenen Überlieferungsschichten des Neuen Testaments (vgl. neben Gal 3,13 auch Apg 5,30; 10,39; 13,29; 1Petr 2,24; Joh 19,31 f)[310]. In Apg 5,30; 10,39 ist die wörtlich mit Dtn 21,23 übereinstimmende Wendung κρεμάσαντες ἐπὶ ξύλου in ein polemisches Kontrastschema gegenüber den Juden eingebaut: Gott hat Jesus auferweckt, den ihr, die Juden, durch Kreuzigung getötet habt[311].

Die Todesart Jesu war also schon früh in der Geschichte des Urchristentums Diskussionsgegenstand zwischen christusgläubigen und nichtchristusgläubigen Juden aufgrund des Tarawortes aus Dtn 21,23. Gegen den jüdischen Angriff auf die Christusverkündigung von der Tora her hatten sich die Christen unter Verweis auf die Erweckung des Gekreuzigten durch Gott zu verteidigen[312].

Dieser Rückschluß gewinnt dadurch entscheidend an Gewicht, daß in der Tempelrolle von Qumran (11 Q Miqdasch 64,6–13; vgl. 4 QpNah I 7f) die Aufnahme von Dtn 21,22 f zur Interpretation und Bewertung der Kreuzigung für das Frühjudentum belegt ist[313].

---

[307] Vgl. Koch, Schrift 124 ff. 165 f.

[308] Vgl. Betz, Gal 272; Mussner, Gal 232.

[309] ὑπὲρ ἡμῶν bzw. ὑμῶν in Bezug auf den Tod Jesu bei Paulus auch in Röm 5,8; 8,32; 1Kor 1,13; 11,24; 2Kor 5,21; 1Thess 5,10 (vgl. zum Sühnegedanken bei Paulus auch Gal 1,4; 2,20; Röm 3,25; 14,15; 1Kor 15,3; 2Kor 5,14 f). Zum ganzen zuletzt Merklein, Bedeutung 23–34, sowie Hengel, Sühnetod 1–25.135–147 (vg. derselbe, Atonement 189–292), und zusammenfassend H. Riesenfeld, ThWNT VIII 511–515; H. Patsch, EWNT III 949f; Wilckens, Röm I 239 ff; Goppelt, Theologie II 420–425.

[310] Vgl. Wilcox, Tree 85–99; Fitzmyer, Crucifixion 493–513.

[311] Vgl. zum Kontrastschema (außer den genannten Stellen auch noch in Apg 2,23 f.36; 4,10, also nur in der ersten Hälfte des Buches!) Roloff, Apg 60 f.103; Pesch, Apg I 216 f mit Anm. 31.

[312] Vgl. Dietzfelbinger, Berufung 36 f; Kim, Origin 46 f; Stuhlmacher, Versöhner 15 mit Anm. 14; derselbe, Kreuzestheologie 196; Kuhn, Jesus 33 ff; derselbe, Kreuzesstrafe 674.775; Luz, Gesetz 91; Weder, Kreuz 190, Anm. 258; Hengel, Sühnetod 17; Schrage, Skandalon 64–68. Dagegen Mussner, Gal 233 f, Anm. 112; Tuckett, Conversion 345–350; Donaldson, Zealot 676 ff.

[313] Vgl. dazu Betz, Probleme 606–612; Merklein, Bedeutung 6 f; Dietzfelbinger, Berufung 33–36; Hengel, Mors 176 ff; Wilcox, Tree 88 ff; Fitzmyer, Crucifixion 498–507; Yadin, Pescher 174.177 f; Schrage, Skandalon 66 f.

Das von Paulus in 1Kor 1,23; Gal 5,11 bei nichtchristusgläubigen Juden vorausgesetzte Urteil über das Kreuz Jesu als Zeichen seiner Verwerfung entspricht also dem Bild, das sich aus frühjüdischen und neutestamentlichen Belegen über die Bewertung der Kreuzigung ergibt. Gal 3,13 belegt, daß Paulus selbst diese Bewertung gekannt und bei der argumentativen Entfaltung der soteriologischen Konsequenzen seiner Verkündigung vom gekreuzigten Messias benutzt hat. Daß er schon vor seiner Berufung zum Christusapostel die Bewertung der Kreuzigungsstrafe als Ausdruck des Verfluchtseins von Gott und Menschen gekannt und vertreten hat, darf aufgrund der entsprechenden Zeugnisse aus Qumran angenommen werden. Die Möglichkeit, daß er sich als Pharisäer wegen einer solchen Bewertung der Kreuzigung Jesu veranlaßt sah, gegen dessen Anhänger vorzugehen[314], ist damit nachgewiesen[315], wenngleich er in seinen Briefen diese Begründung für seine Verfolgertätigkeit nicht explizit nennt.

In den Bezugnahmen auf seine eigene Verfolgertätigkeit stellt Paulus die theologische Qualifikation der Verfolgten (ἐκκλησία τοῦ θεοῦ) und ihrer Verkündigung (πίστις) ins Zentrum, während ihre Haltung zum Gesetz nur am Rande erscheint und sich höchstens indirekt als Anlaß zur Verfolgung erschließen läßt (Verfolgung als Konsequenz des Wandels im »Judaismos«). Dies ist um so auffälliger, als die paulinischen Verfolgeraussagen sowohl in Gal 1,13.23 als auch in Phil 3,6 argumentative Funktion gegenüber den Briefadressaten bezüglich ihrer Haltung als Christen zu zentralen Teilen der Tora haben. Paulus entscheidet diese Frage aber nicht lediglich aus der Umkehrung seiner eigenen früheren Haltung zur Tora heraus, sondern zentral aus dem Inhalt seiner gegenwärtigen Christusverkündigung. Die soteriologische Argumentation der paulinischen Briefaussagen im Zusammenhang mit der Bewertung der Kreuzigung Jesu (Gal 5,11; 3,13; vgl. 1Kor 1,23; Röm 9,33) und ihr traditionsgeschichtlicher Hintergrund lassen aber erkennen, daß bereits in den frühesten Auseinandersetzungen zwischen Christusanhängern und nichtchristusgläubigen Juden gerade mit dem Bekenntnis zu dem gekreuzigten Jesus als Messias ein Konflikt um den Gehorsam gegenüber der Tora aufgebrochen war. Die Stellungnahme für den Gekreuzigten als Messias implizierte, daß die Erfahrung seiner Auferweckung durch Gott zwangsläufig der normativen Aussage der Tora übergeordnet wurde[316]. Angesichts der Haltung zur Tora, die Paulus nach eigenem Bekunden

---

[314] So mit unterschiedlichem Grad der Gewißheit Betz, Probleme 611f; Blank, Paulus 245; Conzelmann, Geschichte 66; Dietzfelbinger, Berufung 38ff; Hengel, Paulus 287f; derselbe, Sühnetod 17f; Kim, Origin 46f.274; Menoud, Sens 183; Räisänen, Law 249; Merklein, Bedeutung 7; Stuhlmacher, Ende 180f.

[315] Den Einspruch gegen die Möglichkeit der Messias-Proklamation des gekreuzigten Jesus als Grund zur Verfolgung seiner Anhänger unter Hinweis auf die Messias-Proklamation des Bar Kochba durch Rabbi Akiba weist Kim, Origin 47, mit Recht zurück.

[316] Dies mußte freilich nicht bedeuten, daß mit einer solchen Entscheidung für den Gekreuzigten jeglicher Toragehorsam unmöglich geworden war (gegen Tuckett, Conversion

auszeichnete, mußte er in diesem Streit vor der Begegnung mit dem Auferstandenen bei seiner Berufung fraglos für die Tora und damit gegen den Gekreuzigten und seine Verkündigung Stellung beziehen.

Ein Blick auf die bereits herausgearbeiteten geschichtlichen und theologischen Umstände der Verfolgung der »Hellenisten« in Jerusalem bestätigt dieses Bild. Die Wurzel ihrer zu Auseinandersetzungen führenden Haltung zur Tora lag in den soteriologischen Konsequenzen ihres Bekenntnisses zu dem gekreuzigten und auferstandenen Messias Jesus[317]. Die Verbindung von Messiasbekenntnis und Gesetzesgehorsam bzw. der Konflikt zwischen beiden ist also nicht erst das Ergebnis paulinischer Reflexion. Von daher gewinnt die Annahme an Wahrscheinlichkeit, daß auch für den vorchristlichen Paulus das Bekenntnis zu einem Gekreuzigten als Messias und eine aus solchem Bekenntnis herrührende inkonsequente Haltung gegenüber der Tora Anstoß war, gegen die Agitatoren einer solchen Verkündigung vorzugehen. Das Bild von den Gründen seiner Verfolgertätigkeit, das sich aus seinen Briefen ergibt, verdankt sich demnach zwar durchaus seiner brieflichen Aussageabsicht gegenüber den Adressaten und seinem Urteil zur Zeit der Abfassung der Briefe, es trifft aber dennoch die tatsächlichen Ursachen seines Vorgehens gegen die Christusanhänger vor seiner Berufung zum Apostel. Das Messiasbekenntnis der Christen und ihre daraus resultierende Haltung zur Tora waren Grund und Anlaß für seine Verfolgertätigkeit[318].

Paulus spricht von seiner Verfolgertätigkeit ausschließlich im Zusammenhang mit Aussagen über die von ihm erfahrene Christusoffenbarung. Offenbar ist für ihn bei der Bewertung seiner vorchristlichen Vergangenheit seine Berufung zum Christusapostel das entscheidende Kriterium. Auch wenn die jeweiligen Argumentationszusammenhänge von Gal 1,13f; Phil 3,5f und 1Kor 15,8f nicht primär nach dem Prinzip des Kontrastes zwischen der vorchristlichen und der apostolischen Lebensepoche des Paulus gestaltet sind, tritt in ihnen doch jeweils der Gegensatz bzw. die Aufeinanderfolge von Verfolgertätigkeit und Christuserfahrung deutlich hervor. Dadurch trägt Paulus zunächst der biographischen Tatsache Rechnung, daß er aus seiner Verfolgertätigkeit heraus zum Apostel berufen worden ist. Darüber hinaus hat aber diese Aufeinanderfolge für sein Selbstverständnis als Apostel und seine Aussageabsicht gegenüber den Briefadressaten auch theologische Bedeutung. Es ist daher zu fragen, welche

---

345–350, der mit diesem Argument eine frühe Auseinandersetzung um das Kreuz Jesu aufgrund von Dtn 21,23 bestreiten will). Die reflektierte Klärung des Verhältnisses von Christusglauben und Toragehorsam, wie sie Paulus im Galater- und Römerbrief entfaltet, kann für die frühesten Auseinandersetzungen noch nicht vorausgesetzt werden (vgl. auch o., S. 65).

[317] Vgl. o., S. 62–65.

[318] Donaldson, Zealot 678ff, erschließt nach eingehender Diskussion der Forschungslage als entscheidenden Verfolgungsgrund, »that Paul perceived the proclamation of the crucified Jesus as God's Christ to pose a threat to the role of the Torah in defining and maintaining the community of salvation« (a.a.O., 679).

Beziehung Paulus aus der Perspektive seines Wirkens als Christusapostel gegenüber seinen Missionsgemeinden zwischen seiner früheren Verfolgertätigkeit
und der diese abschließenden Christusoffenbarung herstellt.

In Gal 1,15f stellt Paulus als den entscheidenden Aspekt und die Zielrichtung
seiner Christuserfahrung seine Berufung und Beauftragung als Heidenapostel
heraus (V. 16). Dies entspricht nicht nur der Adresse des Briefes an von ihm
gegründete heidenchristliche Gemeinden (1,2; vgl. 3,1ff; 4,12ff), sondern darüber hinaus auch der aktuellen Veranlassung und Aussageabsicht seines Briefes,
auf die in den galatischen Gemeinden umstrittene Frage der Beschneidung von
Heidenchristen Einfluß zu nehmen (1,6–9 [5x εὐαγγελίζεσθαι bzw. εὐαγγέ
λιον]; 3,1–4; 4,9f.21; 5,1–12; 6,12f). Dieser dem Mitteilungsgeschehen zwischen Briefautor und Adressaten entsprechende Aspekt der Zielrichtung seines
Auftrags steht aber für Paulus in unlösbarer Verbindung mit dem Aspekt des
Ursprungs seiner Evangeliumsverkündigung. Er verdankt sie einer ἀποκάλυψις
Ἰησοῦ Χριστοῦ (1,12), Gott hat in ihm seinen Sohn offenbart (ἀποκαλύψαι, 1,16).

Entspricht zwar auch diese Betonung des göttlichen Ursprungs seines Evangeliums zunächst der Aussageabsicht, die Autorität seiner Verkündigung herauszustellen (vgl. 1,1.10ff)[319], so weist der Gebrauch des christologischen Titels
υἱός (τοῦ θεοῦ) doch über den Gedanken der Autorisierung hinaus auf den Inhalt
des paulinischen Evangeliums: Gott hat ihn dazu veranlaßt, in Jesus den Messias
zu erkennen, den er unter den Heiden verkündigen soll[320]. Es ist der gekreuzigte
Auferstandene, der zu Gott Erhöhte, den Gott Paulus offenbart hat[321]. Indem
Paulus diesen Jesus, den gekreuzigten Auferstandenen und zu Gott Erhöhten, als
Inhalt seines Evangeliums für die Heiden erkennt, begreift er die ihm durch
Offenbarung von Gott vermittelte Wirklichkeit als eschatologisches Geschehen[322]. Diese im Damaskusgeschehen für Paulus implizierte Erkenntnis des

---

[319] Vgl. Dietzfelbinger, Berufung 60ff. S. a. o., S. 6–10.

[320] Vgl. T. Holtz, EWNT I 314: Paulus wurde »mit der *Offenbarung* des Gekreuzigten als
des Gottessohnes das Evangelium erschlossen« (ähnlich Betz, Gal 143). Zum υἱός-Titel bei
Paulus vgl. Blank, Paulus 249–303; Dietzfelbinger, Berufung 71ff; Hengel, Sohn 18–31; F.
Hahn, EWNT III 920f; E. Schweizer, ThWNT VIII 384f; Kümmel, Theologie 143f.

[321] Vgl. Mussner, Gal 86, Anm. 43. Zum ganzen Stuhlmacher, Evangelium 74–83 (bes.
81).

[322] Vgl. Stuhlmacher, Ende 179f.182; derselbe, Evangelium 80.82; Kim, Origin
71–74.55f. Dietzfelbinger, Berufung 90–147, räumt der Eschatologie bei der Besprechung
der Konsequenzen der Berufung entschieden zu wenig Gewicht ein. Zwar konstatiert er für
Paulus ein »besonderes eschatologisches Bewußtsein« (a.a.O., 121), aber wenn er dies vom
Damaskusgeschehen durch die Folgerung herleitet: »Wenn durch das Christusgeschehen die
Tora an ihr Ende gekommen ist, dann auch der von der Tora inaugurierte Äon.«, (a.a.O., 122),
dann kehrt er das Begründungsgefüge der paulinischen Evangeliumsverkündigung gerade um.
Inhalt dieser ist das im Christusgeschehen wirksame endzeitliche Heilshandeln Gottes, Konsequenz daraus die soteriologische Relativierung der Tora! Weil D. diesen Zusammenhang nicht
wahrnimmt, muß er die theologische Bedeutung des Damaskusgeschehens für Paulus ganz auf
die Gesetzesfrage zuspitzen und kommt dabei häufig zu überspitzten, unpaulinischen Antithesen (vgl. auch die Rezension seines Buches von T. Holtz, ThLZ 112, 1987, 266ff, bes. 267f).

Christusgeschehens als eschatologischen Geschehens[323] bringt er in Röm 1,16ff explizit zum Ausdruck, wenn er das Evangelium, dessen er sich nicht schämt, als δύναμις θεοῦ[324] zur σωτηρία[325]für jeden, der glaubt, bezeichnet. Denn in ihm wird die Gottesgerechtigkeit enthüllt (ἀποκαλύπτεται), damit zugleich aber »das verwerfende Gotteshandeln als das eschatologische Gericht Gottes *erwiesen*«[326].

Die Erkenntnis des Christusgeschehens als Zeichen für den Anbruch der Endzeit[327] und der Auftrag, dieses Geschehen den Heiden als ihnen geltendes Heilsgeschehen bekannt zu machen, liegt der gesamten paulinischen Verkündigung, wie sie sich in seinen Briefen zu erkennen gibt, zugrunde. Sie ist auch das entscheidende Kriterium für die Bewertung seines Weges und seines Wirkens vor seiner Christuserfahrung[328]. Wenn sich in Jesus, dem Gekreuzigten und Auferstandenen, Gott als der endzeitlich Handelnde zu erkennen gegeben hat, dann wird das Vorgehen des Paulus gegen die Jesusanhänger als gegen die eschatologische Heilsgemeinde und damit als gegen den Messias Gottes, ja, gegen Gott selbst gerichtet offenbar. Wenn das eschatologische Handeln Gottes

---

[323] Vgl. auch MUSSNER, Gal 88; SCHLIER, Gal 54f; BLANK, Paulus 237; DUPONT, Conversion 70; BARRETT, Missionar 23f.

[324] Vgl. G. FRIEDRICH, EWNT I 862: »Gottes eschatologische Schöpfermacht«. Nach 1Kor 1,18 ist das Wort vom Kreuz (d.h., die paulinische Christusverkündigung, vgl. V. 17.23) δύναμις θεοῦ für die, die gerettet werden (σῳζομένοις, vgl. die nächste Anm.), vgl. 1,24. Nach 2,4f ist die paulinische Verkündigung Erweis des Geistes und der Kraft (δύναμις) zum Glauben ἐν δυνάμει θεοῦ. Vgl. noch 6,14; Röm 1,4; 2Kor 13,4; Phil 3,10, wo der sich in der Auferweckung Jesu zeigende Machterweis Gottes gemeint ist.

[325] Vgl. K. H. SCHELKLE, EWNT III 785: σωτηρία ist »regelmäßig *Heil* in übernatürlich-endzeitlichem Sinn«, in Röm 1,16 »das eschatologische Heil der ganzen Welt«. Vgl. bes. 2Kor 6,1f (Die Korinther haben [durch die paulinische Evangeliumsverkündigung!] die Gnade Gottes empfangen. Ihre Gegenwart ist das »durch das Christusgeschehen begründete ›Jetzt‹... der eschatologischen Heilszeit« [LANG, Kor 303f].); 1Thess 5,8f (vgl. dazu HOLTZ, 1Thess 225–229, zu V. 9 a.a.O., 228f: »Die ›Hoffnung auf Heil‹ wird gegründet in der Setzung Gottes, die sich in der Geschichte Jesu Christi ereignete... Es ist die eschatologische Heilssetzung gemeint«).

[326] T. HOLTZ, EWNT I 314. Vgl. ἀποκαλύπτειν als Enthüllung des Christusgeschehens als eschatologischen Geschehens in 1Kor 2,10; Gal 3,23.

[327] Vgl. neben den bereits genannten Texten noch Röm 3,21–26 (beachte das νυνί bzw. νῦν in V. 21.26, dazu W. RADL, EWNT II 1179ff); 1Thess 1,10 (vgl. dazu HOLTZ, 1Thess 61f: »Wer sich dem im Evangelium proklamierten Gott zuwendet, der gewinnt damit die heilsgewisse Erwartung der eschatologischen Rettung durch den Gottessohn Jesus, der sich bezeugt hat als der, den Gott schon die Schranke des Todes hin zum eschatologisch heilen Leben durchbrechen ließ.«); 1Kor 15,20 (νυνί, ἀπαρχή, vgl. dazu WOLFF, 1Kor 176; s. a. ἀπαρχή in Röm 8,23!); 2Kor 3,6 (Paulus, der διάκονος καινῆς διαθήκης, vgl. dazu H. HEGERMANN, EWNT I 723); Gal 4,4 (πλήρωμα τοῦ χρόνου, vgl. H. HÜBNER, EWNT III 263: »meint die eschatologisch qualifizierte Heilszeit des Christusgeschehens«). In diesen Zusammenhang gehören auch die zahlreichen Aussagen, die das Leben der Christen als Wandel (o. ä.) im Geist, d. h., in der durch Christus beherrschten Endzeit, beschreiben (vgl. dazu J. KREMER, EWNT III 285ff).

[328] Der von Paulus in Phil 3,4–14 explizit ausgeführte Zusammenhang (vgl. dazu u., S. 97–104) ist aufgrund der strukturell verwandten Aufeinanderfolge von Verfolgeraussage und Berufungsaussage auch für Gal 1,13–16 vorauszusetzen.

die Zielrichtung hat, die Heiden in sein universales Heilswirken einzubeziehen, dann kehrt sich die ursprüngliche Intention des paulinischen Wandels im »Judaismos«, die Sicherung und Bewahrung der Lebensmöglichkeit nach dem in der Tora manifestierten Willen Gottes, gegen diesen Willen Gottes, weil sie den bedingungslosen Eintritt der Heiden in die göttliche Heilswirklichkeit verhindert (vgl. 1Thess 2,15f!). Was unter Absehung vom Anbruch des Eschaton in Christus Treue zu Gott ist, wird in Anbetracht dessen zum Abfall von Gott.

Diese Bewertung kommt in Gal 1,15f dadurch zum Ausdruck, daß Paulus sich im Lichte seiner Christuserfahrung als einen erkennt, den Gott schon aus dem Mutterleib her ausgesondert und berufen hat, den Heiden die eschatologische Heilsbotschaft zu verkünden. Damit versteht er seinen Aposteldienst in Analogie zu den Propheten des Alten Bundes, speziell zu (Deutero-)Jesaja[329]. Mit diesem Propheten verbindet ihn neben der Berufung aus dem Mutterleib her und der Bestimmung zum Dienst als Gesandter Gottes (vgl. auch Röm 1,1; 1Kor 1,1) auch die »Heilssendung an die Welt«[330]. Gott, der durch den Propheten (Deutero-)Jesaja den Einschluß der Heiden in seinen Heilswillen verheißen hat, sendet den Apostel Paulus zur Verkündigung des Anbruchs dieses Heils im Christusgeschehen. Im Lichte der Christuserfahrung erkennt sich Paulus als zur Verkündigung der Gegenwart des Heils berufen, das der Gott Israels durch seine Propheten verheißen hat. Damit erkennt er gleichzeitig, daß er, indem er durch sein Vorgehen gegen die Christusanhänger der Verwirklichung des endzeitlichen Gotteswillens entgegengetreten ist, von dem Gott Israels, der in der Endzeit die Heiden in sein Heil einschließen will, abgefallen ist. Somit ist das Damaskusereignis für Paulus nicht nur Berufung zum Heidenapostel, sondern gleichzeitig Bekehrung zu dem Gott Israels, Bekehrung freilich nicht im Sinne der Abkehr von verfehlter, nichtiger Gottesverehrung, sondern im Sinne der Rückkehr zu dem Gott Israels, von dem er in Verkennung seines in Jesus Christus anbrechenden eschatologischen Heilswirkens abgefallen war[331].

Paulus unterwirft damit sein eigenes Wirken vor seiner Berufung genau dem Urteil, das er in 1Thess 2,14–16 und Röm 9–11 gegenüber den sich der göttlichen Heilsoffenbarung in Christus verweigernden Juden ausspricht[332]. Der Gott

---

[329] Vgl. dazu HOLTZ, Selbstverständnis 321–330, bes. 324f.328 (aufgenommen von BLANK, Paulus 224–230; STUHLMACHER, Evangelium 72f). S. dazu jetzt auch RIESNER, Frühzeit 197–212, der auch für den geographischen Rahmen der paulinischen Mission Anhaltspunkte im Alten Testament und speziell im Jesaja-Buch findet.

[330] So HOLTZ, Selbstverständnis 328, unter Hinweis auf Jes 49,6, freilich auch darauf, daß Deuterojesajas Sendung wie auch der Dienst des Paulus an den Heiden trotz ihres Universalismus deutlich auf Israel gerichtet bleibt. Holtz verweist dabei auf Röm 11,11.13f.25f (vgl. dazu u., S. 171–175).

[331] Vgl. HAHN, Mission 83: »Sein Apostelbegriff ist durch das Zusammenfallen der Bekehrung, der Beauftragung mit dem Evangelium und der Hinwendung zu den Heiden charakterisiert.«

[332] Vgl. zur in dieser Hinsicht grundsätzlichen Übereinstimmung beider Texte HOLTZ, Gericht 130. S. a. u., S. 156f.

Israels hat sich nicht von seinem Volk abgewendet, aber diejenigen aus dem Volk, die seinem Heilswirken gegenüber den Heiden im Christusgeschehen und seiner Verkündigung durch den Apostel entgegentreten und es nicht als das Wirken ihres Gottes erkennen, wenden sich damit von ihm ab und gehen ihrer eschatologischen Verurteilung entgegen (1Thess 2,15f; Röm 9,30–10,4). Sie stehen damit dort, wo die christusgläubigen Heiden vor ihrer Bekehrung standen, im Ungehorsam gegen Gott (Röm 11,30f), unter seinem Zorngericht (1Thess 2,16; Röm 9,22; 4,15; vgl. 1Thess 1,10; Röm 1,18). Die Möglichkeit, daß auch sie wieder durch Gottes Eingreifen aus dem Gericht heraus gerettet werden, sofern sie nicht im Unglauben beharren (Röm 11,23), ist damit nicht ausgeschlossen. Sie bildet im Gegenteil das soteriologische Zentrum der paulinischen Christusverkündigung für Juden und Heiden[333].

Freilich ist dieses Urteil über die Ablehnung des Christusgeschehens durch die Juden als Zeichen ihres Abfalls von Gott in Gal 1,15f im Blick auf die eigene vorchristliche Vergangenheit nicht explizit ausgeführt. Es liegt aber dennoch dem Verständnis des Paulus von seiner eigenen Wende vom Verfolger zum Verkündiger zugrunde. Aufgrund dieses Urteils qualifiziert er sein Verfolgerwirken als gegen die Gemeinde Gottes gerichtet und damit seiner Berufung durch Gott vom Mutterleib her entgegengesetzt. Von diesem Urteil her wird verständlich, daß für Paulus angesichts der Zielrichtung seiner Evangeliumsverkündigung mit seiner Berufung zum Heidenapostel die Epoche seines Wandels im »Judaismos«, sofern dieser durch das Bemühen um Abgrenzung von den Heiden zur Sicherung des Lebens nach der Tora gekennzeichnet ist, grundsätzlich abgeschlossen war. Gerade im Gegensatz zu seinem früheren Wandel im »Judaismos«, der ursprünglich der Erfüllung des Gotteswillens gewidmet war, hat er nun dem Willen des ihn schon von Mutterleib an zum Dienst als Heidenapostel aussondernden und berufenden Gottes zu entsprechen.

Mit Blick auf das Mitteilungsgeschehen zwischen Autor und Adressaten des Galaterbriefs lassen sich bei der Frage nach der Funktion der Aussagen über das Judesein des Paulus drei verschiedene Argumentationsebenen unterscheiden. Auf der Ebene der konkreten Veranlassung des Briefs, der Auseinandersetzung in Galatien um die Frage der Beschneidung von Heidenchristen, stellt Paulus durch die Beschreibung seines Wandels im »Judaismos« und der daraus resultierenden Verfolgung der Christusanhänger seine eigenständige Kompetenz in Fragen des Gesetzesgehorsams von Christen heraus. Auf der Ebene der Verteidigung gegenüber Angriffen auf seine apostolische Autorität betont er den Ursprung seiner Evangeliumsverkündigung in einer Offenbarung Gottes und damit dessen Unabhängigkeit von menschlichen (Jerusalemer) Autoritäten, die diese Unabhängigkeit gerade durch ihr Einverständnis mit dieser Verkündigung anerkannt haben. Dieser Argumentationsebene, die die göttliche Herkunft und

---

[333] Vgl. Holtz, Gericht 126f.129f.

Autorisierung der paulinischen Verkündigung zum Aussageziel hat, ist die autobiographische Erzählebene untergeordnet, die durch den Kontrast zwischen dem Verfolger der Gemeinde Gottes und dem Verkündiger von dessen Heilswillen gegenüber den Heiden bestimmt ist. Auf dieser Ebene beschreibt Paulus den an ihm vollzogenen Wandel als Berufung zum Apostel für die Heiden nach dem Urbild des Propheten (Deutero-)Jesaja und als Bekehrung zu Gott, dem Vater Jesu Christi, der der Gott Israels ist. War der Prophet dazu berufen, das Heil für die Heiden verheißend anzusagen, so hat der Apostel dessen eschatologischen Anbruch zu verkünden. In der Erkenntnis seines Auftrags zur Heidenevangelisation, die ihm durch die Christusoffenbarung zugekommen ist, und dem Gehorsam ihm gegenüber liegt für Paulus die Einsicht begründet, daß sein vorheriger Weg der Sicherung des Toragehorsams durch Abgrenzung gegenüber den Heiden angesichts des Anbruchs der Verwirklichung des göttlichen Heilswillens gegenüber den Heiden im Christusgeschehen als gegen Gott gerichtet, als Abfall von Gott angesehen werden muß. Auf diese Weise wird seine biographische Wende relevant für die Glaubwürdigkeit seiner Argumentation gegenüber den Adressaten seines Briefs im Blick auf das in Galatien anstehende Problem.

II. Der exemplarische Jude (Phil 3,5f)

1. Das paulinische Selbstzeugnis Phil 3,4–14
in seinem paränetischen Kontext

In Phil 3,4–14 scheint Paulus seine Herkunft und sein Wirken im Rahmen des Judentums einerseits und seine Christuserfahrung andererseits in einen prinzipiellen Gegensatz zueinander zu stellen. Die Aufzählung seiner jüdischen Vorzüge in V. 5f rückt er unter das negative Vorzeichen des »Vertrauen haben im Fleisch« (V. 3f). Das von ihm vormals als Gewinn Betrachtete sieht er sich angesichts seiner Christuserfahrung veranlaßt, als Verlust, ja, als »Ausschuß« zu bewerten (V. 7f).

Es stellt sich die Frage, ob Paulus in diesen Aussagen seinen grundsätzlichen Bruch mit seiner jüdischen Vergangenheit ausdrücken will, der ihn dazu gebracht hat, die Heilsgüter Israels und ein ihnen entsprechendes Leben im Lichte der Erkenntnis Christi als prinzipiell überholt und wertlos zu betrachten. Die folgende Exegese versucht, ein solches Verständnis[1] dadurch zu überprüfen, daß sie der sich aus Kontext, Funktion und Anlaß ergebenden Aussageabsicht des Paulus gegenüber seinen Adressaten nachgeht.

a) Aufbau und Gestaltung

Das dritte Kapitel des Philipperbriefs kann als geschlossene Texteinheit angesehen werden. Allerdings ist zu ihr V. 4,1 hinzuzunehmen, denn zum einen weisen ὥστε und οὕτως auf die vorangehenden Ausführungen zurück[2], zum anderen bilden die paränetischen Imperative χαίρετε ἐν κυρίῳ (3,1) und στήκετε ἐν κυρίῳ (4,1) eine Inklusion, die durch die Anrede ἀδελφοί μου in beiden Versen unterstrichen wird. Zudem entspricht dem vorverweisenden τὸ λοιπόν in 3,1[3] das rückverweisende ὥστε in 4,1.

---

[1] Vgl. z. B. Sanders, Law 137f; Watson, Paul 73–80; Wilckens, Entwicklung 177f.

[2] Mit Schenk, Phil 256; Gnilka, Phil 219; Mengel, Studien 272f, gegen Lohmeyer, Phil 163; Friedrich, Phil 167.

[3] Daß »das Gesamtsyntagma τὸ λοιπόν + Brüder-Anrede + Imperativ in 3,1a die kurzen Briefschlußmahnungen einleitet« (Schenk, Phil 334; vgl. derselbe, Philipperbrief 3282) und deshalb zu literarkritischen Schlüssen zwingt, ergibt sich aus dem paulinischen Sprachgebrauch keineswegs, vgl. 1Thess 4,1 (dazu Holtz, 1Thess 151, Anm. 3). Vgl. auch Garland, Composition 149.

Die Mehrheit neuerer Exegeten sieht im Philipperbrief eine Komposition aus mehreren echten Paulusbriefen, die nachträglich unter Weglassung von ursprünglichen Briefteilen (und bei manchen auch Neubildung von Überleitungen) redaktionell miteinander verbunden worden sind[4]. Diese Auffassung braucht hier nicht im ganzen diskutiert zu werden, da sie die literarische Einheitlichkeit von Phil 3 nicht wesentlich berührt. Sie kann aber ebensowenig als erwiesen vorausgesetzt werden. Dies verbietet schon die Uneinheitlichkeit der verschiedenen vorgeschlagenen Teilungshypothesen, vor allem aber die nach wie vor nicht überzeugend beantwortete Frage nach den geschichtlichen Voraussetzungen, dem Verfahren und den Motiven der angenommenen nachträglichen Briefredaktion[5].

Diejenigen, die Phil 3f als selbständigen Brief ansehen, lassen diesen entweder mit 3,2 oder mit 3,1b einsetzen[6]. Hauptargument dafür ist der ab 3,2 veränderte Ton und Stil der Aussagen, der auf eine veränderte Situation bzw. andere Adressaten verweisen soll. Nach W. Schenk ist diese »Differenz im ›Ton‹« Indiz für die »grundlegende Differenz der beiden verwendeten rhetorischen genera« (genus demonstrativum bzw. genus iudiciale) und als solche »ein entscheidendes Argument für eine literarkritische Differenzierung der beiden Textkomplexe«[7]. Da jedoch Paulus auch sonst Elemente verschiedener Redegattungen in einem Brief benutzen kann[8], wäre dies kein ausreichendes Indiz für einen literarischen Bruch. Zudem ist der Philipperbrief als ganzer eher der symbuleutischen Gattung (genus deliberativum) zuzuordnen (vgl. u., S. 82f). Die Mahnungen in 1,27; 2,2ff.12ff; 4,2f.4ff.8f betreffen künftiges Verhalten der Adressaten. Ebenso regeln die Ausführungen in 2,19–24 (Timotheus) und 2,25–30 (Epaphroditus) Zukünftiges. Selbst in 2,6–11, wo man am ehesten versucht sein könnte, das für die epideiktische Gattung typische »Loben und Tadeln« zu finden, ist der Hymnus dem paränetischen Zusammenhang untergeordnet. Unter gattungskritischen Gesichtspunkten ist also eher Einheitlichkeit als »grundlegende Differenz« festzustellen!

B. Mengel meint, in Phil 3f sei eine gegenüber Kap. 1f veränderte Situation zu konstatieren, weshalb der Brief nicht in einem Zuge geschrieben sein könne und mehrfach durch neu aus Philippi eintreffende Nachrichten in seiner Ausführung beeinflußt worden sei. Deshalb sei »dieses Schreiben *nicht ganzheitlich*, es stellt jedoch eine literarische *Einheit* dar«[9]. Im Blick auf den »Ton« von Phil 3,2 ist allerdings zu beobachten, daß sich seine Schärfe nicht gegen die Angeredeten (2. Pers. Plur.) richtet, mit denen sich der Autor ja sofort ausdrücklich auf eine Seite stellt (1. Pers. Plur., V. 3), sondern gegen die polemisch benannten Gegner (Akk. Plur., V. 2). V. 3 schlägt den Bogen zurück zu V. 1 (vgl. καυχώμενοι ἐν Χριστῷ Ἰησοῦ mit χαίρετε ἐν κυρίῳ). Auch in VV. 17–21 findet sich die scharfe Polemik in den Aussagen über Gegner (3. Pers. Plur., V. 18f), nicht, wenn die Gemeinde angesprochen wird (2. Pers. Plur. in V. 17f, 1. Pers. Plur. in V. 20f)[10]. Die

---

[4] Zur jüngeren Forschungsgeschichte in dieser Frage vgl. Schenk, Philipperbrief 3280–3284; Mengel, Studien 191–212; Suhl, Briefe 149–161; Garland, Composition 141–173; Watson, Analysis 80–88.

[5] Vgl. Kümmel, Einleitung 293.

[6] Vgl. Suhl, Briefe 150–157; Schenk, Phil 334ff, sowie die bei Mengel, Studien 201f, Anm. 41, Genannten. Vgl. auch die Übersicht bei Garland, Composition 155, Anm. 50.

[7] Phil 278.

[8] Vgl. zum Galaterbrief o., S. 5ff.

[9] Studien 315. Kritisch zur Rekonstruktion der Entstehungsgeschichte des Philipperbriefs durch Mengel äußert sich Walter, Rez. Mengel, ThLZ 110, 1985, 670ff.

[10] Insofern konstatiert Mengel, Studien 270f, zu recht innerhalb von V. 18 einen »abrupten Stilwechsel«, ebenso wie nach V. 19 »der Sprachstil erneut« »wechselt«.

Differenz in Ton und Stil kennzeichnet also bestimmte Teile innerhalb von Phil 3,1–4,1 selbst und ermöglicht so gerade nicht eine literarkritische Aufteilung des Briefs. Der Wechsel im Sprachstil ist jeweils textpragmatisch bedingt[11]. Den Adressaten gegenüber verwendet Paulus, wenn er sie anspricht, ermahnt, ihnen gegenüber argumentiert, sprachliche Mittel, die eine enge, herzliche Verbundenheit erkennen lassen. Sobald er auf Gegner zu sprechen kommt, wird seine Sprache scharf, erregt, polemisch. Beide Mittel, die persönlich-verbindliche Argumentation und Ermahnung wie die polemisch-sarkastische Warnung, dienen dazu, die Adressaten in ihrem Verhalten angesichts einer gegnerischen Beeinflussung und Gefährdung im Sinne des Apostels zu beeinflussen.

Weder der Philipperbrief als ganzer noch auch nur sein drittes Kapitel sind im »Ton« einheitlich. Dies stellt aber die literarische Einheitlichkeit des Briefs keineswegs in Frage. Läßt sich der beobachtete Stilwechsel als textpragmatisch bedingt erweisen, dann fällt eine Hauptstütze der Teilungsversuche, und der sich sprachlich in 3,1 und 4,1 signalisierende geschlossene Aufbau des Kapitels tritt um so deutlicher hervor.

Somit bilden die an die Briefadressaten gerichteten Mahnungen 3,1 und 4,1 die Klammer um einen Textkomplex, der deutlich erkennbar gegliedert ist[12]. Auf eine scharfe Warnung der Angeredeten vor Leuten, die mit bissiger Polemik bezeichnet werden (3,2), folgt in V. 3 eine antithetisch ausgeführte Begründung, in der sich der Autor mit den Adressaten in einer Wir-Aussage zusammenschließt, im Gegenüber zu denen, vor denen er sie vorher gewarnt hat.

Aus diesem gemeinsamen Wir tritt in V. 3 das Ich des Autors heraus und bestimmt die Aussagen bis V. 14. Ab V. 15 herrscht wieder die Beziehung Textautor – Adressaten vor, angekündigt bereits durch die Anrede ἀδελφοί in V. 13. Sie wird erneut durch das inklusive Wir signalisiert, so daß ein Wir-Rahmen (VV. 3.15 f) die Ich-Rede (VV. 4–14) umschließt. Schließlich wird dieses Wir zum Ende des Abschnitts (V. 20 f) erneut betont aufgenommen. Dazwischen (VV. 17–19) steht eine strukturell an V. 2 erinnernde Warnung vor Gegnern, bestehend aus mahnenden Imperativen und polemischen Bezeichnungen der Gegner, hier freilich weit ausführlicher gestaltet[13].

Verschiedene sprachliche Gestaltungsmittel sind für die Rezeption des Textes relevant. Im Blick auf die Textmenge sticht die Ich-Rede (VV. 4–14) hervor. Die Rahmung durch paränetische Mahnungen und die dreifache betonte Verwendung des inklusiven Wir lassen die Beziehung Autor – Adressaten in den Vordergrund rücken. Dagegen sind die polemischen Bezeichnungen der Gegner strukturell weniger deutlich hervorgehoben, lenken allerdings durch extreme Wortwahl, schneidend knappe Formulierungen und sequenzartige Wiederholungen besondere Aufmerksamkeit auf sich. Ähnliche Stilmittel begegnen aber auch in der Ich-Rede (VV. 5 f.7 f).

---

[11] Vgl. auch die rhetorischen Gesichtspunkte bei Watson, Analysis 84–88.

[12] Ähnlich Lambrecht, Commonwealth 200.

[13] Vgl. auch die Gliederung bei Schenk, Phil 273 f.

b) Gattung

Die zahlreichen Imperative (3,1.2.17; 4,1), der Kohortativ (3,15) und der imperativische Infinitiv (3,16) nötigen dazu, unseren Abschnitt der brieflichen Mahnrede zuzuordnen. Weitere auf die Adressaten ausgerichtete textpragmatische Signale, die eine solche Zuordnung unterstützen, sind das paradigmatische Ich des Autors in VV. 4–14 und der Tempuswechsel vom Aorist zum Präsens in V. 7f[14]. Näherhin kann Phil 3,1–4,1 als begründete Mahnrede beschrieben werden, da an zentralen Stellen des Gedankengangs begründende bzw. folgernde Partikeln die Aufforderungen mit den sachlichen (christologischen, soteriologischen, eschatologischen) Aussagen verbinden (vgl. γάρ, 3,3.20, ὥστε, 4,1). Der kommunikative Plural, die mehrfache Anrede ἀδελφοί (3,1.13.17; 4,1), die betonte Herausstellung des Autor-Ichs sowie die Aufforderung zu seiner Nachahmung (V. 17) lassen den Text als »persönliche Mahnrede« erscheinen[15].

Charakteristisches Merkmal ist die in die Mahnrede eingebaute ausführliche Ich-Rede (VV. 4–14), auf die sich die Nachahmungsforderung in V. 17 bezieht. Der Autor schildert sich selbst als Vorbild und Beispiel, um den Adressaten eine bestimmte Entscheidung und Verhaltensweise in ihrer konkreten Situation nahezulegen[16]. In diese Situation richtet sich auch die Warnung vor Gegnern, die polemisch markiert werden[17].

Wollte man das Kapitel einer der drei antiken Redegattungen zuordnen, so käme allein das genus deliberativum in Frage, nicht das genus iudiciale[18]. Hauptmerkmal der symbuleutischen Gattung ist das Zu- oder Abraten im Blick auf eine in der Zukunft zu treffende Entscheidung, während für die dikanische der bewertende Nachvollzug einer ein vergangenes Ereignis betreffenden Entscheidung typisch ist[19]. Die Mahnungen, die Nachahmungsforderung sowie die

---

[14] Die starke Empfängerbezogenheit des Textes hat SCHENK überzeugend herausgearbeitet, vgl. zu Einzelnem Phil 254–267.

[15] Vgl. zu dieser Gattung BERGER, Formgeschichte 213f.

[16] Deshalb kann Phil 3,4–14 m. E. nicht als »Selbstempfehlung« eingeordnet werden (so aber BERGER, Formgeschichte 265ff; vgl. auch SCHENK, Phil 283: »Enkomion der Selbstpräsentation«). – Die Aufforderung zur Nachahmung des Apostels begegnet noch einmal in 4,8f (vgl. auch 1,30) und gehört zu den typischen Merkmalen paulinischer Paränese (Gal 4,12; 1Kor 4,16f; 11,1; vgl. 1Thess 1,6f; 2Thess 3,7). Vgl. dazu REINHARTZ, Meaning 393–403, bes. 399ff.

[17] Sprachliche Signale dafür sind das dreifache βλέπετε (3,2; vgl. auch σκοπεῖτε, V. 17), die Benennung bzw. Kennzeichnung der Gegner in der 3. Pers. Plur. (bzw. Akk. Plur.) unter bewußtem Verschweigen ihrer Selbstbezeichnung und ihres Selbstverständnisses (vgl. πολλοί, V. 18; zu diesem rhetorischen Mittel vgl. o., S. 7, Anm. 17, sowie u., S. 118) sowie die betont grobe Wortwahl bis hin zum Sarkasmus. Angesichts dieser Fülle von Gegnerbezügen kann das (dreifache!) βλέπετε in 3,2 nicht wie in 1Kor 10,18 als rein innergemeindliche Ermahnung verstanden werden (gegen GARLAND, Composition 166f).

[18] So auch WATSON, Analysis 59f.79f. Anders SCHENK, Phil 277–280. Aber die Polemik gegenüber den Gegnern ist deutlich der Ermahnung an die Gemeinde untergeordnet!

[19] Vgl. LAUSBERG, Elemente 18f; BERGER, Formgeschichte 18f; LYONS, Autobiography 25ff; HALL, Outline 278f (mit Bezug auf die Hauptbelege Aristoteles, Rhet 1,3,3–5; Quintilian, InstOrat 3,4,6–8).

Warnung vor Gegnern zeigen eindeutig, daß der Autor das künftige Verhalten der Angesprochenen beeinflussen will. Eine Rede im Sinne des antiken Gliederungsschemas ist der Abschnitt freilich nicht[20]. Man kann lediglich sagen, daß sich der Autor im Rahmen seiner brieflichen Ermahnungen der Mittel deliberativer Rhetorik bedient.

c) Gedankengang

Paulus setzt ein mit einer eindringlichen Mahnung, angesichts von Bedrängnissen die Gewißheit der Heilsteilhabe aufgrund der Christusgemeinschaft nicht aufzugeben (3,1).

Die Eindringlichkeit der Mahnung ist dadurch signalisiert, daß τὰ αὐτά ein mehrfaches Mahnen durch den Apostel impliziert (ebenso wie die Wendung ἐμοὶ οὐκ ὀκνηρόν[21]). Daß es im folgenden um Bedrängnisse der Angeredeten geht, deutet sich am Schluß der Mahnung an (ὑμῖν δὲ ἀσφαλές)[22]. Solche Bedrängnisse dürften auch in 4,1 anklingen. Der Imperativ στήκετε meint bei Paulus das Festhalten an der durch Christus begründeten neuen Existenz besonders angesichts von Gefährdungen (vgl. Phil 1,27; Gal 5,1; 1Thess 3,8; 1Kor 16,13). Hier schlägt sich die Eindringlichkeit der Mahnung zudem in der Fülle der der Gemeinde zugeordneten Prädikate nieder[23].

Gegenstand der wiederholten Mahnung ist die Freude im Herrn[24]. Die semantischen Bezüge der zu einer Kurzformel verknappten Mahnung χαίρετε ἐν κυρίῳ auf vorhergehende Briefaussagen rechtfertigen es, die Aufforderung zur Freude vor dem Hintergrund von Leidenserfahrungen der Gemeinde und des Apostels zu interpretieren. Paulus freut sich angesichts seiner Gefangenschaft, die zur Christusverkündigung beiträgt (1,18ff, bes. V. 20). Grund zur Freude ist ihm seine Verbundenheit mit der Gemeinde in der Verkündigungsarbeit, auch wenn diese Arbeit ihm das Martyrium einträgt, ja, selbst das Martyrium ist ihm Grund zur Freude, an der teilzuhaben er die Gemeinde auffordert (2,17f)[25]. War die lebensgefährliche Erkrankung des Epaphroditus für Paulus Grund zu übermäßiger Trauer, so ist seine Genesung für ihn und die Gemeinde in Philippi Anlaß zur Freude wiederhergestellter Gemeinschaft im Herrn (2,27ff). Der Gedanke der Freude als Gewißheit aufgrund der Christusgemeinschaft angesichts von Bedrängnissen bestimmt auch weiter den Philipperbrief (vgl. 4,1.4.10)[26]. Daß solche Freude Apostel und Gemein-

---

[20] Gegen SCHENK, Phil 279f; BECKER, 328ff. 3,5f ist weder »Rückblick auf die Vergangenheit des Pl« (das Vergangenheitstempus folgt erst in V. 7!) noch »narratio« (es wird nicht er-, sondern aufgezählt, im Unterschied etwa zu Gal 1,13–2,14!). Nach der rhetorischen Analyse des gesamten Philipperbriefs von WATSON (Analysis 60–79) bildet 3,1–21 »the third development of the Proposition« (a.a.O., 72–76).

[21] Vgl. dazu SPICQ, Notes II 615: »c'est non seulement une formule épistolaire courante, mais une expression de ferveur et de zèle dans l'affection, que l'on emploie vis-à-vis d'êtres chers«.

[22] Mit GNILKA, Phil 185; LOHMEYER, Phil 124.

[23] MENGEL, Studien 272: »in einer die Gemeinde umwerbenden, ja geradezu bedrängenden Sprache«.

[24] Vgl. MENGEL, Studien 259 mit Anm. 135. Zum rhetorischen Mittel der Rekapitalution innerhalb einer transitio (als welche er 3,1 klassifiziert) vgl. WATSON, Analysis 72f.84ff.

[25] Vgl. dazu GNILKA, Phil 154ff.

[26] Vgl. auch Röm 12,12; 2Kor 7,4.16; 8,2; 1Thess 1,6; 3,7ff; dazu K. BERGER, EWNT III 1081ff.

de verbindet, drückt 4,14 aus (συγκοινωνήσαντές μου τῇ θλίψει). ἐν κυρίῳ kommt im Philipperbrief neunmal vor (1,14; 2,19.24.29; 3,1; 4,1.2.4.10), ohne daß die Wendung damit zur Floskel absinkt. Gemeint ist »die aus dem Glauben und aus der Christusgemeinschaft zu gewinnende Freude«[27]. Ähnliche Wendungen mit Χριστὸς Ἰησοῦς verwendet Paulus in 1,8.13.26; 2,1.5; 3,3.9.14; 4,7.19.21.

Die scharfe Warnung vor feindlichen Agitatoren (V. 2) hat ihre Pointe in der höhnischen Verunglimpfung ihres Anliegens, der Beschneidungsforderung. Begründet wird solche Polemik jedoch sogleich mit der positiven Aufnahme und Inbesitznahme des Stichworts Beschneidung durch den Apostel, der sich in solchem Anspruch mit den Angeredeten zusammenschließt (V. 3a). Als Forderung gegenüber den christusgläubigen Unbeschnittenen in Philippi wird die Beschneidung zur κατατομή, weil sie bereits Wirklichkeit ist auf seiten derjenigen, die »im Geist Gottes dienen«[28].

Paulus kann also die gegenwärtige Heilsteilhabe der Christen mit dem Stichwort und dem Bedeutungsgehalt von Beschneidung identifizieren[29]. Freilich disqualifiziert er in der folgenden Antithese (V. 3b) das mögliche Eingehen der Angeredeten auf die Beschneidungsforderung der Agitatoren als »Vertrauen im Fleisch«[30]. Ihm stellt er die allein gangbare und zureichende Zugangsmöglichkeit für Unbeschnittene zur Bundesverheißung, die mit der Beschneidung verbunden ist, entgegen, das »sich Rühmen in Christus Jesus«.

V. 4a leitet unter Aufnahme des Stichworts πεποιθέναι ἐν σαρκί mit Hilfe einer konzessiven Partikel zu einer längeren Passage in der 1. Person Singular über, die dazu dient, den Apostel als Vorbild und Beispiel dafür hinzustellen, wie sich die Philipper angesichts der Gefährdung durch die Gegner verhalten sollen. In Entfaltung der Antithese von V. 3b zählt Paulus in einem ersten Teil der Ich-Rede eine Reihe von Vorzügen auf, die sich auf seine israelitische Abkunft und seinen Lebenswandel als Jude beziehen (VV. 4b–6). Diesen Vorzügen stellt er in einem zweiten Teil (VV. 7–11) seine Christuserfahrung gegenüber[31]. Ein dritter

---

[27] GNILKA, Phil 165.

[28] Vgl. zur Deutung des Dativs πνεύματι SCHENK, Phil 292f. Die übrigen Wendungen mit πνεῦμα im Philipperbrief (vgl. bes. 2,1 κοινωνία πνεύματος) lassen aber doch auf ein modales Verständnis schließen.

[29] Dies ist nicht einfach als »Spiritualisierung« der Beschneidung zu verstehen (mit SCHENK, Phil 292). Nach Paulus gilt die mit der Beschneidung verbundene Bundeszusage an Israel seit Christus all denen, die »im Geist Gottes dienen«, d. h. in der eschatologischen Gemeinschaft des durch Christus heraufgeführten neuen Bundes stehen. Sowohl die polemische als auch die identifizierende Aufnahme des Stichworts Beschneidung zeigen, daß es Paulus hier nicht um Diffamierung jüdischer Glaubensgüter geht (gegen WATSON, Paul 75ff). Vgl. auch u., S. 98.

[30] πεποιθότες (V. 3) ist abhängig von dem inklusiven ἡμεῖς, Subjekt sind also Paulus und die Philipper, nicht die Gegner! Von daher ist auch τις ἄλλος (V. 4) auf die Gemeinde zu beziehen.

[31] Der Gebrauch der Tempora läßt darauf schließen, daß Paulus in V. 7 auf seine Berufungserfahrung Bezug nimmt (ἥγημαι), in V. 8 diese Erfahrung als bleibende Wirklichkeit in die Gegenwart seiner brieflichen Anrede an die Philipper überführt (wobei noch einmal verstärkend auf die Berufungserfahrung zurückverwiesen wird, ἐζημιώθην) und ab V. 8fin (ἵνα Χριστὸν κερδήσω) ihre soteriologischen Konsequenzen thematisiert.

Teil der Ich-Rede (VV. 12–14) knüpft daran an, indem er verdeutlicht, daß es für die Erfahrung dèr Christusgemeinschaft wesentlich ist, deren Vollendung noch nicht gegenwärtig zu erleben, sondern in der Zukunft zu erwarten. Dazu benutzt Paulus das Bild vom Läufer im Stadion, der noch auf dem Wege zum Ziel ist, wo ihn der Siegespreis erwartet[32].

Nachdem er bereits in V. 13 die Gemeinde (zum erstenmal seit V. 2) wieder direkt angesprochen hatte, schließt sich Paulus in V. 15 a mit ihr in der Selbstaufforderung zusammen, als Vollkommene in der Weise zu urteilen, wie er es an sich selbst vorgeführt hat. Mit dem Stichwort τέλειος knüpft er an das Bild vom Wettlauf (V. 14) an. Darüber hinausgehend wendet er aber nun das Stichwort in eine positive Aussage über den Status der Christusgläubigen, die der Tendenz der vorhergehenden Argumentation entspricht, gegenüber der Forderung der Gegner die bereits gegenwärtige Heilsteilhabe der Gemeinde herauszustellen[33].

τέλειοι nimmt das Stichwort aus V. 12 auf, und τοῦτο verweist zurück auf die VV. 12–14 und damit auf die gesamte Argumentation seit V. 3. Insofern kann man V. 15 als »Folgerung aus dem Vorangehenden« verstehen[34].

Der Plural ὅσοι . . . τέλειοι könnte auch mit der 2. Pers. Plur. in φρονεῖτε sowie mit dem ὑμῖν in V. 15 verbunden werden und würde dann die Anrede ἀδελφοί von V. 13 aufnehmen. Unmöglich ist es aber, nur einen Teil der Adressaten angeredet zu sehen, sei es, in der 2. Pers. Plur.[35], sei es, in der Wir-Form[36]. Nichts im Philipperbrief deutet auf gegensätzliche Gruppen innerhalb der Gemeinde hin. Abzulehnen ist auch der Vorschlag, ὅσοι . . . τέλειοι direkt auf die Gegner von 3,2 und 3,18 f zu beziehen[37]. Der Plural des quantitativen Relativpronomens kann höchstens auf die personalen pluralischen Adressaten von 3,13 (ἀδελφοί) zurückverweisen, nicht aber auf die seit 3,2 nicht mehr erwähnten Gegner. Daß die Gegner überhaupt ein Vollkommenheitsbewußtsein an den Tag gelegt haben, müßte zunächst einmal unabhängig von dem τέλειοι in V. 15 bewiesen werden, bevor man aufgrund eines »referenzsemantisch für die damaligen Adressaten als bekannt vorgegebenen Situationsbezuges«[38] hier einen Hinweis auf sie finden wollte.

Für das oben vorgeschlagene Verständnis (1. Pers. Plur.) spricht die Struktur der VV. 15 f, die sich dem mit V. 13 einsetzenden Übergang von der Ich- in die Wir- bzw. Ihr-Rede anpaßt. Innerhalb dieses Übergangs herrscht in den VV. 12–14 noch die 1. Pers.

---

[32] Vgl. 1Kor 9,24 ff! Das Bild klingt ebenso an in Phil 2,16; Gal 2,2; 5,7; Röm 9,16 (jeweils τρέχω). διώκω im Sinne von nachjagen findet sich bei Paulus noch in Röm 9,30 f; 12,13; 14,19; 1Kor 14,1; 1Thess 5,15. τετελείωμαι (Phil 3,12) steht wie ἔλαβον, διώκω, καταλάβω bereits unter dem Einfluß des Bildes vom Wettlauf (vgl. G. DELLING, ThWNT VIII 85; MENGEL, Studien 267, Anm. 157; DUPONT, Conversion 72 f).

[33] Ähnlich jetzt auch KLEIN, Antipaulinismus 312: »Es gilt den gewonnenen Heilsstand im täglichen Wandel auszuleben.«

[34] MENGEL, Studien 268.

[35] So GNILKA, Phil 201: »Man wird damit rechnen müssen, . . . daß ὅσοι οὖν τέλειοι jene in der Gemeinde in besonderer Weise ansprechen will, die drauf und dran sind, diesen Leuten in die Hände zu fallen.« Dagegen auch SUHL, Briefe 194 f.

[36] So BAUMBACH, Irrlehrer 303: »Paulus faßt sich mit der Gruppe der ›Vollkommenen‹ in Philippi zusammen und appelliert zugleich an deren Einsicht.«

[37] SCHENK, Phil 267 f.

[38] SCHENK, Phil 268. Vgl. zur Gegnerfrage u., S. 88–92.

Sing. vor, in den VV. 15f die 1. Pers. Plur., ab V. 17 dann die 2. Pers. Plur. Ebenso wie in den VV. 12–14 bereits die 2. Pers. Plur. anklingt (ἀδελφοί, V. 13) und in den VV. 17ff noch die 1. Pers. Sing. nachklingt (καθὼς ἔχετε τύπον ἡμᾶς), ist auch in die von der 1. Pers. Plur. beherrschten VV. 15f ein Ihr-Satz eingeschlossen. Es ergibt sich für diese VV. die Struktur A – B – A (15a = 1. Pers. Plur./Kohortativ – 15b = 2. Pers. Plur./ Bedingungssatz – 16 = 1. Pers. Plur./Kohortativ).

Die Voraussetzung dafür, daß Paulus sich in dem Kohortativ von V. 15a mit den Angeredeten zusammenschließen kann, liegt darin, daß diese der Argumentation der Ich-Rede folgen. Da er sich aber nicht sicher sein kann, ob die Angeredeten seiner Argumentation sofort zustimmen, räumt er in einem eingeschobenen Bedingungssatz die Möglichkeit einer anderen Meinung in der Gemeinde ein, schließt sie aber als Alternative zu seiner Auffassung dadurch aus, daß er für diese göttliche Autorität beansprucht (V. 15b)[39].

V. 16 nimmt erneut Bezug auf den Paulus und den Philippern gemeinsamen Status der Christen und leitet mit der Mahnung, diesem Status entsprechend zu wandeln, über zu der Aufforderung, dem in den VV. 4–14 dargestellten Beispiel des Apostels zu folgen (V. 17a)[40]. Die Mahnung zur Paulus-Nachfolge ist das positive Gegenstück zu der Warnung vor den Gegnern in V. 2 (Imperativ!). Sie kann nun aber den Gedankengang der VV. 3–16 voraussetzen und findet in ihm ihre Begründung und inhaltliche Konkretion. Erweitert wird sie durch den Verweis auf solche, die in ihrem Wandel diesem Vorbild des Apostels entsprechen (V. 17b). Freilich, und dies fügt Paulus begründend seiner Mahnung hinzu, gibt es auch solche, die einen entgegengesetzten Wandel an den Tag legen (V. 18f). Sie werden gewissermaßen als Antitypos zum Apostel gezeichnet. Anstatt sich des Christus Jesus zu rühmen (vgl. V. 3), ihn als κύριος zu erkennen (V. 8), die Kraft seiner Auferstehung und die Gemeinschaft seiner Leiden als seinem Tode Gleichgestaltete zu erkennen (V. 10), erweisen sie sich als Feinde des Kreuzes Christi. Anstatt sich auszurichten auf die künftige Vollendung in der Auferstehung der Toten (V. 11) und auf die Berufung »nach oben« durch Gott in Christus Jesus (V. 14), ist ihr Ziel der Untergang im eschatologischen Gericht, und ihr Trachten richtet sich auf das Irdische[41]. Während für Paulus alle

---

[39] Das τοῦτο von V. 15b ist sachlich mit dem von V. 15a identisch (mit GNILKA, Phil 201; MENGEL, Studien 268). Zum Rekurs auf göttliche Offenbarung als Ursprung der paulinischen Verkündigung vgl. Gal 1,1.10ff; 2Kor 3,5f; 1Thess 2,4.13.

[40] πλήν stellt das Wesentliche heraus (REHKOPF, Grammatik § 449,2.; SCHENK, Phil 268f). Der Aorist ἐφθάσαμεν könnte auf das Geschehen der Christuserfahrung (vgl. V. 7.8b.12) zurückverweisen. Der auf die 1. Pers. Plur. in ἐφθάσαμεν bezogene imperativische Infinitiv entspricht dem Kohortativ von V. 15a. Der Satz erinnert stark an Gal 5,25: εἰ ζῶμεν πνεύματι, πνεύματι καὶ στοιχῶμεν.

[41] Zu ἀπώλεια vgl. GNILKA, Phil 205; A. KRETZER, EWNT I 325ff. Die Opposition »himmlisch« (vgl. ἄνω, V. 14) ist für ἐπίγειος im Griechischen regelmäßig (so GNILKA, Phil 206, Anm. 116; vgl. O. MICHEL, EWNT II 60f).

menschlichen Vorzüge durch seine Christuserfahrung als falsches »Vertrauen im Fleisch«, ja, als Kot erkennbar wurden (V. 3 f. 8), ist für sie Gott ihr Bauch, und ihre Herrlichkeit besteht in dem, was sich angesichts der göttlichen Heilszuwendung in Christus als Schande erweist.

Solchem Ausgerichtetsein auf Irdisches stellt Paulus in V. 20 f entgegen[42], daß die Bürgerschaft der Christen[43], sozusagen der Ort ihrer Sozialisation, im Himmel ist. Gegenwärtig sind sie bereits Bürger dieses πολίτευμα (Präsens!), in welchem Jesus Christus als κύριος die Herrschaft ausübt. Gegenwärtig erwarten sie von der Zukunft seine Parusie als σωτήρ, bei welcher sie auch leiblich die volle Teilhabe an der Gemeinschaft erhalten, zu der sie »geistlich« (V. 3) bereits jetzt gehören. In eindringlicher Wendung an die Adressaten faßt die Aufforderung, an der durch den κύριος erlangten Heilsteilhabe festzuhalten (4,1), die gesamte Mahnrede zusammen und schlägt so den Bogen zurück zu der Ausgangsmahnung in 3,1[44].

2. Veranlassung und Funktion der brieflichen Mahnrede

Die Nachzeichnung des Gedankengangs hat deutlich gemacht, daß Paulus anhand seines eigenen Beispiels die Philipper davon überzeugen will, daß sie aufgrund ihrer Christusgemeinschaft jetzt schon ohne Einschränkung des Heils teilhaftig sind, dessen eschatologische Vollendung sie freilich erst aus der Zukunft zu erwarten haben. Die Christusgemeinschaft ist für sie die zureichende und allein gangbare Zugangsmöglichkeit zum Heil, so wie sie es für den Apostel selbst bei seiner Christuserfahrung geworden ist. Demgegenüber erweisen sich alle anderen Versuche, Zugang zum Heil zu gewinnen, als »Vertrauen im Fleisch«. Paulus stellt sich selbst den Christen in Philippi darin als Vorbild hin, daß er seine Existenz gründet und seine Erwartung richtet allein auf die Gemeinschaft mit Christus. Seinem Vorbild zu folgen, kann für die Philipper nur bedeuten, sich ihrer gegenwärtigen Heilsteilhabe zu vergewissern und deshalb das Beschneidungsansinnen der Agitatoren zurückzuweisen.

---

[42] Zum adversativen Sinn des mit γάρ angeschlossenen V. 20 vgl. Schenk, Phil 323 f.

[43] Inklusives ἡμῶν betont in Anfangsstellung wie in 3,3 ἡμεῖς! Von daher könnte auch das γάρ in 3,3 durchaus adversativen Klang haben. Wie dort wird auch in V. 20 f der polemischen Bezeichnung der Gegner eine christologisch bzw. eschatologisch bestimmte Selbstaussage in der 1. Pers. Plur. entgegengestellt. Wie dort (περιτομή) wird auch hier (πολίτευμα, s. dazu u., S. 94 f. 102) ein für die Situation der Diasporasynagogen religiös und politisch brisantes Stichwort von Paulus christologisch-eschatologisch interpretiert und für seine Gemeinden beansprucht.

[44] ὥστε folgernd mit Imperativ in Schlußposition wie in 1 Thess 4,18; 1 Kor 3,21; 4,5; 10,12; 11,33; 14,39; 15,58.

a) Die Gegner

Veranlassung für die paulinischen Ermahnungen an die Philipper ist das Einwir-
ken gegnerischer Agitatoren auf sie. Vor ihnen warnt er (3,2), von ihnen
zeichnet er ein polemisches Bild (3,18f), ihren Einredungen gegenüber ermahnt
er die Gemeinde zum Feststehen und zur Freude im Herrn (4,1; 3,1).

Die Inhalte der gegnerischen Agitation und ihre theologischen Grundlagen[45]
können allerdings nicht einfach spiegelbildlich aus der paulinischen Argumentation erschlossen werden[46]. Die die Gegner betreffenden Aussagen stehen im
Dienste der paulinischen Strategie gegenüber den angesprochenen Gliedern der
philippischen Gemeinde und sind offensichtlich polemisch überhöht. Sie vermitteln allenfalls ein verzerrtes Bild von den Gegnern. Meist wird dem Mangel
an Informationen aus dem Philipperbrief durch Verweis auf die im 2. Korintherbrief vorausgesetzten Gegner abgeholfen[47]. Es ist aber methodisch fragwür-
dig, von der Ähnlichkeit paulinischer Argumentation in verschiedenen Briefen
auf die Identität der damit jeweils angezielten Gegner zu schließen. Vergleichba-
re Gedankengänge des Apostels in anderen Briefen erhellen in erster Linie die
Argumentationsweise des Paulus in Auseinandersetzung mit seinen Gegnern
und ihre inhaltlichen Grundlagen, können also nicht zur Rekonstruktion der
Auseinandersetzungen in Philippi mit den Angaben des Philipperbriefs kombi-
niert werden. Das entscheidende Merkmal der Agitatoren in Philippi, die Beschneidungsforderung, fehlt bei den Gegnern des 2. Korintherbriefs, während
diese offenbar als christliche Apostel (2Kor 11,13.23) die Autorität des paulinischen Apostolats angegriffen und untergraben haben, wovon wiederum im
Philipperbrief keine Rede ist.

Mit ausreichender Gewißheit kann man aus den Angaben des Philipperbriefs
lediglich erschließen, daß es sich bei den Gegnern um Agitatoren für die Beschneidung handeln muß. Dies geht einerseits aus der polemischen Paronomasie
κατατομή (3,2) hervor, andererseits aus der Prädikation κακοὶ ἐργάται, die auf
missionarische Aktivität schließen läßt[48]. Ob ihre Missionsverkündigung aller-

---

[45] Vgl. zur neueren Forschung bezüglich der Gegner in Philippi SCHENK, Philipperbrief
3294–3299; LÜDEMANN, Heidenapostel II 153–158; KLEIN, Antipaulinismus 297–313; MEARNS,
Identity 194–204; MENGEL, Studien 212–221; BAUMBACH, Irrlehrer 293–310; KLIJN, Opponents
278–284; PENNA, Évolution 401ff; HYLDAHL, Loven; GNILKA, Phil 211–218; FRIEDRICH, Phil
131–134.

[46] So aber jetzt wieder MEARNS, Identity 194–204.

[47] Vgl. FRIEDRICH, Phil 131–134; GNILKA, Phil 215f. Ähnlich verfährt BAUMBACH, Irrlehrer
301, hinsichtlich gegnerischer Positionen im Galater- und Römerbrief. Vgl. auch LÜDEMANN,
Heidenapostel II 157f.

[48] Vgl. R. HEILIGENTHAL, EWNT II 122f; LOHMEYER, Phil 125; GNILKA, Phil 186, Anm. 10;
SCHENK, Phil 292; MENGEL, Studien 261; BAUMBACH, Irrlehrer 300. Daß freilich ἐργάται
Selbstbezeichnung der philippischen Agiatoren gewesen sei, ist mir zweifelhaft, gerade weil
Paulus in 2Kor 11,13 seine dortigen Gegner ebenfalls als ἐργάται bezeichnet, ohne daß sie mit

dings den Christusglauben zur Grundlage hatte, ist aus dem Wort ἐργάται nicht zu entnehmen[49]. Mit den in 1,17 erwähnten Christuspredigern, die dem Apostel die Trübsal seiner Gefangenschaft vergrößern, sind sie jedenfalls nicht in Verbindung zu bringen[50]. Unwahrscheinlich ist es, daß die Agitatoren sich lediglich ihrer eigenen Beschnittenheit rühmten, ohne von bisher Unbeschnittenen deren Beschneidung zu fordern[51]. Gegen eine solche Inkonsequenz der Gegner spricht die Schärfe der paulinischen Polemik. Bei Missionaren dürfte zu erwarten sein, daß sie das, was sie anpreisen, auch an den Mann bringen möchten.

Die polemische Gegnerbezeichnung κύνες ermöglicht weder eine genauere Identifizierung, noch schließt sie eine bestimmte Identität aus[52]. Auch die Polemik der VV. 18 f dient zwar der Auseinandersetzung mit den Gegnern in Philippi, die mit den in 1,28 erwähnten Widersachern zu identifizieren sein werden[53]. Beide Stellen enthalten aber keine Informationen über deren Identität, Aktivität und Selbstverständnis.

Daß es sich bei den in VV. 18 f in der 3. Pers. Plur. beschriebenen Leuten um keine anderen als die in V. 2 gemeinten Gegner handeln kann, ergibt sich m. E. schon aus dem Textaufbau[54]. Ebenso wie in V. 1 f folgt in V. 17 f auf eine Ermahnung an die Adressaten eine warnende Benennung bzw. Beschreibung von Leuten, die in jedem Fall nicht zu den Adressaten gehören[55], sondern ihnen polemisch gegenübergestellt werden. Die Schärfe

---

denen des Philipperbriefs identisch zu sein brauchen. Andererseits schließt die paulinische Gegnerbezeichnung ἐργάται δόλιοι die These von GARLAND, Composition 165–169 (unter Berufung auf G. D. Kilpatrick und G. B. Caird) aus, in Phil 3 sei überhaupt nicht von Beschneidungsagitatoren die Rede, sondern Paulus wende sich lediglich gegen »jüdische Werkgerechtigkeit« (vgl. auch o., Anm. 17).

[49] Gegen WATSON, Paul 74; BAUMBACH, Irrlehrer 300, mit LOHMEYER, Phil 125; SCHENK, Phil 292; MENGEL, Studien 261.

[50] Mag sich Paulus auch an die Zustände in Philippi erinnert fühlen (so BAUMBACH, Irrlehrer 297), so spricht er doch von Christusverkündigern am Ort seiner Gefangenschaft (V. 13 f!). Davon, daß die Gegner Christus verkündigen und am Leid des Apostels Anstoß nehmen, ist in Kap. 3 nirgends die Rede. Vor allem wäre ein Urteil wie 1,18 gegenüber den in 3,18 f gemeinten Leuten undenkbar (ähnlich LÜDEMANN, Heidenapostel II 154).

[51] Mit LÜDEMANN, Heidenapostel II 155; SCHENK, Phil 276, gegen GNILKA, Phil 186 f.213; FRIEDRICH, Phil 160; ULONSKA, Gesetz 320 mit Anm. 30.

[52] Mit MENGEL, Studien 260; BAUMBACH, Irrlehrer 299, gegen WATSON, Paul 75; PENNA, Évolution 402. Vgl. SCHENK, Philipperbrief 3297; HYLDAL, Loven 14–19. ULONSKA, Gesetz 318, vermutet jetzt freilich, Paulus benutze »hier aus jüdischer Sicht das typische Schimpfwort für einen Kultjünger einer nichtjüdischen Religion«, und will damit seine These bezüglich der philippischen Gegner stützen:»Herumziehende Eunuchen des Kybele-Attis-Kultes gefährden in einer synkretistischen Umwelt die Gemeinde, die sich dem paulinischen ἀγάπη-Kult verschrieben hat« (a.a.O., 321).

[53] Mit KÜMMEL, Einleitung 293; SUHL, Briefe 176.193, gegen GNILKA, Phil 99, sowie die bei MENGEL, Studien 195 f.199.210 f, Genannten.

[54] Mit SCHENK, Phil 284 f.291, der weitere sprachliche Indizien dafür nennt, gegen GNILKA, Phil 204 f; HYLDAHL, Loven 51–54; BAUMBACH, Irrlehrer 304 f. Vgl. zur Diskussion dieser Frage auch MENGEL, Studien 210 ff.273 f; KLEIN, Antipaulinismus 312 f.

[55] 3. Pers. Plur. im Gegensatz zum inklusiven Wir ab V. 20.

der Polemik der VV. 18f steht derjenigen von V. 2 nicht nach. Die Differenz im Ton betrifft lediglich die an die Adressaten gerichteten Aussagen (V. 17.18a) und ist textpragmatisch bedingt[56].

Verschiedene semantische Bezüge verbinden 3,17–4,1 mit 1,27–30. τέλος ἀπώλεια (3,19) verweist auf ἔνδειξις ἀπωλείας (1,28). Es geht an beiden Stellen um Widersacher (ἐχθροί bzw. ἀντικείμενοι). Ihnen gegenüber mahnt Paulus zum Festhalten (στήκετε, 1,27; 4,1) und verweist auf das durch Christus bestimmte »Gemeinwesen« der Angeredeten, dem ihr Wandel entsprechen soll (πολιτεύεσθε, 1,27, πολίτευμα, 3,20)[57]. Dies schlägt ihnen zur Rettung aus (σωτηρία, 1,28, σωτήρ, 3,20). Während allerdings in 3,18f die polemische Kennzeichnung der Gegner im Vordergrund steht, ist 1,27–30 paränetisch der Gemeinde zugewandt, und lediglich V. 28 hat einen polemischen Nebenton.

Der polemische Verweis auf die Gegner in 3,18f hat syntaktisch die Funktion, die Aufforderung von V. 17b, auf solche zu schauen, die so wandeln, wie es dem Vorbild des Apostels entspricht, zu begründen[58]. Die Bezeichnung »Feinde des Kreuzes Christi« kennzeichnet Paulus als sein eigenes Urteil über die Gegner, das er seinen Adressaten gegenüber wie schon oft ausspricht (πολλάκις ἔλεγον, κλαίων λέγω). Sie ist aussagekräftig für das, was Paulus, nicht was die Gegner der Gemeinde gegenüber vertreten.

Auch im Galaterbrief führt Paulus den Gedanken aus, die Beschneidungsforderung stehe im Widerspruch zur Heilsbedeutung des Kreuzestodes Christi (Gal 2,21; 3,1; 5,2.4.11; 6,12)[59]. Bezüge zwischen Phil 3 und dem Galaterbrief[60] lassen sich gerade in solchen Passagen aufweisen, die zwar im Zusammenhang mit die Gegner betreffenden Aussagen stehen, deren charakteristische Anschauungen oder Aktivitäten aber nicht beschreibend darstellen, sondern aus paulinischer Sicht (und in paulinischer Terminologie!) beurteilen:

Gal		Phil	
6,13f	ἐν ... σαρκὶ καυχήσωνται, καυχᾶσθαι ... ἐν τῷ σταυρῷ	3,3	καυχώμενοι ἐν Ἰησοῦ Χριστῷ
2,19	Χριστῷ συνεσταύρωμαι	3,10	συμμορφιζόμενος τῷ θανάτῳ αὐτοῦ
2,16f	οὐ δικαιοῦται ... ἐξ ἔργων νόμου ἐὰν μὴ διὰ πίστεως	3,9	μὴ ἔχων ἐμὴν δικαιοσύνην τὴν ἐκ νόμου ἀλλὰ τὴν διὰ πίστεως
2,17	εὑρέθημεν	3,9	εὑρεθῶ
5,5	ἀπεκδεχόμεθα	3,20	ἀπεκδεχόμεθα

Auch die folgenden, der Prädikation »Feinde des Kreuzes Christi« syntaktisch untergeordneten Aussagen (3,19) entspringen paulinischer Polemik, die ihre Berechtigung nicht aus einer argumentativen Auseinandersetzung mit einzelnen gegnerischen Anschauungen bezieht, sondern aus dem in 3,18 und vor allem in 3,3f getroffenen grundsätzlichen Urteil[61].

---

[56] Gegen BAUMBACH, Irrlehrer 304. Vgl. o., S. 80f.

[57] πολιτεύεσθε steht in 1,27 nicht in abgeschliffener Bedeutung (= περιπατεῖτε), sondern hat »die Nuance des bewußten Sich-Orientierens an der Norm einer Gemeinschaft« (WALTER, Leiden 421; vgl. GNILKA, Phil 97f; MILLER, Politeúesthe 86–96; BREWER, Meaning 76–83; SUHL, Briefe 185, Anm. 150). Entsprechend ist auch πολίτευμα in 3,20 »Herrschaftsgröße, die das Verhalten erst bestimmt«, »Machtbereich des erhöhten Christus« (SCHENK, Phil 324). Zum soziologisch-politischen Hintergrund der Terminologie vgl. u., S. 94f. Auf semantische Verbindungen zwischen 1,27–30 und 3,1–4,1 verweist auch GARLAND, Composition 160ff.

[58] Vgl. MENGEL, Studien 273.

[59] Vgl. dazu o., S. 68f.

[60] BAUMBACH, Irrlehrer 301f, zeigt zusätzlich zahlreiche Bezüge zum Römerbrief auf.

[61] Zu den rhetorischen Mitteln der paulinischen Polemik vgl. WATSON, Analysis 73–76.

Auch ein enthusiastisches Vollkommenheitsbewußtsein der Gegner kann aus Phil 3 nicht erschlossen werden. Der Gedankengang der VV. 12–16 wendet sich paränetisch an die Gemeinde, nicht polemisch gegen die Agitatoren. Er entspricht der paulinischen Aussageabsicht, auf die zukünftige Vollendung der bereits gegenwärtig wirksamen Heilsteilhabe der Philipper zu verweisen[62].

Aus dem Zusammenhang der Argumentation in Phil 3 ergibt sich, daß der eschatologische Vorbehalt in den VV. 12–14 der betonten Gegenwartsaussage ἡμεῖς γάρ ἐσμεν ἡ περιτομή in V. 3 ein- und untergeordnet ist. Gegenüber der Beschneidungsforderung der Gegner, die nach dem Urteil des Paulus ein soteriologisches Defizit des Christusglaubens impliziert, behauptet der Apostel die schon jetzt volle Gültigkeit der Bundeszusage für die Christen. Die VV. 12–14 sind in diesem Zusammenhang als aus dem eschatologischen Charakter der Christusgemeinschaft herrührende sachlich notwendige Einräumung zu verstehen, die jedoch die gegenwärtig (und ohne Beschneidung) bereits konstatierbare Christusgemeinschaft keineswegs in Frage stellt.

Daß die Vollendung der Heilswirklichkeit noch in der Zukunft aussteht, ist ein wesentlicher Bestandteil der paulinischen Soteriologie, der nicht allein aus der Auseinandersetzung mit enthusiastischen Gegnern hergeleitet werden kann[63]. Die Spannung zwischen Aussagen über die gegenwärtige Herrschaft des zu Gott erhöhten κύριος Ἰησοῦς Χριστός (2,9 ff) und die schon jetzt wirksame Gemeinschaft der Glaubenden mit ihm (1,27; vgl. Röm 6,4; 2 Kor 5,17; Gal 6,14 f), und solchen über die Erwartung seiner künftigen Parusie zur Vollendung der göttlichen Herrschaft über das All (1,10 f; 2,15 f; vgl. 1 Kor 15,23 f; 1 Thess 1,10; 4,14–17) kennzeichnet auch die eschatologischen Aussagen des Philipperbriefs und kommt in 3,20 komprimiert zum Ausdruck[64].

Mit dem Stichwort τέλειος in Phil 3,12–15 nimmt Paulus nicht eine gegnerische Selbstbezeichnung oder ein entsprechendes Selbstverständnis auf, sondern redet die Gemeindeglieder in Philippi in eigener Terminologie (vgl. Röm 12,2; 1 Kor 2,6; 14,20) auf ihren Status als Christen an[65]. Daß am Schluß von V. 15 ironisch auf Offenbarungsenthu-

---

Vgl. auch o., S. 86 f. κοιλία und αἰσχύνη sind nicht Hinweise auf Libertinismus oder, wie ULONSKA, Gesetz 326 f, jetzt wieder meint, heidnischen Synkretismus bei den Gegnern (mit SCHENK, Phil 287 ff; DERSELBE, Philipperbrief 3295 f; vgl. auch MENGEL, Studien 214). Eher wäre es möglich, daß Paulus sarkastische Anspielungen auf die Beschneidung macht (so WATSON, Paul 75 f; MEARNS, Identity 198; vgl. auch RICHARDSON, Israel 113 ff; zurückhaltend SCHENK, Phil 290).

[62] Vgl. o., S. 85 f. Gegen eschatologischen Enthusiasmus als Kennzeichen der Gegner jetzt auch KLEIN, Antipaulinismus 307–312.

[63] Vgl. dazu DELLING, Bestimmtheit 57–101 (bes. 71.73–76.81–94); KÜMMEL, Theologie 126–130; LAMBRECHT, Commonwealth 199–205.

[64] GNILKA, Phil 206, betont, da er die paulinischen Aussagen im Gegenüber zu angeblichen »Vollendungsenthusiasten« in Philippi sieht, zu stark den Zukunftsaspekt und bestreitet so genau das, was Paulus in V. 20a sagt, daß nämlich die philippischen Christen »eine himmlische Gemeinde in der Welt darstellten oder schon jetzt zu Himmelsbürgern geworden seien«.

[65] Ähnlich LÜDEMANN, Heidenapostel II 156; HYLDAHL, Loven 40–44; SUHL, Briefe 194 ff; BECKER, Paulus 343 f; vgl. G. DELLING, ThWNT VIII 77. In 1 Kor 2,6–16 mag zwar mit σοφία ein gegnerisches Stichwort aufgenommen worden sein, das Stichwort τέλειος stammt aber m. E. von Paulus selbst, der den Gegensatz τέλειος/παιδίον, νηπιάζειν auch in 14,20 in ganz anderem Zusammenhang verwendet. Weitere sachliche Anklänge im Kontext verbinden 1 Kor 2 mit Phil 3 (vgl. γινώσκειν, 1 Kor 2,8.11.14, mit Phil 3,8.10; συν-, ἀνακρίνειν 1 Kor 2,13–16, mit φρονεῖν, Phil 3,15; ὁ καυχώμενος ἐν κυρίῳ καυχάσθω, 1 Kor 1,31, mit Phil 3,3; εἰδέναι ...

siasmus der Gegner oder der von ihnen beeinflußten Philipper angespielt werde, ist aus dem Text des Philipperbriefs nicht zu ersehen[66]. Es liegt näher, hier einen Hinweis auf den göttlichen Ursprung und die entsprechende Autorität der paulinischen Auffassung zu sehen, die Gott auch denen durch Offenbarung vermitteln wird, die möglicherweise noch eine gegenteilige Auffassung vertreten[67]. Ebensowenig sind πνεῦμα, πεποιθέναι oder καυχᾶσθαι in 3,3 als Aufnahme von Stichworten gegnerischer Propaganda zu erweisen. Die Wörter gehören zum typisch paulinischen Sprachgebrauch, gerade auch im Philipperbrief (vgl. zu πνεῦμα 1,19.27; 2,1, zu πεποιθέναι 1,6.14.25; 2,24, sowie καύχημα in 1,26; 2,16)[68].

Die Frage nach den Anschauungen und Aktivitäten der gegnerischen Agitatoren führt somit nicht weiter als bis zum Faktum ihrer Beschneidungsforderung. Daß diese Beschneidungsforderung ihrem Christusglauben entspringt oder diesem zugeordnet ist, wird nicht erkennbar. Nach der Darstellung des Philipperbriefs erscheinen die die Gemeinde agitierenden Gegner als nicht-, ja, antichristliche Juden[69]. Der Verweis auf judenchristliche Beschneidungsagitatoren in Galatien oder Korinth macht sie noch nicht zu Christen. Es bleibt allerdings die Möglichkeit offen, daß Paulus selbst erst die Beschneidungsforderung der Gegner radikal auf ihre soteriologische Konsequenz hin zuspitzt, die nach seinem Urteil für den Christusglauben als ihm von Gott zu erkennen gegebenen Zugang zum eschatologischen Heil keinen Raum läßt[70].

b) Die Gemeindesituation

Die Gemeinde in Philippi, wie sie sich aus dem an sie gerichteten Brief zu erkennen gibt, ist in ihrer gegenwärtigen Wirklichkeit zentral bestimmt durch das Christusevangelium. Die Philipper sind »Heilige in Christus Jesus« (1,1; vgl. 4,21), haben »Gemeinschaft am Evangelium« (1,5; vgl. 4,15), »dienen im Geist Gottes und rühmen sich in Christus Jesus« (3,3; vgl. 2,1). Sie sind als Christen Vollkommene und sollen sich entsprechend verhalten (3,15f; vgl. 1,27). Vor ihnen steht der »Tag Christi Jesu« (1,6.10; vgl. 2,16). Auf ihn zugehend stehen sie schon vom Anfang ihres Christseins an unter der Auswirkung des guten

---

Ἰησοῦν Χριστὸν καὶ τοῦτον ἐσταυρωμένον, 1Kor 2,2, mit Phil 3,10: γνῶναι ... τὴν κοινωνίαν τῶν παθημάτων αὐτοῦ). Dies deutet nicht auf Identität der von Paulus bekämpften Gegner (so BAUMBACH, Irrlehrer 302), sondern auf Kontinuität paulinischer Argumentationsmuster.

[66] Gegen GNILKA, Phil 201; FRIEDRICH, Phil 133.165; SCHENK, Phil 268, mit KLEIN, Antipaulinismus 310 ff.

[67] Vgl. o., S. 86 mit Anm. 39. εἴ τι ἑτέρως φρονεῖτε muß keineswegs Reflex der Gemeindesituation in Philippi sein, sondern kann aus einer Überlegung des Paulus herrühren (gegen GNILKA, Phil 198; MENGEL, Studien 268 f).

[68] Gegen SCHENK, Phil 274 ff.292 ff; DERSELBE, Philipperbrief 3298 (gegen ihn jetzt auch KLEIN, Antipaulinismus 301, Anm. 39). Auch die Form der Antithese kann nicht als Hinweis auf Wiedergabe gegnerischer Anschauungen gelten, sondern gehört zu den bevorzugten paulinischen Darstellungsmitteln (vgl. die Belege bei LYONS, Autobiography 107–112).

[69] Vgl. HYLDAHL, Loven 14–24; SCHENK, Philipperbrief 3296 f.

[70] Vgl. WILCKENS, Enwicklung 178; MENGEL, Studien 278.

Werkes Gottes (1,6; vgl. 2,13) und haben in ihrem Verhalten der ihnen von Gott geschenkten Wirklichkeit lediglich immer besser gerecht zu werden bzw. sie zu bewahren (1,9ff.25f; 2,15f).

Zu bewähren haben die philippischen Christen ihre Christusgemeinschaft gegenwärtig in der Konfrontation mit Erfahrungen von Leid (1,27–30; vgl. auch die Mahnungen zum »Feststehen« und »Festhalten«, 4,1; 2,16). In diese Leidenserfahrung richtet sich die wiederholte Ermahnung des Apostels zur »Freude im Herrn«[71].

Aus der Polemik in Phil 3 ist zu schließen, daß die bisher unbeschnittenen Christen in Philippi einer Agitation zur Übernahme der Beschneidung ausgesetzt sind[72]. Damit stehen sie vor der Entscheidung, ob sie als Christen Proselyten werden, den vollständigen Übertritt zum Judentum vollziehen sollen. Die in Philippi erhobene Beschneidungsforderung berechtigt dazu, die dortige Gemeindesituation auf dem Hintergrund von Ausstrahlungs- und Anziehungsbemühungen im Diasporajudentum zu verstehen, unabhängig von der aus dem Philipperbrief nicht eindeutig zu beantwortenden Frage, ob die Beschneidungsagitatoren Christen waren.

Für Heiden war die Übernahme der Beschneidung nicht der einzige und in der Regel auch nicht der erste Schritt auf dem Wege der Annäherung an das Judentum, wenngleich sie für denjenigen, der diesen Weg bis zum vollständigen Übertritt gehen wollte, unabdingbar am Ende stand. Dies ist übereinstimmend sowohl aus jüdischer als auch aus heidnischer Perspektive bezeugt[73]. Die breit belegte abschätzige Bewertung der Beschneidung in der nichtjüdischen Antike[74] und die Möglichkeit, auch ohne beschnitten zu sein, an bestimmten Formen des synagogalen Lebens sowie an jüdischem Ethos und jüdischer Gottesverehrung zu partizipieren, kann die Existenz von unbeschnittenen Anhängerkreisen im Umkreis der Diasporasynagogen erklären.

Freilich richtete sich die verständnislose und bisweilen aggressive Abwehr jüdischer Identität und Lebensweise durch die nichtjüdische Umwelt nicht nur gegen die Beschnei-

---

[71] Vgl., o., S. 83f. Zum Leiden um Christi und des Evangeliums willen als Thema des Philipperbriefs (freilich ohne Berücksichtigung von Phil 3) vgl. Walter, Leiden 417–434.

[72] Vgl. o., S. 88–92.

[73] Vgl. aus jüdischer Sicht die Darstellung der Bekehrung des Izates zum Judentum bei Josephus, Ant XX 17–53 (bes. 38–46), aus heidnischer Juvenal, Sat 14, 96–106 (Stern, Authors II 102f). Zu Formen der Annäherung an das Judentum ohne Übernahme der Beschneidung vgl. Schürer, History III/1 150–176 (bes. 165–170); Siegert, Gottesfürchtige 109–164; Hegermann, Judentum 307–314; Stern, Authors II 103–106; Dunn, Incident 19–25; Smallwood, Jews 205f (zurückhaltend Kraabel, Disappearance 113–126), zur Beschneidung als Voraussetzung für den vollständigen Übertritt K. G. Kuhn, ThWNT VI 733f; Schürer, History III/1 169f; Delling, Bewältigung 25f.80; Nolland, Proselytes 173–194.

[74] Die entsprechenden Texte sind bequem zugänglich über Stern, Authors (vgl. das Register s.v. circumcision, III 114). Vgl. auch R. Meyer, ThWNT VI 78; Wiefel, Gemeinschaft 85.87; Delling, Bewältigung 25f (dort zur Reaktion von jüdischer Seite [Philo, Josephus] auf solche Einschätzung); Smallwood, Jews 123f. Zu Philos Darstellung der Beschneidung in SpecLeg I 1–11 und QuaestGen 3,46–52 vgl. Hecht, Contexts 51–79. Zum Beschneidungsverbot unter Hadrian (ScriptHistAug, Hadr 14,2; Dig XLVIII 8,11, Texte bei Stern, Authors II 619; III 64) vgl. Smallwood, Jews 429ff.

dung, sondern ebenso gegen solche religiösen Äußerungen, die auch von den (noch) nicht beschnittenen Sympathisanten des Judentums mit vollzogen wurden[75]. Von jüdischer Seite wurde die mit der Zuwendung zum Judentum verbundene soziale Desintegration immer wieder herausgestellt, ohne sie speziell mit der Beschneidung in Verbindung zu bringen. Nach dem Vorbild des Abraham, des Prototyps des Proselyten (in Anknüpfung an Gen 12,1!)[76], hatte sich der Proselyt aus allen bisherigen sozialen Bindungen zu lösen, vor allem, um auf diese Weise den vollständigen Bruch mit dem Götzendienst seiner Vorfahren zu vollziehen und sich dem allein wahren Gott zuzuwenden[77]. Wenn auch dabei jeweils der Proselyt im Blick ist, so bezieht sich die Betonung seiner sozialen Desintegration doch meist schon auf die Phase vor seiner Beschneidung, die Zeit also zwischen Abkehr vom Götzendienst und endgültigem Eintritt ins Judentum. Stellt man in Rechnung, daß ein Teil der spezifischen aus der Gottesverehrung herrührenden religiösen Verrichtungen der Juden auch bei (noch) nicht beschnittenen Sympathisanten erkennbar für ihre Umwelt hervortraten[78], so wird man annehmen müssen, daß auch sie wenigstens partiell unter den für die Proselyten kennzeichnenden Erfahrungen sozialer Desintegration zu leiden hatten.

Dem Proselyten galt zur Kompensation solcher Erfahrung die besondere Fürsorge Gottes[79], der seine freundschaftliche Aufnahme durch die »Eingesessenen« entsprechen sollte (Philo, SpecLeg I 52; vgl. Virt 102ff; Josephus, Ap II 210). Als gleichberechtigt mit geborenen Juden (vgl. Philo, SpecLeg I 52f: ἰσοτιμία, ἰσονομία, ἰσοτέλεια) konnte er Anteil gewinnen an rechtlichen und religiösen Privilegien, die den Synagogenverbänden in der Diaspora gewährt wurden[80]. Diese konnten sich in hellenistischen Städten nach Art

---

[75] Juvenal, Sat 14,96–106; Sueton, Caes Domitianus 12,2; Dio Cassius LXVII 14,1–3; Seneca, Ep 108,22; Plutarch, Vita Ciceronis 7,6. Vgl. HEGERMANN, Judentum 309.313; SMALL-WOOD, Jews 123f (weitere antike Belege a.a.O., Anm. 15–17).

[76] Vgl. K. BERGER, TRE I 373; DELLING, Bewältigung 81.

[77] So von Abraham bei Philo, Virt 214.218; Abr 62–88; Her 26f.277–283 (vgl. auch die allegorischen Deutungen in Migr 1–13 [zu Gen 12,1–3!].176–195; Her 96–99.289; Sacr 5); Josephus, Ant I 154–157; Jub 11,16f; 12,6ff; ApkAbr 4,6; 6,3; 8,3ff; ähnlich von Jobab (TestHiob 4,4f) und Asenat (JosAs 11,3–6.12f; 12,5–13,2) sowie vom Proselyten allgemein (Philo, SpecLeg I 51f; IV 177f; Virt 102ff).

[78] So z.B. die Sabbatruhe (Josephus, Ap II 282; Juvenal, Sat 14,96.105f; Philo, VitMos II 21), die Enthaltung von bestimmten Speisen (Josephus, Ap II 282; Juvenal, Sat 14,98f; vgl. Seneca, Ep 108,22) und das Fasten (Josephus, Ap II 282; Philo, VitMos II 23f). Bis zu welchem Grade sich solche unbeschnittenen Synagogenanhänger zum Toragehorsam verpflichtet fühlten, ist schwer auszumachen und dürfte auch verschieden gewesen sein (vgl. die z.T. recht unterschiedlich akzentuierten Urteile bei DELLING, Bewältigung 83; SIEGERT, Gottesfürchtige 163; SCHÜRER, History III/1 172f; DUNN, Incident 23). Zur feindlichen Reaktion der paganen Umwelt auf solche »judaisierenden« Bräuche (Plutarch, Vita Ciceronis 7,6; Josephus, Bell II 463) vgl. die o., Anm. 75, genannten Belege.

[79] Vgl. DELLING, Bewältigung 80f, mit zahlreichen Belegen. Im Blick auf Phil 3 besonders interessant sind Philo, SpecLeg I 51 (»er nennt sie Proselyten, weil sie sich einer neuen, auf der Liebe zu Gott begründeten Gemeinschaft [πολιτεία] angeschlossen haben«) und Praem 152 (der Proselyt hat »als passenden Lohn empfangen ... den sicheren Platz im Himmel« [λαβεῖν οἰκειότατον τὴν ἐν οὐρανῷ τάξιν βεβαίαν]). Vgl. auch Josephus, Ant XX 48, sowie zur πολιτεία als dem göttlich bestimmten Staatswesen, in das die Proselyten eintreten, Virt 180.219.

[80] Vgl. dazu zuletzt mit umfassender Bibliographie RABELLO, Condition 662–762, sowie RAJAK, Rights 19–35; SCHÜRER, History III/1 113f.117.126–132; SMALLWOOD, Jews 128–143 (Rom).224–235 (Alexandria).358–364 (Antiochia); DELLING, Bewältigung 51ff; HEGERMANN, Judentum 304f; TCHERIKOVER, Civilization 296–332; TCHERIKOVER/FUKS, CPJ I 55–74. Eine

ausländischer Handelskolonien, religiöser Gemeinschaften von Einheimischen mit ausländischem Kult oder Korporationen von Griechen und Römern im Ausland organisieren. Das entscheidende damit verbundene Privileg bestand darin, sich als Korporation zur Ausübung eines gemeinsamen Kultus versammeln zu dürfen[81]. Größere Diasporagemeinden bildeten ein eigenes Politeuma, eine von der jeweiligen Polis relativ unabhängige, mit Verwaltungs- und Rechtskompetenz ausgestattete Korporation[82]. Voraussetzung zur Erlangung der den jüdischen Korporationen in der Diaspora gewährten Privilegien waren jüdische Herkunft und das Leben entsprechend der mosaischen Gebote[83]. Angesichts der mit der Zuwendung zum jüdischen Glauben und den damit verbundenen Lebensformen einhergehenden sozialen Desintegration konnte die Gewinnung eines neuen schützenden sozialen und religiösen Umfeldes innerhalb eines jüdischen Politeuma durchaus Anreiz sein, durch Übernahme der Beschneidung den Weg ins Judentum zu Ende zu gehen.

Auch die paulinische Mission kann zumindest ihrem äußeren Erscheinungsbild nach als eine der Ausprägungen jüdischer Werbe- und Ausbreitungstätigkeit gegenüber Nichtjuden angesehen werden. Die »heidenchristlichen« paulinischen Gemeinden erwuchsen im Umfeld der Diasporasynagogen und umfaßten zunächst wohl mehrheitlich den Kreis von Nichtjuden, der bereits Kontakte zur Synagoge geknüpft hatte und mit Inhalten und Ausprägungen jüdischer Religion in gewissem Grade vertraut war[84]. Die Besonderheit der paulinischen Mission bestand darin, daß sie aufgrund des Christusglaubens im Blick auf die Zugehörigkeit zur Gemeinschaft offenbar keinen Unterschied zwischen Beschnittenen und Unbeschnittenen machte. Diejenigen Glieder der Synagogengemeinde, die diese Missionspraxis ablehnten, mußten deren Erfolge als Konkurrenz zu ihren eigenen Bemühungen um die Gewinnung heidnischer Anhänger ansehen. Die einschränkungslose Gemeinschaft mit Unbeschnittenen konn-

---

Zusammenstellung solcher Privilegien findet sich bei Josephus, Ant XIV 185–267; vgl. auch XIV 117; XVI 162–173; Philo, LegGai 156f.311–316. Besonders häufig genannt werden die Kriegsdienstbefreiung, das Recht auf Leben nach den herkömmlichen (»väterlichen«) Gesetzen, die Sicherung des Gottesdienstes und der Sabbatheiligung sowie die eigenständige Gerichtsbarkeit (letztere z. T. auf Juden mit römischem Bürgerrecht eingeschränkt).

[81] Vgl. RABELLO, Condition 694ff.719–722; SMALLWOOD, Jews 135f.

[82] Vgl. SCHÜRER, History III/1 88f; SMALLWOOD, Jews 139. Bezeugt sind jüdische Politeumata in Alexandria, Berenike (Cyrenaika), Ephesus und weiteren ionischen Städten, Antiochia, Sardes, Cäsarea und Leontopolis (vgl. SMALLWOOD, Jews 226: »... it is probably safe to assume that a politeuma was the standard political organization of all Jewish communities of any size in the East«).

[83] RABELLO, Condition 694.

[84] Vgl. K. G. KUHN, ThWNT VI 744f; W. SCHRAGE, ThWNT VII 834; GOPPELT, Zeit 55f; SIEGERT, Gottesfürchtige 109; SÄNGER, Antijudaismus 219.221; WIEFEL, Eigenart 223f.230; DUNN, Incident 5; HENGEL, Geschichtsschreibung 76ff. Wohl adressiert Paulus seine Briefe an Gruppen, die sich als selbständige Gemeinschaften konstituiert haben und Ansätze zu eigenen gottesdienstlichen Versammlungen entwickeln. Es kann aber gefragt werden, ob dies automatisch bedeutet, daß die Glieder dieser Gemeinschaften bereits ganz den Kontakt zur Synagoge abgebrochen haben. Die u., Anm. 86, belegten Konflikte sprechen eher dagegen.

te als Bedrohung der Identität der Gemeinde und Übertretung ihrer durch den Willen Gottes gesetzten Ordnung empfunden werden[85].

Die Konflikte des Paulus in jüdischen Diasporagemeinden[86] könnten auf einen innersynagogalen Differenzierungsprozeß hindeuten, in dessen Verlauf die paulinischen Christengemeinden als eigenständige Gruppierungen im Gegenüber zu den nichtchristlichen Gliedern der Synagoge hervortreten. In dem Maße wie die christlichen Gemeinden auch nach außen hin als von der Synagoge unterschiedene Gruppen erschienen, verschärfte sich ihre rechtliche und politische Lage. Aufgrund ihrer nicht der Tora entsprechenden Lebensweise und der Einbeziehung größerer Gruppen von Unbeschnittenen und in Anbetracht ihrer Konflikte mit der Synagogengemeinde verlieren sie endgültig die Möglichkeit, an den den Juden der Diaspora gewährten Privilegien zu partizipieren. Damit kann sich die spannungsvolle Atmosphäre des Zusammenlebens von Juden und Nichtjuden an ihnen ungehemmt entladen[87].

Auch für Philippi sind solche Konflikte belegt (vgl. Phil 1,30; 1Thess 2,2; Apg 16,16–22), und die dortige Gemeinde hatte Kenntnis von ähnlichen Auseinandersetzungen in Thessalonich (Phil 4,16; vgl. 1Thess 1,6; 2,14; 3,3; Apg 17,1–9)[88]. Allein schon die Anwesenheit von Beschneidungsagitatoren in Philippi zeigt, daß auch diese Stadt von der Ausbreitung der jüdischen Diaspora nicht unberührt geblieben ist[89]. Belegt ist durch Apg 16,13–16 die Existenz einer jüdischen Proseuche[90] und die Anwesenheit von »Sebomenoi«. Die Darstellung

---

[85] Vgl. zu den Grenzen, die aufgrund der Speise- und Reinheitsvorschriften der Tora dem Kontakt mit Nichtjuden gesetzt waren, DELLING, Bewältigung 9–18; DUNN, Incident 12–25.

[86] Vgl. 2Kor 11,24ff; 1Thess 2,14f; Gal 5,11. Die entsprechenden Darstellungen der Apostelgeschichte (vgl. 13,50; 14,2.4ff.19; 17,5–9.13; 18,12–17; zu 16,16–22 s. gleich u.) spiegeln tatsächliche Auseinandersetzungen, sind aber hinsichtlich der Einzelzüge stark typisiert. Paulus selbst spricht meist nur allgemein von ϑλῖψις (Röm 5,3; 8,35; 12,12; 2Kor 1,4.8; 4,17; 6,4; Phil 4,14; 1Thess 1,6; 3,3; vgl. ϑλίβειν 2Kor 1,6; 4,8; 7,5; 1Thess 3,4), διώκειν (Röm 12,14; 1Kor 4,12; 2Kor 4,9; Gal 4,29; 5,11; 6,12; 1Thess 2,15; vgl. διωγμός Röm 8,35; 2Kor 12,10), πάσχειν (2Kor 1,6; Gal 3,4; Phil 1,29; 1Thess 2,14), ohne daß er konkrete Angaben zu Urhebern, Methoden und Folgen solcher Bedrängnisse macht. Lediglich 2Kor 11,24f läßt erkennen, daß er sich synagogalen Disziplinarmaßnahmen zu unterwerfen hatte (vgl. RÄISÄNEN, Law 262f).

[87] Genauer informiert sind wir über Auseinandersetzungen zwischen jüdischen Diasporagemeinden und ihrer nichtjüdischen Umgebung in Alexandria durch Philos Schriften LegGai und Flacc (vgl. auch Josephus, Ant XVIII 257–260; zum ganzen s. SMALLWOOD, Jews 235–242; TCHERIKOVER/FUKS, CPJ I 65–74). Ähnliche Unruhen sind für Rom und Antiochia bezeugt (vgl. zum Claudius-Edikt LAMPE, Christen 4–8; SMALLWOOD, Jews 210–216, zu Antiochia SMALLWOOD, Jews 360–364; DUNN, Incident 9ff). Nach DUNN, Incident 7–11, führte der politische Druck auf die jüdischen Gemeinschaften von außen zu verstärkter Bemühung um Loyalität gegenüber dem religiösen und nationalen Erbe im Innern, die sich u. a. auch in Form von Druck auf die innerhalb der Synagogengemeinden lebenden Jesus-Anhänger auswirkte, sofern ihr Glaube oder ihre Lebenspraxis als Bedrohung dieses Erbes empfunden wurde.

[88] Vgl. dazu HOLTZ, 1Thess 13–18.

[89] Gegen SCHENK, Philipperbrief 3289.

[90] Vgl. dazu HENGEL, Proseuche 157–184, bes. 175.

der durch die paulinische Mission ausgelösten Unruhen in Philippi in Apg
16,16–22 weicht charakteristisch von entsprechenden Konfliktschilderungen
der Apg ab (vgl. etwa 17,5–9; 18,12–17) und setzt Spannungen im Zusammenleben von Juden und Nichtjuden in Philippi voraus. Die christlichen Missionare
werden von den heidnisch-römischen Bürgern der Stadt als Juden denunziert
und dem Zorn der Menge ausgeliefert (16,20ff)[91]. Nimmt man an, daß auch in
Philippi die paulinische Missionsgemeinde im Umfeld der jüdischen Gemeinde
erwuchs[92], so könnte die Beschneidungsforderung gegenüber Gliedern der
paulinischen Glaubensgemeinschaft in dieser Stadt als Signal für den innersynagogalen Differenzierungsprozeß in Folge der paulinischen Wirksamkeit interpretiert werden. Für die Beschneidungsagitatoren war sie Ausdruck ihrer Bemühungen, die »Gottesfürchtigen« nicht ganz der paulinischen Mission zu
überlassen. Angesichts der Aufhebung der Grenze zwischen Beschnittenen und
Unbeschnittenen, die sie nicht nachvollziehen wollten, fühlten sie sich genötigt,
die unbeschnittenen christlichen Synagogenanhänger vor die Entscheidung zu
stellen: entweder Übernahme der Beschneidung und damit uneingeschränkte
Aufnahme in die Synagogengemeinschaft mit allen dazugehörigen Privilegien
oder Ausscheiden aus dem Synagogenverband und Verzicht auf dessen sozialen,
rechtlichen und politischen Schutz. Stellt man die verschärfte Situation im
Zusammenleben von Juden und Nichtjuden in Rechnung und berücksichtigt die
mit der Zuwendung zum Judentum auch für (noch) nicht beschnittene Heiden
verbundene soziale Desintegration, so wird das Bestreben, sich auch als Christusanhänger weiter unter den Schutz der Synagoge stellen zu dürfen, verständlich. Es konnte durchaus dazu führen, die bisher zögernde Haltung gegenüber
der Beschneidung aufzugeben. Die Ankündigung des Paulus, daß der Widerstand gegenüber dem Ansinnen der Agitatoren in das Leiden führen kann
(1,29f), bekommt bei dieser Annahme einen konkreten geschichtlichen Hintergrund[93].

c) Die paulinische Position

Paulus gründet seine Ermahnung an die Philipper, dem Beschneidungsansinnen
der Agitatoren zu widerstehen, auf ihre gegenwärtig wirksame Heilsteilhabe

---

[91] Zur Traditionsgrundlage von Apg 16,16–22 vgl. Roloff, Apg 243; Lüdemann, Christentum 189ff; Pesch, Apg II 109f.
[92] So auch Suhl, Briefe 186ff. Der Philipperbrief setzt ebenso wie die übrigen Paulusbriefe
ein jüdisches »Vorverständnis« voraus, auch wenn in ihm (wie auch im 1. Thessalonicherbrief)
der Bezug auf das Alte Testament nicht direkt hervortritt. S. z.B. die eschatologischen
Erwartungen (1,6.10f; 2,16; 3,20f), die Vorstellung von der Heiligkeit der Gemeinde (1,1.10;
2,15) und ihre Anrede als τέκνα θεοῦ (2,15; vgl. dazu Delling, Söhne 620; derselbe, Bezeichnung 18–28).
[93] Auch Suhl, Briefe 184f.199, sieht als Motiv für das Eingehen der Philipper auf die
Beschneidungsforderung die Flucht in den Rechtsschutz der Synagoge aus Angst vor mögli-

aufgrund ihrer Zuwendung zum Christusevangelium[94]. Um diese Christusgemeinschaft der Adressaten zum Ausdruck zu bringen, greift er auf charakteristische Stichworte zurück, die mit der Zuwendung zum Judentum und dem darin
implizierten religiösen und politisch-sozialen Gewinn verbunden sind.

Mit der Feststellung: »Wir (die beschnittenen und unbeschnittenen Christen)
sind die Beschneidung« (3,3), nimmt er den entscheidenden Inhalt der Beschneidungsforderung, die dem Proselyten gewährte uneingeschränkte Teilhabe an
Israel, auf und für die Gemeinde in Anspruch. Er stellt damit den der Beschneidungsforderung innewohnenden Anspruch nicht in Frage, setzt aber dem Vollzug der Beschneidung an Christen die durch die Christusgemeinschaft vermittelte Heilsteilhabe exklusiv entgegen. Gerade weil für Paulus die Annahme der
Beschneidung mit dem Eintritt in die Heilsgemeinschaft verbunden ist, muß er
sie um des Christusevangeliums willen ablehnen[95]. Für Christen, die bereits »im
Geist Gottes dienen«, würde sie bedeuten, ihr Vertrauen statt in Christus im
Fleisch zu haben.

Im folgenden (3,4–11) stellt Paulus sich selbst den Philippern als Vorbild hin.
So wie sie gegenwärtig in der Gefahr stehen, ihr Vertrauen auf das Fleisch zu
setzen, könnte auch er es tun (V. 3f)[96]. Stattdessen aber hat er im Lichte seiner
Christuserfahrung erkannt, daß alle unabhängig von dieser Erfahrung als Ge-
winn zu erachtenden Vorzüge im Blick auf die Christusgemeinschaft und die
mit ihr verbundene Teilhabe am eschatologischen Heil nutzlos sind (V. 7f).
Diese in der Vergangenheit vorgenommene Umwertung in ihrer spezifischen
Ausrichtung auf die Frage zur Christusgemeinschaft liegt seiner gegenwärtigen
Argumentation gegenüber den Philippern zugrunde. Aus ihr gewinnt er die
Logik seiner Mahnung: So wie er die Vorzüge seiner Herkunft und Lebensweise

---

cher Verfolgung. Freilich hält er die Beschneidungsagitatoren für aus Ephesus nach Philippi
gekommene beschnittene Heidenchristen (a.a.O., 184.197f).

[94] Vgl. o., S. 83f.92f. Dies gilt für die Paränese des Philipperbriefs insgesamt, vgl. bes. 1,27
(ἀξίως τοῦ εὐαγγελίου τοῦ Χριστοῦ πολιτεύεσθε ... στήκετε ἐν ἑνὶ πνεύματι, μιᾷ ψυχῇ
συναθλοῦντες τῇ πίστει τοῦ εὐαγγελίου). Die Mahnung zur Einmütigkeit in der Gemeinde wird
auch in 2,1–18 zentral aus der im Christusevangelium fundierten Gemeinschaft begründet (vgl.
ebenso die kurzformelartigen Mahnungen in 3,1; 4,1–4). Diese einheitliche Paränese verleiht
dem Brief ein hohes Maß an Kohärenz.

[95] Ausführlicher als im Philipperbrief begründet Paulus diesen Zusammenhang im Galaterbrief. Auffälligerweise begegnet die Wendung, mit der er dort den exklusiven Gegensatz
zwischen seiner Verkündigung und der Annahme der Beschneidung bezeichnet (Gal 2,2: μή
πως εἰς κενὸν τρέχω ἢ ἔδραμον, vgl. auch 4,11 sowie 2,21; 5,2), auch in paränetischem
Zusammenhang im Philipperbrief (2,16: ὅτι οὐκ εἰς κενὸν ἔδραμον οὐδὲ εἰς κενὸν ἐκοπίασα). Vgl.
dazu jetzt REINMUTH, Vergeblich 97–123.

[96] Der Vorwurf des πεποιθέναι ἐν σαρκί richtet sich nicht gegen die Agitatoren, sondern als
Warnung gegen die ihrer Agitation ausgesetzten Philipper. πεποιθότες in V. 3 bezieht sich auf
ἡμεῖς, also auf den Apostel und seine Adressaten. In V. 4a greift Paulus sich selbst aus dieser
Gruppe als Beispiel heraus. Folglich muß auch mit εἴ τις ἄλλος in V. 4b irgendjemand von den
ἡμεῖς in V. 3 gemeint sein.

als Verlust zu bewerten sich veranlaßt sah, ebenso sollen die Philipper im Lichte ihrer bereits erfahrenen Christusgemeinschaft die Übernahme der Beschneidung als Vertrauen auf das Fleisch erkennen.

Der gesamte Abschnitt VV. 7–11 hat den Akt des Christwerdens (und seine Konsequenzen hinsichtlich der Heilsteilhabe) im Blick, noch nicht die Existenz als Christ. Diese wird erst ab V. 12 thematisiert. Die drei finalen Wendungen im Aorist (κερδήσω, εὑρεθῶ, γνῶναι) weisen sachlich »auf den Anfang des Christwerdens« und hängen von der ebenfalls im Aorist formulierten Wendung ἐζημιώθην (V. 8) ab. Die Präsensformen in V. 8 sind als »adressatenorientierte Beispielmarkierung« zu verstehen; mit ihnen signalisiert Paulus, daß sein in der Vergangenheit liegendes Verhalten für die Adressaten in einer analogen gegenwärtigen Situation als vorbildlich anzusehen ist[97]. Das kurzformelartig auf die Christuserfahrung des Paulus verweisende διὰ τὸν Χριστόν (V. 7) wird in den folgenden Versen durch verschiedene Wendungen erläutert, die jeweils in bestimmter Weise den Vorgang des Christwerdens anklingen lassen. γνῶσις Χριστοῦ Ἰησοῦ τοῦ κυρίου μου (V. 8, vgl. γνῶναι αὐτόν, V. 10) meint hier wie in den verwandten Wendungen in 2Kor 4,6 (γνῶσις τῆς δόξης τοῦ θεοῦ ἐν προσώπῳ Ἰησοῦ Χριστοῦ) und Gal 4,8f (γνόντες θεόν, μᾶλλον δὲ γνωσθέντες ὑπὸ θεοῦ) den Wechsel vom vorchristlichen in das christliche Sein[98]. κερδήσω (V. 8) nimmt den auf die Wende vor Damaskus bezogenen Gegensatz Gewinn – Verlust (κέρδη – ζημία) von V. 7 auf. Das Verb ist, bezogen auf persönliche Objekte, »Terminus der Missionssprache«[99]. εὑρεθῶ ἐν αὐτῷ (V. 9) meint »ein Einbezogenwerden in das Heilsgeschehen vermöge der πίστις«[100]. Auch die Gerechtigkeitsterminologie in V. 9 hat (wie in Röm 1,16f; 3,21–30; Gal 2,16) Bezug zum Vorgang des Christwerdens.

In Anbetracht dieser argumentativen Ausrichtung auf die Frage des Zugangs zur Heilswirklichkeit kann die Funktion der Ich-Rede nicht darin liegen, den grundsätzlichen Bruch des Paulus mit seiner jüdischen Vergangenheit zum Ausdruck zu bringen. Paulus gibt keinen Rückblick auf seine Vergangenheit, stellt auch nicht seine Gegenwart als Christusapostel seiner jüdischen Vergangenheit vergleichend und bewertend gegenüber[101], sondern er stellt seine Be-

---

[97] Schenk, Phil 307. Vgl. auch Becker, Paulus 329f. 341f. 344f.

[98] Gegen W. Schmithals, EWNT I 601; R. Bultmann, ThWNT I 710, mit Schenk, Phil 305 (für Übernahme eines Terminus der Agitatoren spricht allerdings nichts, zumal in Anbetracht der o. g. Parallelen bei Paulus); vermittelnd, aber mit verfehlter Interpretation des Präsens in V. 8, Gnilka, Phil 192f.

[99] H. Schlier, ThWNT III 672; vgl. EWNT II 700. Vgl. 1Kor 9,19–22; Mt 18,15; 1Petr 3,1.

[100] R. Bultmann, ThWNT I 710.

[101] Gegen Wilckens, Entwicklung 177: Phil 3,4–11 sei wie 2Kor 3 »am Gegensatz zwischen Christentum und Judentum orientiert« (ähnlich Sanders, Law 137.139f; Räisänen, Law 176, Anm. 75). Auch Watson, Paul 73–80, überträgt sein Schema von Denunziation, Neuinterpretation und Antithese, mit dem Paulus versuche, den Bruch zwischen seiner christlichen Sekte und der jüdischen Mutterreligion zu zementieren, undifferenziert auf die Interpretation von Phil 3 und urteilt von daher a.a.O., 77f: »In 3:7–11, he emphasizes the utter worthlessness of his Jewish past from his new perspective ... What Paul renounces according to Phil. 3.7ff is his whole covenant-status as a Jew ...«. Richtig dagegen Dupont, Conversion 71f: »Ce point de vue lui était évidemment imposé par l'enseignement qu'il veut donner aux Philippiens: il s'agit de leur faire comprendre que la place tenue par le Christ dans la foi chrétienne transforme en

wertung seiner jüdischen Vorzüge angesichts der Christusoffenbarung den Philippern als vorbildlich für die von ihnen in einer analogen Situation zu treffende Bewertung und Entscheidung dar. Sein in den Wertungen von V. 7f zum Ausdruck kommender Widerspruch rührt nicht her aus der Insuffizienz des in V. 5f beschriebenen Judeseins, sondern aus seiner Erkenntnis Jesu Christi. Er richtet sich nicht gegen an seiner eigenen Vergangenheit exemplarisch sichtbar werdende Ausprägungen des Judentums, sondern gegen ihre Einforderung gegenüber Christen als Bedingung für ihre Heilsteilhabe. An den Inhalten jüdischen Heilsverständnisses hält Paulus dabei fest. Die Beschneidung ist für ihn Ausdruck der Teilhabe an der göttlichen Bundeszusage (V. 3), Gerechtigkeit das in solcher Erwählung gründende und der Zugehörigkeit zum Heilsbereich entsprechende Tun der Erwählten (V. 9). Ebenso bleibt für ihn Gott auch angesichts seiner Christuserfahrung Urheber der Heilswirklichkeit (vgl. V. 3: πνεύματι θεοῦ λατρεύοντες, V. 9: ἐκ θεοῦ δικαιοσύνην). Gerade deshalb aber muß er denen widersprechen, die weiter auf Beschneidung und Toragehorsam als Bedingung der Heilsteilhabe beharren. Denn indem er den Christus Jesus als Kyrios erkannte (V. 8), erfuhr er an sich selbst, daß Gott die Zugangsweise zu seiner Heilswirklichkeit eschatologisch neu definiert hat: Anteil an der durch die Beschneidung signalisierten Erwählung erhalten nach seinem in dieser Erfahrung gründenden Urteil nun alle, die unter dem Wirken des Geistes Gottes stehen (V. 3), Gerechtigkeit von Gott her wird all denen zuteil, die an den Christus Jesus glauben (V. 9).

Umstritten ist nach paulinischem Verständnis also nicht das Ziel, sondern der Weg, der Zugang zur Heilswirklichkeit. Dies wird exemplarisch sichtbar am Gebrauch von δικαιοσύνη in V. 6 und V. 9. Sowohl der Argumentationszusammenhang als auch die sprachliche Gestalt von V. 9 weisen darauf hin, daß hier nicht zwei verschiedene Arten von Gerechtigkeit gegenübergestellt werden, sondern zwei verschiedene Weisen ihrer Zuwendung[102]. Im Unterschied zu

---

contrevaleurs ce qui paraît avantageux dans une perspective juive.« Vgl. auch die Beobachtungen zu Textsorte und Tempusfolge u., S. 103.

[102] Insofern sind diejenigen im Recht, die gegen ein Verständnis der Stelle als Ausdruck des Gegensatzes von jüdischer »erlangter« und christlicher »geschenkter« Gerechtigkeit protestieren (vgl. LIEBERS, Gesetz 58ff; RÄISÄNEN, Call 69f; DERSELBE, Conversion 408f; WATSON, Paul 77–80; SANDERS, Law 44.140). Ebensowenig trifft es freilich den Kern der paulinischen Argumentation, wenn Sanders hier die »wahre« (christliche) der »falschen« (jüdischen) Gerechtigkeit entgegengestellt sieht (Paulus 484.512; vgl. DERSELBE, Law 43.45.139f).

Richtig urteilt MERKLEIN, Bedeutung 45: Paulus will »nicht die Gesetzesgerechtigkeit als Selbstgerechtigkeit diffamieren... Der Vers gibt vielmehr die Selbsteinschätzung des Paulus wieder, wie er sie nach seiner Hinkehr zu Christus gewonnen hat... Die Ablehnung der ›eigenen Gerechtigkeit, die aus dem Gesetz kommt‹, inkriminiert also nicht das Tun des Gesetzes, sondern den (in Christus offenbaren) Sünder, der sich nur eine illusionäre Gerechtigkeit aufbaut, wenn er mit dem Kriterium des Gesetzes Gerechtigkeit reklamiert.«

V. 6, wo ἐν νόμῳ den Geltungsbereich der δικαιοσύνη als Maßstab bezeichnet[103], lenkt V. 9 mit der Präposition ἐκ den Blick auf die Herkunft der Gerechtigkeit. Der Gedankenfortschritt gegenüber V. 6 besteht darin, daß Paulus dort auf der Ebene des hypothetischen »Vertrauens im Fleisch« unter Absehung von seiner Christuserfahrung formuliert (vgl. V. 3f), während er in V. 9 diese voraussetzt und ihre Konsequenzen für die Zuwendung der Gerechtigkeit darlegt. Dabei stellt er die Gerechtigkeit als ἐμὴν δικαιοσύνην τὴν ἐκ νόμου in einen Gegensatz (μή — ἀλλά) zur ἐκ θεοῦ δικαιοσύνην ἐπὶ τῇ πίστει. Das ἐμήν in V. 9 nimmt an sich lediglich das autobiographische Ich der Gerechtigkeitsaussage von V. 6 auf. Erst dadurch, daß es der auf dem Wege des Christusglaubens (διὰ πίστεως Χριστοῦ) vermittelten[104] Gerechtigkeit gegenübergestellt wird, erhält es die Bedeutungskomponente des Weges der Vermittlung von Gerechtigkeit und steht damit der ἐκ θεοῦ δικαιοσύνη entgegen.

Ebenso wird das Gesetz erst dadurch negativ bestimmt, daß es der durch den Christusglauben vermittelten Gerechtigkeit, die ἐκ θεοῦ ist, gegenübergestellt wird. Der Wechsel der Präpositionen von ἐν = Geltungsbereich (V. 6) zu ἐκ = Herkunft (V. 9) signalisiert die aufgrund der Christuserkenntnis vollzogene Umwertung. Aufgrund seiner Erkenntnis des Christus Jesus als des Kyrios (V. 8) ist es für Paulus zwingend, daß eine auf dem Wege des Glaubens an diesen Christus zugewendete Gerechtigkeit ihren Ursprung in Gott haben muß. Wenn aber Gott selbst seine Gerechtigkeit auf dem Wege des Christusglaubens zuwenden will, dann ist das Beharren auf dem Gesetz als Bedingung für die Erlangung von Gerechtigkeit Widerspruch gegen Gott[105].

Die Differenz liegt also nicht in der Beschaffenheit der Gerechtigkeit, sondern in ihrem Ursprung bzw. dem Weg ihrer Zuwendung. Im Blick darauf ist Paulus durch seine Christuserfahrung zu einer Umwertung veranlaßt worden[106]. Diese Umwertung angesichts der Beschneidungsforderung durch gegnerische Agitatoren mitzuvollziehen, fordert er die Christen in Philippi auf.

Damit ist deutlich geworden, daß Paulus an zentrale Inhalte jüdischen Heilsverständnisses positiv anknüpft und sie für die christliche Gemeinde in An-

---

[103] Mit SCHENK, Phil 295, gegen BLANK, Paulus 221, der das ἐν instrumental deutet, und LIEBERS, Gesetz 58 (»Gerechtigkeit, die aus dem Gesetz kommt«).

[104] διά mit Genitiv bedeutet hier wohl am ehesten »auf dem Wege« (des Christusglaubens), vgl. REHKOPF, Grammatik § 223,4. So auch LIEBERS, Gesetz 59.

[105] Vgl. LIEBERS, Gesetz 60: »Die christologische Vermittlung der ›Gerechtigkeit Gottes‹ schließt für ihn die durch den Nomos aus.« Zu δικαιοσύνη ἐκ θεοῦ in Phil 3,9 vgl. noch STUHLMACHER, Ende 183f, Anm. 39; WILCKENS, Röm I 207.

[106] RÄISÄNEN, Call 69ff (vgl. DERSELBE, Conversion 409f), übersieht den Argumentationszusammenhang, wenn er konstatiert, Paulus bezeichne die von Gott gegebenen Bundes-Privilegien in V. 4 als »Fleisch« und in V. 8 als σκύβαλα und stelle den Gehorsam gegenüber dem Bundes-Gesetz Gottes als eigene im Gegensatz zu Gottes Gerechtigkeit hin (vgl. a.a.O., 71: »He disqualifies all the items listed in v. 4–6 as ›rubbish‹.«). Paulus bezeichnet nicht die Bundes-Privilegien als solche als »Fleisch«, sondern das Beharren auf ihnen als Vorbedingung der Heilsteilhabe (s. jeweils πεποιθέναι bzw. πεποίθησις ἐν σαρκί).

spruch nimmt, aufgrund seiner Christuserfahrung aber ihre Bindung an die
exklusive Sozialgestalt der jüdischen Religion zugunsten der erfahrenen Christusgemeinschaft ablehnt. Diese Struktur der Anknüpfung liegt auch der abschließenden Aufforderung an die Gemeinde zugrunde, die Haltung des Apostels zum Vorbild zu nehmen (3,17–21). In betonter, strukturell an V. 3a erin-
nernder Formulierung[107] beschreibt er die gegenwärtig wirksame Christusgemeinschaft als Teilhabe am himmlischen Politeuma. Die Christen sind jetzt
schon Bürger des von Christus beherrschten himmlischen »Gemeinwesens«,
während sie noch auf der Erde lebend ihren Blick auf die künftige Parusie des
Herrn und die Verherrlichung ihres Leibes richten[108].

Die betonte Lokalisierung des gegenwärtigen Politeuma der Christen im Himmel im
Gegensatz zu einer auf das Irdische gerichteten Gesinnung impliziert als Gegensatz das
Streben nach Teilhabe an einem irdischen Politeuma, kann sich also nicht gegen ein
konkurrierendes eschatologisches Vollendungsbewußtsein wenden. Paulus selbst betont
die Gegenwärtigkeit der Teilhabe am himmlischen Politeuma (ὑπάρχει)![109] Als primärer
Assoziationsbereich bei den Adressaten kommt daher zunächst die mit dem Stichwort
πολίτευμα verbundene Sozialgestalt jüdischer Diasporagemeinden in Frage[110].
Allerdings verwenden schon Josephus und Philo das Wort im weiteren Sinn in Bezug
auf das durch die Tora geordnete jüdische Gemeinwesen (Josephus, Ap II 145.164f.
184.250.257; Ant I 5; XI 157) oder den durch die Tugend, das Naturgesetz und die Weisheit geleiteten Staat der Weltbürger (Philo, Conf 109; Jos 69; Op 143; SpecLeg II 45;
Agr 81)[111]. Philo verweist wiederholt auf den Himmel als die wahre Heimat, an der die
Seele als Bürger teilhat (Conf 78; Agr 65), und kann als Lohn des Proselyten den »sicheren
Platz im Himmel« bezeichnen (Praem 152).

Der mit dem Eintritt in das himmlische Politeuma verbundene Gewinn ist den
Christen bereits zuteil geworden, ohne daß sie durch Annahme der Beschneidung Glieder eines irdischen (jüdischen) Politeuma und Nutznießer der damit
verbundenen Privilegien und sozialen Absicherungen geworden sind. Die Teilhabe am himmlischen Politeuma bietet die Gewähr künftiger Verherrlichung
bei der Parusie (V. 20f), während das Beharren auf der Beschneidungsforderung
Feindschaft gegen Christus und eine irdische Gesinnung offenbart, die dem
eschatologischen Gericht verfallen ist (V. 18f).
Paulus spitzt in der Gestaltung seiner Mahnung an die Philipper die Auseinandersetzung um die Beschneidung zu auf die Frage, welchen Stellenwert die
Zugehörigkeit zur Sozialgestalt der jüdischen Glaubensgemeinschaft angesichts

---

[107] Vgl. auch o., Anm. 43. Ähnlich BECKER, Paulus 330.

[108] Zur diesem Gedanken zugrundeliegenden Spannung von gegenwärtiger Heilsteilhabe
und künftiger Heilsvollendung s. o., S. 91.

[109] Gegen SCHENK, Phil 324; GNILKA, Phil 206; U. HUTTER, EWNT III 312, mit KLIJN,
Opponents 283.

[110] Vgl. o., S. 94f. Ein Gegensatz zur heidnischen Umgebung der Gemeinde (so BREWER,
Meaning 82f; vgl. GNILKA, Phil 98) oder zum Staat (LOHMEYER, Phil 157; U. HUTTER, EWNT
III 312) ist nicht erkennbar.

[111] Vgl. KASHER, Term 358–364.

der Erfahrung der Auferstehung Jesu als eschatologischer Heilsbringer Gottes im Blick auf den Zugang zu dem durch ihn heraufgeführten Heil erhält. Möglicherweise hat er selbst in Auseinandersetzung mit anderen judenchristlichen Missionaren als erster diese Frage konsequent reflektiert und ihre soteriologischen Konsequenzen in seiner Missionspraxis verwirklicht und zu verteidigen gehabt. Der Philipperbrief gibt allerdings diese Auseinandersetzung nicht wieder, sondern enthält lediglich das auf die konkrete Situation angewandte Ergebnis der paulinischen Reflexion. In der in Philippi Christen gegenüber erhobenen Beschneidungsforderung sieht Paulus den Versuch, die den Christen gewährte Heilsteilhabe an den Eintritt in das Judentum zu binden, ganz gleich, ob eine solche Forderung von christlichen oder nichtchristlichen Juden erhoben wurde. Weil nach seinem Urteil die Christen bereits aufgrund ihrer Christusgemeinschaft ohne Einschränkung in das Heilswirken Gottes einbezogen sind, müssen sie um ihres Christusglaubens willen der Beschneidungsforderung widerstehen.

3. Das jüdische Selbstzeugnis des Paulus (Phil 3,5f)

a) Einbindung in den Kontext und Gestaltung

Um die philippischen Christen vom Übertritt zum Judentum abzuhalten, spricht Paulus ausführlich von seinem eigenen Judesein. Die Einbindung dieser paulinischen Selbstaussagen in die Aussageabsicht des Apostels gegenüber seiner Gemeinde in Philippi ist entscheidend für ihr sachgemäßes Verständnis. Wenn Paulus innerhalb des Argumentationszusammenhangs von Phil 3 zunächst auf seine Herkunft und sein Wirken im Rahmen des Judentums zu sprechen kommt, so geht es ihm doch weder darum, seinen Weg oder gar seine Entwicklung zum Christusapostel darzustellen, noch darum, zwei Epochen seines Wirkens gegenüberzustellen, sondern um sein beispielhaftes Verhalten in einer ganz bestimmten Frage.

Es fehlen – im Unterschied etwa zu Gal 1f – alle Kennzeichen der erzählenden Textsorte. Stattdessen herrschen Konjunktionen und Präpositionalverbindungen vor. Tatbestände und Verhaltensweisen werden nicht erzählt, sondern stichwortartig aneinandergereiht.

Die Tempusfolge macht es unmöglich, zeitlich aufeinanderfolgende Etappen zu unterscheiden. Das Präsens von V. 3, das sich auf den gegenwärtigen Heilsstatus der Christen bezieht, beherrscht die Aussagen bis V. 6, obgleich ein Teil der Fakten, auf die Bezug genommen wird (Φαρισαῖος, διώκων τὴν ἐκκλησίαν), der Sache nach zweifellos der Vergangenheit angehören. V. 7 blickt auf einen in der Vergangenheit liegenden Zustand (Imperfekt), der durch ein ebenfalls in der Vergangenheit vollzogenes Handeln abgeschlossen wurde (Perfekt). In den VV. 8–11 durchdringen sich das Präsens der brieflichen Kommunikation zwischen Autor und Adressaten, der Aorist des in V. 7 berichteten, in der Vergangenheit liegenden Ereignisses und die sachlich z. T. in der Zukunft liegende Ebene der finalen Aussagen (V. 10f). Der erzählende Aorist fehlt völlig.

Paulus stellt sich als vorbildlich hin in Bezug auf den Umgang mit »fleischlichen« Vorzügen angesichts der Teilhabe am eschatologischen Heil. Dies wird deutlich an der Art und Weise, wie die Aussagen über seine Herkunft und seinen jüdischen Wandel mit dem Kontext verklammert sind. Aus V. 7 geht hervor, daß Paulus die in V. 5 f aufgezählten Prädikate während eines früheren Zeitraums als Gewinn bewertet hatte, daß er aber aufgrund seiner Christuserfahrung zu einer Umwertung veranlaßt worden war[112]. Das disqualifizierende Urteil über die aufgezählten jüdischen Vorzüge als πεποίθησις ἐν σαρκί (V. 3 f) ist also ein Gegenwartsurteil des Paulus, das sich der in den VV. 7–11 dargestellten Umwertung verdankt. Es betrifft nicht die in V. 5 f aufgezählten jüdischen Vorzüge als solche, sondern ihre Funktion beim Zugang zum Heil.

Die Aufzählung der jüdischen Vorzüge selbst ist ebenfalls ganz nach den Erfordernissen des Kontextes gestaltet. Der Stil ist geprägt vom Pathos hellenistisch-jüdischer Rhetorik. Es lassen sich unter der Überschrift der ersten Aussage (περιτομῇ ὀκταήμερος) zwei dreigliedrige Satzfolgen erkennen, deren erste von der Präposition ἐκ, deren zweite von κατά regiert wird[113]. Wichtiger noch als diese straffe sprachliche Struktur, die freilich keineswegs zu strenger Symmetrie führt, ist die sachlich begründete Anordnung der Glieder.

Die an sich sachlich den Aussagen über die Abstammung nachzuordnende Beschneidung wird in Anknüpfung an den konkreten Streitpunkt von V. 2 f betont vorangestellt. Am Schluß der Reihe steht die nach dem Maßstab des Gesetzes tadellose Gerechtigkeit, an die dann V. 9 entsprechend dem Argumentationsziel antithetisch anknüpfen kann. Durch diese Anordnung wird deutlich, daß Paulus das Faktum des Beschnittenseins in den Zusammenhang der göttlichen Bundesverheißung stellt, die es signalisiert und der ein nach dem Maßstab des Gesetzes gerechter Lebenswandel des Beschnittenen zu entsprechen hat[114]. Dies entspricht der Argumentationsebene, die er in der gegnerischen Beschneidungsforderung impliziert sieht, und auf die er sich hypothetisch stellt (vgl. V. 3 f): Heilsteilhabe kommt dem zu, der das Bundeszeichen der Beschneidung annimmt und der mit ihm sichtbar gewordenen Erwählung durch einen gerechten Lebenswandel antwortet[115]. Seinen Widerspruch dagegen formuliert er aber nicht mehr auf dieser Ebene, sondern allein von seiner Christuserfahrung her.

---

[112] Vgl. dazu schon o., S. 98 ff.

[113] So mit BETZ, Pharisäer 55 f. Ähnlich GNILKA, Phil 188; LOHMEYER, Phil 129; SCHENK, Phil 280.

[114] BETZ, Pharisäer 55, betrachtet schon den Aufbau der paulinischen Selbstaussagen in 3,5 f als Ergebnis theologischer Reflexion (»Paulus zählt zunächst das auf, was ihm von Gott gegeben wurde [V. 5], während die eigene Leistung in V. 6 gleichsam als Antwort auf Gottes zuvorkommende Gnade ... zu verstehen ist.«) und bringt sie a.a.O., 60f, auf die Formel »bewährte Erwählung«.

[115] Vgl. RÄISÄNEN, Call 69: »The picture conveyed is ... that of a pious man obediently fulfilling the duties prescribed by *God's* law«. Solche Argumentation entspricht jüdischem Verständnis (vgl. zur δικαιοσύνη als umfassender Norm für den Lebenswandel nach dem in der

b) Die einzelnen Elemente

περιτομῇ ὀκταήμερος

An die Spitze der exemplarischen Züge seines Judeseins stellt Paulus den Verweis auf seine eigene Beschneidung und dokumentiert damit seinen Anspruch, als Jude zum von Gott erwählten Volk zu gehören.

Von Gen 17,13 ausgehend war im Frühjudentum (Philo, QuaestGen 3,49; Jub 15,11–14)[116] und bei neutestamentlichen Autoren (Röm 3,1; 4,11; Eph 2,11; Apg 7,8)[117] der Gedanke lebendig, daß Beschneidung und Bund Gottes mit Israel miteinander in Verbindung stehen. Als Zeichen der Unterscheidung von einer nichtjüdischen Umwelt bekam die Beschneidung besonders in Krisenzeiten jüdischen Glaubens die Funktion eines Beweises der Treue zur Tora und konnte in das Martyrium führen (vgl. 1Makk 1,48.60f; 2 Makk 6,10; 4Makk 4,25)[118].

Der achte Tag nach der Geburt ist der schon in der Tora (Gen 17,12; 21,4; Lev 12,3) vorgeschriebene und im Judentum üblicherweise eingehaltene Beschneidungstag[119]. Ein besonderer textpragmatischer Akzent könnte in Phil 3,5 darin liegen, daß Paulus selbst nicht erst, wie es von den Philippern verlangt wird, als Erwachsener beschnitten wurde, sondern sofort nach seiner Geburt, also folglich um so mehr (vgl. V. 4: ἐγὼ μᾶλλον) »Vertrauen auf das Fleisch« haben könnte[120].

ἐκ γένους Ἰσραήλ, φυλῆς Βενιαμίν, Ἑβραῖος ἐξ Ἑβραίων

Zur Bekräftigung seiner durch die Beschneidung signalisierten Zugehörigkeit zum Bundesvolk stellt Paulus in gehobenen Worten seine makellose jüdische Herkunft und Abstammung heraus. Das Volk[121], zu dem er aufgrund seiner Abstammung gehört, benennt er mit der Ehrenbezeichnung, die besonders dessen religiöse Dimension anklingen läßt: Es ist das von Gott seit Urzeiten erwählte Volk[122]. Darin spricht er die Sprache des hellenistischen Judentums, das so sein Selbstverständnis gegenüber einer nichtjüdischen Umwelt zum

---

Tora manifestierten Willen Gottes NIEBUHR, Gesetz 142.238ff; s. a. SCHENK, Phil 280f.295f; BETZ, Pharisäer 55f.58).

[116] Vgl. DELLING, Bewältigung 25; O. BETZ, TRE V 717f; R. MEYER, ThWNT VI 80.

[117] Vgl. O. BETZ, TRE V 719–722; GRÄSSER, Bund 25–34.44f.

[118] Vgl. O. BETZ, TRE V 717; DELLING, Bewältigung 25f.

[119] Vgl. Philo, QuaestGen 3,49; Josephus, Ant J 192; Jub 15,12.14; Lk 1,59; 2,21; Apg 7,8, sowie STRACK/BILLERBECK, Kommentar IV/1 23f.

[120] Vgl. auch HENGEL, Paulus 221.

[121] γένος = Volk (nicht »Geschlecht«, wie LOHMEYER, Phil 129, betont ausführt; dagegen GNILKA, Phil 189; V. HASLER, EWNT I 588; H. KUHLI, EWNT II 497f) wie in 2Kor 11,26 (im Gegensatz zu ἔθνη); Gal 1,14.

[122] Vgl. H.-J. ZOBEL, ThWAT III 1003–1012. Nach K. G. KUHN, ThWNT III 361, »enthält der Name ישראל immer betont die *religiöse Selbstaussage* ›Wir, das auserwählte Volk Gottes‹«. Zu Paulus vgl. W. GUTBROD, ThWNT III 389; H. KUHLI, EWNT II 499. Verwiesen sei auf

Ausdruck brachte[123]. Stärker auf die Herkunft seiner Familie ausgerichtet ist der Verweis auf deren Abstammung aus dem Stamm Benjamin (vgl. Röm 11,1), einem Stamm, der im Frühjudentum offenbar besondere Achtung genoß[124]. Daß Paulus, wie die Apostelgeschichte bezeugt, den Namen eines der berühmtesten Angehörigen dieses Stammes, des Königs Saul trug, dürfte in Anbetracht dessen kaum zufällig sein.

Über die Volkszugehörigkeit und die genealogische Abstammung hinaus bezeichnet die Wendung Ἑβραῖος ἐξ Ἑβραίων auch die persönliche Einstellung des Paulus und seines Elternhauses zu einer solchen Herkunft. Ähnlich wie Ἰσραηλίτης ist Ἑβραῖος (neben Ἰσραηλίτης auch in 2Kor 11,22) die archaisierende und gehobene Bezeichnung für ein Glied des von Gott erwählten Volkes, und zwar besonders in literarisch anspruchsvolleren jüdisch-hellenistischen Schriften[125]. Im besonderen signalisiert sie im Blick auf Juden der Diaspora deren herkunftsmäßige Beziehung zu Palästina[126]. Das muß nicht in jedem Fall bedeuten, daß ein Ἑβραῖος in Palästina geboren ist, wohl aber, daß er auch und gerade in einer hellenistisch geprägten Umwelt an Eigenart und Traditionen seiner jüdisch-palästinischen Herkunft festgehalten hat[127]. Äußerlich erkennbar wird eine solche Traditionsverwurzelung in der Beherrschung und dem Gebrauch der hebräischen bzw. aramäischen Sprache[128].

Röm 11,1 (9,4); 2Kor 11,22, wo Paulus in vergleichbaren Zusammenhängen und ähnlicher Zielrichtung sich als Ἰσραηλίτης bezeichnet (s. dazu u., S. 130f.167–171).

[123] Vgl. H. KUHLI, EWNT II 502; GNILKA, Phil 189. In Gal 2,15 kann Paulus freilich denselben Sachverhalt auch mit dem Wort Ἰουδαῖος ausdrücken.

[124] Vgl. LOHMEYER, Phil 129; MICHEL, Röm 339; KÄSEMANN, Röm 289; J. A. SOGGIN, BHH I 216; HENGEL, Paulus 222. Zur Rolle von Familien-Genealogien im Frühjudentum und deren historischer Zuverlässigkeit vgl. JEREMIAS, Jerusalem 324. Zu Benjaminiten vgl. JEREMIAS, a.a.O., 311. Freilich ist dabei zu berücksichtigen, daß nach frühjüdischem Geschichtsverständnis von den ursprünglich zwölf Stämmen Israels nur noch zwei bzw. zweieinhalb (Juda, Benjamin, die Hälfte von Levi) übriggeblieben waren (syrBar 62,5; 77,19; 78,1; vgl. 1,2f; 4Esr 13,40; TestJos 19,2f). (Hinweis Prof. T. Holtz).

[125] Zu den Belegen aus 4Makk, Jdt, TragEz, Philo und Josephus vgl. K. G. KUHN, ThWNT III 368ff; W. GUTBROD, ThWNT III 375; J. WANKE, EWNT I 892; LOHMEYER, Phil 130; GNILKA, Phil 189; HENGEL, Jesus 169. Vgl. auch die Selbstvorstellung des Josephus als Autor von Bell (I 3): Ἰώσηπος Ματθίου παῖς [γένει ἑβραῖος] ἐξ Ἱεροσολύμων ἱερεύς (zur Textüberlieferung s. MICHEL/BAUERNFEIND, Bello I 464, Anm. 1).

[126] HENGEL, Jesus 169: »... den aus Palästina – d. h. dem Heiligen Land – stammenden oder mit Palästina besonders verbundenen Juden«. Vgl. auch HAACKER, Berufung 5; KIM, Origin 34f.

[127] So K. G. KUHN, ThWNT III 370; W. GUTBROD, ThWNT III 375f; LIETZMANN, Kor 150; DIBELIUS, Phil 87; GNILKA, Phil 190; BETZ, Pharisäer 57. Hauptbeleg für diesen Sprachgebrauch sind die griechischen Inschriften, die auf eigenständige Synagogen der »Hebräer« in der Diaspora verweisen (CIJ I 291.317.510.535.718). Vgl. dazu DEISSMANN, Licht 12f, Anm. 8; DERSELBE, in: MÜLLER/BEES, Inschriften 24, Anm.; W. GUTBROD, ThWNT III 376 (Zusammenstellung der Texte in CIJ I LXXVIf sowie bei SCHÜRER, History III/1 97, Anm. 29). Vgl. auch HENGEL, Jesus 178f mit Anm. 99 und 102.

[128] Vgl. K. G. KUHN, ThWNT III 367f; W. GUTBROD, ThWNT III 376; LOHMEYER, Phil 130; GNILKA, Phil 190; BETZ, Pharisäer 57; KIM, Origin 35; DEISSMANN, Paulus 71f, Anm. 7.

In der Aufnahme der Terminologie ebenso wie in der Art und Weise der Formulierung (doppeltes Ἐβραῖος) zeigt sich, daß Paulus in Phil 3,5 nicht lediglich durch redundante Ausdrucksweise sein Judesein unterstreichen will, sondern daß er gezielt und nach Art einer Klimax[129] verschiedene Elemente seiner jüdischen Identität hervorheben will. Das Moment der Bewahrung von Eigenart und Traditionen des jüdischen Mutterlandes in der Diaspora entspricht der besonderen Zielrichtung, mit der Paulus sich als zum Volk Israel gehörig bezeichnet. Es erhält seine spezifische Bedeutung dadurch, daß Paulus eine entsprechende Haltung nicht nur sich selbst, sondern bereits seinem Elternhaus zuerkennt. Nur so ergibt das ἐξ Ἐβραίων einen Sinn. Es ist das Ziel der Klimax Volk – Stamm – Familie.

Die verschiedenen Bedeutungselemente des Terminus Ἐβραῖος können trotz ihrer Einbindung in einen polemisch-argumentativen Zusammenhang auch biographisch ausgewertet werden und das aus Gal 1 f gewonnene Bild von der Herkunft des Paulus[130] vervollständigen. So belegt Phil 3,5, daß Paulus die hebräische bzw. aramäische Sprache beherrscht hat[131]. Zwar ist die Bedeutungskomponente der Sprachbeherrschung bei dem Wort Ἐβραῖος nicht die vorherrschende, wohl aber ein notwendiger Bestandteil, zumal im Zusammenhang einer die Bewahrung jüdischer Identität herausstellenden Aussage[132].
Der Bezug auf die familiäre Herkunft und Prägung des Paulus gebietet es ferner, das Bedeutungsmoment der geographischen Herkunft aus Palästina bzw. der besonders engen Verbindung dorthin angemessen zu würdigen. Eine solche Beziehung muß aufgrund von Phil 3,5 für Paulus und seine Familie angenommen werden[133]. Daß Paulus selbst aus Palästina stammt, ist allerdings durch die zuverlässige gegenteilige Information der Apostelgeschichte über seine Herkunft aus Tarsus in Zilizien (21,39; 22,3) ausgeschlossen[134]. Nach Apg 22,28 hat er das römische Bürgerrecht bereits von seinem Vater ererbt. Dies würde voraussetzen, daß seine Eltern bereits lange genug in der Diaspora leben mußten, um ein solches Bürgerrecht zu erwerben. Freilich ist der dazu nötige Zeitraum kaum sicher zu bestimmen[135].
In diesem Zusammenhang ist auf eine bei Hieronymus überlieferte Nachricht zu verweisen, nach der die Eltern des Paulus aus Gischala in Galiläa stammten und im Zuge kriegerischer Ereignisse von den Römern nach Tarsus verschleppt wurden[136]. In der bei

---

[129] Vgl. W. GUTBROD, ThWNT III 393.

[130] Vgl. o., S. 43–48.

[131] Mit HENGEL, Paulus 220.

[132] Vgl. W. GUTBROD, ThWNT III 393: Bei Ἐβραῖος in Phil 3,5 ist »nicht in erster Linie von seiner sprachlichen Zugehörigkeit die Rede…, sondern von seiner Herkunft, mit der dann die sprachliche Zugehörigkeit mitgesetzt sein mag«. Zum Aramäischen als (einer) Muttersprache des Paulus vgl. VAN UNNIK, Tarsus 304f; DERSELBE, Aramaisms 129–143 (133); SCHOEPS, Paulus 25f; KIM, Origin 38.

[133] So auch W. GUTBROD, ThWNT III 393. Vgl. DIBELIUS, Phil 87; KIM, Origin 35; HAACKER, Berufung 5; DEISSMANN, in: MÜLLER/BEES, Inschriften 24, Anm; zurückhaltender J. WANKE, EWNT I 893.

[134] Vgl. dazu o., S. 48 mit Anm. 202 und 203.

[135] Vgl. dazu HENGEL, Paulus 193–208.

[136] Ad Philemona 23 (zit. nach TH. ZAHN, RE³ XV 69): Ajunt parentes apostoli Pauli de Gischalis regione fuisse Judaeae et eos, quum tota provincia Romana vastaretur manu et dispergerentur in orbem Judaei, in Tarsum urbem Ciliciae fuisse translatos; parentum conditio-

Hieronymus überlieferten Gestalt kann diese Nachricht keinen Anspruch auf historische Glaubhaftigkeit erheben, da sie offensichtlich mit dem in der Apostelgeschichte belegten ererbten römischen Bürgerrecht des Paulus kollidiert. Andererseits ist es kaum zu begründen, daß eine solche Überlieferung völlig aus der Luft gegriffen sein sollte. Die unerfindliche Erwähnung des sonst völlig unbedeutenden Gischala in Galiläa läßt vermuten, daß die Nachricht bei Hieronymus wenigstens hinsichtlich der galiläischen Herkunft der Familie des Paulus historisch Richtiges wiedergibt[137]. Familiäre Beziehungen des Paulus nach Palästina belegt auch Apg 23,16, wo ein in Jerusalem lebender Sohn seiner Schwester erwähnt wird[138].

κατὰ νόμον Φαρισαῖος

Die mit κατά eingeleiteten Wendungen bezeichnen das der göttlichen Erwählung antwortende und entsprechende Verhalten des Paulus. Maßstab solchen Verhaltens ist die Tora. Bewertet Paulus sein an diesem Maßstab gemessenes Verhalten in V. 6 b insgesamt als tadellos (κατὰ δικαιοσύνην τὴν ἐν νόμῳ γενόμενος ἄμεμπτος)[139], so belegt er vorher dieses Urteil durch Verweis auf zwei seiner charakteristischen Ausprägungen.

In V. 6 b gibt das Gesetz den Geltungsbereich an, innerhalb dessen eine seinen Forderungen entsprechende Gerechtigkeit als Bewertungsmaßstab des Verhaltens angelegt wird. In V. 5 bildet es selbst den Bezugspunkt für die besondere Ausrichtung des Verhaltens. κατὰ νόμον bedeutet hier daher »im Hinblick auf die Art und Weise, nach dem Gesetz zu leben«[140].

Die besondere Art und Weise, nach dem Gesetz zu leben, bestand für Paulus darin, sich zur Gemeinschaft der Pharisäer zu halten. Dieser Tatbestand ist für

---

nem adolescentulum Paulum sequutum. De Viribus Illustribus 5: Paulus apostolus, qui ante Saulus, extra numerum duodecim apostolorum, de tribu Beniamin et oppido Iudaeae Giscalis fuit, quo a Romanis capto, cum parentibus suis Tarsum Ciliciae commigravit.

[137] TH. ZAHN, RE³ XV 69 (vgl. DERSELBE, Einleitung I 49), meint wenigstens Ad Philemona 23 mit Apg 22,28 vereinbaren zu können, indem er den Schlußsatz über den »adolescentulus Paulus« dahingehend interpretiert, daß der »junge P. der Lebensstellung der Eltern gefolgt sei, sie von ihnen geerbt habe«. Bei dieser Deutung könnten sich die geschilderten Ereignisse im Zusammenhang mit dem Kriegszug des Varus durch Galiläa im Jahre 4 v. Chr. zugetragen haben, von dem Josephus, Ant XVII 286–294; Bell II 66–71 berichtet. Paulus sei erst Jahre später, nach der Entlassung seiner Eltern aus der Kriegsgefangenschaft und ihrer Erlangung römischen Bürgerrechts geboren. Dieser Interpretation ist die ältere Exegese häufig mit mehr oder weniger Vorsicht gefolgt, vgl. DEISSMANN, Paulus 71 f mit Anm. 7; OEPKE, Probleme 441, Anm. 95; WEISS, Urchristentum 131; LIETZMANN, Kor 150; LOHMEYER, Phil 130, Anm. 1; DIBELIUS, Phil 87. Vorsichtig zustimmend äußern sich jetzt auch HAACKER, Berufung 5; KIM, Origin 35, Anm. 6. HENGEL, Paulus 206 ff, hält zwar die Hieronymus-Nachricht für historisch nicht mehr verifizierbar, die Erlangung des römischen Bürgerrechts durch Freilassung der in Palästina in Kriegsgefangenschaft geratenen Vorfahren des Paulus aber für »durchaus plausibel«. Vgl. jetzt auch RIESNER, Frühzeit 131 f.

[138] Vgl. dazu o., S. 47 mit Anm. 195.

[139] Vgl. dazu o., S. 104.

[140] Vgl. BAUER, Wörterbuch 827 f, s. v. κατά II.6. GENTHE, Bedeutung 95 f, ordnet das κατά in Phil 3,5 der normativen Bedeutung zu und bringt dafür zahlreiche Belege aus der jüdischen Literatur.

die Bestimmung seines Standortes innerhalb des Judentums seiner Zeit von außerordentlicher Bedeutung[141].

κατὰ ζῆλος διώκων τὴν ἐκκλησίαν

Die Aussage über die Verfolgertätigkeit des Paulus ist in Phil 3,5 f eingeordnet in die Reihe der Wendungen, die das der göttlichen Erwählung antwortende und entsprechende Verhalten benennen. Anders als in Gal 1,13.23[142] ist sie hier nicht besonders hervorgehoben. κατὰ ζῆλος betont die Intensität des Verfolgens und läßt den Eifer um die Bewahrung der Tora vor ihren Feinden anklingen[143]. τὴν ἐκκλησίαν bezeichnet kurzformelartig die Verfolgten als die endzeitliche Heilsgemeinde Gottes[144], ohne daß dies im Zusammenhang von Phil 3,5 f weiter argumentativ ausgeführt würde.

Die Funktion der Verfolgeraussage von Phil 3,6 ist ganz eingeordnet in die Aussageabsicht der Reihe der von Paulus aufgezählten Vorzüge seiner jüdischen Herkunft und Haltung. Ein gewisses sachliches Eigengewicht erhält die Erwähnung der gegen die Gemeinde gerichteten Wirksamkeit des Paulus dadurch, daß in ihr ein »Vorzug« genannt ist, der das Verhältnis des vorchristlichen Paulus zu Christusanhängern betrifft, aber auch dieser Zug wird im Kontext nicht eigens ausgewertet. Implizit ist dadurch freilich den christlichen Adressaten in Philippi gegenüber das Tun des Paulus als paradoxe Konsequenz seines Strebens nach exemplarisch jüdischer Existenz bewertet. Diese implizite Wertung setzt den Richtungswandel des Paulus im Verhältnis zu den Christen schon voraus. Darin, daß Paulus hypothetisch seine Wendung gegen die eschatologische Heilsgemeinde als Ausdruck der Zuversicht hinsichtlich seiner eigenen Heilsteilhabe abgesehen vom Christusgeschehen anführen kann, ist bereits der durch seine Christuserfahrung hervorgerufene Wandel in der Beurteilung der Frage nach der Zugangsweise zum endzeitlichen Heil antizipiert.

Zusammenfassung
(Teil I und II)

Die Darstellung der jüdischen Herkunft und Lebensweise des Paulus in Gal 1,13 f und Phil 3,5 f hat argumentative Funktion gegenüber den Briefadressaten. Paulus kommt in Argumentationszusammenhängen auf sie zu sprechen, in denen er seine Adressaten in ihrer Haltung als Christen gegenüber dem jüdischen

---

[141] Vgl. dazu o., S. 48–57.
[142] Vgl. dazu o., S. 35–43.
[143] Vgl. o., S. 26–29.
[144] Vgl. o., S. 41 f.

Gesetz, speziell angesichts einer an sie gerichteten Agitation zur Übernahme der Beschneidung, beeinflussen will.

Das Judesein des Paulus hat für seine Argumentation als Christusapostel gegenüber unbeschnittenen Christen positive und negative Relevanz. Als von Gott beauftragter Apostel des gekreuzigten und auferstandenen Jesus hat er diesen als den Messias den Heiden zu verkündigen und ihnen damit den Anbruch des endzeitlichen Heilshandelns des Gottes Israels anzukündigen, das sie durch den Glauben an diesen Messias einschließt, ohne daß sie sich der Beschneidung als dem Zeichen der Zugehörigkeit zur Heilsgemeinschaft zu unterwerfen hätten.

Als Jude und nach dem Vorbild der Propheten von Gott berufener Apostel ist er für diesen Verkündigungsauftrag insofern kompetent, als er um die von Gott für die Endzeit verheißene Heilsfülle weiß, die auch die Heiden einschließen soll. Seine spezielle Kompetenz hinsichtlich der Frage des Gesetzesgehorsams unbeschnittener Christen liegt darin begründet, daß er bereits vor seiner Berufung zum Christusapostel mit dieser Frage konfrontiert war, als er Christen wegen ihres Bekenntnisses zu dem gekreuzigten Messias Jesus und der aus diesem Bekenntnis resultierenden Infragestellung der Tora verfolgte. In diesem Zusammenhang stellt sich Paulus als exemplarischer Vertreter jüdischen Glaubens und Lebens dar, der der göttlichen Erwählung Israels und seiner selbst als Glied dessen dadurch zu antworten suchte, daß er seinen Lebenswandel ganz auf den Gehorsam gegenüber Gottes in der Tora manifestiertem Willen ausrichtete und durch Abgrenzung gegenüber Gefährdungen solchen Toragehorsams von seiten einer nichtjüdischen Umwelt zu schützen sich bemühte.

Im negativen Sinn relevant für seine apostolische (und briefliche) Verkündigung wird sein eigenes Judesein dadurch, daß ihm aufgrund seiner von Gott her empfangenen Christusoffenbarung der Anbruch des die Heiden einschließenden endzeitlichen Heilshandelns Gottes erkennbar wurde und damit sein auf Abgrenzung gegenüber den Heiden im Interesse vollkommenen Toragehorsams ausgerichteter Lebenswandel, der ihn dazu veranlaßt hatte, gegen die Anhänger dieses Christus Jesus vorzugehen, als gegen Gott gerichtet erscheinen mußte. Das sich seiner Christuserfahrung verdankende Urteil über seine frühere Wirksamkeit gegenüber der Gemeinde Gottes als Abfall von diesem Gott läßt ihn seine Beauftragung zur Evangeliumsverkündigung gegenüber den Heiden als Bekehrung im Sinne der Rückkehr zu dem Gott Israels erfahren, der im Christusgeschehen auch die Heiden in sein eschatologisches Heil einschließen will.

Stellt Paulus damit auch seinen Wandel vom exemplarischen Vertreter jüdischen Lebens zum Apostel Jesu Christi als radikale Kehrtwendung dar, so beurteilt er diese Wende doch nicht als Abkehr von den Inhalten jüdischen Gottesglaubens und Heilsverständnisses. Aus der Perspektive seines eschatologischen Verkündigungsauftrages sieht er im Gegenteil gerade in dieser Wende einen Ausdruck des heilschaffenden Handelns des Gottes Israels, der sein Volk erwählt hat, ihm durch die Verkündigung der Propheten auch die Heiden einschließendes Heil verheißen hat und dieses Heil jetzt im Christusgeschehen anbrechen läßt. Von solchem Urteil her muß Paulus das Beharren auf der Forderung nach vollem Toragehorsam gegenüber Unbeschnittenen als Vorbedingung zur Heilsteilhabe und damit auch sein eigenes Bemühen um Sicherung der Treue zur Tora vor seiner Berufung als Mißachtung und Behinderung von Gottes Handeln in Jesus Christus ansehen. Denn, wie es Paulus an sich selbst erlebt hat: Nicht der Toragehorsam, sondern das Erkennen von Gottes Heilshandeln in Jesus Christus eröffnet den Zugang zum eschatologischen Heil. Hinsichtlich des Zugangs zur eschatologischen Heilsteilhabe erweist sich Paulus angesichts seiner Christuserfahrung sein bisheriger Weg als Irrweg, ja als Abweg.

III. Der Christusverkündiger aus dem Gottesvolk
(2Kor 11,22f)

1. Die »Narrenrede« 2Kor 11,1–12,13

In 2Kor 11,22f stellt sich Paulus hinsichtlich seines Judeseins auf die gleiche Stufe mit judenchristlichen Gegnern, die in die korinthische Gemeinde eingedrungen sind, während er ihrem Dienst an der Christusverkündigung gegenüber seine Überlegenheit herausstellt. Eine nähere Analyse hat zu zeigen, welche Bewertung dem Judesein des Paulus innerhalb des Aussagezusammenhangs der »Narrenrede« 2Kor 11,1–12,13 zuteil wird und welche Funktion der Verweis darauf gegenüber den Briefadressaten hat.

Die Frage nach der Bewertung des Judeseins des Paulus nach 2Kor 11,22 ist nur im Zusammenhang einer Analyse von Aufbau, Stil und Intention der »Narrenrede« insgesamt zu beantworten. Dabei ist die Gemeindesituation in Korinth als Anlaß und Ziel der »Narrenrede« gebührend zu beachten.

a) Kontext und Gliederung

Die »Narrenrede« ist Bestandteil des in sich geschlossenen Briefteils 2Kor 10–13.

Die vorliegende Untersuchung beschränkt sich weitgehend auf die hinsichtlich ihrer literarischen Einheitlichkeit unangefochtenen Kapp. 10–13, ohne damit ein literarkritisches Urteil über den 2. Korintherbrief präjudizieren zu wollen. Ganz gleich, wie man die literarische Einheitlichkeit des Briefes insgesamt beurteilt: Alle Teile des kanonischen 2. Korintherbriefs gehören sowohl sprachlich als inhaltlich als auch im Blick auf den Zeitraum ihrer Abfassung eng zusammen[1]. M. E. ist es am ehesten wahrscheinlich, daß die Abfolge der Teile des kanonischen Briefes der Reihenfolge ihrer Entstehung entspricht[2].

---

[1] Vgl. LÜDEMANN, Heidenapostel II 125. Ob dies Urteil auch für 6,14–7,1 gilt, kann hier offenbleiben (vgl. dazu THRALL, Problem 132–148; AEJMELAEUS, Streit 45–66; TROBISCH, Entstehung 125, und zuletzt WOLFF, 2Kor 2.146–149).
Über die literarkritische Diskussion zum 2. Korintherbrief informieren KÜMMEL, Einleitung 249–255; DAUTZENBERG, Korintherbrief 3045–3066; FURNISH, 2Kor 30–41; MARTIN, 2Kor xxxviii–lii; KLAUCK, 2Kor 7–10; LANG, Kor 12ff.326f. Eine Gesamtdarstellung bietet jetzt AEJMELAEUS, Streit.
[2] Mit TROBISCH, Entstehung 123; HYLDAHL, Frage 300; BARRETT, 2Kor 23ff; FURNISH, 2Kor 35–41; MARTIN, 2Kor xlv–lii, gegen WATSON, Letter 324–346; AEJMELAEUS, Streit 321f;

Fragen kann man, ob zwischen der Abfassung von Kapp. 1–9 und 10–13 ein Zeitraum anzunehmen ist, in welchem sich die Gemeindesituation in Korinth verändert hat, wovon Paulus vor Abfassung der Kapp. 10–13 Kenntnis erhalten hat. Nimmt man dies an, dann wäre mit zwei selbständigen Briefen zu rechnen, die ein Redaktor unter Weglassung mindestens je eines Prä- und Postskripts miteinander zu einem Schreiben verbunden hätte. Eine solche Annahme würde der Differenz der Stellungnahmen des Paulus zur korinthischen Gemeindesituation gerecht (vgl. etwa 7,16 mit 11,3f.19ff; 12,20f) und könnte sich auch auf antike Parallelen berufen³.

Hält man dagegen an der Einheitlichkeit des 2. Korintherbriefs fest⁴, dann könnte man dafür auf zahlreiche Querverbindungen zwischen den Kapp. 1–9 und 10–13, auch hinsichtlich der vorausgesetzten Gemeindesituation, verweisen⁵ und hätte nach der besonderen Zielrichtung der Kapp. 10–13 zu fragen, in der die zweifellos vorhandenen Unterschiede zwischen beiden Hauptteilen ihre Ursache haben könnten (z. B. Vorbereitung des dritten Besuchs mit Hilfe von 10–13, während 1–9 vorwiegend auf Vorangegangenes zurückblicken).

In jedem Fall bleibt beim Festhalten an der Abfolge der Kapp. 1–13 (unabhängig von der Frage ihrer Einheitlichkeit) der Tatbestand zu erklären, daß sich die Gemeindesituation in Korinth nach Abfassung von Kapp. 10–13 erneut, und zwar zugunsten des Paulus, verändert hat, sofern man die Abfassung des Römerbriefs in wenig späterer Zeit in Korinth ansetzt⁶. Die naheliegendste Annahme besteht darin, davon auszugehen, daß Paulus mit seiner brieflichen Mahnrede zur Vorbereitung seines erneuten Korinth-Besuchs (2Kor 10–13) Erfolg gehabt hat.

Der Briefteil 2Kor 10–13 erhält dadurch seine Kohärenz, daß alle Ausführungen des Paulus in Beziehung stehen zu seinem Verhältnis zur bzw. zu seiner Wirksamkeit in der vom Apostel gegründeten korinthischen Gemeinde⁷. Speziell thematisiert Paulus in unseren Kapiteln den Aspekt der An- bzw. Abwesenheit in der Gemeinde und die damit zusammenhängende Einheitlichkeit bzw. Uneinheitlichkeit seines Verhaltens ihr gegenüber⁸.

BECKER, Paulus 229–235; DAUTZENBERG, Korintherbrief 3050–3055; KLAUCK, 2Kor 9f; LANG, Kor 13f (der freilich auch die von mir vorgezogene Auffassung für möglich hält).

³ Vgl. KÜMMEL, Einleitung 225f; FURNISH, 2Kor 40. TROBISCH, Entstehung 120, kommt nach der Durchsicht eines breiten antiken Vergleichsmaterials zu dem Urteil: »Es gibt meines Erachtens keine antiken Belege dafür, daß Briefe zerteilt und die Teile neu zusammengestellt werden. Die Beispiele für Briefverschmelzungen, die ich finden konnte, verschachteln die Briefe nicht ineinander sondern lassen sie aufeinander folgen. An den Schnittstellen wird redaktionell gearbeitet.« Den 2. Korintherbrief betrachtet Trobisch als chronologisch geordnete »implizite Briefsammlung«, die durch eine »Autorenrezension«, also durch Paulus selbst, zustandegekommen ist (a.a.O., 123–128).

⁴ So z. B. HYLDAHL, Frage 289–306, und jetzt auch WOLFF, 2Kor 2.190–194.

⁵ Vgl. KÜMMEL, Einleitung 252; WOLFF, 2Kor 192.

⁶ Vgl. KÜMMEL, Einleitung 272; WOLFF, 2Kor 5.

⁷ Sprachliches Signal dafür ist das Vorherrschen der 1. Pers. Sing. bzw. Plur. (vgl. CARREZ, Nous 475.482; SPENCER, Style 81f; WOLFF, 2Kor 10f). Die den Briefteil bestimmende Beziehung Briefautor – Briefadressaten (1. Pers. Sing. bzw. Plur. – 2. Pers. Plur.) ist in 10,1; 11,1ff; 12,11.14.19ff; 13,1.6f.10 an der Textoberfläche abzulesen. ROLLAND, Structure 74ff, will jetzt gar »une symétrie concentrique générale très nette« in den vier Kapiteln beobachten.

⁸ Vgl. das Gegensatzpaar ἄπειμι – πάρειμι, 10,1f.11; 13,2.10 (s. a. πάρειμι, 11,9, παρουσία, 10,10).

Anfang (10,1–11) und Schluß (12,14–13,10) des Briefteils[9] sind der Ankündigung seines erneuten Kommens nach Korinth gewidmet, bei dem sich die Einheitlichkeit seines Verhaltens der Gemeinde gegenüber erweisen wird[10]. Das Verhältnis zwischen Paulus und der Gemeinde wird allerdings berührt und gestört durch die Anwesenheit und Wirksamkeit gewisser Leute in Korinth, die die Abwesenheit des Apostels dazu ausnutzen, seine Autorität und seine Beziehung zur korinthischen Gemeinde zu untergraben (vgl. 10,2.10; 11,4; 12,16). Deshalb stellt er in das Zentrum seiner Ausführungen die Selbstrechtfertigung seines Wirkens als Apostel (11,1–12,13)[11]. Ziel dieser Selbstrechtfertigung ist es, sein Verhältnis zur korinthischen Gemeinde zu bewahren bzw. wieder in Ordnung zu bringen[12], um so das Feld in Korinth für seinen bevorstehenden Besuch zu bereinigen (12,14–21, bes. V. 20f!).

Die »Narrenrede« 11,1–12,13 erscheint somit keineswegs als scharf vom Kontext abgrenzbare sprachliche Einheit, sondern steht in enger funktionaler und sprachlicher Verknüpfung mit ihm. Zwar signalisiert das gehäufte Vorkommen der Wortgruppe ἀφροσύνη, ἄφρων, παραφρονεῖν zwischen 11,1 und 12,6 eine gewisse Kohärenz. Innerhalb des so begrenzten Textstückes sind aber durchaus unterschiedlich gestaltete und keineswegs nach einem strengen Aufbauschema verbundene Abschnitte aneinandergereiht[13]. Immerhin läßt sich eine

---

[9] Also die textpragmatisch besonders relevanten Aussagen, vgl. BERGER, Exegese 18–22. Vgl. u. zur Gattung, S. 116f.

[10] Vgl. die Ankündigungen des Kommens (ἔρχεσθαι) in 12,14.20.21; 13,1.2, aber auch schon die auf ein zukünftiges πάρων ausgerichtete Ankündigung in 10,2. Auch die Schlußmahnungen in 13,11, besonders καταρτίζεσθε (vgl. V. 9!) und παρακαλεῖσθε (vgl. 10,1), dürften nicht ohne aktuellen Bezug sein (vgl. AEJMELAEUS, Streit 99f). 13,1–10 resümiert die vorangegangenen Ausführungen und verweist dabei schlagwortartig zurück auf wesentliche ihrer Teile (V. 3a verweist auf 10,7; 11,6 sowie auf 10,18, die VV. 3b.4.9 auf 11,30; 12,5.9f, die VV. 5ff auf 10,18, V. 10 auf 10,8.13), auf diese Weise den gesamten Gedankengang der in 10,2; 13,10 besonders klar ausgedrückten Aussageabsicht unterstellend. Vgl. auch MARGUERAT, Expérience 517.

[11] 10,12–18 bildet insofern den Übergang zur mit Kap. 11 einsetzenden Selbstrechtfertigung, als einerseits die direkte Auseinandersetzung mit den Leuten, die Paulus in Korinth das Feld streitig machen, aufgenommen wird (V. 12), andererseits diese Auseinandersetzung aber betont vor dem Forum der angesprochenen Gemeinde ausgetragen wird (6× ὑμεῖς in den VV. 13–16!).

[12] Er ist eifersüchtig um sie besorgt (11,2), verweist auf den Erweis seiner γνῶσις bei ihr (11,6), bemüht sich, Mißdeutungen seines Unterhaltsverzichts in Korinth auszuräumen (11,7–11; 12,13). Auch in der ironischen Rivalität mit seinen in Korinth wirksamen Widersachern geht es um die Beziehung zur Gemeinde (ἀνέχεσθαι, 11,1.4.19.20, δέχεσθαι, 11,16). Das Verhältnis zur Gemeinde bestimmt auch das Resümee der »Narrenrede« (12,11–13).

[13] Hinsichtlich der Abgrenzung von Untereinheiten innerhalb der »Narrenrede« sind verschiedene Möglichkeiten begründbar, vgl. z.B. ZMIJEWSKI, Stil 76 (11,1–4; 11,5–15; 11,16–21a; 11,21b–33; 12,1–10); MARGUERAT, Expérience 505–510 (11,1–15; 11,16–33; 12,1–10); THEOBALD, Gnade 244, Anm. 13 (11,1–15; 11,16–21a; 11,21b–12,10); FURNISH, 2Kor 498 (11,1–21a; 11,21b–12,10; 12,11–13); MARTIN, 2Kor xxxviif (11,1–15; 11,16–12,10; 12,11–13); LANG, Kor 334 (11,1–21a; 11,21b–12,13).

gewisse Rahmung durch die Abschnitte 11,1–11 sowie 12,11–13 erkennen. 12,11–13 rekapituliert die Einleitung der »Narrenrede« (11,1–11) und faßt ihr Ergebnis hinsichtlich der dort genannten Hauptpunkte und im Blick auf das Verhältnis des Apostels zur Gemeinde zusammen[14].

Die Stichwortaufnahme ἄφρων, verbunden mit dem rückverweisenden Perfekt γέγονα, sowie die erstmals seit 11,16–21 wieder verbalisierte Beziehung zwischen Autor und Adressaten signalisieren in 12,11 einen Einschnitt. Die Funktion der Inklusion zusammen mit 11,1(–11), die am gemeinsamen Stichwort ἀφροσύνη/ἄφρων erkennbar wird, erstreckt sich auf den gesamten durch Konjunktionen eng verknüpften Abschnitt 12,11–13, sofern man die Rückbezüge von 12,11b auf 11,5 (ὑστερεῖν τῶν ὑπερλίαν ἀποστόλων), 12,12 auf 11,6 (κατειργάσθη ἐν ὑμῖν/φανερώσαντες ... εἰς ὑμᾶς) und 12,13 auf 11,7–9 (Unterhaltsverzicht) erkennt[15]. Auch συνίστασθαι, 12,11, kann die Inklusion unterstreichen, da damit der in 10.12.18 benannte Vorgang aufgenommen wird, der ab 11,1 als ἀφροσύνη bezeichnet wird (vgl. auch ὤφειλον, 12,11, mit ὄφελον, 11,1). 12,14 signalisiert einen Neueinsatz (ἰδού) und nimmt die Besuchsankündigung von 10,2.11 wieder auf.

Der Abschnitt 11,1–21a ist als ausführliche Hinführung zur eigentlichen Selbstempfehlung in 11,21b–12,10 zu verstehen[16]. Die verschiedenen Abschnitte dieser Hinführung dienen z. T. der Rechtfertigung des von Paulus gewählten Argumentationsverfahrens (VV. 1–4: Gefahr der Verführung durch Eindringlinge, VV. 16–21: ironische Anpassung an die Empfänglichkeit der Briefadressaten für Selbstempfehlungen[17]), z. T. aber auch bereits der argumentativen Rechtfertigung seines früheren Verhaltens gegenüber der Gemeinde (VV. 7–11: Begründung des Unterhaltsverzichts), der Herausstellung seines Autoritätsanspruchs (V. 5f) und der polemischen Invektive gegenüber den Eindringlingen (VV. 12–15).

Die »Ruhmesrede« unter dem Vorzeichen der Torheit[18] setzt ein mit einem Vergleich zwischen Paulus und den korinthischen Eindringlingen (VV. 21b–23a), der übergeht in eine lange Aufzählung der »Vorzüge« der Aposteltätigkeit des Paulus (VV. 23b–29)[19]. Es schließen sich drei berichtende Teile an (11,32f; 12,2–4; 12,7–9a), verbunden durch reflektierende Aussagen zum Stichwort »Selbstruhm«.

Hervorstechendes Strukturmerkmal der »Ruhmesrede« ist der ständige Wechsel, ja, die Verzahnung zwischen reflektierender und darstellender Text-

---

[14] Vgl. KLAUCK, 2Kor 95; MARGUERAT, Expérience 516; HAFEMANN, Self-Commendation 69f.

[15] Mit KLEINKNECHT, Gerechtfertigte 284, Anm. 131.

[16] Vgl. FURNISH, 2Kor 498: »an extended prologue to the speech proper«; ähnlich THEOBALD, Gnade 244, Anm. 13.

[17] MARTIN, 2Kor 361f, bezeichnet diese »ironical concession« im Anschluß an Zmijewski als »the key to the entire ›Foolish Discourse‹«.

[18] Die Parenthese in V. 21b signalisiert den Beginn der eigentlichen Rede »in Torheit« und nimmt 11,1 (μικρόν τι ἀφροσύνης) auf.

[19] Vgl. dazu die Strukturskizze bei KLEINKNECHT, Gerechtfertigte 288.

ebene[20]. Dadurch werden die darstellenden Passagen einer unmißverständlichen Aussageabsicht unterstellt, die in der paradoxen Maxime von 12,10 kulminiert: Wenn ich schwach bin, dann bin ich stark[21].

b) Formale und inhaltliche Gestaltungsmittel (Gattung)

Den gesamten Briefteil 2Kor 10–13 durchziehen Formmerkmale brieflicher Rede[22]. Die für die briefliche Rede charakteristische räumliche Distanz zwischen Autor und Adressaten ist hier nicht nur Gattungsmerkmal, sondern wird mehrfach ausdrücklich thematisiert[23] und steht im Zusammenhang mit dem Ziel der Ausführungen[24].

Durch die Wahl sprachlicher Ausdrucksmittel der Mahn-, Droh- und Scheltrede erhält der gesamte Briefteil deutlich symbuleutischen Charakter[25]. Es geht Paulus primär darum, die Briefadressaten im Blick auf ihr künftiges Verhalten, konkret, ihr Verhalten bei seinem bevorstehenden Besuch in Korinth, in seinem Sinne zu beeinflussen[26]. Dem Gegenstand der paulinischen Argumentation entsprechend, der Auseinandersetzung mit in Korinth wirksamen Eindringlingen mit Hilfe des Verweises auf das spezifische paulinische Apostolatsverständnis, weisen die Ausführungen aber auch Züge dikanischer und epideiktischer Rede auf.

Elemente der Mahnrede sind die den Sprechakt selbst benennenden Verben παρακαλῶ (10,1), δέομαι (10,2), εὐχόμεθα (13,7.9), φοβοῦμαι ... μή πως (11,3; 12,20), die Imperative βλέπετε (10,7), λογιζέσθω (10,7.11), πειράζετε, δοκιμάζετε (13,5), die Sentenzen 10,17f, der gesamte Vers 13,11 sowie die kurzen Lasterkataloge in 12,20f. Als Drohrede sind 10,2 (θαρρῆσαι τῇ πεποιθήσει ᾗ λογίζομαι τολμῆσαι ἐπί τινας), 10,3–6 (στρατεύομαι, στρατεία, καθαίρεσις, καθαίρειν, αἰχμαλωτίζειν, ἐκδικεῖναι πᾶσαν παρακοήν), 10,10f (λογι-

---

[20] Vgl. die Übersicht bei KLEINKNECHT, Gerechtfertigte 287. Ähnliches läßt sich übrigens schon in der Hinführung, 11,1–21a, beobachten, vgl. etwa die darstellenden Passagen VV. 7ff.13ff.19f. mit den reflektierenden VV. 1ff.10f.16ff. Die reflektierende Ebene mit den zentralen Stichworten ἀφροσύνη, καυχᾶσθαι und ἀσθενεῖν (vgl. V. 21a) ist jedenfalls nicht auf die »Ruhmesrede« begrenzt, ja nicht einmal auf die »Narrenrede« insgesamt (vgl. καυχᾶσθαι in 10,8.13.15.16.17[2×], ἀσθενεῖν κτλ. in 10,10; 13,3.4.9)!

[21] Das Herrenwort von 12,9a gehört zwar formal auf die darstellende Ebene, nimmt aber sachlich bereits das Ergebnis der gesamten »Ruhmesrede«, wie es in der Maxime V. 10 fin zusammengefaßt ist, bis in die Sprachgestalt hinein (δύναμις ἐν ἀσθενείᾳ) vorweg. Vgl. auch u., S. 126f.

[22] Vgl. ZMIJEWSKI, Stil 421f.

[23] Vgl. 10,1f.9ff (3× ἐπιστολαί!); 13,2 (προλέγω ... ἀπὼν νῦν).10 (ταῦτα ἀπὼν γράφω).

[24] Vgl. o., S. 113f.

[25] Vgl. FURNISH, 2Kor 48: »the overall hortatory character of Letter E« (= 2Kor 10–13).

[26] Die Einseitigkeit der formgeschichtlichen Ableitung der »Narrenrede« aus der philosophischen (antisophistischen) Rhetorik bei BETZ, Apostel 13–42, dürfte z.T. darin begründet sein, daß Betz die in 10,2.11; 12,14.20f; 13,1f.10 explizit genannte Intention des Schreibens zu wenig berücksichtigt.

ζέσθω), 13,2 (οὐ φείσομαι) und 13,10 (ἀποτόμως, καθαίρεσις) aufzufassen. Scheltreden gegenüber den Briefadressaten finden sich in den ironisch-sarkastischen Passagen 11,4.19ff; 12,11.13 sowie in den von rhetorischen Fragen geprägten Abschnitten 11,7–11; 12,13.15.17f; 13,5[27].

Als Merkmale apologetischer Rede[28] begegnen der Ich-Stil, autobiographische Stücke (11,22–12,10), Abgrenzungen (10,12–18; 11,12–19.22f), antithetischer Stil (10,3f.8.12–18; 11,17; 12,5f), Retrospektive auf das Ich/Ihr-Verhältnis (11,2.7ff; 12,12f.16ff), rhetorische Fragen (11,7–11; 12,13.15.17f), Ausschluß von Verdächtigungen (10,10f; 11,6f) sowie »judiziale Restelemente« (der Vorwurf in 10,10, ἐκδικῆσαι in 10,6, das Zeugenwort in 13,1, ἀπολογούμεθα in 12,19).

Das die »Narrenrede« beherrschende Stichwort καυχᾶσθαι (insgesamt 17× in 2Kor 10–13, davon 11× in 11,1–12,13, dazu dort noch 2× καύχησις) weist in die Richtung epideiktischer Rede[29], ebenso die Peristasenkataloge (11,23b–29; 12,10)[30], die erzählenden autobiographischen Stücke (11,32f; 12,2f) sowie die an die Synkrisis bzw. das Enkomion erinnernden VV. 11,22f[31].

Inhaltlich prägen jüdische und urchristliche Traditionen und Sprachmuster den Text[32]. Dazu gehören biblische Sentenzen (10,17; 13,1) und apokalyptische Vorstellungen (12,1–7; 11,3.13ff), aber auch die theologisch-christologischen Grundlagen des paulinischen Apostolatsverständnisses (10,1.5.7.14; 11,2f.10.31; 12,8ff.19; 13,3f.10). Durch autobiographische Aussagen gibt Paulus den von ihm übernommenen Sprachmustern und Stilmitteln eine persönliche, individuelle Prägung[33].

Insgesamt ist die »Narrenrede« der Absicht des Briefteils 2Kor 10–13 zu- und untergeordnet. Die Selbstrechtfertigung dient dazu, den Mahnungen und Warnungen im Blick auf den bevorstehenden Besuch des Paulus in Korinth zum Erfolg bei den Adressaten zu verhelfen. Der primäre rhetorische Aspekt ist der symbuleutische. Ihm sind der dikanische und der epideiktische untergeordnet. Die primäre Kommunikationsebene ist die zwischen Paulus und der korinthischen Gemeinde. Die Auseinandersetzung zwischen Paulus und den Eindringlingen kommt auf dieser Ebene zur Sprache.

---

[27] Vgl. zur Scheltrede BERGER, Formgeschichte 197ff. Zum Stil von 2Kor 11,16–12,13 vgl. SPENCER, Style 133–211.

[28] Vgl. BERGER, Formgeschichte 360f.

[29] Vgl. LAUSBERG, Elemente 18; BERGER, Formgeschichte 18f. Zu entsprechenden antiken Konventionen vgl. FORBES, Comparison 8ff; MARSHALL, Enmity 353–357.

[30] Vgl. BERGER, Formgeschichte 225–228; ZMIJEWSKI, Stil 307–323.

[31] FORBES, Comparison 3, meint: »Comparison ... was seen ... as more appropriate to encomium and invective than to the forensic speeches«. Vgl. MARSHALL, Enmity 53ff.348–353 (348: »the intention is to praise and blame, to persuade the hearers to favour one and to disapprove of the other.«).

[32] Vgl. ZMIJEWSKI, Stil 424; KLEINKNECHT, Gerechtfertigte 292ff.

[33] Vgl. MARTIN, 2Kor 329.359, unter Verweis auf ZMIJEWSKI, Stil 412–422, und KLEINKNECHT, Gerechtfertigte 294f.

2. Veranlassung und Funktion der »Narrenrede«

a) Die vorausgesetzte Gemeindesituation

Bereits die sprachliche Gestaltung der »Narrenrede« läßt die Konstellation erkennen, die Paulus veranlaßt hat, 2Kor 10–13 zu schreiben: In die korinthische Gemeinde sind gewisse Leute eingedrungen, die sich offenbar mit gegen Paulus gerichteten Vorwürfen dort Gehör und Anerkennung verschafft haben. Der Rechtfertigung gegenüber solchen Vorwürfen und der Auseinandersetzung mit ihren Urhebern vor dem Auditorium der Gemeinde dienen die apologetischen Passagen der »Narrenrede«.

Daß Paulus mehrfach auf die Tätigkeit der Eindringlinge in der korinthischen Gemeinde anspielt und scharf gegen sie polemisiert, sie aber nirgends beim Namen nennt, ist Mittel seiner Auseinandersetzung mit ihnen[34]. Die Adressaten haben den Schritt der Identifikation der von Paulus indirekt benannten mit den ihnen ja zweifellos auch namentlich bekannten Eindringlingen selbst zu vollziehen und werden auf diese Weise von vornherein zur Parteinahme gezwungen.

Auf die Eindringlinge zu beziehen sind τισιν (10,12), τις (11,20), οἱ τοιοῦτοι (11,13), ὁ ἐρχόμενος (11,4), πολλοί (11,18) sowie die subjektlosen Verbformen φησίν (10,10) und εἰσιν (11,22f). Mit τινας (10,2), τις (10,7), ὁ τοιοῦτος (10,11) sind dagegen nicht direkt die Eindringlinge angesprochen, sondern Gemeindeglieder, die sich offenbar von ihnen haben beeinflussen lassen (vgl. 10,10). Dies ergibt sich aus dem Kontext, dessen Drohungen und Mahnungen sich an die Gemeinde im Blick auf den bevorstehenden Besuch des Paulus richten. Die Gewißheit des Χριστοῦ εἶναι (10,7) dürfte Paulus kaum kommentarlos denjenigen zugestanden haben, die er in 11,13ff als Satansdiener entlarvt.

Freilich erschwert diese rhetorische Gestaltung die geschichtliche Identifikation der Eindringlinge und die Bestimmung ihres Profils. Folgendes läßt sich relativ deutlich erkennen: Die Eindringlinge kommen von außen (ὁ ἐρχόμενος, 11,4 im Zusammenhang von 11,2ff) und bringen eine von der paulinischen abweichende Christusverkündigung mit (ἄλλον Ἰησοῦν κηρύσσει ... ἢ πνεῦμα ἕτερον ... ἢ εὐαγγέλιον ἕτερον, 11,4)[35]. Sie sind Juden und offenbar stolz darauf (11,22). Sie erheben Ansprüche für sich selbst gegenüber der korinthischen Gemeinde, indem sie »sich selbst empfehlen« (10,12; vgl. auch 11,18)[36] und

---

[34] Zu diesem rhetorischen Mittel vgl. MARSHALL, Enmity 341–348. S. a. SPENCER, Style 161f.

[35] Versuche, ihre Christusverkündigung aufgrund von 11,4 näher zu bestimmen, sind m. E. aussichtslos (so auch FURNISH, 2Kor 501f; CARREZ, Réalité 172ff).

[36] Gegen die verbreitete Interpretation, in 10,12–18 polemisiere Paulus gegen den Bruch einer Abmachung des Apostelkonzils über die geographische Aufteilung der Missionsgebiete (vgl. LÜDEMANN, Heidenapostel II 139f; KLAUCK, 2Kor 11; FURNISH, 2Kor 480–483; MARTIN, 2Kor 316–324) wendet sich MARSHALL, Enmity 199–202.367–371. Das paulinische Argument, er habe als Gründungsapostel Anspruch darauf, in Korinth anerkannt zu werden, impliziert nicht zwangsläufig, daß die Eindringlinge ihre Ansprüche in gleicher Weise vorgebracht haben.

autoritär von der Gemeinde Versorgungsleistungen verlangen (11,20, vielleicht auch 11,12 im Zusammenhang mit dem Vorangehenden).

In Korinth laut gewordene Pauluskritik dürfte in ihrem Wirken ihren Ursprung haben (10,10; vgl. 10,1 b.9; 11,6). Die Eindringlinge setzten mit ihrer Pauluskritik offenbar beim Auftreten des Apostels gegenüber seiner Gemeinde an und unterstellten ihm einerseits uneinheitliches Verhalten und andererseits im Vergleich mit sich selbst mangelnde äußerlich erkennbare apostolische Autorität.

Daraus, daß Paulus zweimal direkt im Anschluß an die Bezugnahme auf solche Vorwürfe (11,5 f; 12,11) und unter Verweis auf die Erweise seiner tatsächlichen Autorität in der Gemeinde (11,6 b; 12,12) auf die Frage seines Unterhaltsverzichts zu sprechen kommt (11,7–11; 12,13), läßt sich erschließen, daß auch dieses Thema mit der Pauluskritik der Eindringlinge im Zusammenhang steht[37].

Eine Rekonstruktion der spezifischen theologischen Anschauungen der Eindringlinge und ihre religions- und urchristentumsgeschichtliche Einordnung[38] kann allein aufgrund der Angaben des 2. Korintherbriefs nicht vorgenommen werden. Ob man die Paulusopposition in Korinth in Zusammenhang stellt mit judenchristlicher Agitation, wie sie im Galaterbrief erkennbar wird, und bei den »Altaposteln« in Jerusalem ihre geistigen Wurzeln sucht[39], hängt weitgehend von der zugrundegelegten Gesamtanschauung der Geschichte des Urchristentums ab[40].

Die Gesetzesfrage tritt weder in 2Kor 10–13 noch in Kap. 3 f als für die Pauluskritik der korinthischen Eindringlinge relevant in Erscheinung. In 2Kor 3 unterstreicht Paulus durch kontrastierende Bezugnahme auf den Dienst des Mose ab 3,7[41] seine eigene von Gott herrührende Befähigung zum Aposteldienst (vgl. V. 4 ff). Dieser Argumentation liegen zweifellos alttestamentlich-frühjüdische Traditionen zugrunde. Daß sie aber von den in 3,1 erwähnten Eindringlingen vorgebracht wurden oder gar in 2Kor 3,7–18 eine

---

Wo Paulus von ihren Ansprüchen und Absichten spricht (10,12; vgl. auch 11,12.20), ist von geographischen oder »jurisdiktionellen« Ambitionen nicht die Rede!

[37] Vgl. u., S. 120 ff.

[38] Vgl. dazu die Forschungsreferate bei MARTIN, 2Kor 335–342; DERSELBE, Opponents 279–285; FURNISH, 2Kor 48–54; LANG, Kor 357 ff; WOLFF, 2Kor 5–8. Zu verweisen ist besonders auf den religionssoziologischen Erklärungsversuch von THEISSEN, Legitimation 201–230. S. jetzt auch SUMNEY, Identifying (non vidi).

[39] ὑπερλίαν ἀπόστολοι (11,5; vgl. 12,11 b) ist m. E. ironische Bezeichnung für die Eindringlinge selbst, nicht Anspielung auf ihre angeblichen oder tatsächlichen Hintermänner, die »Urapostel« in Jerusalem. So auch FURNISH, 2Kor 502–505 (Lit!); KLAUCK, 2Kor 83; WOLFF, 2Kor 6; FORBES, Comparison 17; MARSHALL, Enmity 371 f; LÜDEMANN, Heidenapostel II 134 f; BARNETT, Opposition 5, anders dagegen MARTIN, 2Kor 342.427.433; DERSELBE, Opponents 285 ff; BARRETT, 2Kor 30 ff; DERSELBE, Opponents 74.81; THRALL, Super-Apostles 42–57; vermittelnd LANG, Kor 337; McCLELLAND, Super-Apostles 83 f.

[40] Vgl. z. B. LÜDEMANN, Heidenapostel II 141 ff; STUHLMACHER, Röm 11 f.130.

[41] Vgl. dazu BAMMEL, Paulus 399–408.

entsprechende »gegnerische Vorlage« verarbeitet worden sei, läßt sich m. E. aus dem Text nicht entnehmen[42].

Wenig ergiebig für die Identifikation der Eindringlinge ist die Polemik gegen sie in 11,13.15 und ihre Bezeichnung als διάκονοι Χριστοῦ in 11,23. Die Verwendung der Wortgruppe διάκονος, διακονία, διακονεῖν im 2. Korintherbrief ist m. E. nicht durch Aufnahme einer entsprechenden Selbstbezeichnung der Paulusgegner in Korinth verursacht[43]. Sie dient im ganzen Brief primär der Beschreibung der spezifischen Wirksamkeit des Paulus als Christusapostel[44]. Diese Terminologie tritt zwar im 2. Korintherbrief besonders hervor, ist aber keineswegs auf diesen Brief beschränkt (vgl. Röm 11,13; 1Kor 3,5).

In 2Kor 3f stellt Paulus in (indirekter!) Auseinandersetzung mit Eindringlingen in die korinthische Gemeinde der Gemeinde gegenüber seine eigene Zuverlässigkeit und Bewährtheit als Apostel und die göttliche Herkunft und Herrlichkeit seines Apostolats heraus. Dem Pochen der Eindringlinge auf Empfehlungsbriefe (3,1) begegnet er mit dem Hinweis auf die Gemeinde als seine ἐπιστολὴ Χριστοῦ διακονηθεῖσα ὑφ' ἡμῶν (3,3). Auf die rhetorische Frage nach der ἱκανότης zum apostolischen Dienst (2,16b) antwortet er mit dem Verweis auf Gott, ὃς καὶ ἱκάνωσεν ἡμᾶς διακόνους καινῆς διαθήκης (3,5f). Diesen seinen Dienst kontrastiert er im folgenden dem Mosedienst (3,6ff), in ihm, mit dem er begnadet ist, verzagt er nicht trotz Leidenserfahrungen (4,1)[45].

Innerhalb der polemischen Invektive 11,13ff werden die Eindringlinge nicht διάκονοι genannt, sondern ψευδαπόστολοι und ἐργάται δόλιοι, die sich εἰς ἀποστόλους Χριστοῦ verwandeln. Die διάκονος-Terminologie verwendet Paulus erst anschließend (V. 15), um ihren fälschlich erhobenen Apostelanspruch dadurch zu entlarven und zu bekämpfen, daß er ihre Täuschungsmanöver (μετασχηματίζονται) denen der Diener des Satans gleichstellt[46].

In 11,22f setzt sich Paulus zwar vor dem Forum der Gemeinde mit von den Eindringlingen erhobenen Ansprüchen auseinander, kaum aber mit von ihnen beanspruchten Selbstbezeichnungen[47]. Er bezeichnet vielmehr innerhalb einer Synkrisis diejenigen, mit denen er sich vergleicht, so, daß er möglichst wirkungsvoll seinen eigenen spezifischen Anspruch, Diener Christi zu sein, zur Geltung bringen kann (vgl. die Fortsetzung der »Narrenrede«!)[48].

---

[42] Gegen GEORGI, Gegner 274–282; THEOBALD, Gnade 202–211, mit WATSON, Paul 85; KOCH, Schrift 332f; LIEBERS, Gesetz 99f; KLAUCK, 2Kor 39; LANG, Kor 272; FURNISH, 2Kor 242–245; HOFIUS, Gesetz 86f (unentschieden GRÄSSER, Bund 86f). Vgl. jetzt auch WOLFF, 2Kor 63–69.

[43] So aber GEORGI, Gegner 31–38; FURNISH, 2Kor 535; LANG, Kor 343 (vgl. 270); HOLTZ, Diakonos 134ff; LÜDEMANN, Heidenapostel II 132f.

[44] Vgl. 3,3.6–9; 4,1; 5,18; 6,3f; 8f (in Bezug auf die Kollektensammlung); 11,8.

[45] Vgl. zum Gedankengang in 2Kor 2,14–7,4 DAUTZENBERG, Motive 150–162. Auch er hält es »nicht für möglich, diesen Teil des 2. Korintherbriefs aus der Auseinandersetzung des Paulus mit seinen Gegnern zu erklären«. Die »Anspielungen auf andere Missionare oder Gegner und auf deren Praxis (2,17a; 3,1b; 5,12b) ... stehen ... nur im Dienst der positiven Abgrenzung des Paulus und seiner ἱκανότης von allen möglichen Konkurrenten« (a.a.O., 158). Seiner Meinung nach stehen die paulinischen Aussagen zum Dienst unter der übergeordneten Zielstellung, aufzuweisen, »ob, wie und daß sein Verhalten der διακονία entspricht, gerecht wird, von ihr sich bestimmen läßt« (a.a.O., 153). Zu 2Kor 3f vgl. auch THEOBALD, Gnade 167–239; GRÄSSER, Bund 77–95; HOFIUS, Gesetz 75–120 (bes. 77f.85f).

[46] Paulus führt mehrfach Widerstände gegen seinen Aposteldienst auf den Satan als Urheber zurück, vgl. 2,11; 12,7; 1Thess 2,18.

[47] Vgl. u., S. 128, Anm. 83.

[48] Vielleicht haben sich die Eindringlinge als »Apostel Christi« angesehen und bezeichnet.

Offenbar fanden die Eindringlinge für ihre Pauluskritik in der korinthischen Gemeinde offene Ohren. Möglicherweise konnten sie an bereits vor ihrem Eintreffen bestehende Spannungen im Verhältnis zwischen Apostel und Gemeinde anknüpfen. Schon im 1. Korintherbrief setzt sich Paulus mit Tendenzen zur Überschätzung pneumatischen Auftretens in der Gemeinde auseinander (vgl. 4,6 ff; 5,2; 8; 12–14)[49]. Auch Pauluskritik[50] in Verbindung mit dem Unterhalt des Apostels ist offenbar schon vor dem Eintreffen der Eindringlinge in Korinth laut geworden (vgl. 1Kor 9). Die Bezugnahme auf die Unterhaltsfrage am Ende der »Narrenrede« und zu Beginn der erneuten Besuchsankündigung (2Kor 12,13) sowie die anschließende Aufnahme des Betrugsvorwurfs im Zusammenhang mit der Kollektensammlung (12,16 ff) könnten darauf hinweisen, daß Paulus mit dem Briefteil 2Kor 10–13 Unklarheiten in Finanzfragen, die sein Verhältnis zur korinthischen Gemeinde belasteten, vor seinem Besuch dort beseitigen wollte.

In der Pauluskritik der Eindringlinge spielte das Verhalten des Apostels gegenüber der Gemeinde offenbar eine zentrale Rolle[51]. Deshalb bestimmt das Verhältnis zur Gemeinde die Selbstrechtfertigung des Paulus gegenüber gegen ihn vorgebrachten Vorwürfen[52]. Anfang, Mitte und Schluß der »Narrenrede« sind durch auffordernde Aussagen zur Beziehung der Gemeinde gegenüber ihrem Apostel geprägt. Dabei verwendet Paulus verschiedene Verben, die die

---

Diesen Titel kann Paulus ihnen offenbar nicht rundweg absprechen, sondern lediglich ironisieren (11,5; 12,11) oder polemisch abwerten (11,13). Möglicherweise greift er gerade deshalb auf die διακονία-Terminologie zur Beschreibung seines spezifischen Apostolatsverständnisses zurück. Vgl. auch LÜDEMANN, Heidenapostel II 132 f.

[49] Vgl. dazu LÜDEMANN, Heidenapostel II 130. Auffällig ist, daß genau und nur in diesen Textkomplexen das Verb φυσιοῦν begegnet (1Kor 4,6.18 f; 5,2; 8,1; 13,4). Steht damit vielleicht die an die Gemeinde gerichtete Warnung im Zusammenhang: λογισμοὺς καθαιροῦντες καὶ πᾶν ὕψωμα ἐπαιρόμενον κατὰ τῆς γνώσεως τοῦ θεοῦ (2Kor 10,4 f)? φυσίωσις steht – als hapax legomenon – in 2Kor 12,20, auch ὑψοῦν, ἐπ- und ὑπεραίρομαι kommen bei Paulus nur in 2Kor 10–13 vor (10,5; 11,7; 12,7), ὕψωμα außer in 10,5 nur noch in Röm 8,39.

[50] Vgl. dazu LÜDEMANN, Heidenapostel II 105–125; KLAUCK, 2Kor 11 f.29; ECKERT, Verteidigung 11.

[51] Vgl. o., S. 119. Nach MARSHALL, Enmity passim, hat die sich in 2Kor 10–13 widerspiegelnde Kontroverse primär im Verhältnis zwischen Paulus und der Gemeinde ihre Ursache: Paulus habe die Konventionen der Freundschaft verletzt, indem er eine als Freundschaftsgeschenk gemeinte Geldgabe abgelehnt habe – im Gegensatz zur Annahme einer solchen aus Philippi. Die sich daraus entwickelnde Feindschaft zwischen Apostel und Gemeinde habe einen Teil der letzteren veranlaßt, andere, ihren Freundschaftsvorstellungen entsprechende Apostel einzuladen, die sich mit ihrer Opposition gegen Paulus verbündeten. Das Recht dieser These besteht darin, den Blick stärker als weithin üblich auf das Verhältnis zwischen Paulus und der Gemeinde zu lenken, ihre Schwäche in ihrer Einseitigkeit. Wäre wirklich die Ablehnung einer Geldspende die alleinige Ursache der Auseinandersetzungen, dann wäre kaum zu verstehen, warum Paulus bei seinem Versuch der Bereinigung seines Verhältnisses zur Gemeinde gerade auf dieser seiner »Unhöflichkeit« so hartnäckig bestehen sollte (vgl. 11,12!). Das Verhältnis zwischen Paulus, der Gemeinde und den Gegnern sowie die paulinische Argumentation unter sozialgeschichtlicher Perspektive untersucht auch DEWEY, Matter 209–217.

[52] Vgl. zum doppelten Ziel der »Narrenrede« auch ZMIJEWSKI, Stil 415–418.

Beziehung zwischen Apostel und Gemeinde benennen, und zwar jeweils aus der Perspektive der Gemeinde: Sie soll ihn und wird ihn in seinem törichten Selbstruhm ertragen, wie sie es ja auch den Eindringlingen gegenüber tut (5× 2. Person Plural von ἀνέχεσθαι in 11,1.4.19.20, vgl. auch λαμβάνετε, ἐλάβετε, ἐδέξασθε, 11,4), ihn auch als Toren annehmen (δέξασθε, 11,16). Die ganze törichte Selbstempfehlung wäre ihm und ihr erspart geblieben, wenn sie – wie es rechtens wäre – ihn von sich aus empfohlen hätte (ἐγὼ γὰρ ὤφειλον ὑφ' ὑμῶν συνίστασθαι, 12,11).

Paulus fordert seine Gemeinde auf, angesichts des Eindringens fremder Apostel für ihren Gründungsapostel Partei zu nehmen. Diese Beziehung zwischen Apostel und Gemeinde bestimmt auch durchgehend die paulinischen Selbstaussagen innerhalb der »Narrenrede«.

b) Funktion und innerer Grund der paulinischen Selbstaussagen

α) Das Verhältnis des Apostels zur Gemeinde

Nach der Aufforderung an die Gemeinde, ihn zu ertragen (11,1), beschreibt Paulus sein Verhältnis zu ihr als Ausdruck von Eifersucht, die in Gottes Eifersucht um Israel ihr Vorbild hat (V. 2a)[53]. Über das Bild des Brautführers, der für die Unberührtheit der Braut dem Bräutigam gegenüber verantwortlich ist, führt er den Gedanken weiter zum Verhältnis zwischen der Gemeinde und Christus (V. 2b). Dieses Verhältnis ist gefährdet durch die Verführung, die von den Eindringlingen ausgeht, die eine von der paulinischen abweichende Christusverkündigung vortragen (V. 3f). Das Verhältnis der Gemeinde zu Christus und das zu ihrem Apostel bilden somit für Paulus eine unlösbare Einheit.

Den Einreden der Eindringlinge gegenüber sieht sich Paulus gezwungen (vgl. V. 1!), auf Erweise seiner apostolischen Erkenntnis und Vollmacht in der Gemeinde hinzuweisen (V. 5f)[54] und sein Verhalten in der Gemeinde gegenüber Mißdeutungen zu rechtfertigen (VV. 7–11). Die sich anschließende Invektive gegen die Eindringlinge (V. 13ff) steht unter der Ankündigung, daß Paulus sein gerade verteidigtes Verhalten gegenüber der Gemeinde auch in Zukunft nicht ändern wird, um so den Eindringlingen die Möglichkeit zum Selbstruhm vor der Gemeinde zu nehmen (V. 12).

Das Ziel der »Ruhmesrede« (11,21b–12,10) besteht darin, die ἀσθένεια des Apostels als Ausdruck seiner in Gott gegründeten und der Christuswirklichkeit entsprechenden apostolischen Vollmacht zu erweisen[55]. Paulus setzt sie als ganze der Gemeinde gegenüber in die Klammer der ἀφροσύνη (vgl. 11,1.16.19;

---

[53] Vgl. dazu o., S. 27f.

[54] Bereits hier verwendet er Stilmittel der Synkrisis zur Auseinandersetzung mit den Eindringlingen (vgl. FORBES, Comparison 16f; MARSHALL, Enmity 350f), behält aber dennoch die Redeebene gegenüber den Briefadressaten bei (V. 6: εἰς ὑμᾶς).

[55] S. u., S. 125ff.

12,11)[56]. Die Synkrisis mit den Gegnern (V. 21b–23a) geht bald über in die ausführliche Selbstdarstellung der paulinischen Aposteltätigkeit (11,23b–12,10)[57]. Damit ordnet sich die Selbstrechtfertigung des Paulus der Intention des ganzen Briefteils unter, die Gemeinde auf die Ausübung seiner Vollmacht bei seinem bevorstehenden Besuch vorzubereiten.

Das Resümee 12,11–13 rekapituliert die verschiedenen Aspekte des Verhältnisses zwischen Apostel und Gemeinde, die in der »Narrenrede« zur Sprache kamen: die Aufforderung zur Parteinahme (V. 11a), die Synkrisis mit Verweis auf in der Gemeinde geschehene Zeichen apostolischer Autorität (V. 11b–12) sowie die Rechtfertigung des Verhaltens des Apostels in der Gemeinde (V. 13).

Angesichts der Wirksamkeit von Eindringlingen in der Gemeinde, die ihre Ansprüche ihr gegenüber mit Kritik an ihrem Gründungsapostel verbinden, sieht sich Paulus veranlaßt, die Gemeinde mit Hilfe einer ausführlichen Selbstrechtfertigung zur Parteinahme für sich zu bewegen, um so die Voraussetzung für einen erfolgreichen Besuch in Korinth zu schaffen.

β) Der erzwungene Selbstruhm

Das durch Selbstempfehlung charakterisierte Verhalten der Eindringlinge (10,12) und ihren Erfolg damit in Korinth (12,11) nimmt Paulus zum Anlaß, der Gemeinde gegenüber die Andersartigkeit seines eigenen Verhaltens als Apostel rühmend herauszustellen.

Das Stichwort καυχᾶσθαι/καύχησις begegnet in 2Kor 10–13 19mal, davon allein 13mal innerhalb der »Narrenrede« (10,8.13.15.16.17[2×]; 11,10.12.16.17.18[2×].30[2×]; 12,1.5[2×].6.9). Hinsichtlich der Bewertung der mit ihm verbundenen Aussagen ist es für sich genommen neutral. Erst durch Beifügungen bzw. innerhalb grammatischer Verbindungen (präpositionale Wendungen, Imperative, finale oder konsekutive Wendungen) erhält es positiven oder negativen Sinn[58].

Die Wortgruppe gehört zu den paulinischen Vorzugswörtern[59]. Es ist davon auszugehen, daß Paulus von sich aus auf das ihm geläufige Stichwort zurückgegriffen hat, um die Gemeindesituation in Korinth aufzugreifen und in seinem Sinn zu beeinflussen. Die Möglichkeit dazu bot ihm die partielle Synonymität zwischen καυχᾶσθαι und συνιστάναι (vgl. 10,12; 12,11; 3,1)[60].

Das Verhalten des Paulus ist darin begründet, daß er sein Wirken nach dem Maß einschätzt, das Gott ihm in seinem Verkündigungsauftrag gesetzt hat (10,13–16)[61]. Es entspricht damit einer biblischen Maxime (10,17)[62]. Ungerechtfertigter Selbstruhm ist ihm deshalb grundsätzlich verwehrt.

---

[56] S. u., S. 128.

[57] Vgl. KLEINKNECHT, Gerechtfertigte 287.

[58] Vgl. J. ZMIJEWSKI, EWNT II 681f; BERGER, Exegese 144.

[59] Vgl. R. BULTMANN, ThWNT III 648–653.

[60] Vgl. J. ZMIJEWSKI, EWNT II 683.

[61] Vgl. dazu HAFEMANN, Self-Commendation 76–84.

[62] In 1Kor 1,31 ist sie ausdrücklich als Schriftzitat gekennzeichnet. Vgl. dazu FURNISH, 2Kor

Der unter dem Stichwort καυχᾶσθαι von Paulus eingeführte Gedanke ist somit bestimmt durch den biblischen Hintergrund und durch das paulinische Apostolatsverständnis. Beides zusammen bildet die Basis, von der aus Paulus der Selbstempfehlung der Eindringlinge bei den Korinthern entgegentritt (10,18). Von dieser Basis aus kann er die folgende Selbstempfehlung, zu der er sich angesichts der Anfälligkeit der Gemeinde gegenüber den Eindringlingen veranlaßt sieht, nur als Torheit ansehen, die zu ertragen er die Adressaten bitten muß (11,1–4). In den VV. 16–20 wird dieser Gedanke unter ausdrücklicher Verwendung und Entfaltung des Stichworts καυχᾶσθαι wieder aufgenommen (πάλιν): Der angekündigte Selbstruhm, den zu ertragen Paulus die Gemeinde bittet, entspricht zwar nicht dem vom Herrn gesetzten Maßstab und ist somit töricht und »fleischlich« (κατὰ σάρκα)[63]. Weil aber »viele« (nämlich die Eindringlinge!) dieses Mittel anwenden und damit offenbar bei der Gemeinde Erfolg haben (V. 19f), muß es auch Paulus – gezwungenermaßen, vgl. 12,11 – der Gemeinde zumuten.

Nach solch ausführlich begründender und erläuternder Ankündigung wendet Paulus im folgenden entsprechend antiker rhetorischer Konventionen die Mittel der Synkrisis und des Selbstruhms an[64]. Der Vergleich der Vorzüge der Eindringlinge mit den eigenen (11,21b–23a) geht über in eine lange Reihe von Selbstaussagen (11,23b–29). Formal entspricht diese Aufzählung ganz der rhetorischen Konvention. Die aufgezählten Inhalte sprengen aber die konventionelle Form. Dadurch, daß Paulus – anders als innerhalb der Synkrisis, V. 22f! – nun anstelle von Vorzügen und Ruhmestaten lauter Mißerfolge und Gefährdungen aneinanderreiht, führt er das ganze Verfahren des Selbstruhms im Vollzug ad absurdum[65]. In V. 30 resümiert er dies in dem Paradox: »Wenn denn schon gerühmt werden muß, dann will ich mich meiner Schwäche rühmen.«

Die negative Bewertung des Selbstruhms hatte Paulus zunächst dadurch zum Ausdruck gebracht, daß er in die Rolle des ἄφρων schlüpfte, um auf seine Vorzüge verweisen zu können (vgl. 11,1.16b.19.21.23; 12,11). In 11,23b–30 kommt sie in dem Paradox des Ruhms der Schwachheit zur Geltung. Dadurch, daß Paulus zu seinem Ruhm nur Schwachheiten vorzubringen weiß, wird nun aber das Rühmen von törichtem Selbstlob zu angemessener, sachgemäßer Selbstdarstellung des paulinischen Wirkens als Apostel. Paulus redet also ab

---

474; Schreiner, Hintergrund 530–542; Wolff, Jeremia 137ff; Kleinknecht, Gerechtfertigte 293f; Koch, Schrift 35f; Travis, Boasting 527–532 (531); Hafemann, Self-Commendation 81f.

[63] οὐ κατὰ κύριον (11,17) nimmt ἐν κυρίῳ bzw. ὁ κύριος (10,17f) auf. Freilich richtet sich dieses Urteil nicht auf das Verfahren als solches (gegen Hafemann, Self-Commendation 86; vgl. u., S. 127f).

[64] Vgl. Forbes, Comparison 18ff; Marshall, Enmity 348–364; Betz, Apostel 75–79.

[65] Vgl. Furnish, 2Kor 532f; Zmijewski, Stil 290.413f; Forbes, Comparison 19–22; Kleinknecht, Gerechtfertigte 287.

V. 30 (und damit implizit ab V. 23 b) nicht mehr in Torheit, sondern in Wahrhaftigkeit (vgl. 12,6; 11,16 a)!

Die folgenden darstellenden und reflektierenden Teile dienen der Entfaltung und Begründung dieses paradoxen Ruhms der Schwäche. 11,32 f illustriert parodistisch das »mutige« Auftreten des Apostels[66], 12,1–10 relativiert den von Paulus durchaus vorzuweisenden Ruhmestitel »Visionen und Offenbarungen des Herrn« (V. 1)[67] durch den Hinweis auf den »Stachel im Fleisch« (V. 7)[68], der die apostolische Wirksamkeit des Paulus ständig begleitet als Ausdruck der Schwäche, die Signum seines Wirkens im Dienst des Herrn ist (V. 9 f).

In der »Narrenrede« durchdringen sich somit innerhalb der formalen Klammer einer Selbstruhmesrede positive und negative Bewertungen, ironische und ernst gemeinte Aussagen, rhetorische Konventionen und existentielle Erfahrungen. Zusammengehalten und einer in sich konsequenten Selbstdarstellung dienstbar gemacht werden alle diese verschiedenen sprachlichen und sachlichen Elemente durch das paulinische Verständnis von seinem Dienst als Christusapostel, der im Auftrag Gottes seine Wurzel hat und aus dem Christusgeschehen seine Gestalt gewinnt[69].

γ) Die christologische Basis der paulinischen Argumentation

Das für die Kennzeichnung des apostolischen Dienstes des Paulus entscheidende Stichwort ist ἀσθένεια. Der Anlaß dafür, daß Paulus seinen Apostolat unter diesem Leitwort darstellt, liegt offenbar in der gegen ihn gerichteten Agitation der Eindringlinge in Korinth, auf die er in 10,10 Bezug nimmt: ἡ δὲ παρουσία τοῦ σώματος ἀσθενής.

Die Wortgruppe ist bei Paulus nicht selten und kommt in unterschiedlichen Zusammenhängen vor[70]. Ob das Wort selbst von den Eindringlingen verwendet wurde oder erst durch Paulus in die Debatte geworfen wurde, kann hier offenbleiben. Innerhalb von 2 Kor 10–13 ist es Teil eines Wortfeldes, zu dem noch ταπεινός, -νοῦν (10,1; 11,7; 12,21) und als Oppositionen θαρρεῖν (10,1.2), τολμᾶν (10,2.12; 11,21) sowie ὑψοῦν, ὕψωμα (11,7; 10,5) und ὑπερ- bzw. ἐπαίρεσθαι (12,7; 11,20) gehören.

Das ihn persönlich und seine Autorität als Apostel disqualifizierende Urteil kehrt Paulus im Zuge der »Narrenrede« um zum entscheidenden Argument für seinen Apostolat und dessen im Christusgeschehen wurzelnde Autorität. Diese

---

[66] Vgl. FURNISH, 2Kor 540 ff.

[67] Der Verweis auf die Entrückung in 12,2 ff kann nicht als uneigentliche, parodistische Rede angesehen werden (gegen BETZ, Apostel 89–92, mit ZMIJEWSKI, Stil 410 f; KLEINKNECHT, Gerechtfertigte 292.295; MARGUERAT, Expérience 510; WOLFF, 2Kor 241).

[68] Vgl. zu Deutungsversuchen GÜTTGEMANNS, Apostel 162–165, sowie zuletzt McCANT, Thorn 550–572.

[69] Vgl. MARTIN, 2Kor 368–372.

[70] Vgl. G. STÄHLIN, ThWNT I 488–492; J. ZMIJEWSKI, EWNT I 408–413. S. a. BLACK, Apostle (zu 2Kor vgl. 129–167).

überraschende Umkehrung ergibt sich für die Hörer dadurch, daß Paulus anstelle zu erwartender Vorzüge und Ruhmestaten in seiner Selbstdarstellung ab 11,23b nur noch Erfahrungen seiner Schwachheit aneinanderreiht[71]. V. 30 bringt auf eine griffige Formel, was die Hörer schon durch den verfremdenden Effekt der »verkehrten« Ruhmesrede erfahren haben: Schwachheit ist für Paulus nicht ein Mangel, den er bestreiten oder wenigstens durch eine Reihe von Stärken zu entkräften suchen muß, sondern Grund und Inhalt des Selbstruhms[72].

Wird die Schwachheit als Ruhmestitel zunächst an der apostolischen Existenz des Paulus aufgewiesen, so erhält diese Argumentation ihre sachliche Begründung nachträglich durch das »Herrenwort« in 12,9a[73]. Das Recht dazu, auf die Erfahrungen seiner Schwachheit im Aposteldienst als Zeichen für dessen Autorität verweisen zu können, verdankt Paulus der direkten Zusage des Herrn, die an ihn gerade im Zusammenhang einer solchen Erfahrung von Schwachheit erging (vgl. V. 7ff). Aus dieser Zusage schöpft er die frohe Gewißheit, gerade in seiner von Schwachheit geprägten apostolischen Existenz Anteil an der δύναμις τοῦ Χριστοῦ zu haben (V. 9b, vgl. V. 10: δυνατός)[74]. Darin schlägt sich die für das Verständnis der gesamten paulinischen Argumentation zentrale Bedeutung der christologischen Begründung seines apostolischen Wirkens nieder, wie sie in 12,9b.10 (ὑπὲρ Χριστοῦ), aber auch schon in 10,1.7 nachdrücklich zum Ausdruck gebracht ist[75]. Möglicherweise ergab sich Paulus der Gedanke, daß Gottes Kraft an den Schwachen wirksam sei, bereits aus biblischer Tradition[76]. Explizit verbindet er ihn jedenfalls mit dem Christusgeschehen[77] und zieht damit das entscheidende Fazit der »Narrenrede« im Blick auf seine Aussageabsicht gegenüber den Briefadressaten (13,3f): So wie Christus in seiner Kreuzigung in äußerster Schwachheit erschien, als Auferstandener aber Gottes an ihm wirksame Kraft sichtbar werden ließ, so hat auch der sich auf ihn gründende Apostel, selbst wenn, ja, gerade indem er ein Bild der Schwäche abgibt, Anteil an der

---

[71] KLEINKNECHT, Gerechtfertigte 294, betont den biographisch-individuellen Charakter der »Narrenrede«.

[72] Ironisch vorbereitet ist diese Umkehrung der Bewertung von Schwachheit bereits anspielungsweise in V. 21a: Paulus gesteht »zu seiner Schande« seine Schwäche beim Drangsalieren der Gemeinde ein. V. 29 schafft durch die Erwähnung der Solidarität in der Schwachheit zwischen Apostel und Gemeinde(gliedern) den Übergang zu der Kurzformel von V. 30.

[73] Vgl. KLEINKNECHT, Gerechtfertigte 298: »Dieses Herrenwort ... ist ... der dem gesamten Gedankengang Plausibilität verleihende Satz.« Ähnlich KLAUCK, 2Kor 94f; THEOBALD, Gnade 244, Anm. 13; BLACK, Apostle 151f; BECKER, Paulus 246.

[74] Vgl. auch 4,7; 6,7. Zur Sache vgl. GÜTTGEMANNS, Apostel 158–170.

[75] Vgl. MARGUERAT, Expérience 503.512–515; CARREZ, Réalité 163–183; ZMIJEWSKI, Stil 419ff; GÜTTGEMANNS, Apostel 135–170.

[76] So KLEINKNECHT, Gerechtfertigte 299, der hier »eine der Grundüberzeugungen der Tradition vom leidenden Gerechten« wiederfindet (vgl. die Belege in Anm. 184), freilich a.a.O., 295, eingesteht: »Dieser Bezug tritt jedoch ... auffallend selten explizit in Erscheinung.«

[77] Vgl. KLEINKNECHT, Gerechtfertigte 299f; J. ZMIJEWSKI, EWNT I 412; DERSELBE, Stil 420f.

Kraft Gottes[78]. Diese Kraft seiner apostolischen Autorität bei seinem bevorstehenden Besuch in Korinth wirksam werden zu lassen, kündigt er mit Hilfe des gesamten Briefteils 2Kor 10–13 an. Mit Hilfe der »Narrenrede« hofft er, die Gemeinde davon überzeugt zu haben, daß seine äußerlich schwache Erscheinung gerade nicht seinem Anspruch und ihrer Erwartung widerspricht, daß Christus in ihm spricht. Dieser Überzeugung durch eindeutige Parteinahme für ihn Ausdruck zu verleihen, fordert er die Gemeinde auf. Denn in solcher Parteinahme geht es letztlich nicht um die Stellung zum Apostel, sondern um das Verhältnis zu Christus (13,5–10)! So wie der Selbstruhm des Paulus als Apostel von dem ihn beauftragenden Herrn her sein Maß erhält (10,8.17f), so hat in ihm auch die Gestalt seines Apostolats, die δύναμις ἐν ἀσθενείᾳ (12,9f; 13,4), ihren Ursprung. Von daher werden Leidenserfahrungen im apostolischen Dienst zu Autoritätserweisen für den διάκονος Χριστοῦ (11,23). Wenn die vom Christusgeschehen her bestimmte δύναμις ἐν ἀσθενείᾳ zum entscheidenden Wertmaßstab für den Dienst des Christusapostels erhoben wird, dann werden allerdings zwangsläufig bisher gültige Wertmaßstäbe relativiert. Inwieweit diese Umwertung auch die Aussagen über das Judesein des Paulus in 11,22 berührt, wird nun zu zeigen sein.

3. Exegese 2Kor 11,22f

a) Ort und Funktion innerhalb der »Narrenrede«

Die Reihe prägnanter Kurzsätze[79], in denen Paulus sein Judesein mit seinem Apostelsein verbindet, bildet den Beginn der eigentlichen »Ruhmesrede« innerhalb der »Narrenrede«. V. 21b ist das Bindeglied zwischen der ausführlichen Hinführung zur Selbstempfehlung (11,1–21a) und deren Ausführung (11,21b–12,10)[80]. Die Parenthese ἐν ἀφροσύνῃ λέγω verweist zurück auf die entsprechenden Rezeptionssignale in 11,1.16f., das Verb τολμᾶν sowie die Form des Vergleichs (τις — κἀγώ) knüpfen einerseits an vergleichende Passagen im Vorangehenden an (10,12–18; 11,5f), verweisen aber vor allem auf die folgende vergleichende Auseinandersetzung mit den Eindringlingen in Korinth (V. 22–23a). V. 21b kann deshalb auch als Überschrift für die »Ruhmesrede«

---

[78] Zum Leiden des Apostels als Teilhabe am Leidensgeschick Christi vgl. jetzt WOLTER, Apostel 535–557 (bes. 538.542–549). S. a. MARGUERAT, Expérience 515–518; GÜTTGEMANNS, Apostel 142–154. Zum Zusammenhang zwischen der Autorität des Apostels und dem Inhalt seiner Verkündigung vgl. auch ECKERT, Verteidigung 10–19 (bes. 18f).

[79] Vgl. ZMIJEWSKI, Stil 236f. Z. konstatiert aufgrund seiner stilistischen Analyse lebhaften Redestil, der auf die »Dramatik des Schlagabtausches zwischen Paulus und seinen Gegnern« und einen »Zustand der Erregung« hinweist.

[80] Vgl. o., S. 114f.

und im besonderen für deren ersten Teil, den Vergleich mit den Eindringlingen, angesehen werden[81].

Bei dieser vergleichenden Auseinandersetzung bedient sich Paulus des Mittels der Synkrisis[82]. Gegenüber Vorzügen der Herkunft, der Identität und des Verhaltens seiner Gegner[83], die offenbar in der korinthischen Gemeinde Eindruck machten, erhebt er dieser gegenüber Anspruch auf Ebenbürtigkeit bzw. Überlegenheit im Vergleich mit den Eindringlingen[84].

Dieser Vergleich steht freilich im Rahmen des Argumentationsganges der »Narrenrede« unter dem Vorzeichen der ἀφροσύνη, worauf die Parenthesen in V. 21 b und V. 23 a unmißverständlich hinweisen[85]. Entscheidend für die Einschätzung der Relevanz der aufgezählten Vorzüge für das paulinische Apostolatsverständnis ist die Zuordnung der genannten Ehrentitel zu der sie einschließenden Klammer der ἀφροσύνη. Dabei ist davon auszugehen, daß alle vier Ehrenbezeichnungen, also auch die des διάκονος Χριστοῦ, im Rahmen der »Ruhmesrede« auf derselben Ebene der ἀφροσύνη stehen. Auch und erst recht (παραφρονῶν λαλῶ) die Berufung darauf, Diener Christi zu sein, ist, sofern sie dem Selbstruhm dient, Torheit! Es kann deshalb das Aussageziel der Synkrisis nicht darin bestehen, daß aufgrund seines Selbstverständnisses als διάκονος Χριστοῦ für Paulus seine »jüdische Vergangenheit« nichts mehr wert sei. Die Bewertung als ἀφροσύνη richtet sich auf das Verfahren der Selbstrechtfertigung, nicht auf den Inhalt der angeführten Vorzüge[86].

Allerdings nimmt Paulus auf dieser Ebene der ἀφροσύνη, die losgelöst vom argumentativen Rahmen der »Narrenrede« die der Vorzüge des Apostels ist, doch eine gewisse Rangordnung vor, die sich seiner Aussageabsicht gegenüber

---

[81] Nach ZMIJEWSKI, Stil 235, läßt die gesamte Diktion des Verses erkennen, »daß jetzt ein entscheidender Höhepunkt der Rede unmittelbar bevorsteht«.

[82] Vgl. o., S. 117 mit Anm. 31, sowie FORBES, Comparison 18; MARSHALL, Enmity 349 ff.

[83] Daß Paulus dabei Selbstbezeichnungen der Eindringlinge zitiert (so GEORGI, Gegner 31–82, und jetzt wieder WOLFF, 2Kor 230 ff), ist unwahrscheinlich. Paulus nennt die Gegner sonst bewußt nicht beim Namen (vgl. o., S. 118). Die Titel Ἑβραῖοι, Ἰσραηλῖται, σπέρμα Ἀβραάμ wären als Gruppenbezeichnungen zu unspezifisch, die Bezeichnung διάκονοι Χριστοῦ dürfte eher der paulinischen Aussageabsicht entsprechen (s.o., S. 120). Man sollte in erster Linie davon ausgehen, daß Paulus im Rahmen einer Synkrisis die Vorzüge seiner Gegner benennt, auf die sich möglicherweise ihr Selbstverständnis gründete.

[84] Die Synkrisis ist ernst gemeint, nicht parodiert (gegen BETZ, Apostel 97, mit ZMIJEWSKI, Stil 235; WOLFF, 2Kor 230, Anm. 240). Es geht um echte Vorzüge, deren Anführung zur Selbstrechtfertigung nach dem Apostolatsverständnis des Paulus tatsächlich ein τολμᾶν ist. Das Verb ist hier also – anders als in 10,12 – nicht ironisch gebraucht (vgl. zu τολμᾶν ZMIJEWSKI, Stil 233 ff).

[85] Auch ἀφροσύνη ist wie τολμᾶν nicht ironisch gebraucht. Nach paulinischem Verständnis ist Selbstrechtfertigung unter Verweis auf eigene Vorzüge bei einem Christusapostel wirklich Torheit (vgl. o., S. 123f, sowie ZMIJEWSKI, Stil 235; anders MARTIN, 2Kor 372).

[86] So auch KLEINKNECHT, Gerechtfertigte 296 f. Anders HAFEMANN, Self-Commendation 86 f; BETZ, Apostel 97. B. kommt aufgrund seiner Beurteilung von 11,21 ff als Parodie des Enkomientopos περὶ εὐγενείας zu dem Schluß: »Natürlich mißt Paulus diesen ›Errungenschaf-

den Korinthern und dem Argumentationsgang der »Ruhmesrede« verdankt. Die vier aneinandergereihten Ehrenprädikate in V. 22–23a ergeben eine Klimax, deren Höhepunkt mit διάκονοι Χριστοῦ erreicht ist[87]. Die Steigerung wird dadurch unterstrichen, daß auch die bewertende Parenthese in V. 23a gegenüber der in V. 21b in gesteigerter Eindringlichkeit eingefügt ist. Vor allem aber beansprucht Paulus gegenüber den Eindringlingen hinsichtlich des Diener-Christi-Seins nicht nur Ebenbürtigkeit, sondern exklusive Überlegenheit[88].

Die weiteren Ausführungen der »Ruhmesrede« dienen ausschließlich der Begründung und Unterstreichung dieses exklusiven Vollmachtsanspruchs. Damit wird deutlich, daß die der Steigerung dienenden rhetorischen und sprachlichen Mittel in den VV. 21ff sachlich und textpragmatisch begründet sind. Paulus geht aus von den beanspruchten Vorzügen der Eindringlinge. Er lenkt aber den Gedanken auf den nach seinem Urteil entscheidenden Anspruch, Diener Christi zu sein, und erweist seine exklusive Überlegenheit im Hinblick auf diesen Anspruch, indem er ihn seinem eigenen Apostolatsverständnis entsprechend interpretiert.

Entscheidendes Interpretament des Apostelseins ist für Paulus die ἀσθένεια. Seine Überlegenheit hierin relativiert die Ebenbürtigkeit mit den Eindringlingen hinsichtlich des Judeseins. Ohne daß Paulus die Bedeutung der jüdischen Identität für sein Selbstverständnis explizit abwertet, setzt er doch die Priorität bei der Begründung seines Anspruchs auf apostolische Autorität durch den Verweis auf die aus dem Christusgeschehen abgeleitete Gestalt seines Aposteldienstes. Paulus sieht sich somit in der Situation der vergleichenden Gegenüberstellung mit Christusverkündigern, die entscheidendes Gewicht auf ihr Judesein legten, herausgefordert, die Relevanz seines eigenen Judeseins positiv für sein Apostolatsverständnis ins Feld zu führen, wenngleich er die entscheidende Auseinandersetzung mit ihnen um die Gestalt des Aposteldienstes aufgrund des Christusgeschehens führt.

b) Die Prädikate des Apostels

Bei der Besprechung des Bedeutungsgehaltes der einzelnen in 2Kor 11,22f aufgezählten Ehrentitel konzentrieren wir uns darauf, ihre Relevanz für das paulinische Apostolatsverständnis herauszuarbeiten, nicht auf die Frage nach der »Physiognomie« der Gegner des Paulus in Korinth. Wohl stehen die Selbstaussagen des Paulus in Korrespondenz zu den von seinen Gegnern herausgestellten Vorzügen. Für unsere Fragestellung ist es aber primär von Bedeutung, zu

---

ten‹ keinerlei Wert bei.« Da dies Urteil angesichts der Ausführungen von 2Kor 3,6–9; 4,1; 5,18; 6,3f für den Selbstanspruch als διάκονος Χριστοῦ nicht zutrifft, kann es auch nicht für die auf gleicher Ebene stehenden Bezeichnungen des Judeseins gelten.

[87] Vgl. KLEINKNECHT, Gerechtfertigte 296; MARTIN, 2Kor 273; ZMIJEWSKI, Stil 237f.
[88] Vgl. zum Verständnis des ὑπὲρ ἐγώ ZMIJEWSKI, Stil 241ff; MARTIN, 2Kor 374.

beobachten, wie Paulus in solcher Konfrontation mit Betonung sein Selbstverständnis als Christusapostel aus dem Gottesvolk formuliert[89].

α) Ἑβραῖος

Als Ἑβραῖος bezeichnet sich Paulus auch in Phil 3,5[90]. Steht diese Herkunftsbe-
zeichnung dort innerhalb der Aussageabsicht des Kontextes in einem stärker
autobiographischen Zusammenhang, so dient der Anspruch, »Hebräer« zu sein,
hier vorrangig der Unterstreichung der apostolischen Autorität. Für diesen
Zweck ist der Ausdruck Ἑβραῖος besonders geeignet, da er offenbar in Lebens-
zusammenhängen der hellenistisch-jüdischen Diaspora Verwendung fand, für
die die Besinnung auf das Besondere der geschichtlichen und religiösen Verwurzelung im Judentum ebenso wie die Bemühung um Ausstrahlung von dieser
Mitte aus auf die nichtjüdische Umgebung wesentlich war[91].

Wenn Paulus sich also gegenüber entsprechenden Selbstempfehlungen seiner
Gegner zur Unterstreichung seines Anspruchs auf Autorität als Christusapostel
auf sein eigenes Hebräertum beruft, dann verweist er damit nicht lediglich auf
seine Herkunft, sondern stellt betont seine gegenwärtige Identität aufgrund der
geschichtlichen und religiösen Verwurzelung im Judentum heraus. Offenbar
hielt er es für seiner Selbstrechtfertigung als Christusapostel dienlich, die Bewahrung seiner jüdischen Identität zu betonen!

β) Ἰσραηλίτης

Das zu Ἑβραῖος Ausgeführte gilt in noch stärkerem Maße hinsichtlich der
zweiten Selbstaussage in V. 22. Indem sich Paulus als Israelit bezeichnet[92],
bedient er sich eines gehobenen Ausdrucks, der die Zugehörigkeit zum Volk
Gottes und die Teilhabe an seinen Heilsgütern benennt.

Für das Wort ist charakteristisch die Bezugnahme auf die Glaubensgeschichte
des Gottesvolkes[93]. Seine Verwendung in Bezug auf die Gegenwart wirkt
archaisierend und damit herausgehoben feierlich[94]. Sie bringt bekenntnishaft
zum Ausdruck, daß die in der Vergangenheit des Gottesvolkes diesem von Gott
verheißenen und eingestifteten Heilsgüter (vgl. Röm 9,4f!) die den Träger dieses

---

[89] Textpragmatisch liegt der Ton innerhalb der aneinandergereihten Kurzsatzfolgen jeweils
auf dem κἀγώ (bzw. auf dem ὑπὲρ ἐγώ).

[90] Vgl. o., S. 106f.

[91] Vgl. GEORGI, Gegner 51–60, der im Zusammenhang seines Untersuchungsansatzes, der
Frage nach der Identität der Gegner des Paulus im 2. Korintherbrief, allerdings etwas einseitig
den Aspekt der Ausrichtung auf Nichtjuden gegenüber dem der Stärkung der eigenen Identität
betont.

[92] So auch in Röm 11,1; vgl. 9,4 (s. dazu u., S. 167–171). Vgl. auch Phil 3,5 (s. dazu o.,
S. 105f).

[93] Vgl. H. KUHLI, EWNT II 502; GEORGI, Gegner 60–63.

[94] H. KUHLI, EWNT II 502.504.

Namens auch gegenwärtig in seinem religiösen Selbstverständnis bestimmenden Werte sind[95].

Somit bekennt sich Paulus in 2Kor 11,22 als Christusapostel zur gegenwärtigen Teilhabe an dem, was die theologische Qualität des Volkes Israel ausmacht, ja, er führt diese Teilhabe sogar als einen Vorzug seines Apostelseins an.

γ) σπέρμα ᾽Αβραάμ

Entsprechend dem Kontext unserer Stelle (neben zwei weiteren Bezeichnungen der Herkunft aus dem Gottesvolk) und der Formulierung (σπέρμα) ist es geboten, zur Erklärung der Bezugnahme auf Abraham aus der Breite des biblischen und frühjüdischen Abrahambildes in erster Linie solche Vorstellungen heranzuziehen, die um die Nachkommenschaft Abrahams kreisen[96]. Die Vorstellung vom Gottesvolk als Same Abrahams wurzelt in den Erzählungen der Genesis, besonders in der Landverheißung (vgl. Gen 12,7; 13,15ff; 15,18; 17,8 u. ö.) und dem Bundesschluß mit Abraham (vgl. Gen 17,7.9f.19)[97]. Sie beeinflußt die den gesamten Pentateuch durchziehenden Erzväterverheißungen und ist auch in anderen Schichten des Alten Testaments lebendig (vgl. 2Chr 20,7; Ps 105,6; Jes 41,8; Sir 44,19ff)[98]. Dadurch im von der Septuaginta geprägten Frühjudentum gegenwärtig, läßt sie sich auch in dessen Literatur nachweisen (vgl. PsSal 9,9; 3Makk 6,3; 4Makk 18,1; LibAnt 4,11; 18,5; 4Esr 3,13ff)[99]. Im Neuen Testament ist sie außer bei Paulus (Röm 4,13.16.18; 9,7f; 11,1; 2Kor 11,22; Gal 3,16.29)[100] auch in Lk 1,55; Apg 3,25; 7,5f; Joh 8,33.37; Hebr 2,16; 11,18 (vgl. Mt 3,9; Lk 13,16; 19,9) belegt. Ist in der Vorstellung vom Samen Abrahams zunächst das Faktum der Abstammung betont[101], so ist mit diesem Faktum doch gleichzeitig

---

[95] Vgl. Georgi, Gegner 62: »Die Bezeichnung ›Israelit‹ wies ... vor allem auf die Vergangenheit als auf Wurzel und Quell der religiösen Potenz der Juden, die sich in der Gegenwart verwirklichen wollte und sollte.«

[96] Vgl. zum Abrahambild im Alten Testament, in der frühjüdischen Literatur und den neutestamentlichen und frühchristlichen Zeugnissen die knappe, aber belegreiche Darstellung von J. Jeremias, ThWNT I 7ff, sowie K. Berger, TRE I 372–382 (Lit!); R. Martin-Achard, TRE I 364–372; Moxness, Theology 117–206; Wieser, Abrahamvorstellungen. Die Bedeutung und genaue Funktion der dritten Selbstaussage in 2Kor 11,22 wird in der Forschung unterschiedlich bestimmt, vgl. neben den Kommentaren bes. Georgi, Gegner 63–82; Berger, Abraham 88f; Zmijewski, Stil 238ff; Wieser, Abrahamvorstellungen 36–40. Speziell auf eine missionarische Ausrichtung des Abrahambildes (vgl. dazu o., S. 94) dürfte hier kaum abgehoben sein (gegen Georgi, Gegner 81, mit Berger, Abraham 88f).

[97] Vgl. H. D. Preuss, ThWAT II 672–679.

[98] Vgl. H. D. Preuss, ThWAT II 683f.

[99] Vgl. K. Berger, TRE I 376–380; Wieser, Abrahamvorstellungen 153–179.

[100] Vgl. Berger, Abraham 47–89; Luz, Geschichtsverständnis 177–182; Baird, Abraham 373–379; Wieser, Abrahamvorstellungen 36–86; O. Betz, EWNT I 6f; U. Kellermann, EWNT III 631f.

[101] So Berger, Abraham 88.

die Teilhabe an den heilsgeschichtlichen Vorzügen des von Gott erwählten Volkes mitgesetzt[102].

In ähnlicher Weise, wie sich Paulus in 2Kor 11,22 als Hebräer und Israelit bezeichnet, um durch solche Bezugnahme auf seine Zugehörigkeit zum Gottesvolk als Ausweis apostolischer Autorität zu verweisen, verwendet er auch die Vorstellung vom Samen Abrahams. In ihr kommt am direktesten die soteriologische Bedeutung der Gliedschaft im von Gott erwählten Volk zum Ausdruck[103], ohne daß Paulus diese von seinem Christusglauben her in Frage stellt[104].

Daß damit freilich sein Apostolatsverständnis noch nicht ausreichend erfaßt ist, ja, daß dessen entscheidende Begründung noch gar nicht in den Blick gekommen ist, geht gerade auch aus der Selbstdarstellung in 2Kor 11,22f in ihrem Kontext hervor. Daß aber auf der anderen Seite auch die exklusive Verwurzelung seines Aposteldienstes und seines Evangeliums im Christusgeschehen eine positive Bezugnahme auf sein Judesein auch in seiner theologischen Relevanz nicht ausschließt, dafür ist unsere Stelle ein deutlicher Beleg.

δ) διάκονος Χριστοῦ

Mit dem Anspruch, Diener Christi zu sein, erreicht die Synkrisis, die Selbstrechtfertigung des Paulus mit Hilfe der vergleichenden Auseinandersetzung mit den Eindringlingen in Korinth, ihren Höhepunkt. Paulus beansprucht nicht nur, in gleicher Weise wie diese als Diener Christi anerkannt zu werden, sondern er stellt die exklusive Überlegenheit seines Christusdienstes heraus und begründet sie in den folgenden Teilen der »Narrenrede«[105].

---

[102] Daß Paulus diesen mit der Vorstellung gegebenen Zusammenhang zwischen Abstammung und Teilhabe an den heilsgeschichtlichen Prärogativen Israels in Röm 9,7ff differenziert, kann für das Verständnis von 2Kor 11,22 nicht vorausgesetzt werden. Vgl. zu unserer Stelle O. BETZ, EWNT I 6: »Mit der Wendung ›Same A.s‹ bringt Pls den geschichtlichen Vorzug Israels und der eigenen Abstammung zum Ausdruck«; U. KELLERMANN, EWNT III 632: »zur Bez. des Pls als eines Angehörigen des erwählten Volkes«.

[103] Vgl. K. BERGER, TRE I 376.

[104] WIESER, Abrahamvorstellungen 38f, verkennt sowohl die sprachliche Gestaltung als auch die paulinische Aussageabsicht, wenn er zunächst feststellt: »Das Bekenntnis, Same Abrahams zu sein, steht jetzt für den als begründet erachteten *Anspruch* auf die damit beschworene Geschichte als Kriterium der *apostolischen Legitimität* und Fundus der *pneumatischen Kraft* des apostolischen Dienstes.«, dann aber unter Berufung auf die Form der »Narrenrede« behauptet: »Paulus lehnt dieses Denken völlig ab.« Daß 2Kor 11,22f nicht von Phil 3,4–11 her interpretiert werden kann (wie es WIESER, a.a.O., 39, tut), erhellt daraus, daß anders als dort die Aussage über den Christusapostolat in einer Reihe mit denen über das Judesein steht.

Zur Differenzierung der Bedeutungsnuancen der drei Selbstaussagen in 2Kor 11,22 vgl. noch ZMIJEWSKI, Stil 240: »Es handelt sich wohl um die auf Steigerung angelegte Diärese des (übergeordneten) Begriffs ›Judenchristen‹. An die *jüdische Herkunft* erinnern die beiden ersten Titel… Sodann begegnet – in einer erneuten Steigerung – mit σπέρμα Ἀβραάμ der ›Ehrentitel‹, der das *christliche Selbstverständnis* der aus dem Judentum stammenden Gläubigen widerspiegelt.«

[105] Vgl. o., S. 128f.

Sachlich dient diese Argumentation, wie sich aus dem Kontext ergibt, dazu, den Anspruch auf Anerkennung als Apostel in der korinthischen Gemeinde zu begründen und im Blick auf das künftige Verhältnis zu ihr durchzusetzen. Explizit erhebt freilich Paulus den Anspruch auf den Aposteltitel im ganzen 2. Korintherbrief nur im Präskript (1,1)[106]. Sonst weist er ihn ausschließlich ironisch oder polemisch seinen Gegnern zu (11,5; 12,11; 11,13)[107]. Die Begründung für seinen Anspruch auf apostolische Autorität führt Paulus im 2. Korintherbrief nicht anhand der Legitimation seines Anspruchs auf den Aposteltitel durch (vgl. 1Kor 9; Gal 1 f), sondern mit Hilfe der Darstellung seiner Aposteltätigkeit als einer διακονία[108]. Indem Paulus seinen Apostolat als Diakonia Christi interpretiert, ordnet er ihn einem Kriterium unter, das im Christusgeschehen selbst wurzelt und die Lebensformen und das Christusverständnis des Urchristentums wesentlich geprägt hat[109]. Damit bringt er bereits am Beginn seiner Selbstrechtfertigung implizit den Kern seines Apostolatsverständnisses zum Ausdruck, auf den seine gesamte Selbstdarstellung in der »Narrenrede« hinzielt: die Verwurzelung seines Wirkens im und seine Gestaltung entsprechend dem Christusgeschehen.

4. Der Christusverkündiger aus dem Gottesvolk (Zusammenfassung)

Die Selbstrechtfertigung des Paulus in 2Kor 11,1–12,13 (»Narrenrede«) ist Teil der Bemühung des Apostels, mit Hilfe des Briefteils 2Kor 10–13 sein Verhältnis zur korinthischen Gemeinde im Hinblick auf seinen bevorstehenden dritten Besuch in Korinth zu klären und die Gemeinde zu einer eindeutigen Stellungnahme für ihn als ihren Gründungsapostel zu bewegen. Zu diesem Zweck unterstreicht und begründet er seinen Anspruch auf apostolische Autorität, indem er einerseits den Einsatz ihm als Apostel zustehender und verfügbarer autoritärer Disziplinarmittel androht, andererseits sein bisheriges Verhalten gegenüber der Gemeinde argumentativ rechtfertigt und die Grundlagen seines apostolischen Wirkens vor ihr offenlegt.

Da aufgetretene Störungen im Verhältnis zwischen Apostel und Gemeinde auf die Wirksamkeit gewisser von außen kommender judenchristlicher Gegner zurückzuführen sind, die ihren eigenen Anspruch auf Autorität der Gemeinde gegenüber u. a. mit einer Kritik an Paulus untermauerten, sieht sich dieser

---

[106] Vgl. aber den Verweis auf die σημεῖα τοῦ ἀποστόλου in 12,12!

[107] Auf den Unterschied dieses Befundes im Vergleich mit den anderen Paulusbriefen verweist auch DAUTZENBERG, Motive 150 f.

[108] Vgl. o., S. 120.

[109] Vgl. A. WEISER, EWNT I 728: »Das Apostolatsverständnis des Pls und die vielfältigen ›Dienste‹ der pln Gemeinden haben vom Wort und Verhalten Jesu her und durch das urchristl. Verständnis seines Wirkens und Sterbens als eines ›Dienens‹ ihre wesentliche Prägung und Terminologie erhalten.«

genötigt, seine Selbstrechtfertigung der Gemeinde gegenüber so zu gestalten, daß diese zur Parteinahme für ihn und damit zur Ablehnung der Eindringlinge und ihrer Pauluskritik bewogen wird. Dazu bedient er sich u. a. des rhetorischen Mittels der Synkrisis, der vergleichenden Gegenüberstellung der Vorzüge der Eindringlinge und seiner eigenen. Aufgrund seines Apostolatsverständnisses als eines im Christusgeschehen wurzelnden Auftrags, mit dem er von Gott begnadet worden ist, kann er das rhetorische Mittel der Synkrisis nur gebrochen anwenden. Deshalb stellt er seine Selbstrechtfertigung als ganze unter das Vorzeichen der Torheit und gestaltet sie so, daß im Vollzug des Selbstruhms als Grund und Inhalt dieses Ruhms immer klarer die Schwachheit als die auf dem Christusgeschehen beruhende Gestalt seines apostolischen Dienstes und als Ausweis von dessen Autorität erkennbar wird.

Die doppelte Umwertung der entsprechend der Form der Synkrisis aufgezählten Vorzüge des Paulus als Apostel – einerseits durch das Vorzeichen der Torheit, andererseits durch die inhaltliche Füllung seines Anspruchs, Diener Christi zu sein, mit einer Aufreihung seiner Mißerfolge und Gefährdungen – führt dazu, daß er sowohl Kriterien anführt, die nach herkömmlichen Maßstäben positiv bewertet werden, als auch solche, die im allgemeinen in eher abträglichem Sinne verstanden werden. Die zunächst unter dem Vorzeichen der Torheit genannten Vorzüge der Herkunft und der gegenwärtigen Identität und Funktion haben als solche positive Beweisfunktion für den paulinischen Autoritätsanspruch. Die anschließende Explikation des Anspruchs, Diener Christi zu sein, begründet seine apostolische Autorität dadurch, daß die in ihr dargestellte Schwachheit seines Apostoldienstes ihre Gestalt aus dem Christusgeschehen selbst, und damit letztlich durch göttliche Autorisierung gewinnt. Diese Interpretation erhält ihre entscheidende Stütze dadurch, daß die zunächst auf der Ebene der Torheit genannten Vorzüge der jüdischen Herkunft und Identität in einer Reihe mit dem Anspruch, Diener Christi zu sein, stehen. Das Vorzeichen der Torheit kann sich daher nur auf den Vorgang des Selbstruhms beziehen, nicht auf die zu diesem Zweck angeführten Gegenstände.

Paulus führt also seine jüdische Herkunft und Identität als positives Beweismittel für die Berechtigung seines Anspruchs auf apostolische Autorität der Gemeinde gegenüber ins Feld. Dies geschieht zwar in Anbetracht entsprechend untermauerter Autoritätsansprüche gegnerischer Eindringlinge in Korinth, ist aber in seiner Relevanz für das paulinische Selbstverständnis dadurch nicht eingeschränkt.

Die Gesichtspunkte jüdischer Herkunft und Identität, die Paulus nennt, bringen neben dem Moment der Abstammung betont das der Teilhabe an den Heilsgütern des Volkes Israel zum Ausdruck. In archaisch-feierlicher Sprache bekennt Paulus seine geschichtliche und religiöse Verwurzelung im Judentum und seine gegenwärtige Gliedschaft an der Abraham verheißenen Nachkommenschaft, am vom Gott der Väter erwählten Volk.

Innerhalb des Argumentationsgefüges der »Narrenrede« als ganzer sind zwar diese Identitätsaussagen nirgends explizit abgewertet oder theologisch in Frage gestellt, sie sind aber andererseits deutlich den Aussagen untergeordnet, die sich an den Anspruch, Diener Christi zu sein, anschließen. Dieser Anspruch bildet den Höhepunkt der Synkrisis, auf den sie in einer Klimax zuläuft. Er wird im folgenden ausschließlich und ausführlich expliziert. Innerhalb seiner Explikation begegnen die für das paulinische Apostolatsverständnis entscheidenden theologischen Argumente. Damit, daß Paulus seine jüdische Herkunft und Identität derjenigen seiner judenchristlichen Gegner in Korinth gleichordnet, sein Diener-Christi-Sein aber als ihnen in exklusiver Weise überlegen darstellt, relativiert er implizit den Wert der zuerst genannten jüdischen Kriterien für sein Argumentationsziel gegenüber der korinthischen Gemeinde. Sie zur Parteinahme für ihn zu bewegen, reicht die Berufung auf sein Judesein nicht aus, da ja die Eindringlinge dasselbe aufweisen können. Deshalb muß Paulus die spezifische Gestalt seines Aposteldienstes und dessen Verwurzelung im Christusgeschehen als entscheidendes Argument herausstellen. Denn darin weiß er sich als von Gott berufener und beauftragter Apostel unanfechtbar.

IV. Der Israelit und Heidenapostel (Röm 11,1)

Viermal im Laufe der Argumentation von Röm 9–11 kommt Paulus ausdrücklich auf sich selbst, seine Person, seinen Auftrag und seine Anliegen und Empfindungen zu sprechen. Jedesmal geht es ihm dabei um sein Verhältnis zu Israel, dem Gottesvolk, dem er sich selbst zurechnet. Der bekenntnishafte Verweis auf seine Identität als Israelit (11,1 b) ist untersetzt durch die Beteuerung seiner existentiellen Verbundenheit auch mit denjenigen aus seinem Volk, die gegenwärtig trotz der ihnen geltenden Heilszusagen wegen ihrer Christusferne heillos sind (9,1–5), durch seine beständige, engagierte Fürbitte um ihre Rettung (10,1) und durch die Verknüpfung seines Lebenswerkes als Heidenapostel mit dem Ziel, sein Volk zu veranlassen, wie die Heiden im Christusgeschehen den Zugang zum eschatologischen Heil zu suchen (11,13 f).

In derartig betont subjektiver Redeweise redet Paulus Adressaten an, die uns durch 1,6 f als unter den Heiden Berufene Jesu Christi in Rom bekannt sind und denen er sich in seinem spezifischen Auftrag als Heidenapostel vorgestellt hat (vgl. 1,5.13 ff). Zentraler Gegenstand[1] seiner Erörterung in Röm 9–11 ist die Wirklichkeit des Volkes Israel und das Verhalten der zu ihm Gehörenden. Auffälligstes Gestaltungsmerkmal ist die ständige argumentative Bezugnahme auf die Schrift[2].

Angesichts dieses Ersteindrucks stellen sich mit Blick auf unser Untersuchungsziel folgende Fragen: In welcher Weise bestimmt Paulus für sich persönlich das Verhältnis zwischen seinem Auftrag als Christusapostel der Heiden und seiner Identität als Israelit? Welche Konsequenzen ergeben sich aus der Geschichte seines Volkes und seiner gegenwärtigen Wirklichkeit für den Inhalt seiner Christusverkündigung an die Heiden? Inwiefern prägt die von ihm gewiß erwartete eschatologische Rettung ganz Israels seine Missionsverkündigung und Theologie? Hat seine Erörterung der Israel-Problematik ihren Anlaß oder wenigstens Anknüpfungspunkte in der Gemeindesituation der römischen Chri-

---

[1] Nicht Thema, s. dazu u., S. 140 f.

[2] Nach der Zusammenstellung bei HÜBNER, Ich 149–160 (die Seiten 150 und 152 sind vertauscht!), enthalten lediglich in 10,1–4 und 11,18–24 mehr als drei Verse hintereinander keinen Schriftbezug. Vgl. auch KOCH, Schrift passim; AAGESON, Scripture 265–289; DERSELBE, Typology 51–72; MAILLOT, Essai 55–73; EVANS, Hermeneutics 560–570; STEGNER, Midrash 37–52; LINDARS, Universalism 511–527. S. jetzt die ausführliche Übersicht bei ELLIOTT, Rhetoric 9–66.

sten? Wie ist ihr Aussageziel gegenüber der Adressatengemeinde zu bestimmen? Diesen Fragen soll im folgenden nachgegangen werden, indem wir zunächst Anlaß und Intention von Röm 9–11 beleuchten, danach themenbestimmende Aussagezusammenhänge der Kapitel zu erschließen versuchen und schließlich die besonders relevanten Textstücke 9,1–3; 10,1f und 11,13f auf unser Untersuchungsziel hin befragen.

1. Anlaß und Absicht von Röm 9–11 im Rahmen des Römerbriefs[3]

Aus dem brieflichen Rahmen des Römerbriefs läßt sich entnehmen, daß Paulus zwar eine Reihe von Christen in Rom kennt (vgl. Kap. 16), die Gemeinde(n) dort aber noch nicht besucht, also auch nicht gegründet hat (1,9f.13: 15,22f). 14,1–15,13 läßt erkennen, daß er über bestimmte Gemeindeprobleme in Rom orientiert ist[4] und sich für kompetent und berechtigt hält, ermahnend in die Gemeindeverhältnisse einzugreifen.

Aus den Formulierungen der Anrede der Adressaten (1,5f.13ff; 11,13; 15,15f.18) geht hervor, daß Paulus weiß, daß er es in Rom mit Heidenchristen zu tun hat. Indirekt ergibt sich das auch daraus, daß er in den Kapiteln 9–11 zu Nicht-Israeliten über Israel in der 3. Person spricht. Kapitel 16 zeigt andererseits, daß er auch Judenchristen in Rom wußte. Die Entstehung von Christengemeinden in Rom ist unlösbar verbunden mit der Geschichte der römischen Judenschaft[5]. Wahrscheinlich stammen auch die römischen Heidenchristen aus dem Kreis der »Gottesfürchtigen«[6].

Aus dem mehrfach geäußerten Wunsch des Paulus, die römischen Christen zu besuchen (1,9–15; 15,22ff), läßt sich erschließen, daß er mit seinem Brief Kontakte mit der Gemeinde anknüpfen möchte. 15,23f.28f legen nahe anzunehmen,

---

[3] Vgl. KETTUNEN, Abfassungszweck; WEDDERBURN, Reasons (non vidi); DUNN, Epistle 2843f; KÜMMEL, Probleme 252–256; FEUILLET, Romains 758–762; HAACKER, Friedensmemorandum 25–41; RUSSELL, Suggestion 174–184; STUHLMACHER, Abfassungszweck 180–193; CAMPBELL, Debate 21–24; DERSELBE, Freedom 38–41; Place 126–131; DRANE, Why 208–227; WILCKENS, Abfassungszweck 110–170; VON DER OSTEN-SACKEN, Erwägungen 119–130; BEKKER, Paulus 368ff.

[4] Vgl. WILCKENS, Röm I 39ff; III 109–115; LÜBKING, Israel 106ff; KETTUNEN, Abfassungszweck 60ff.

[5] Vgl. dazu PENNA, Juifs 321–347; LAMPE, Christen 4–9; WIEFEL, Gemeinschaft 65–88.

[6] Vgl. zu den Briefangaben über die Adressaten KETTUNEN, Abfassungszweck 27–81, zur Zusammensetzung und Geschichte der Gemeinde in Rom WILCKENS, Röm I 33–39; SCHMITHALS, Römerbrief 10–94.101ff; BECKER, Paulus 351–358; FEUILLET, Romains 756ff; LAMPE, Christen 53–63; DRANE, Why 213–219; CAMPBELL, Place 126. Anders WATSON, Paul 88–105, der in den Adressaten »primarily … Jewish Christians« sieht (a.a.O., 104). Dies steht freilich in engem Zusammenhang seiner schwerlich überzeugenden Interpretation von Röm 14,1–15,13 und der sich daraus ableitenden Bestimmung der Absicht des Römerbriefs. Gegen Watson jetzt auch ELLIOTT, Rhetoric 56ff.

daß er einen bevorstehenden Besuch ankündigen und vorbereiten will[7]. In 15,24 äußert er die Hoffnung, bei diesem Besuch Unterstützung aus der Gemeinde für seine geplante Missionsarbeit in Spanien zu erhalten. In 15,30f schließlich erbittet er von den römischen Christen fürbittende Anteilnahme an seiner bevorstehenden Jerusalemreise angesichts der ihm dabei drohenden Gefahr von seiten palästinischer Juden und der Ungewißheit seiner Aufnahme in der Urgemeinde.

Alle diese Hinweise auf die Abfassungssituation des Römerbriefs können die ausführlichen thematischen Erörterungen des Briefkorpus und deren Veranlassung und Intention nicht ausreichend erklären. Insbesondere die Frage bleibt offen, wieso Paulus einer heidenchristlichen Gemeinde gegenüber, von der er Unterstützung für seine weitere Heidenmission erwartet, sich in der Weise vorstellt, daß er grundsätzliche Ausführungen über das Verhältnis von *Juden* und Heiden zur Evangeliumsbotschaft macht und dabei in erster Linie gegenüber jüdischen Positionen argumentiert[8]. Eine Antwort darauf können nur die thematischen Erörterungen selbst geben.

Sieht man in 1,16f das Thema für die gesamten Ausführungen des Briefkorpus angegeben und berücksichtigt zugleich die Anbindung dieses Themas an die Person des Briefautors (vgl. 1,14f sowie V. 16a!), so ergibt sich, daß Paulus den Christen in Rom das Evangelium von der rettenden Macht Gottes für alle Glaubenden, »Juden zuerst und auch Griechen« (1,16b), als Antrieb und Inhalt seiner eigenen Verkündigung darlegen will[9].

Die paulinische Selbstdarstellung hat gegenüber den Briefadressaten die

---

[7] »Ersatz für sein Kommen« (SCHMITHALS, Röm 40) kann der Brief aber nicht sein, auch nicht »das Lehrschreiben Röm A« (= Röm 1–11; 15,8–13), da Paulus in 1,9ff.13 das ἰδεῖν und ἐλθεῖν als Voraussetzung dessen herausstellt, was er sich von seinem Kontakt mit der römischen Gemeinde verspricht (vgl. jeweils die ἵνα-Sätze!).

[8] Dieses Problem stellt WILCKENS, Röm I 34, als entscheidende Frage heraus.

[9] Vgl. zum Thema des Römerbriefs STEGEMANN, Gott 40–54; STUHLMACHER, Thema 31–44; DU TOIT, Persuasion 201–209; KAYLOR, Community (non vidi, vgl. NTAb 33, 1989, 257). Besteht demnach die Hauptintention des Römerbriefs in der Darlegung des paulinischen Evangeliums (vgl. auch VON DER OSTEN-SACKEN, Erwägungen 128ff), so entspricht dem die Zuordnung zur epideiktischen Redegattung (vgl. WUELLNER, Rhetoric 330–351; DERSELBE, Toposforschung 476–479; ELLIOTT, Rhetoric 69–104, betont dagegen jetzt stark den paränetischen Charakter der gesamten rhetorischen Argumentation des Briefes und beruft sich dafür besonders auf 1,1–17 als Exordium und 15,14–32 als Peroratio; auf seine These kann hier nur noch verwiesen, nicht mehr ausführlich eingegangen werden). STOWERS, Diatribe, hat diese Zuordnung präzisiert, indem er unter besonderer Berücksichtigung der Stilmittel der Diatribe die unterweisende Funktion des Briefs herausstellt (vgl. zur pädagogischen Funktion der Diatribe a.a.O., 76f, zum Römerbrief 116f.152ff.178ff; kritisch dazu jetzt SCHMELLER, Diatribe 47–52.410ff, der stärker auf den missionarischen Hintergrund verweist). Ziel der epideiktischen Redegattung ist es nach SIEGERT, Argumentation 111, »die Werte, die bei der Zuhörerschaft bereits anerkannt sind, (zu) festigen« (vgl. auch WUELLNER, Rhetoric 337). Für den Römerbrief ist dafür auf 1,6ff.11f (στηριχθῆναι, συμπαρακληθῆναι); 15,14f (ἐπαναμιμνῄσκων) zu verweisen.

Vgl. auch PENNA, Évolution 414f; FRAIKIN, Function 92f; DU TOIT, Persuasion 192–198; STUHLMACHER, Röm 17 (»Logos Protreptikos«).

Funktion einer Selbstvorstellung (vgl. 1,1–5.11–15; 11,13 f: 15,15–21)[10]. Dazu tritt deutlich die Funktion der Selbstrechtfertigung angesichts möglicher oder tatsächlich vorgebrachter Einwände gegen seine Evangeliumsverkündigung oder verfehlter Konsequenzen aus ihr[11]. Indem Paulus den Adressaten gegenüber die Eigenart seines Evangeliums darlegt, setzt er sich mit Gegenpositionen auseinander, die ihm während seiner missionarischen Wirksamkeit begegnet sind und deren mögliches Lautwerden auch in Rom er daher Anlaß hat zu vermuten[12].

Mit dem Wunsch nach Fürbitte für das Gelingen seines Jerusalembesuchs und für die Annahme seines Kollektenwerks[13] fordert Paulus die römischen Christen auf, zu dem Anliegen Stellung zu beziehen, das er im Briefkorpus versucht hat, ihnen nahezubringen, und bezieht sie so ein in die eine Kirche, die sachlich-theologisch als Kirche aus Juden und Heiden qualifiziert ist[14]. Ähnliche Funktion hat die Bitte um Unterstützung der geplanten Spanienmission[15]. Auch das von Paulus in 14,1–15,13 angemahnte Verhalten der römischen Christen zueinander setzt er in 15,8–13 in Beziehung zur thematischen Explikation seines Evangeliums im Briefkorpus und läßt es dadurch als sachgemäße Antwort darauf erscheinen[16].

---

[10] Vgl. zur rhetorischen bzw. argumentativen Situation des Römerbriefs Wuellner, Rhetoric 335. S. a. Stegemann, Gott 32 f: Paulus tritt »mit dem Brief in einen Dialog mit der Gemeinde ein, in dem er sein charismatisches Recht als authentischer Ausleger des Evangeliums für die Heiden und seine Verantwortung für die evangeliumsgemäße Existenz aller Gemeinden aus den Heiden ausdrücklich wahrnimmt.

[11] Vgl. Stuhlmacher, Abfassungszweck 186.193; derselbe, Röm 13 f; Kettunen, Abfassungszweck 176–193.

[12] Dürften die dialogischen Stilmittel der Diatribe auch primär nicht apologetisch, sondern epideiktisch-pädagogisch zu interpretieren sein, die tatsächliche Anwesenheit eines kritischen Dialogpartners also weder bei Paulus noch in Rom voraussetzen (mit Stowers, Diatribe 117.152 f.174; Lüdemann, Heidenapostel II 158 ff, identifiziert lediglich in Röm 3,8 ausdrückliche Paulus-Kritik), so wissen wir doch aus dem Galater- und dem 2. Korintherbrief, daß Paulus in scharfen Auseinandersetzungen um Fragen stand, die er auch in Römerbrief behandelt. Es ist schlechterdings unvorstellbar, daß er bei Abfassung des Römerbriefs nicht an solche Widerstände gedacht haben sollte. Der Dialog im Römerbrief ist deshalb m. E. zwar kein »echter« (so Stuhlmacher, Abfassungszweck 191), wohl aber die rhetorische Gestaltung einer »echten« Kontroverse.
Wilckens, Röm I 43 f.79 ff, sieht in der Unsicherheit, mit der Paulus im Proömium der Gemeinde gegenübertritt, einen Hinweis auf Reserven und Befürchtungen in Rom gegenüber der Person des Paulus und seiner radikal gesetzesfreien Verkündigung. Vgl. auch Stuhlmacher, Abfassungszweck 192 f; Becker, Paulus 365 ff.

[13] Hierin sehen den eigentlichen Anlaß und Zweck des Römerbriefs etwa Bornkamm, Testament 197–216; Jervell, Brief 61–73; Wilckens, Abfassungszweck 110–170. Vgl. zur grundsätzlichen Bedeutung der Kollekte für das paulinische Heidenmissionswerk Wilckens, Röm III 126 f; derselbe, Abfassungszweck 138 f; Stuhlmacher, Stellung 150 f; Zeller, Juden 229–236; Eckert, Kollekte 65–80.

[14] Vgl. Wilckens, Abfassungszweck 128.

[15] Vgl. Zeller, Juden 45–76; derselbe, Röm 17 f.

[16] Wilckens, Röm I 42 (vgl. Zeller, Röm 15 f), betont freilich zu recht, daß die Paränese der

Damit ist deutlich geworden, daß der Römerbrief ein gleichermaßen situationsgebundenes wie grundsätzlich sachbezogenes Schreiben ist. In einer für das Gelingen seines gesamten Missionswerkes entscheidenden Situation entfaltet Paulus gegenüber seinen Briefadressaten, die er als »Teilhaber« in dieses Missionswerk einbezieht, in grundsätzlicher Reflexion und Argumentation und in Auseinandersetzung mit sachlichen Einwendungen sein Verständnis vom Christusevangelium. Theologische Reflexion und praktisch-organisatorische Arbeit am Missionswerk bilden für Paulus eine unauflösbare Einheit. Sie wurzelt in seinem Selbstverständnis als von Gott berufener und zu den Heiden gesandter Christusapostel[17].

Die Kapitel 9–11 sind Teil der argumentativen Explikation des in 1,16f angegebenen Briefthemas, die die Grundlage für die Paränese(n) in 12,1–15,13 bildet[18]. Hat Paulus in Kapitel 1–8 deutlich gemacht, wie sich der Heilswille Gottes gegenüber allen Menschen, Juden wie Heiden, auf gleiche Weise durchsetzt – nämlich aufgrund der Offenbarung der Gottesgerechtigkeit im Christusgeschehen, an dem Anteil zu gewinnen nur durch Glauben möglich ist –, so verwurzelt er nun das Christusgeschehen im Heilswillen und Heilswirken des Gottes, der sich selbst in seinem Handeln gegenüber Israel definiert als der Berufende und sich Erbarmende. Damit steht und fällt die Glaubwürdigkeit des paulinischen Evangeliums mit der Glaubwürdigkeit der Bundeszusage Gottes an Israel. Genau die scheint aber angesichts der gegenwärtig erfahrbaren Abwendung Israels von Gottes Heilshandeln im Christusgeschehen in Frage gestellt zu sein. In Frage steht somit in Röm 9–11 Gottes Verheißungstreue als Fundament des Christusevangeliums angesichts des Unglaubens in Israel[19].

Ergibt sich das so benannte Problem von Röm 9–11 aufgrund der bisherigen paulinischen Argumentation zwangsläufig, so steht es doch in ebenso direktem Zusammenhang zur konkreten Situation von Autor und Adressaten. Mit der

---

Kapp. 14f nicht Anlaß für das Briefkorpus gewesen sein kann und die Mahnung an die »Starken« zur Rücksichtnahme gegenüber den »Schwachen« auch zunächst unabhängig vom Briefthema unter Verweis auf das Liebesgebot (Röm 12f) begründet wird. Vgl. auch DRANE, Why 219–222.

[17] Vgl. BARRETT, Missionar 18–32.

[18] Vgl. die Untersuchung der Zusammenhänge zwischen Röm 9–11 und dem vorangehenden Briefkorpus bei LÜBKING, Israel 21–51, sowie die Habilitationsschrift von STEGEMANN (Gott), deren Absicht es ist, »den Kontext von Röm 9–11 dem Gesamtzusammenhang der Argumentation von Röm 1–11 einzuordnen« (a.a.O., XVII). Vgl. auch CAMPBELL, Place 122–126; BOERS, Problem 1–11, sowie die zusammenfassenden Bemerkungen bei MAYER, Heilsratschluß 167f; EICHHOLZ, Theologie 284–289; WILCKENS, Röm II 181ff; CRANFIELD, Röm II 445ff. S. jetzt auch ELLIOTT, Rhetoric 254–263.

[19] Vgl. WILCKENS, Röm II 181ff; STUHLMACHER, Röm 129.131; LÜBKING, Israel 53.136f; HÜBNER, Ich 123f; SIEGERT, Argumentation 120f; MICHEL, Opferbereitschaft 94f; THEOBALD, Gnade 131; ZELLER, Christus 269f.

Bekundung seiner bleibenden Verbundenheit mit Israel auch als Heidenapostel (vgl. bes. 9,1 ff; 10,1) stellt sich Paulus der Erfahrung von Auseinandersetzungen, die sich in der Folge seines Missionswerkes um das Verhältnis seiner Evangeliumsverkündigung zu den Grundlagen jüdischen Heilsverständnisses erhoben[20]. Mit seinem Festhalten an der Verheißungstreue Gottes zu Israel verweist er die römischen Heidenchristen darauf, daß sein Dienst als Heidenapostel gebunden ist an den Gott Israels, daß der Glaube als Zugangsmöglichkeit zum Heil für Juden wie für Heiden Glaube an den im Christusgeschehen sich offenbarenden Gott Israels ist.

Somit liegt der entscheidende Adressatenbezug der Argumentation in Röm 9–11 und gleichzeitig die Funktion dieser Kapitel als notwendiger Teil der Explikation des paulinischen Evangeliums an die Heiden in der Identität der Angesprochenen als Heidenchristen, die aufgrund des Christusgeschehens zum Glauben an den Gott Israels gerufen worden sind[21]. Von dieser Basis aus ermahnt Paulus die römischen Heidenchristen, auf den Unglauben Israels nicht mit Selbstruhm und Hochmut zu reagieren (vgl. 11,16–24)[22].

So zeigt sich auch im Blick auf Röm 9–11: Die Explikation seines Evangeliumsverständnisses in seinem Brief an die römischen Christen ist zweifellos herausgefordert durch die konkreten Umstände, in denen Paulus sich und sein Missionswerk vorfindet, und durch das Bild, das er von den Verhältnissen in der Adressatengemeinde gewonnen hat. Er stellt sich aber dieser Herausforderung nicht anders, als daß er in grundsätzlicher Reflexion und Argumentation darlegt, welche Konsequenzen sich aus dem Verständnis seiner ihm von Gott her zugekommenen Berufung zum Heidenapostel im Blick auf die vorausgesetzte Situation mit Notwendigkeit ergeben. Gerade als »Testament« des Paulus[23] ist der Römerbrief ein streng adressaten- und situationsbezogenes Schreiben, gerade als Missionsdokument[24] ein Zeugnis theologischer Reflexion!

---

[20] Vgl. STUHLMACHER, Röm 129 ff; BRANDENBURGER, Schriftauslegung 4–8; DRANE, Why 222 ff. Ob 9,1–5 Antwort auf konkrete Apostasievorwürfe ist (so SCHMITHALS, Röm 328; WILCKENS, Röm II 189 f; STUHLMACHER, Röm 132; WATSON, Paul 161 f), ist nicht sicher zu entscheiden, ebensowenig, ob solche Vorwürfe in Rom geäußert wurden.

[21] Vgl. ZELLER, Röm 170.

[22] Die Paränese 11,13–24 ist nicht Anlaß und Ausgangspunkt der paulinischen Argumentation von Röm 9–11, sondern deren adressatenorientierte Konkretion (dies wäre jetzt auch gegen ELLIOTT, Rhetoric 270–275.291, festzuhalten). Sie ist dem Erweis der Verheißungstreue Gottes gegenüber Israel ein- und untergeordnet (vgl. u., S. 151 ff). Anlaß und Absicht des Briefs können deshalb nicht einseitig aus einer Rekonstruktion von Spannungen zwischen Heiden- und Judenchristen in Rom hergeleitet werden (gegen WATSON, Paul 88–105; CAMPBELL, Place 126–131; DERSELBE, Freedom 37–41; vgl. zur Diskussion LÜBKING, Israel 105–118).

[23] Vgl. BORNKAMM, Testament 197–216.

[24] Vgl. WILCKENS, Abfassungszweck 139 f.

2. Themenbestimmende Aussagezusammenhänge in Röm 9–11

Die Erschließung des Inhalts und der Gedankenfolge von Röm 9–11 steht vor erheblichen Schwierigkeiten. Angesichts der gegenwärtigen Forschungslage[25] und im Hinblick auf die Zielstellung unserer Untersuchung kann im folgenden keine fortlaufende Auslegung der drei Kapitel geboten werden. Es muß genügen, auf Sinnlinien hinzuweisen, die das Textganze durchziehen und den Selbstaussagen des Paulus zugrundeliegen[26]. Zu solchen Sinnlinien werden wir Aussagen zu Gottes Heilshandeln an Israel und zur Wirklichkeit Israels zusammenfassen, bevor wir die Abschnitte näher betrachten, in denen Paulus sich selbst zum Thema macht.

a) Gottes Heilshandeln an Israel

Als Thema von Röm 9–11 hatten wir die Frage nach Gottes Verheißungstreue als Fundament des Christusevangeliums angesichts des Unglaubens in Israel bestimmt. Aussagen zu Gottes Tun gegenüber Israel, in dem sich seine Identität zu erkennen gibt, rahmen und durchdringen alle Einzelausführungen.

Schon bevor die Themafrage ausdrücklich formuliert wird (9,6a), stellt Paulus eine Reihe von Heilszusagen an Israel zusammen (9,4f). Der Herausstellung der Gnadenzusage Gottes zu Beginn entspricht der Lobpreis seines Willens und Wirkens am Schluß (11,33–36).

---

[25] Vgl. RÄISÄNEN, Analyse 2891–2939; KÜMMEL, Probleme 245–260; BENOIT, Conclusion 217–236. Gesamtinterpretationen der drei Kapitel bieten in jüngerer Zeit (chronologisch geordnet nach Monographien, Monographieteilen und Artikeln, ohne Anspruch auf Vollständigkeit): PLAG, Wege; GETTY, Structure (non vidi); HÜBNER, Ich; SIEGERT, Argumentation; LÜBKING, Israel. – LUZ, Geschichtsverständnis 19–37.64–94.136–158. 235–250.268–300.392–402; MAIER, Mensch 351–400; RICHARDSON, Israel 126–136; ZELLER, Juden 108–137. 203–218.238–269; MAYER, Heilsratschluß 167–313; HARRINGTON, People 57–66; STEGEMANN, Gott 174–224; THEOBALD, Gnade 140–165; LÜDEMANN, Judentum 30–35; SCHMITT, Gottesgerechtigkeit 67–116; WATSON, Paul 160–174; HEIL, Romans 63–82; GUNDRY VOLF, Perseverance 161–201. – GÜTTGEMANNS, Heilsgeschichte 34–58; ZELLER, Israel 289–301; BARTH, Volk 45–134; DAHL, Future 137–158; DAVIES, People 4–39; DREYFUS, Passé 131–151; STEIGER, Schutzrede 44–58; CAMPBELL, Freedom 27–45; KLAPPERT, Traktat 58–137; DE VILLIERS, Salvation 199–221; MAILLOT, Essai 55–73; EVANS, Hermeneutics 560–570; WALTER, Interpretation 172–195; FEUILLET, Romains 779–790; BADENAS, End 81–108; KLUMBIES, Vorzüge 135–157; RADERMAKERS/SONNET, Israël 675–697; AAGESON, Scripture 265–289; HOFIUS, Evangelium 175–202; PENNA, Évolution 415–418; SCHWARZ, Israel 161–164; SNEEN, Root 398–409 (non vidi); WIDMANN, Israelit 150–158; WINKEL, Argumentationsanalyse 65–79; AAGESON, Typology 51–72; DUNN, Epistle 2866–2874; VON DER OSTEN-SACKEN, Schibboleth 294–314; RÄISÄNEN, Analysis 2895–2923; THEOBALD, Kirche 1–22; GETTY, Salvation 456–469; LONGENECKER, Answers 95–123.

[26] Vgl. zum Begriff »Sinnlinien« EGGER, Methodenlehre 96–100. Egger gebraucht ihn im Zusammenhang der semantischen Textanalyse, wir verwenden ihn analog für die Interpretation ganzer Aussagezusammenhänge.

Innerhalb dieses Rahmens bildet die Themafrage nach der Verheißungstreue Gottes das stabile Gerüst für die Einzelargumentationen. Sie wird viermal ausdrücklich formuliert (9,6 a; 11,1 f. 11.29), immer durch Negation einer hypothetisch in Rede gestellten Verheißungsuntreue Gottes, am Anfang und am Schluß in Gestalt einer allgemeingültigen These, fast eines Axioms (9,6 a; 11,29), dazwischen als durch μὴ γένοιτο verneinte Frage (11,1.11; in 11,1 f in Aufnahme von Schriftworten). So läßt Paulus in keinem Moment Zweifel daran aufkommen, daß die Frage nach Gottes Verheißungstreue zu bejahen ist, daß die hypothetische Annahme, Gott sei seinen Heilszusagen untreu geworden, als Erklärung für die gegenwärtig erfahrene Wirklichkeit von vornherein ausgeschlossen ist[27].

Freilich ist damit diese Wirklichkeit noch nicht bewältigt und Gottes Verheißungstreue noch nicht für die Adressaten ausreichend begründet und expliziert. Deshalb untermauert Paulus seine theologische Grundüberzeugung durch verschiedene Aussagen und Aussagezusammenhänge über die Wirklichkeit und das Handeln Gottes.

Dabei ist zunächst der Gedanke bestimmend, daß Gott sein zugesagtes Heil durch sein Berufen verwirklicht. Zur Sinnlinie »Gottes Berufen« gehören die für den Gedankengang entscheidenden Stichworte κληθήσεται (9,7), λογίζεται (9,8), λόγος (9,9), ἡ κατ᾽ ἐκλογὴν πρόθεσις (9,11) und ἐκ τοῦ καλοῦντος (9,12)[28]. Auch in dem Moment, wo sich Paulus von Aussagen zur Vergangenheit Israels der gegenwärtigen Situation von Juden und Heiden angesichts des Christusgeschehens zuwendet[29], bleibt das Berufen Gottes die Konstante der Gedanken-

---

[27] Vgl. Kümmel, Probleme 251. Der Grund dessen liegt in der Erwählung Israels durch Gott (so zuletzt auch Mussner, Warum 67 f). Die Verwunderung bei Hübner, Ich 100 f (ebenso wie die sich nach Wilckens, Röm II 236, angeblich »zwingend« aus der vorangehenden Argumentation ergebende »bittere Konsequenz, daß Gott sein Volk verstoßen hat«), beruht auf der Verkennung des Tatbestands, daß für Paulus die Frage, ob Gott treu ist, in dem Moment, wo sie gestellt ist, positiv beantwortet ist, und daß er auch seine Adressaten nie über das Ergebnis der Erörterungen in Zweifel läßt (vgl. Siegert, Argumentation 124: 9,6 a ist eine petitio principii). Sein Problem (und das seiner Adressaten) ist, wie man mit dieser Wahrheit leben kann angesichts erfahrener Widersprüche, wie man sie verstehend nachvollziehen kann in der gegenwärtigen Situation der Abwendung Israels von Gottes Heilshandeln und seiner daraus resultierenden Gerichtsverfallenheit.

[28] Vgl. Hübner, Ich 15–36 (bes. 23 ff). Zum Gottesprädikat ὁ καλῶν vgl. Delling, Gottesprädikationen 29 ff; derselbe, Gottesaussagen 408 f (»... Bezeichnung dessen, der in das Heilsgeschehen einbezogen«); Hübner, Ich 25, Anm. 38. Zu καλεῖν als »terminus technicus für den Heilsvorgang« vgl. K. L. Schmidt, ThWNT III 490; Grässer, Gott 247. Zur Interpretation von 9,6–29 insgesamt vgl. außer den o., Anm. 25, Genannten noch Gaston, Enemies 411–418; Stegner, Midrash 37–52; Brandenburger, Schriftauslegung 1–47; Aletti, Argumentation 41–56; Rese, Israel 208–217.

[29] Dies geschieht im Zuge des Anakoluth 9,22 ff (vgl. dazu Luz, Geschichtsverständnis 241–250; Siegert, Argumentation 132–139; Hübner, Ich 49–55; Lübking, Israel 73 ff; Theobald, Gnade 144–150; Campbell, Freedom 31 ff). Natürlich ist auch 9,6–23 »im Blick auf das Israel seiner Gegenwart« formuliert (Hübner, Ich 19), nicht aber in dem Sinne, daß Paulus

führung (9,22–29): Göttliche Berufung ist der Grund dafür, daß an »uns«, den Christen aus Juden und Heiden, die Heilszusage Gottes zur Erfüllung gekommen ist (ἐκάλεσεν, 9,24; vgl. καλέσω, V. 25, κληθήσονται, V. 26, λόγον ποιήσει κύριος, V. 28)[30]. Den gegenwärtig von Gott »übriggelassenen Rest« aus Israel deutet Paulus als Ergebnis göttlichen Berufens (κατ᾽ ἐκλογὴν χάριτος, 11,5; vgl. 11,7: ἡ ἐκλογή)[31].

Dem Grundgedanken von Gottes Berufen ein- und untergeordnet ist die Explikation des Gotteshandelns angesichts des sich erhebenden Vorwurfs der ἀδικία (9,14) Gottes als souveräne Ausübung seines Erbarmens (9,14–21)[32]. Ganz entsprechend qualifiziert Paulus im Resümee der gesamten Argumentation (11,30ff) Gottes Berufen (κλῆσις, V. 29) als sich wechselseitig gegenüber dem Ungehorsam von Juden und Heiden durchsetzende Ausübung des Erbarmens[33].

Einen weiteren Versuch, die Verheißungstreue Gottes mit der gegenwärtigen Erfahrung in Einklang zu bringen, stellt die Aufnahme des Restgedankens dar. Daß gegenwärtig zumindest ein Teil Israels zu den Berufenen gehört (vgl. 9,24), deutet Paulus als Ergebnis göttlichen Heilswirkens gegenüber ganz Israel (9,27ff; 11,2–6)[34]. Freilich ist damit gleichzeitig impliziert, daß der nicht zum Rest gehörende Teil Israels unter Gottes Gericht steht[35].

---

bereits hier »die universale christliche Gemeinde *aus Juden und Heiden*« meine (so SCHMITHALS, Röm 339ff; vgl. auch KLUMBIES, Vorzüge 143ff; LÜDEMANN, Judentum 32 mit Anm. 119; GÜTTGEMANNS, Heilsgeschichte 42ff). 9,6–13 ist vielmehr »ein eher grundsätzlicher Gedankengang...«, der seine Spitze darin hat, Verheißung und freie Erwählung als einzigen Grund für die Teilhabe am wahren Israel aufzuzeigen« (LÜBKING, Israel 66; ähnlich WILCKENS, Röm II 196; vgl. auch LUZ, Geschichtsverständnis 64–78; SCHMITT, Gottesgerechtigkeit 79–83; THEOBALD, Kirche 7ff).

[30] Vgl. zur Schriftverwendung in 9,25f HÜBNER, Ich 55ff, der zeigt, wie Paulus dabei das göttliche Berufen herausstellt (ähnlich KOCH, Schrift 104f.166f). Paulus spricht von Gottes Berufen außerhalb von Röm 9–11 immer in Bezug auf Christen. Im unmittelbaren Kontext begegnet das Wortfeld in 8,28–33 (vgl. dazu und zum Zusammenhang mit Kapp. 9–11 LUZ, Geschichtsverständnis 250–255; LÜBKING, Israel 48ff; MAYER, Heilsratschluß 149ff).

[31] 11,1–10 hat im Gedankengang von Röm 9–11 resümierende Funktion (vgl. LÜBKING, Israel 102; SCHMELLER, Diatribe 288). κατ᾽ ἐκλογὴν χάριτος (11,5) nimmt 9,11 auf, οὐκέτι ἐξ ἔργων (11,6) weist zurück auf 9,12.

[32] Die Wortgruppe ἐλεεῖν, ἔλεος begegnet in 9,14–23 fünfmal (VV. 15b.16.18.23). Zur Souveränität Gottes (V. 17.19.22) vgl. MUSSNER, Verstockung 46ff; ALETTI, Argumentation 46ff. Zur Beschreibung Gottes als ὁ πλάσας und κεραμεύς (V. 20b.21) vgl. SIEGERT, Argumentation 134f. Auch innerhalb des »Ölbaum-Gleichnisses« (11,16–24) ist Gottes Souveränität in seinem Heilschaffen betont (vgl. dazu THEOBALD, Gnade 154–161, sowie u., S. 151ff).

[33] Auch die Umschreibung des souveränen Berufens Gottes als Liebe (9,13; vgl. 9,25) wird im Resümee ausdrücklich wieder aufgenommen (11,28).

[34] Paulus betont die Aktivität Gottes (ἐγκατέλιπεν, 9,29, κατέλιπον ἐμαυτῷ, 11,4 [vgl. dazu MAYER, Heilsratschluß 249ff; KOCH, Schrift 76f mit Anm. 92; LÜBKING, Israel 101 mit Anm. 676; HÜBNER, Ich 101]; vgl. auch 9,28 [dazu KOCH, Schrift 147ff; MAYER, Heilsratschluß 218–221; LÜBKING, Israel 77 mit Anm. 476]) entsprechend seinem Gnadenvorsatz (κατ᾽ ἐκλογὴν χάριτος, 11,5). Diese Anwendung des Restgedankens widerspricht geradezu der

In einem für die Zielrichtung seiner Argumentation entscheidenden dritten Aussagezusammenhang verbindet Paulus verschiedene Aspekte des Handelns Gottes gegenüber Israel mit der gegenwärtig erfahrbaren Situation einer am Heil teilhabenden Gemeinde aus Heiden und Juden. Gott handelt gegenüber Israel nicht nur als Berufender, sondern auch im Verhärten (11,7–10)[36], und gerade so erlangen einerseits die Heiden, andererseits auf dem Wege der Eifersucht auch die verhärteten Juden das Heil (11,11 f.25 ff).

ἐπωρώθησαν (11,7) wird durch das folgende Zitat (V. 8)[37] als passivum divinum erkennbar. Damit entspricht 11,7 dem schon in 9,18 anhand des Pharao-Beispiels explizierten Grundsatz göttlichen Handelns: Wessen er will, erbarmt er sich, wen er aber will, den verhärtet er[38].

Tendenz des Kontextes von 1Kön 19, der in der Wiedergabe des Zitats in Röm 11,4 durchaus noch herauszuhören ist (οἵτινες οὐκ ἔκαμψαν γόνυ τῇ Βάαλ). Daß der Rest Setzung Gottes ist, entspricht freilich der alttestamentlichen Ausprägung des Restgedankens, wie sie sich besonders deutlich im Jesajabuch zeigt (vgl. V. HERNTRICH, ThWNT IV 204 f.207–212; differenzierter H. WILDBERGER, THAT II 848–854; CLEMENTS, Remnant 106–121; WATTS, Remnant 109–129), in erkennbarer Differenz zur stärkeren Ausrichtung am Gedanken des eschatologischen Gerichts bzw. des Toragehorsams bei seiner Rezeption im Frühjudentum (vgl. LÜBKING, Israel 227 f, Anm. 682; HOFIUS, Evangelium 182 f; CLEMENTS, Remnant 119).

[35] Ist in 11,4f die Restverheißung primär Ausdruck von Gottes gnädiger Heilssetzung, so steht in 9,27 ff der Gerichtsgedanke im Vordergrund (mit LÜBKING, Israel 76.102, gegen SIEGERT, Argumentation 140; vgl. auch AAGESON, Typology 56 ff; SCHMITT, Gottesgerechtigkeit 86 f, betont zu einseitig den Aspekt der »Kontinuität mit dem alttestamentlichen Gottesvolk«).

[36] Zur gegenwärtigen Heilsferne Israels als Ergebnis der Verhärtung durch Gott vgl. LÜBKING, Israel 102 ff; MAYER, Heilsratschluß 254–260; HÜBNER, Ich 103 ff; KOCH, Schrift 170 f.137 f; MUSSNER, Verstockung 39–46; EVANS, Hermeneutics 563–568; HOFIUS, Evangelium 180 ff. Zum biblischen Verstockungsthema vgl. K. L./M. A. SCHMIDT, ThWNT V 1024–1029 (Lit-Erg. X 1226).

[37] Vgl. dazu KOCH, Schrift 170 f; HÜBNER, Ich 103 f. Wie gezielt Paulus die Schriftworte auf seine Aussageabsicht hin gestaltet hat, läßt sich besonders klar an der Zitatkombination aus Dtn 29,3 und Jes 29,10 erkennen. Nicht nur die »Einfügung des Zitatbrockens πνεῦμα κατανύξεως« (LÜBKING, Israel 103), sondern der Akzent, auf den es Paulus ankommt (Verstockung als »Gabe« Gottes), rührt aus der Satzstruktur der Verstockungsaussage in Jes 29,10 her. In dieser Hinsicht wäre eben nicht »auch der unveränderte Text von Dtn 29,3 durchaus verwendbar« »Grundlage des Zitats« (KOCH, Schrift 171), denn dort wird gerade negativ formuliert: οὐκ ἔδωκεν κύριος... Die Dtn-Stelle bietet andererseits hinsichtlich der Wortwahl das eindeutigere Material und kann deshalb als »Grundlage des Zitats« (KOCH, ebd.) dienen.

[38] Zwar ist nicht zu bestreiten, daß Einzelaussagen des Abschnitts 9,6–29 im Sinne einer doppelten Prädestination formuliert sind (vgl. MAYER, Heilsratschluß 197–212; LUZ, Geschichtsverständnis 237–250; RÄISÄNEN, Analyse 2902–2906; MAIER, Mensch 352–381; PIPER, Justification). Paulus führt aber den Gedanken nicht in dieser Richtung weiter, sondern einseitig in Richtung auf das heilschaffende Berufen von Juden und Heiden (V. 24). Dies gilt auch für die angeschlossenen Zitate (VV. 25–29). Auch wenn in den Israel betreffenden Zitaten der Gerichtsgedanke impliziert ist in dem Sinne, daß *nur* ein Rest gerettet wird, so ist doch zu berücksichtigen, daß Paulus nirgends ein Unheilwirken Gottes aussagt. Dies gilt ebenso für 9,6–13. Die logische Implikation, daß »die jetzt nicht glaubenden Israeliten – also das bloß empirische Israel – ... nicht berufen« (HÜBNER, Ich 20; vgl. RÄISÄNEN, Analyse 2905 f) oder gar

Die gegenwärtige Heilsferne der nicht zum Rest aus Israel Gehörenden wird in 9,33 darauf zurückgeführt, daß sie über den Anstoßstein gestolpert sind, den Gott selbst in Zion gesetzt hat[39].

Den in 10,19 innerhalb des »Mosezitats« (Dtn 32,21) nur anklingenden Gedanken, daß Gott Israel zur Eifersucht auf ein »Nicht-Volk« reize (ἐγὼ παραζηλώσω)[40], erklärt Paulus in 11,11 zum letzten Zweck des göttlichen Heilshandelns an Israel (εἰς τὸ παραζηλῶσαι αὐτούς)[41], dem er auch seinen Dienst als Heidenapostel unterstellt (11,14).

Über den Gedanken der Verhärtung durch Gott gelingt es Paulus, auch den nicht glaubenden Teil Israels unter die Heilsabsicht Gottes zu stellen, Israels Weg zum Heil gleichzeitig aber unlösbar mit der Heilsteilhabe der Heiden zu verknüpfen[42]. Für das nicht glaubende Israel kann er nur so eine Heilshoffnung zur Sprache bringen, daß er in seinem Unglauben ein Instrument der Durchsetzung von Gottes Heilswillen gegenüber den Heiden erkennt (11,11; vgl. auch 11,19.28.30ff)[43]. Für Israel als ganzes führt damit der Weg zum Heil über die Annahme der Heiden!

Die so aufgewiesene Möglichkeit der Rettung ganz Israels einschließlich seines jetzt nicht glaubenden Teils tut Paulus in 11,25ff als ihm durch ein Mysterium zugekommene Gewißheit künftiger Verwirklichung kund[44]. Grund dieser Gewißheit und entscheidender Inhalt des Mysteriums ist die Befristung der Verhärtung Israels durch Gott (πώρωσις, V. 25, nimmt ἐπωρώθησαν, V. 7, auf): Sie wird andauern, bis das πλήρωμα der Heiden[45] Zugang zum Heil gefunden haben wird[46]. Als Konsequenz[47] aus dieser Befristung folgert Paulus

---

verworfen (so WATSON, Paul 162ff) sind, bringt Paulus eben gerade nicht zum Ausdruck! Insgesamt sind in Röm 9 die Aussagen über das Wirken Gottes höchst asymmetrisch zugunsten seines Heilwirkens verteilt (so auch HÜBNER, Ich 55), und selbst die Unheilsaussage τὸν δὲ Ἠσαῦ ἐμίσησα (9,13) »wird an dieser Stelle zur Sicherung der Alleinwirksamkeit Gottes zum Heil eingesetzt« (LÜBKING, Israel 66). Vgl. auch LÜBKING, Israel 95ff; MAYER, Heilsratschluß 212f.

[39] Zum Zitat in Röm 9,33 vgl. KOCH, Schrift 58ff.161f.69ff.249ff; LÜBKING, Israel 81f.

[40] Vgl. KOCH, Schrift 280f; HÜBNER, Ich 97; ZELLER, Juden 123.

[41] Vgl. MAYER, Heilsratschluß 263f; SCHMITT, Gottesgerechtigkeit 102f.

[42] Vgl. MARTYN, Interpreters 8ff; DREYFUS, Passé 148–151; THEOBALD, Gnade 154–165.

[43] Nach WILCKENS, Röm II 242, Anm. 1079; CRANFIELD, Röm II 555, ist τῷ πτώματι dativus causae. Unter Berufung auf V. 12a und auf die vorangehenden Verstockungsaussagen kann man aber auch für einen instrumentalen Dativ plädieren (vgl. die Übersetzung und Kommentierung bei SCHLIER, Röm 326.329; KÄSEMANN, Röm 293ff; KUSS, Röm 792f.795f; SCHMIT-HALS, Röm 392.395).

[44] Vgl. zu 11,25ff außer den o., Anm. 25, Genannten noch REFOULÉ, Ainsi; STUHLMACHER, Interpretation 555–570; MUSSNER, Israel 241–255; BEKER, Apostle 333ff; FEUILLET, Espérance 483–494 (non vidi); HAHN, Verständnis 221–236; STUHLMANN, Maß 164–188; GRÄSSER, Bund 20–25; SÄNGER, Rettung 99–119; OSBORNE, Background 282–293; BECKER, Paulus 497–502; HOLTZ, Gericht 126–130.

[45] Vgl. zu πλήρωμα τῶν ἐθνῶν LÜBKING, Israel 251, Anm. 848; REFOULÉ, Ainsi 83ff; LUZ, Geschichtsverständnis 291; HOFIUS, Evangelium 191; STUHLMANN, Maß 173–178; WALTER, Interpretation 183.

[46] Abgrenzung und Inhalt des Mysteriums sind umstritten. M. E. ist die Befristung der Verhärtung Israels (V. 25b) das Neue, das Paulus durch ein Mysterium zugekommen ist.

in V. 26 f die Rettung ganz Israels als Werk des »Erretters«, des zur Parusie wiederkommenden Christus, der die Gottlosigkeit (ἀσέβεια, vgl. 10,21: λαὸς ἀπειθῶν καὶ ἀντιλέγων) von Jakob abwenden und ihnen (sc. Israel) ihre Sünden wegnehmen wird. Die gegenwärtig (noch) nicht Glaubenden aus Israel werden so der Rechtfertigung des Gottlosen im Christusgeschehen unterworfen und auf diese Weise aus dem Gerichtszorn errettet[48].

Resümieren wir: Gottes Heilszusage gegenüber ganz Israel verwirklicht sich nach Röm 9–11 grundsätzlich durch sein Berufen, nicht schon aufgrund der Zugehörigkeit zum Volk. Wie die Heilszusage, so verdankt Israel auch die Heilsverwirklichung ganz dem Wirken Gottes, das in der Ausübung seines Erbarmens besteht. Auch die ungläubige Abwendung Israels von Gott angesichts des Christusgeschehens deutet Paulus als Mittel göttlichen Heilswirkens, nicht als dessen Endergebnis[49]. In der Befristung der Verhärtung Israels findet er die Gewißheit, daß mit ihrer Aufhebung Gott sein Heil an ganz Israel verwirklichen wird und so seiner Heilszusage treu bleibt.

---

woraus er die Gewißheit der Rettung ganz Israels folgert (V. 26 f). So jetzt auch mit ausführlicher Begründung REFOULÉ, Ainsi 25–93; ähnlich RÄISÄNEN, Analyse 2916; HAHN, Verständnis 227; JEREMIAS, Beobachtungen 201; STUHLMANN, Maß 169 ff. 183 f; HOLTZ, Gericht 127; THEOBALD, Gnade 162 f; anders z. B. HOFIUS, Evangelium 189; LUZ, Geschichtsverständnis 286.288.

[47] Vgl. zu καὶ οὕτως HOFIUS, Evangelium 192 ff; GUNDRY VOLF, Perseverance 179 ff; LUZ, Geschichtsverständnis 293 f; STUHLMACHER, Interpretation 559 f; LÜBKING, Israel 123; HÜBNER, Ich 111.

[48] Vgl. neben Röm 1,16 ff mit der anschließenden Explikation im Blick auf Heiden und Juden unter dem Gerichtszorn (1,18–3,20) vor allem 1 Thess 1,10. Diese Stelle legt es nahe, daß Paulus auch beim Zitieren der Schrift in Röm 11,26 f (zum Zitat vgl. KOCH, Schrift 175–178; REFOULÉ, Ainsi 94–133) bei ὁ ῥυόμενος an den zur Parusie wiederkommenden Christus denkt (so auch WILCKENS, Röm II 256 f; CRANFIELD, Röm II 578; STUHLMACHER, Röm 156; DERSELBE, Interpretation 561; HAHN, Verständnis 227; HENGEL, Ursprünge 19; SIEGERT, Argumentation 173; GRÄSSER, Bund 21 ff; LONGENECKER, Answers 98; auf Gott beziehen die Wendung ZELLER, Juden 259 ff; DERSELBE, Röm 199; MAYER, Heilsratschluß 291 f; GETTY, Salvation 461; vgl. zur Diskussion RÄISÄNEN, Analyse 2917–2920). Eine Rettung von Israeliten am Christusgeschehen und -glauben vorbei (so pointiert STENDAHL, Paul 4; GASTON, Misstep 143 f. 147 f; MUSSNER, Israel 249–253; KLAPPERT, Traktat 84 ff; differenzierter MUSSNER, Gesetz 208.212 f; DERSELBE, Warum 71 ff; Verstockung 48–54; Heil 209–213; THEOBALD, Kirche 13 f) ist nach Röm 11,25 ff nicht vorgesehen, auch wenn in diesem Zusammenhang (vgl. aber den Kontext!) vom künftigen Glauben ganz Israels nicht die Rede ist. Die von MUSSNER, Verstockung 52 f, aufgebaute Alternative zwischen der Vergebung der ἀσέβεια sola gratia einerseits und einer Bekehrung Israels bei der Parusie als »Glaubensleistung Israels« andererseits verfehlt m. E. das paulinische Glaubensverständnis und damit den Gegenstand der Diskussion. Vgl. zur Auseinandersetzung mit den Positionen Stendahls und Mußners RÄISÄNEN, Analyse 2917 f; SANDERS, Attitude 180–183; DERSELBE, Law 192–196; JOHNSON, Structure 100 ff; CAMPBELL, Salvation 67 ff; HÜBNER, Ich 114–120; HOFIUS, Evangelium 187 (Anm. 43). 197 f; LÜBKING, Israel 125–128; GRÄSSER, Heilswege 227 ff; DERSELBE, Christen 278–283; HAHN, Verständnis 226–230; ZELLER, Christus 273 ff; HOLTZ, Gericht 126 ff; SCHMITT, Gottesgerechtigkeit 221 f, Anm. 765. Auch die literarkritische (Gewalt-)Lösung von PLAG, Wege, hat mit Recht wenig Anklang gefunden (vgl. WILCKENS, Röm II 252).

[49] Richtig HOFIUS, Evangelium 181 f.

Nach Röm 9–11 verwirklicht Gott seine Heilszusage gegenüber Israel in einem Geschehen, in welchem Juden und Heiden auf gleiche Weise, nämlich durch Rettung aus dem eschatologischen Gericht aufgrund des Christusglaubens, zum Heil kommen[50]. Darin schlägt sich die Verankerung der Argumentation dieser Kapitel im brieflichen Kommunikationsgeschehen gegenüber den heidenchristlichen Adressaten des Römerbriefs nieder. Die Verheißungstreue Gottes gegenüber Israel muß Adressaten gegenüber nachgewiesen werden, deren Heilsteilhabe als Heiden im Wirken dieses Gottes gründet. Die Glaubwürdigkeit der Botschaft des Paulus und damit sein Selbstverständnis als von Gott berufener und mit einer Heilsbotschaft zu den Heiden gesandter Apostel steht hier auf dem Spiel. Ohne die Gewißheit, daß Gott seinem eigenen Volk gegenüber seine Zusage einlösen wird, verlöre die Heilsgewißheit der Berufenen aus den Heiden ihren Grund.

b) Die Wirklichkeit Israels

Die Wirklichkeit Israels wird in Röm 9–11 primär aus der Perspektive des Objekts göttlichen Handelns dargestellt. Israel ist das Passivum, an dem von Gott her etwas geschieht. Es ist Empfänger von Gott zugesagter Heilsgüter (9,4f), von seinem heilschaffenden Ruf betroffen (9,7–13.24ff), seinem Erbarmen wie seinen Zorneserweisungen ausgesetzt (9,14–23), es unterliegt der Verhärtung durch Gott (9,30–33; 11,7–10), aus ihm läßt Gott für sich einen Rest übrig (9,27ff; 11,2–6) und schließlich verwirklicht er an ihm das eschatologische Heil (11,11–32).

Die Fülle von Namen, Bezeichnungen, Begriffen, bildhaften Ausdrücken und umschreibenden Formulierungen, mit denen Israel oder Teile aus ihm benannt werden[51], läßt sich stark vergröbert folgenden drei Aussagezusammenhängen zuordnen:

---

[50] Die Satzkonstruktion von 11,30f (ὥσπερ ... οὕτως) sowie das doppelte τοὺς πάντας in 11,32 unterstreichen den Gedanken der Identität Gottes in seinem Wirken gegenüber Juden und Heiden, der den Römerbrief als ganzen bestimmt, vgl. 2,9f; 3,9(–18).21–24.29f; 4,11f.16f; 10,12.

Der Aspekt des Einschlusses der Heiden in Gottes Heilsdurchsetzung gegenüber Israel wird gegenwärtig in der Auslegung von Röm 9–11 stark betont, z. T. freilich auch einseitig und isoliert von den soteriologischen Grundanschauungen des Römerbriefs und der paulinischen Theologie zum Interpretationsschlüssel erhoben (vgl. etwa STENDAHL, Paul 2f.25–29; GASTON, Enemies 418; DERSELBE, Believers 126–134; Misstep 139–150; SANDERS, Attitude 178–183; WATSON, Paul 160–174; JEWETT, Law 341–356; EPP, Continuity 80–90; CAMPBELL, Salvation 65–72; GETTY, Salvation 456–469).

[51] Ἰσραήλ: 9,6(2×).27.31; 10,19.21; 11,2.7.25.26
Ἰσραηλίτης: 9,4; 11,1
υἱοὶ Ἰσραήλ: 9,27
Ἰουδαῖοι: 9,24; 10,12
λαός: 10,21; 11,1.2

Gesamt-Israel, dem die Heilsgüter von Gott zugesagt sind und an dem sie in der Zukunft auch Wirklichkeit geworden sein werden,

Teil-Israel, an dem angesichts der Christusoffenbarung bereits jetzt das zugesagte Heil verwirklicht ist, und

Teil-Israel, das angesichts der Christusoffenbarung dem auch ihm zugesagten Heil gegenwärtig fern ist.

α) Ganz Israel als Adressat göttlichen Heilswirkens

Die Problematik der Wirklichkeit Israels, die die Frage nach der Verheißungstreue Gottes hervorruft, benennt Paulus scharf gleich zu Beginn: Diejenigen, die als Israeliten Empfänger der von Gott zugesagten Heilsgüter sind (9,4f)[52], sind doch gleichzeitig fern vom Heil, das Gott durch Christus hat Wirklichkeit werden lassen (V. 3)[53]. Dennoch sind sie der Heilszusagen nicht verlustig gegangen, denn auch in ihrer Christusferne bleiben sie Israeliten (εἰσιν, V. 4!)[54]. Paulus kann an der bleibenden Gültigkeit der Heilszusagen auch gegenüber dem gegenwärtig heilsfernen Israel festhalten, weil er Israel aus der Perspektive des an ihm handelnden Gottes sieht, nicht aus der Perspektive seiner faktischen Beschaffenheit und seines Verhaltens[55].

Auch aus den Differenzierungen in den VV. 6ff zwischen πάντες οἱ ἐξ Ἰσραήλ und Ἰσραήλ, σπέρμα Ἀβραάμ und τέκνα, τέκνα τῆς σαρκός und τέκνα τοῦ θεοῦ

σπέρμα (Ἀβραάμ): 9,7.8.29; 11,1
τέκνα: 9,7.8
(ὑπό-)λεῖμμα: 9,27; 11,5
ἐκλογή: 11,7
Dazu kommen die bildhaften Ausdrücke πλάσμα, πηλός, φύραμα, σκεῦος (9,20–23) sowie κλάδοι (11,16–24). Häufig ist Israel oder ein Teil von ihm lediglich durch eine Formulierung in der 3. oder 1. Person Plural gekennzeichnet (vgl. 9,29.32; 10,1ff.14f.18; 11,3.11f.15). Die Mengenbezeichnungen zur Abgrenzung jeweils gemeinter Gruppen innerhalb Gesamtisraels sind ebenso vielfältig wie unscharf, vgl. außer dem oben genannten (ὑπό-) λεῖμμα (9,27; 11,5) noch πᾶς Ἰσραήλ (11,26), οὐ πάντες (9,6.7; 10,16), οἱ λοιποί (11,7), τὸ ἥττημα, τὸ πλήρωμα (11,12), τινες ἐξ αὐτῶν (11,14), τινες τῶν κλάδων (11,17), ἀπὸ μέρους (11,25).

[52] Sieht man mit LÜBKING, Israel 54 (vgl. auch GRÄSSER, Bund 17f; VON DER OSTEN-SACKEN, Verheißung 29; SCHMITT, Gottesgerechtigkeit 73; WILCKENS, Röm II 190), in der Aufzählung der Heilsgüter vor allem von Gott her zugesagte Gnadengaben, dann ist damit auf seiten Israels nicht in erster Linie ihr Besitz, sondern ihr Empfang betont. Vgl. zu 9,4f auch noch DREYFUS, Passé 132–139; PIPER, Justification 6–27; VON DER OSTEN-SACKEN, Grundzüge 39–67; EPP, Continuity 80–90; LUZ, Geschichtsverständnis 269–274.

[53] Vgl. LÜBKING, Israel 59; KLUMBIES, Vorzüge 136f.139.

[54] Gegen KLUMBIES, Vorzüge 139f. Daß die Auszeichnungen Israels auch für die ungläubigen Juden gültig bleiben, betont mit Recht LÜBKING, Israel 57 (vgl. auch SCHMITT, Gottesgerechtigkeit 74; dagegen SCHMITHALS, Röm 335).

[55] Diese Unterscheidung trifft m. E. den von Paulus gemeinten Sachverhalt eher als die Alternative zwischen »geschichtlich-kollektiver« und »eschatologischer« Art des gegenüber allen Völkern spezifischen Vorzugs Israels (so GRÄSSER, Bund 20, im kritischen Anschluß an CONZELMANN, Grundriß 274). Vgl. auch WALTER, Interpretation 181ff.

bzw. τῆς ἐπαγγελίας[56] kann nicht gefolgert werden, daß die Heilszusage nunmehr nur noch dem berufenen Teil und nicht mehr der Gesamtheit der Angehörigen des Volkes Israel gilt. Das Gewicht liegt auf der positiven Aussage über Gottes Berufen als Weise der Verwirklichung zugesagten Heils[57]. Über das Geschick der nicht Berufenen aus Israel macht Paulus zunächst keine Aussage[58]. Ihren unaufhebbaren Ausschluß von der Heilsteilhabe zu erschließen, wird durch die Textaussagen nicht gestützt. Mit der Differenzierung innerhalb Israels benennt vielmehr Paulus den Aspekt der Wirklichkeit ganz Israels, der die Voraussetzung zur Lösung des Israelproblems darstellt: Israel ist das Volk, an dem Gott das ihm zugesagte Heil durch sein Berufen in Souveränität verwirklicht. Erst der Verweis auf Gottes Berufen, nicht schon der Tatbestand der Zugehörigkeit zum Volk Israel, ermöglicht es Paulus, seine Problemlösung vorzutragen.

Auf diese Weise wird es ihm möglich, mit Blick auf die Gegenwartserfahrung Gottes Heilshandeln in 9,22–29 so zu explizieren, daß Gott an *ganz* Israel sein Heil verwirklicht, indem er souverän *aus* Israel[59] zum Heil beruft, wenngleich der Kreis der Adressaten dieses Berufens nunmehr durch Heiden erweitert ist[60]. Durch Rekurs auf die Schrift[61] legitimiert, impliziert freilich die Heilsansage gegenüber dem Rest aus Israel eine Gerichtsansage an die übergroße Mehrheit aus Israel[62]. In dieser Bestimmung der heilsgeschichtlichen Situation der Gegen-

---

[56] Vgl. LÜBKING, Israel 61–68; RESE, Israel 208–217; AAGESON, Typology 55f.

[57] Vgl. o., S. 143f.

[58] Das gilt auch für den Schluß von V. 13 (τὸν δὲ Ἠσαῦ ἐμίσησα). Das Schriftzitat unterstreicht den in V. 11f herausgestellten Grundsatz der Souveränität des göttlichen Berufungshandelns. Davon, daß Gott die nicht berufenen Israeliten verworfen habe (so z. B. ständig WATSON, Paul 162ff), steht in Röm 9,6–29 nichts!

[59] ἐξ Ἰουδαίων (V. 24) entspricht πάντες οἱ ἐξ Ἰσραήλ (V. 6). Der Wechsel der Terminologie erklärt sich aus dem geprägten paulinischen Wortpaar Ἰουδαῖος — ἔθνη bzw. Ἕλλην zur Bezeichnung der Adressaten des Evangeliums (vgl. 10,12; 1,16; 2,9f; 3,9.29; 1Kor 1,22ff; 10,32; 12,13; Gal 3,28), bedeutet also keine Abwertung.

[60] Diese Erweiterung ist für die weitere Argumentation (9,30–10,21) wichtig und wird durch ein Schriftargument legitimiert (vgl. WILCKENS, Röm II 206). Zur »Verbindung der beiden eng verwandten Texte (sc. Hos 2,25b.c und Hos 2,1b) zu einer neuen, geschlossenen Schriftaussage« vgl. KOCH, Schrift 166ff.

[61] Sowohl im Zitat aus Jes 10,22 (V. 27) als auch in dem aus Jes 1,9 (V. 29) liegt die Spitze der Vergleiche in der zahlenmäßigen Geringfügigkeit des Restes, einmal im Gegensatz zur unermeßlichen Zahl der Söhne Israels, das andere mal im Vergleich mit den weniger als zehn Gerechten in Sodom (vgl. Gen 18,20–33). Im Interesse der Herausstellung des quantitativen Gegensatzes steht auch die Ersetzung von λαός in Jes 10,22 durch ὁ ἀριθμὸς τῶν υἱῶν aus dem gerade eben in Röm 9,25 zitierten Vers Hos 2,1, ohne daß Paulus dadurch Israel in seiner Gesamtheit das Volk-Sein bestreiten will, wie 11,1f zeigt (anders KOCH, Schrift 168).

[62] Man kann dies allerdings nicht »eine paradoxe Umkehrung der traditionellen heilsgeschichtlichen Vorrangstellung der Juden« nennen (so LÜBKING, Israel 77). Nicht das Verhältnis Israels zu den Heiden ist in den Zitaten von V. 25–29 im Blick (so LÜBKING, a.a.O., 75f), sondern jeweils das zwischen Israel und den Heiden auf der einen und dem berufenden Gott auf der andern Seite. Vgl. zum Restgedanken o., S. 144, sowie u., S. 153f.

wart ist aber weder expliziert noch impliziert, daß die ganz Israel geltende Heilszusage zurückgenommen oder auf die Heiden übertragen worden ist oder daß die gegenwärtige Gerichtsverfallenheit der Mehrheit aus Israel Ausdruck ihrer unaufhebbar endgültigen Verwerfung ist[63]. Die entscheidende Frage, wie das ganz Israel zugesagte Heil auch an ganz Israel Wirklichkeit wird, bleibt weiter offen. Als eine weitere Voraussetzung zu ihrer Lösung ist aber in 9,22–29 die sich bereits in der Gegenwart vollziehende Auswirkung dieses Berufens, und zwar an Heiden und lediglich wenigen Juden, benannt. Gott ist auch gegenwärtig am Werk bei der Durchsetzung seines Heilswillens, auch wenn bis jetzt nur ein verschwindend kleiner Rest aus Israel am Heil teilhat[64].

Diese Interpretation wird bestätigt durch die Wiederaufnahme des Rest-Gedankens in 11,2–10. Auch wenn gegenwärtig nur ein kleiner Teil Israels durch Gottes Berufen zum Heil gelangt ist, heißt dies nicht, daß Gott sein Volk als ganzes verstoßen hat (vgl. 11,1 f!). Die Heilsteilhabe dieses Restes ist Beweis dafür, daß er gegenwärtig seinen Heilsvorsatz gegenüber Israel in der Souveränität seines Gnadenwirkens durchsetzt (V. 5)[65]. Israel ist zwar gegenwärtig nicht in seiner Gesamtheit zum Heil gelangt, sondern lediglich in seinem von Gott berufenen Teil[66], aber auch der nicht berufene Teil und somit doch ganz Israel steht unter der Auswirkung des göttlichen Willens: Die übrigen wurden (von Gott!) verhärtet.

Ist in der Verhärtungsaussage selbst auch noch nicht ausgesprochen, daß der Wille Gottes sich auch an ganz Israel zum Heil auswirkt, so bietet sie doch eine entscheidende Voraussetzung für die paulinische Lösung des Israel-Problems, da Paulus so gerade dem von Gott verhärteten Teil Israels eine positive Funktion bei der Durchsetzung des göttlichen Heilswillens gegenüber Juden und Heiden zuschreiben kann (11,11–32)[67]. Damit tritt erstmals in Röm 9–11 die Möglichkeit der eschatologischen Rettung ganz Israels unter Einschluß der gegenwärtig nicht zum Rest gehörenden, also unter dem Gericht stehenden Israeliten ins Blickfeld (11,12.15)[68]. In paränetischer Tendenz gegenüber den heidenchristli-

---

[63] Mit LÜBKING, Israel 76, gegen HÜBNER, Ich 57. Die Futura der Zitate (V. 25 ff) verweisen im Zusammenhang der paulinischen Argumentation auf die durch das ἐκάλεσεν ἡμᾶς (V. 24) bestimmte Gegenwart des Paulus, nicht auf die noch ausstehende eschatologische Vollendung.

[64] Vgl. ZELLER, Juden 122.

[65] Vgl. LÜBKING, Israel 101 f. 143.

[66] Ἰσραήλ in V. 7a bezeichnet das Volk, dem die Heilszusage gilt, in seiner Gesamtheit, das gegenwärtig in die beiden in V. 7b benannten Gruppen der ἐκλογή, also des berufenen Restes, und der λοιποί, also der heilsfernen Mehrheit, zerfällt (so mit WILCKENS, Röm II 238; HÜBNER, Ich 103).

[67] Vgl. o., S. 146 f.

[68] πλήρωμα αὐτῶν (11,12) meint »die Ergänzung des Restes zur Vollzahl Israels« (RÄISÄNEN, Analyse 2913; vgl. zur Diskussion STUHLMANN, Maß 185 ff; WILCKENS, Röm II 243; HÜBNER, Ich 107, Anm. 370; ZELLER, Juden 239, Anm. 2; DERSELBE, Röm 195; LÜBKING, Israel 110; SCHMITT, Gottesgerechtigkeit 102 f, meist unter Berufung auf G. DELLING, ThWNT VI 303).

chen Adressaten (11,13) entfaltet Paulus diese Möglichkeit im »Ölbaum-Gleichnis« (11,16–24)[69], wobei der Gedanke der Souveränität Gottes in seinem Heilshandeln an Heiden und Juden bestimmend ist.

Der paränetisch akzentuierte Argumentationsteil 11,13–24 zieht aus der bisherigen
Argumentation Konsequenzen hinsichtlich der Einstellung der Heidenchristen gegenüber
ihrem Heilsgewinn. Eine heidenchristliche Haltung, die sich unter Verweis auf die
gegenwärtige Heilsferne Israels des eigenen Heilsbesitzes rühmen wollte, mißachtete den
Heilswillen Gottes und seine Durchsetzungsfähigkeit, die doch gerade alleiniger Grund
der eigenen Heilsteilhabe sind (V. 18.20 f).

Nicht die Wirklichkeit Israels stellt Paulus einer solchen Haltung gegenüber, sondern
die Güte und die Strenge Gottes (V. 22), die im Dienste seiner Macht (V. 23 b!) stehen,
sowohl Heiden als auch um so mehr nicht glaubende Juden seinem Heilswillen zu
unterwerfen (V. 24). Entsprechend verkörpert der Edelölbaum samt seiner Fett spenden-
den Wurzel nicht Israel, sondern den Raum der Verwirklichung des göttlichen Heilswillens. Eine für die Heilsteilhabe der Heiden ausschlaggebende Aktivität Israels, wie sie in
V. 18 b der Wurzel zugeschrieben wird (βαστάζειν), verträgt sich nicht mit den ganz auf
die Aktivität Gottes ausgerichteten Aussagen sowohl in den VV. 11–15 als auch im
übrigen Ölbaum-Gleichnis selbst[70]. Die Teilhabe an der »Wurzel der Fettigkeit des
Ölbaums« (V. 17 b) ist nicht erst vermittelt durch die Gemeinschaft mit den nicht ausgebrochenen Zweigen, sondern die aufgepfropften Zweige werden gleichrangig unter die
dem Ölbaum verbliebenen (ἐν αὐτοῖς) eingereiht.

Zudem überlagern sich in 11,16–24 zwei durchaus verschiedene Metaphern. Das
Doppel-Bildwort von V. 16 entspricht strukturell den Qal-Wachomer-Schlüssen von
V. 12 und 15, die ganz am Erweis der Durchsetzung des göttlichen Heilswillens orientiert
sind. Von daher dürfte es auf Gottes Handeln als Grund der Heilsteilhabe zu deuten sein[71]

Der Gegensatz ἀποβολή — πρόσλημψις (V. 15) impliziert gleichermaßen die gegenwärtige
Gerichtsverfallenheit der nicht glaubenden Israeliten wie die im Tun Gottes begründete Möglichkeit ihrer Rettung aus dem Gericht (vgl. u., S. 156).

[69] Vgl. dazu außer den o., Anm. 25, Genannten noch DAVIES, Suggestion 131–144; RENG-
STORF, Ölbaum-Gleichnis 127–164; BAXTER/ZIESLER, Arboriculture 25–32; MUSSNER, Mitteil-
haberin 153–159; SCHMELLER, Diatribe 296–300.312–315; HOLTZ, Gericht 125 f; OSBORNE,
Background 282–293.

[70] Gegen MUSSNER, Mitteilhaberin 154. Man beachte die Häufung passivischer Verben, die
Gottes Handeln an den Zweigen bezeichnen! Deren einzige »Aktivität« ist das Bleiben bzw.
Stehen im Glauben (V. 20.22 f).

[71] Die Metapher ἅγιος aus dem ersten Bildwort paßt an sich nicht zum zweiten. Daß das
Wort dennoch in das zweite Bild übernommen wird, signalisiert zusätzlich, daß es schon als
Metapher auf die Wirklichkeit Gottes als Grund der Heilsteilhabe verweist (vgl. HAHN, Ver-
ständnis 225). Einer Deutung auf Menschengruppen (zu Deutungsvorschlägen vgl. die Über-
sicht bei CRANFIELD, Röm II 564f) sperrt sich das Doppel-Bildwort besonders wegen der
Schwierigkeit, beide streng parallel gestalteten Bilder auch einheitlich zu deuten. Die meist
bevorzugte Identifikation der Wurzel mit den Erzvätern läßt sich nur als Postulat auch auf die
Teighebe übertragen (so z.B. WILCKENS, Röm II 246; LÜBKING, Israel 112f; RENGSTORF,
Ölbaum-Gleichnis 128–135, kann beachtliches Material präsentieren, das auf eine Bezugnahme
auf Adam schließen ließe, würde nicht für eine solche Identifikation im Kontext jeglicher
Anhaltspunkt fehlen). Sie widerspricht aber vor allem explizit 9,6–13. Aus der Erwählung
Abrahams und Isaaks allein folgt eben gerade nicht die »Heiligkeit« der Gesamtheit ihrer
Nachkommen!

und damit dem paränetischen Kontext dienen[72]. Die Metapher vom wilden und vom edlen Ölbaum (V. 17.21.24)[73] knüpft an die zweite Hälfte des Doppelbildwortes von V. 16 an und weist auf eine Differenz zwischen Heiden und Juden, die hinsichtlich der Heilsteilhabe beider nicht irrelevant ist, freilich in der Souveränität des einheitlichen Gotteshandelns gegenüber Juden und Heiden letztlich aufgehoben wird[74]. Die Qal-Wachomer-Schlüsse (V. 21.24) wenden sich explizit (wie die in V. 12.15 implizit) an die Adressaten der Paränese und verweisen sie auf Gottes Macht als Richter und Retter (vgl. V. 22a!): Daß Gott dazu mächtig ist, Heiden in seinen Heilswillen einzubeziehen, aus einem wilden Ölbaum ausgehauene Zweige in einen Edelölbaum einzupfropfen, bietet die Gewähr dafür, daß er um so mehr an den aus dem Edelölbaum ausgehauenen Zweigen, den nicht glaubenden Juden, so handeln kann[75]. Auch die Heilsteilhabe ganz Israels verdankt sich also wie die der Heiden allein dem göttlichen Heilswirken. Ist damit auch die heilsgeschichtliche Sonderstellung Israels nicht aufgehoben (vgl. die Qal-Wachomer-Schlüsse in VV. 21.24), so dient sie doch hier paränetisch zur Unterstreichung des souveränen Heilswillens Gottes.

Die nie ausgeschlossene, in verschiedenen Ansätzen argumentativ vorbereitete und bereits als Möglichkeit erwiesene Rettung der nicht glaubenden Israeliten und die damit verbundene Durchsetzung des göttlichen Heilswillens gegenüber ganz Israel[76] kann Paulus als Konsequenz der Befristung der Verhärtung Israels durch Gott aufgrund eines ihm zugekommenen Mysteriums in 11,26a in Gewißheit ankündigen[77].

β) Der Rest – Die Christengemeinde aus Israel

Die Aussagen über den Rest aus Israel (9,27ff; 11,2b–7) enthalten zwar gültige Feststellungen über die gegenwärtige Heilsteilhabe eines Teils Israels, im Blick auf die Gesamtargumentation ist ihre Funktion aber darauf begrenzt, die paulinische Problemlösung im Sinne der künftigen Heilsteilhabe ganz Israels argumentativ vorzubereiten[78]. Entsprechend dieser Einordnung in die paulinische Argu-

---

[72] Vgl. auch WALTER, Interpretation 181f.

[73] Vgl. zur Ölbaum-Metapher SIEGERT, Argumentation 168f.

[74] Vgl. DAVIES, People 29–35. Die aufgrund der göttlichen Erwählung vorgegebene heilsgeschichtliche Differenz zwischen Israel und den Heiden ist in Röm 9–11 (wie im Römerbrief überhaupt, vgl. z. B. 1,16, dazu LÜBKING, Israel 23–26) unumstritten vorausgesetzt (vgl. 9,4f!), nirgends aber eigens thematisiert (so auch WALTER, Interpretation 189). Miteinander verglichen werden Juden und Heiden überhaupt nur in 2,12–3,9, mit dem für Paulus in diesem Zusammenhang entscheidenden Ergebnis bezüglich der Sündhaftigkeit: προεχόμεθα; οὐ πάντως· (3,9).

[75] Bezeichnenderweise sagt Paulus über die am Edelölbaum verbliebenen Zweige, also die jetzt schon an Christus glaubenden Israeliten, im Ölbaum-Gleichnis (wie schon seit 11,7) nichts mehr. Es geht ihm also nicht um eine Verhältnisbestimmung zwischen Juden (-Christen) und Heiden(-Christen), sondern um Gottes Möglichkeit, nicht Glaubende seinem Heilswillen zu unterwerfen.

[76] Vgl. zum Umfang von πᾶς Ἰσραήλ GUNDRY VOLF, Perseverance 181–185; HOFIUS, Evangelium 194ff; REFOULÉ, Ainsi 135–143; MUSSNER, Israel 241–245; PENNA, Évolution 417f; OSBORNE, Background 282–293; STUHLMANN, Maß 178–181; HAHN, Verständnis 221.229.

[77] Vgl. o., S. 146f.

[78] Vgl. o., S. 144.151. S. a. WATTS, Remnant 121–125.

mentation sind sie ganz von dem übergeordneten Gedanken der Souveränität des Handelns Gottes bei der Durchsetzung seines Heilswillens bestimmt[79]. Über die Beschaffenheit oder das Verhalten der zum Rest gehörenden Israeliten erfahren wir dort, wo Paulus die alttestamentlichen Rest-Verheißungen explizit aufnimmt, überhaupt nichts[80]. 11,6 erklärt in diesem Zusammenhang die Werke gegenüber der Gnade ausdrücklich für irrelevant. Auch aus der auf den Rest zu beziehenden Feststellung ἡ δὲ ἐκλογὴ ἐπέτυχεν (11,7b) läßt sich über Voraussetzungen oder Verhaltensweisen auf seiten der gemeinten Israeliten nichts ablesen.

Dieser Befund entspricht der strengen Ausrichtung der paulinischen Argumentation an der Souveränität des Handelns Gottes gegenüber menschlichen Voraussetzungen oder Vorleistungen (vgl. 9,11f.15f.18.20f.32; 10,3). Ziel der Aufnahme des Restgedankens ist es, aufzuweisen, daß in der Berufung der christlichen Gemeinde aus Juden und Heiden Gott seinen souveränen Heilswillen zur Auswirkung gebracht hat (9,24). Erst durch dieses Gotteshandeln, das sie zu Gliedern der christlichen Gemeinde gemacht hat, nicht schon aufgrund ihrer Zugehörigkeit zum Volk Israel, werden die Juden zum Rest. Was aus der Perspektive des Gotteshandelns als Übriglassen eines Teils des Volkes beschrieben werden kann, impliziert im Blick auf die zu Israel Gehörigen die Zurechnung zur Gemeinde der an Christus Glaubenden.

Die Kontinuität zwischen Israel als Volk, dem die Heilszusage gilt, und dem Rest, der gerettet wird, wird somit erst durch das zur Christusgemeinde berufende Handeln Gottes hergestellt, in das auch Heiden einbezogen sind. Auch ohne daß der Glaube der zum Rest Gehörenden in den Blick kommt, bestimmt so die Zugehörigkeit zur christlichen Gemeinde das Wesen des Restes.

In dem sich anschließenden Argumentationsgang (9,30–10,21) bildet freilich der Glaube an Christus, den durch Gott in Zion gesetzten Anstoß-Stein, das einzige und entscheidende Kriterium für die Heilsteilhabe von Juden und Heiden (vgl. 10,11ff!)[81]. An der Gestaltung der Rest-Aussagen läßt sich aber ablesen, daß Paulus die Wirklichkeit des durch das Christusgeschehen zum Heil geführten Teils Israels zum Ausdruck bringen kann, ohne den Glauben dieser Israeliten ausdrücklich zur Sprache zu bringen.

γ) Das heilferne Israel

Die gegenwärtig erfahrbare Heilsferne eines Teils der Israeliten trotz der ganz Israel geltenden Heilszusage markiert die spannungsvolle Ausgangssituation für

---

[79] Vgl. o., S. 149ff.

[80] Der die alttestamentlichen Restaussagen bestimmende Gedanke, daß »der Glaube ... die andere Seite der ›Setzung‹ des Restes« ist (V. HERNTRICH, ThWNT IV 212f; vgl. H. WILDBERGER, THAT II 851f), wird von Paulus in 9,27ff; 11,2b–7 gerade nicht ausgeführt (dies beachtet G. SCHRENK, ThWNT IV 220f, m. E. zu wenig).

[81] Vgl. πίστις, πιστεύειν (13× zwischen 9,30 und 10,17), ἐπικαλεῖσθαι αὐτόν bzw. τὸ ὄνομα κυρίου (10,12.13.14), ὁμολογεῖσθαι κύριον Ἰησοῦν (10,9.10), ὑπακούειν τῷ εὐαγγελίῳ (10,16).

den Nachweis der Verheißungstreue Gottes[82]. Sie impliziert, daß die nicht an Christus Glaubenden aus Israel gegenwärtig unter dem Gericht stehen (9,1–5)[83].

Die Heilsferne resultiert, wie sich indirekt schon aus der Formulierung von V. 3 ergibt, ausdrücklich freilich erst in 9,31 ff gesagt wird, aus ihrer Christusferne. Sie ist für Paulus Anlaß zu Trauer und Schmerz[84], ja, zu dem Wunsch, an ihrer Stelle[85] von Christus weg verflucht zu sein. Damit ist implizit die Gerichtsverfallenheit der nicht glaubenden Israeliten konstatiert[86]. σκεύη ὀργῆς κατηρτισμένα εἰς ἀπώλειαν (9,22) kann dagegen m. E. nicht als Ausdruck der Verwerfung der gegenwärtig nicht glaubenden Israeliten angesehen werden[87]. Erst in V. 24a wendet Paulus die grundsätzliche Erörterung über die Durchsetzung des göttlichen Heilswillens (9,6–23) auf seine Gegenwart an. Freilich ist diese grundsätzliche Erörterung schon auf solche Anwendung hin konzipiert. Allerdings identifiziert Paulus dabei lediglich die σκεύη ἐλέους mit einer gegenwärtig existierenden Gruppe, den zur christlichen Gemeinde berufenen Juden und Heiden nämlich, nicht aber die σκεύη ὀργῆς etwa mit den nicht glaubenden Juden!

Den in 9,22 zweifellos enthaltenen Gerichtsgedanken[88] nimmt Paulus in Bezug auf das Israel seiner Gegenwart in anderer Weise auf, wenn er unter Berufung auf die Schrift die Reduzierung der Geretteten aus Israel auf einen Rest verkündet (9,27 ff; 11,2–7). Daß Israel abgesehen von diesem Rest der eschatologischen Rettung erst noch bedarf und also gegenwärtig unter dem Gericht steht, geht ebenso aus der Fürbitte des Apostels um »ihre Rettung« (10,1) wie aus der Ausrichtung seines Heidenapostolats an dem Ziel, »einige von ihnen zu retten« (11,14), hervor[89].

---

[82] Vgl. BERGER, Abraham 78; KLUMBIES, Vorzüge 136–142.

[83] Vgl. SIEGERT, Argumentation 122.

[84] Diesen Aspekt läßt VON DER OSTEN-SACKEN, Grundzüge 39–67, völlig außer acht.

[85] Vgl. zu ὑπέρ in dieser Bedeutung BAUER, Wörterbuch 1671, 1.c, unter Verweis auf grApkEsr 1,11: ἐμὲ κρῖνον ὑπὲρ τῶν ψυχῶν τῶν ἁμαρτωλῶν.

[86] STEGEMANN, Gott 181 mit Anm. 13, entschärft die Spannung der Aussagen unzulässig, wenn er von dem »ihnen womöglich drohende(n) Urteil« spricht. Die in 9,3 konstantierte gegenwärtige Heilsferne von Israeliten – andernfalls gäbe es für Paulus keinen Anlaß zu Trauer, Schmerz und Selbstverfluchungswunsch – impliziert ihre Gerichtsverfallenheit. Die Perspektive der Rettung aus dem Gericht in der glaubenden Bindung an das Erlösungswerk Gottes in Jesus Christus ist damit natürlich nicht ausgeschlossen. Sie ist ja gerade die Mitte des paulinischen Evangeliums für Juden und Heiden und wird auch angesichts des Anstoßens Isrels am Anstoßstein Christus von Paulus ausdrücklich aufrechterhalten (vgl. 9,32 f; 10,8–13).

[87] Mit LÜBKING, Israel 95; LUZ, Geschichtsverständnis 245, gegen RÄISÄNEN, Analyse 2904; SIEGERT, Argumentation 139.

[88] Er verdankt sich primär dem Töpferbild von V. 21, das seinerseits die absolute Schöpfer- und Richtergewalt Gottes zum Ausdruck bringen will (vgl. LUZ, Geschichtsverständnis 237–241; SIEGERT, Argumentation 135 f; LÜBKING, Israel 72 f; BRANDENBURGER, Schriftauslegung 27 ff).

[89] Vgl. auch σωθήσεται, 11,26. Der σωτηρία aufgrund glaubender Zuwendung zum Christusevangelium bedürfen Juden wie Heiden (vgl. 1,16 f), da Gottes Gerichtszorn über alle Gottlosigkeit und Ungerechtigkeit der Menschen offenbar geworden ist (vgl. 1,18–3,20). Dieser Gedanke bildet auch für Röm 9–11 die Grundlage (vgl. HÜBNER, Ich 117).

Wenn auch Paulus die Heilsferne der Israeliten auf ihre Verhärtung durch Gott zurückführt[90], so enthebt er sie doch nicht der Verantwortung für ihre Ablehnung des Christusevangeliums[91]. Diejenigen aus Israel, die sich am von Gott gesetzten Anstoß-Stein gestoßen haben (9,32 f), haben sich als der Gerechtigkeit Gottes bzw. dem Evangelium ungehorsam erwiesen (10,3.16), als ungehorsames und widersprechendes Volk (10,21).

Zweifellos dient der ganze Argumentationsteil 9,30–10,21 dem Aufweis der Schuld des nichtglaubenden Israel an seiner gegenwärtigen Heilsferne, wenngleich er im Zusammenhang der Gesamtargumentation zur Frage der Verheißungstreue Gottes eingebunden ist in die Darstellung des Handelns Gottes entsprechend seiner Heilszusage an sein Volk[92]. Gerade in diesem Kontext wird die Schuld Israels in ihrer ganzen Tiefe als Abfall von seinem Gott sichtbar. Freilich kann dies nicht das Endergebnis der paulinischen Argumentation sein, wie 11,1 f zeigt[93].

Der Fall der von Gott verhärteten Israeliten, der aus ihrer Christusablehnung resultiert[94], hat zur Folge, daß sie wegen der den Heiden gewährten Heilsteilhabe Anlaß zur Eifersucht haben, also offenbar selbst ihrer entbehren (11,11)[95]. Ihrer gegenwärtigen Verwerfung, die dem Kosmos Versöhnung brachte, steht ihre künftige Annahme durch Gott in Verwirklichung des eschatologischen Heils gegenüber (11,15)[96]. Ihr Unglaube (11,20.23) ist Grund dafür, daß sie aus

---

[90] Vgl. o., S. 144 ff.

[91] Vgl. LÜBKING, Israel 95 ff.

[92] Vgl. LÜBKING, Israel 92 ff; ZELLER, Juden 123; HÜBNER, Ich 97; KÜMMEL, Probleme 251. Anders akzentuieren THEOBALD, Gnade 150–154; HOFIUS, Evangelium 181 f; RESE, Unwissen 257 ff.

[93] Die schon von ihrer Formulierung her ein Nein als Antwort fordernde Frage in 11,1 ist nicht »verwunderlich« oder »überraschend« (so HÜBNER, Ich 100; WILCKENS, Röm II 235), sondern im Interesse der Gesamtargumentation sachlich erforderlich. Sie wehrt nicht eine zwingend gebotene, sondern eine irrige, für Paulus schon von seinem jüdischen Gottesglauben her unmögliche Konsequenz aus dem Vorangehenden ab (vgl. CRANFIELD, Röm II 544; SCHLIER, Röm 321 f; MICHEL, Röm 338; SCHMITT, Gottesgerechtigkeit 215, Anm. 681; RICHARDSON, Israel 135 f). WILCKENS, Röm II 236, läßt bei seiner Formulierung »alles Voranstehende drängt auf dieses Urteil hin« gerade die entscheidende, an die Heilszusagen über ganz Israel angeschlossene These 9,6a unberücksichtigt, darüber hinaus aber auch solche Sätze wie 10,1.12 f.

[94] παράπτωμα, V. 11 f, verweist über ἔπταισαν zurück auf das Bild vom Anstoßstein Christus (9,32 f).

[95] Vgl. neben WILCKENS, Röm II 242; Anm. 1079, M. WOLTER, EWNT III 79: »Israels Fall aus der Erwählung heraus aufgrund der Ablehnung des Evangeliums«. Obwohl Wolter die prädestinatianische Spitze von Röm 11,11 f unbeachtet läßt, verdient sein Hinweis auf die Konnotation des Wortes als Gegenüber zur Teilhabe am Heilsgeschehen (vgl. die ebd. genannten Ezechiel-Stellen) Beachtung.

[96] STEGEMANN, Gott 214 ff, versteht den Genitiv in ἀποβολὴ αὐτῶν subjektiv und sieht in dem Vers die Ablehnung bzw. Annahme des Evangeliums durch Israel ausgedrückt. Die Bedeutung »Verwerfung« (durch Gott) ergibt sich aber zwangsläufig aus dem Gegensatz zu πρόσλημψις. Der von Stegemann vermuteten Bedeutung »Annahme« (des Glaubens bzw. des Evangeliums)

dem Edelölbaum ausgebrochen wurden[97], und unterwirft sie der Gerichtsstrenge Gottes (11,21 f). Bedingung für ihre künftige Wiedereinpfropfung in den Edelölbaum bleibt, auch wenn diese Bedingung durch das Handeln Gottes erfüllt wird, die Aufgabe ihrer gegenwärtigen Existenz im Unglauben (11,23). Deshalb bedeutet die gewiß bevorstehende Rettung ganz Israels Abwendung der Gottlosigkeit von Jakob und Wegnahme ihrer Sünden durch den aus Zion kommenden Retter (11,26 f)[98]. Wohl hebt ihre Ablehnung des Christusevangeliums keineswegs ihren Status als von Gott geliebtes Volk der Erwählung auf (11,28; vgl. 3,3 f), aber ebensowenig verliert aufgrund dieses Erwähltseins die Feststellung des Paulus ihre Geltung, angesichts des Evangeliums seien sie Feinde Gottes[99]. Als gegenwärtig Ungehorsame stehen die nicht glaubenden Israeliten damit im Horizont des eschatologischen Gerichts auf der gleichen Stufe wie die Heiden vor ihrer Zuwendung zum Christusevangelium und bedürfen wie diese des Erbarmens Gottes (11,30 ff)[100].

Die bleibend gültige Heilszusage Gottes an ganz Israel schließt somit keineswegs aus, daß diejenigen aus Israel, die sich der Durchsetzung seines Heilswillens gegenüber allen Menschen, Juden und Heiden, im Christusevangelium verweigern, gegenwärtig dem Gerichtszorn Gottes verfallen sind. Im Blick auf ihre eschatologische Rettung stehen sie auch als Glieder des Volkes, dem die Heilszusage gilt, mit den Heiden auf einer Stufe, nämlich unter dem Gerichtszorn Gottes (vgl. 3,22 f). Das bedeutet aber, daß auch ihnen wie den Heiden die Möglichkeit offensteht, gerettet zu werden, wenn sie sich im Glauben Jesus, dem κύριος, zuwenden, den Gott von den Toten auferweckt hat (10,9–13). Auch

---

steht die Verwendung des Verbs durch Paulus in 14,1.3; 15,7 in Bezug auf die Aufnahme in die Gemeinschaft mit Gott entgegen (so mit G. Delling, ThWNT IV 16; vgl. auch Wilckens, Röm II 244 f; Siegert, Argumentation 166, Anm. 12).

[97] ἐξεκλάσθησαν entspricht sachlich dem ἐπωρώθησαν von V. 7, impliziert also gleichermaßen die gegenwärtige Gerichtsverfallenheit (vgl. den an den Zweigen illustrierten Gerichtsgedanken in Jer 11,16, der Stelle, aus der Paulus offenbar die Ölbaum-Metapher – nicht aber das Bildwort V. 16 b! – bezieht) Israels wie deren Grund im Handeln Gottes.

[98] Vgl. o., S. 147 mit Anm. 48.

[99] ἐχθροί bezeichnet die Haltung des nicht glaubenden Israel gegenüber dem sich im Evangelium offenbarenden Gotteswillen. Es nimmt die ἀσέβεια und die ἁμαρτίαι von V. 26 f auf und wird selbst in V. 30 ff unter dem Stichwort ἀπείθεια wieder aufgenommen. Mit dem δι' ὑμᾶς wird aber auch auf den Gedanken von V. 11 angespielt, so daß die Feindschaft Israels gegenüber dem Evangelium als durch Gottes Verhärten bewirkt zu verstehen ist (vgl. Mayer, Heilsratschluß 302 f; Refoulé, Ainsi 193–207; Lübking, Israel 129; auch nach Wilckens, Röm II 257, Anm. 1160, der es passivisch auffaßt, »schwingt … ein aktives Moment mit«).

[100] Viermal ἀπείθεια bzw. ἀπειθεῖν! 11,32 nimmt zum Abschluß der Argumentation ausdrücklich (vgl. das doppelte πάντες mit 3,22 f) den zentralen Inhalt der paulinischen Rechtfertigungsverkündigung, wenn auch in veränderter, dem Aussageziel von Röm 9–11 entsprechender Terminologie, auf (ἔλεος, ἐλεεῖν knüpft an den in 9,14–23 unter diesem Stichwort geführten Beweis der Souveränität des göttlichen Heilswillens an; vgl. zur Wortgruppe bei Paulus F. Staudinger, EWNT I 1049 ff. Vgl. auch Loader, Fighting 11–16; Refoulé, Ainsi 217–232; Hofius, Evangelium 198 ff.

gegenüber dem verhärteten Israel hofft Paulus, in seinem Dienst als Heidenapostel seine jüdischen Brüder eifersüchtig zu machen und wenigstens einige von
ihnen zu retten (11,13f)[101]. Vor den von Gott ausgebrochenen Zweigen, den
verhärteten Israeliten, liegt die Möglichkeit, wieder eingepfropft, in die Heilsgemeinschaft aufgenommen zu werden, wenn sie nicht im Unglauben bleiben
(11,23). Freilich ist das Geschehen der Annahme ganz Israels letzlich ein Werk
Gottes. Aber das gilt ebenso, ja, um so mehr für die im Glauben zum Heil
gekommenen Heiden (vgl. 11,17.20.22.24). Die Gewißheit, daß die bisher nicht
glaubenden Israeliten diese Möglichkeit ergreifen werden, kann Paulus daher
nur aus dem Vertrauen auf die Durchsetzungskraft des Heilswillens Gottes
gewinnen. Das ihm zugekommene Mysterium von der Befristung der Verhärtung Israels ist ihm dafür sichere Gewähr.

3. Paulus, der Heidenapostel und Israelit

a) Die briefliche Kommunikationsebene

Über die gesamte Argumentation von Röm 9–11 verteilt finden sich immer
wieder autor- und adressatenbezogene sprachliche Signale, die den Erörterungen des Paulus Dialogcharakter verleihen[102]:

Artikulationen des Sprecher-Ichs:

rhetorisch	
τί οὖν ἐροῦμεν[103]	9,14.30 (vgl. τί οὖν, 11,7)
(ἀλλὰ) λέγω (οὖν)	9,1; 10,18.19; 11,1.11.13 (vgl. οὐ γὰρ ϑέλω ὑμᾶς ἀγνοεῖν, 11,25)
sachlich begründet[104]	9,1–3; 10,1f; 11,1b.13f

---

[101] Vgl. zum entsprechenden jüdischen Hintergrund ALLISON, Suggestion 24f.

[102] Der sogenannte Diatribenstil, der darauf ausgerichtet ist, einen Diskurs durch Einführung eines imaginären Gesprächspartners so zu gestalten, daß die Rezipienten zur Identifikation
veranlaßt werden, prägt besonders den Römerbrief (vgl. STOWERS, Diatribe 79–118; SCHMEL-
LER, Diatribe 70–75.225–332.406–410; SIEGERT, Argumentation 110ff.235ff). Er ist offenbar
die angemessene Form für die Kommunikation mit einer Gemeinde, zu der Paulus nicht in der
Weise wie z.B. zu der korinthischen persönlichen Kontakt hat (so SCHMELLER, Diatribe
412.435).

[103] Die Wendung benutzt Paulus nur im Römerbrief, dort aber insgesamt siebenmal.

[104] Sachlich von Gewicht sind auch die drei Verweise auf eine 1. Person Plural, die jeweils
einen differenziert zu bestimmenden Referenten haben: Ἰσαὰκ τοῦ πατρὸς ἡμῶν, 9,10, dürfte
sich innerhalb der Argumentation auf der Ebene der Erwählungs- und Berufungsgeschichte
Israels auf die leiblichen Nachkommen des Patriarchen beziehen, zu denen Paulus sich hinzu-
zählt (vgl. neben 11,1 auch Phil 3,5; 2Kor 11,22). 9,24 schließt Autor und Adressaten in der
Gemeinschaft der aus Juden und Heiden berufenen Heilsgemeinde zusammen (vgl. etwa 3,9b;
1Kor 12,13). 10,8 bezieht sich auf die Evangeliumsverkündigung des Paulus in der Gemein-

Anreden der Adressaten:

Briefadressaten	
ἀδελφοί	10,1; 11,25[105]
ὑμῖν τοῖς ἔθνεσιν	11,13
fingierte Adressaten[106]	9,19f; 11,17–24 (vgl. 10,9)

Ausrufe:

bewertend	
μὴ γένοιτο[107]	9,14; 11,1.11
καλῶς	11,20
hinweisend	
ἴδε	11,22
appellierend	
ὦ ἄνθρωπε	9,20
Fragen:	9,14.19.20.21.32
	10,8.14f.18f
	11,1.4.11.15

Die intendierten Leser sind somit in den paulinischen Aussagen ständig präsent. Sie sind als Teilnehmer an der brieflichen Kommunikation gleichzeitig Beteiligte an dem in ihr zur Sprache kommenden Geschehen. Dies ist bei der Interpretation zu berücksichtigen, zumal Paulus gerade die vier Bezugnahmen auf sein eigenes Verhältnis zu Israel jeweils im Zusammenhang der Anrede an seine Briefadressaten formuliert.

Sind die Adressaten auch in 9,1–5 nicht ausdrücklich benannt, so sind sie doch im Sprechakt der Beteuerung (9,1) als Auditorium impliziert[108]. In 10,1 werden

---

schaft der Christusapostel, und zwar, wie sich aus dem Kontext ergibt, gegenüber Juden und Heiden (vgl. 1,16; 1Kor 1,23).

[105] Vgl. 1,13; 7,1.4; 8,12; 12,1; 15,14.30. Die direkte Anrede in 8,12 regiert den gesamten Kap. 9 vorangehenden, Autor und Adressaten im kommunikativen Plural zusammenschließenden Kontext bis zum letzten Wort (ἡμῶν). Mit 9,1 tritt das Autorsubjekt aus diesem Kollektivum heraus und damit den übrigen zu ihm Gehörenden gegenüber. Textpragmatisch besteht somit zwischen 8,39 und 9,1 zwar eine Opposition, aber kein Bruch.

[106] Solche Gestaltung bietet Identifikationsmöglichkeiten für die Briefadressaten (vgl. SIEGERT, Argumentation 236). Lediglich einmal (9,24) wird solche Identifikation durch eine Formulierung in der kommunikativen 1. Pers. Plur. angeboten.

[107] Die Wendung kommt zehnmal im Römerbrief vor, sonst nur noch einmal im 1. Korinther- und dreimal im Galaterbrief.

[108] Vgl. die innerhalb der VV. 1–3 insgesamt zehnmal artikulierte 1. Pers. Sing. sowie die dreifache Bekräftigung der persönlichen Glaubwürdigkeit unter »Anrufen höherer Mächte als Zeugen (obtestatio)« (SIEGERT, Argumentation 120) in V. 1. S. a. o., Anm. 105.

sie am Satzanfang direkt als Brüder angeredet[109], in 11,1f sind sie durch besonders lebhafte Gestaltung mit den Mitteln der Diatribe in die Erörterung einbezogen[110], in 11,13 werden sie erneut, diesmal unter qualifizierender Näherbestim-
mung, direkt angesprochen[111].

b) 9,1–3: Unaufkündbare Israelverbundenheit

An das hymnische Bekenntnis der durch das Christusgeschehen verwirklichten
Gottesgemeinschaft der Glaubenden (8,31–39) schließt Paulus eine persönliche
Beteuerung seiner Wahrhaftigkeit (9,1). Bevor er den Inhalt seiner Beteuerung
den Adressaten zur Kenntnis gibt, sieht er sich veranlaßt, dessen Glaubwürdigkeit durch Verweis auf höchste Werte und Autoritäten herauszustellen: Was er
jetzt vorbringen wird, entspricht der Wahrheit (ἀλήθειαν λέγω . . . οὐ ψεύδομαι),
und zwar auf der Grundlage und nach dem Maßstab des Christusgeschehens,
wie es im vorangegangenen Kapitel als die Existenz des Glaubens bestimmend
expliziert worden ist (ἐν Χριστῷ . . . ἐν πνεύματι ἁγίῳ). Dies bezeugt auch sein
Gewissen (συμμαρτυρούσης μοι τῆς συνειδήσεώς μου)[112].

Weder durch solche feierliche Einführung noch durch die vorangehende
Gedankenführung sind die Adressaten freilich darauf vorbereitet, daß Paulus
ihnen nun seine Trauer und seinen persönlich empfundenen unablässigen
Schmerz kundtun will (V. 2). Dies widerspricht geradezu den vorangehenden
Ausführungen. Der Kontrast sichert erhöhte Aufmerksamkeit bei den Adressaten[113]. Er wird in V. 3 noch extrem verschärft (ηὐχόμην ἀνάθεμα εἶναι) und in
einen grundsätzlichen theologischen Widerspruch transformiert: Paulus äußert
die Bitte an Gott, die Abtrennung von der in Christus wirklich gewordenen
Liebe Gottes, die er gerade für unmöglich erklärt hat (8,38f), an ihm zu vollzie-

---

[109] Vgl. SIEGERT, Argumentation 116: »Zusammen mit dem erneuten Bezug des Sprechers
auf sich selbst und auf seine Gefühle (καρδία) erweist sich 10,1 als Rückkehr auf die Stufe der
vorigen Anrede (9,1)«.

[110] Vgl. λέγω οὖν, μὴ γένοιτο, ἢ οὐκ οἴδατε sowie die Fragen in V. 1 und 2.

[111] M. E. redet Paulus in 11,13 nicht nur einen bestimmten Teil der Gemeinde an (so SIEGERT,
Argumentation 116f), sondern die Gesamtgemeinde als eine überwiegend heidenchristliche
(vgl. o., S. 136f). Daß jedenfalls erst ab V. 25 »ἀδελφοί allmählich wieder die gesamte römische
Christenheit meinen dürfte« (Siegert, a.a.O., 117; vgl. 166: »Zerlegung des Auditoriums; sie
gilt bis V. 32«), ist durch nichts signalisiert. Vgl. VIELHAUER, Geschichte 180: »... die römische
Gemeinde ist faktisch gemischt, Paulus behandelt sie aber als de jure heidenchristlich«.

[112] CRANFIELD, Röm II 453, Anm. 6, erkennt fünf Stufen der Bekräftigung der Beteuerung in
V. 1. Das herausgehobene Pathos unterstreichen auch LÜBKING, Israel 57f; SIEGERT, Argumentation 119f. Zu συνείδησις vgl. G. LÜDEMANN, EWNT III 723: »σ. bezeichnet . . . das handelnde
und beurteilende (Selbst-)Bewußtsein, die Überzeugung von einer Sache, die einer bestimmten Norm entspringt und die ein bestimmtes Verhalten fordert«.

[113] SIEGERT, Argumentation 120, verweist auf das besonders dem Redner (im Unterschied
zum Philosophen oder Weisen) zustehende Mittel, Leiden zu zeigen, das in jüdischer Tradition
an Redeweisen der Propheten und Apokalyptiker anknüpfen konnte. Für Paulus ist natürlich in
diesem Zusammenhang der 2. Korintherbrief eine nahe Parallele (vgl. o., S. 125ff).

hen[114], und zwar zugunsten und anstelle[115] seiner Verwandten der Volkszugehörigkeit nach.

Die überaus dichte, bewußt im Blick auf das Auditorium gestaltete Formulierung der Redeeröffnung (9,1–3)[116] mit ihrer Fortsetzung in Gestalt einer Aufzählung der Erwählungszusagen Israels (9,4f) berechtigt zur Explikation der in ihr enthaltenen theologischen Konsequenzen. Bereits die schwurartige Berufung auf Christus bzw. den Heiligen Geist (V. 1) entspricht nicht lediglich rhetorischer Konvention, sondern muß angesichts der gerade vorangegangenen Herausstellung der Bedeutung Christi (8,31–39, vgl. bes. die letzten Wörter des Abschnitts!) und des Geistes (πνεῦμα 21mal in Röm 8!) für die Existenz des Christen als Hinweis auf die theologische Basis gesehen werden, von der aus Paulus spricht.

Tritt dieser maßgeblichen Bindung des Apostels »in Christus« nun der von ihm beteuerte Wunsch entgegen, anstelle seiner jüdischen Brüder »von Christus weg verflucht zu werden«[117], so wird daran sichtbar, daß sein Verhältnis zu Israel nicht auf der Ebene einer abstammungsmäßigen Verbundenheit erfaßt werden kann, sondern seine Beziehung zu Christus und damit die Grundlage seines Evangeliums wie seines Apostolats davon betroffen ist. Der Schmerz des Paulus resultiert somit aus der Infragestellung seiner Christusbeziehung angesichts der gegenwärtigen Situation Israels[118]. Den Grund dafür nennt Paulus nicht explizit[119]. Er erschließt sich aber dem in gesteigerte Aufmerksamkeit versetzten Leser zum einen durch die Anspielung auf den Stellvertretungsgedanken (ἀνάθεμα ... ὑπέρ), der die gegenwärtige Christusferne der in Rede stehen-

---

[114] Vgl. WILCKENS, Röm II 186f, Anm. 817; CRANFIELD, Röm II 454. Daß diese Bitte unerfüllbar ist (vgl. zu ηὐχόμην REHKOPF, Grammatik § 359[5], dazu die ausführliche Diskussion bei CRANFIELD, Röm II 455ff), nimmt ihr nichts von ihrer Ernsthaftigkeit, sondern verschärft im Gegenteil noch die zum Ausdruck kommende Spannung (vgl. MICHEL, Opferbereitschaft 96ff).

[115] Zu ὑπέρ vgl. o., S. 155 mit Anm. 85.

[116] Häufig wird angenommen, daß sich Paulus hier gegen jüdische oder judenchristliche Vorwürfe verteidigt, er habe um seines Christusglaubens willen den Bruch mit seinem Volk und seiner eigenen Vergangenheit vollzogen (vgl. o., S. 140f mit Anm. 20). Allerdings ist in Röm 9,1ff (anders als z. B. in Phil 3 oder 2Kor 11) keinerlei Polemik zu erkennen. Zur Sprache kommt allein ein Selbstzeugnis des Paulus vor dem Auditorium der Briefadressaten.

[117] Zum traditionsgeschichtlichen Hintergrund einer hier anklingenden Stellvertretungsvorstellung vgl. MICHEL, Opferbereitschaft 98f; LÜBKING, Israel 58f; zu Fürbitte und Stellvertretung als prophetischen Ämtern im Zusammenhang von Schuld und Schuldbewältigung im Alten Testament vgl. jetzt WASCHKE, Schuld 8f. Freilich steht eine solche Vorstellung in Röm 9,3 wohl im Hintergrund, nicht aber im Zentrum der Aussage. Sie ist jedenfalls nicht im Sinne einer soteriologischen Funktion der Person des Paulus zu verstehen, die in Konkurrenz zu der Christi treten könnte. Darauf verweist der Irrealis.

[118] Vgl. CRANFIELD, Röm II 454 (zu V. 2): »... the very integrity and authenticity of his apostleship to the Gentiles would be called in question, were he able to give up his fellow-Israelites, were he not to suffer grief so long as they continued in unbelief«.

[119] SIEGERT, Argumentation 120f, sieht darin ein rhetorisches Mittel.

den Juden voraussetzt, zum andern aus dem Kontrast, der dadurch entsteht, daß
diejenigen, die als Israeliten mit der Fülle göttlicher Heilszusagen begabt sind
(V. 4f), gleichzeitig dem Apostel Anlaß zu unermeßlichem Schmerz geben[120].
Daß der so zu erschließende Unglaube in Israel die Glaubwürdigkeit des Apostels und seiner Verkündigung bei den Briefadressaten in Frage stellen kann,
ergibt sich aber erst aus der Konsequenz, die offenbar unvermeidlich aus solchem Unglauben zu ziehen ist, daß nämlich seinetwegen die aufgezählten Er-
wählungsgaben wenigstens für den Teil Israels, um den Paulus trauert, hinfällig
geworden seien und diese Israeliten dem Gericht Gottes verfallen seien (vgl. die
Fortsetzung in 9,6ff). Gälte diese Konsequenz, müßte also ein Teil aus Israel als
endgültig verloren angesehen werden, dann wäre die Gewißheit in Frage gestellt, daß Gott die seinem Volk gegebenen Zusagen hält. Damit geriete aber
auch die Glaubwürdigkeit der paulinischen Christusverkündigung in die Krise.
Denn Paulus selbst hat die endgültige Verwirklichung der göttlichen Heilszusagen in der Offenbarung Jesu Christi bei seiner Berufung erfahren und entsprechend dem göttlichen Auftrag seiner Missionsverkündigung gegenüber den
Heiden zugrundegelegt (vgl. Gal 1,16). Christusglaube kann deshalb nach paulinischer Überzeugung auch bei Heiden nicht abgelöst werden vom Vertrauen auf
den Gott, der seinem Volk die Treue hält[121].

Dies bedeutet nun aber, daß, vermittelt über die konstitutive Funktion der
Verläßlichkeit Gottes für die paulinische Verkündigung, die Verbundenheit mit
Israel, die, wie er seinen heidenchristlichen Adressaten gegenüber bekennt, für
den Apostel unaufgebbar ist, auch die Christus ablehnenden Israeliten um-
faßt[122]. Auch ihnen sind ja als Israeliten bleibend (Präsens!) die Heilsgüter
zugesagt, an denen die Christen jetzt schon Anteil gewonnen haben[123]. So
schließt Paulus gerade die nicht glaubenden Israeliten als Glieder des Volkes,

---

[120] Vgl. o., S. 154f.

[121] Zu dem skizzierten Zusammenhang zwischen dem Christusglauben und der biblisch-
jüdisch vorgegebenen Verbindung von der Zuverlässigkeit Gottes und dem Schicksal Israels
vgl. Moxnes, Theology 7f.26–30.32–55.82–99 (a.a.O., 99: »... for Paul, to speak about God
is to speak about his people!«); s. a. Lübking, Israel 59; Siegert, Argumentation 121; Schmitt,
Gottesgerechtigkeit 73–76. Waschke, Schuld 8, nennt als eine »Grundüberzeugung der Propheten« (neben der von der Unausweichlichkeit des Strafgerichts Gottes): »JHWH, der Gott
Israels, kann sein Volk nicht völlig und endgültig fallengelassen haben . . . ohne diese zweite
Grundüberzeugung wäre ihre Gerichtsbotschaft nur absurd.«

[122] Siegert, Argumentation 121, spricht (mit Blick auf 3,3) von der »für Paulus wie für seine
jüdisch gebildeten Leser gemeinsamen Prämisse, daß Gottes Glaubwürdigkeit mit dem Schicksal Israels zusammenhängt.«

[123] Vgl. o., S. 149. Betont an der Spitze der Aufzählung in 9,4f stehen die Heilsgüter, die
Paulus gerade vorher mit Emphase den Christen zugesprochen hatte: υἱοθεσία (vgl. 8,15; s. a.
υἱοὶ θεοῦ, 8,14.19, τέκνα θεοῦ, 8,16.21, κληρονόμοι, 8,17) und δόξα (vgl. 8,18.21). Vgl. zu
diesem Rückbezug Berger, Abraham 77f; Lübking, Israel 54; Stegemann, Gott 182; Betz,
Rolle 10f.

dem die Erwählungszusagen gelten[124], in seine vom Christusglauben bestimmte Bruderschaft ein (τῶν ἀδελφῶν μου, V. 3) und bezeugt so ihre unaufgekündigte Erwählung[125].

Freilich: Ist die Bruderschaft der gemäß göttlichem Vorsatz berufenen Heiligen (8,28ff), also der christlichen Gemeinde, Grund zu hymnischem Lobpreis (8,31–39), so führt seine Bruderschaft mit den Israeliten, mit denen gemeinsam er unter der göttlichen Heilszusage steht, Paulus in große Trauer und unablässigen Schmerz. Die Differenz zwischen den ihnen von Gott zugesagten Heilsgaben, die an den Christen bereits Wirklichkeit geworden sind, und ihrer eigenen gegenwärtig zu konstatierenden Wirklichkeit ist nicht aufgehoben. Aus dieser Differenz rührt der Schmerz des Paulus her.

Der von Paulus zu Beginn seiner Argumentation mit solchem Nachdruck beteuerten Trauer liegt somit seine für ihn als Christusapostel unaufgebbare Verbundenheit auch mit dem nicht glaubenden Israel zugrunde, die in dem für sein Evangelium fundamentalen Glauben an die Treue Gottes gegenüber seinen Zusagen an Israel wurzelt.

c) 10,1: Fürbitte für Israel

Angesichts der gegenwärtig zu konstatierenden Situation Israels im Gegenüber zu der christusgläubiger ehemaliger Heiden (9,30–33) bekennt Paulus den Briefadressaten seine persönliche Willensausrichtung auf und sein fürbittendes Eintreten bei Gott für Israels eschatologische Rettung (10,1)[126]. Die direkte Anrede

---

[124] Vgl. MICHEL, Opferbereitschaft 99; BETZ, Rolle 10f.

[125] Paulus verwendet den Brudernamen sonst nur für Christen (zuletzt in gefüllter Bedeutung in 8,29!), steht damit freilich in einer Sprachtradition der Septuaginta, die die leibliche Bruderschaft auf die Zusammengehörigkeit der jüdischen Religions- und Volksgemeinschaft übertragen hat (vgl. bes. 1/2Makk, Tob, 1/2Esr). Es liegt offenbar geprägter Sprachgebrauch vor, der die Bemühung um Zusammenhalt und Solidarität der Juden in nachexilischer Zeit angesichts von Bedrohungen von außen her widerspiegelt, wenngleich seine Wurzeln noch tiefer liegen (vgl. dazu H. RINGGREN, ThWAT I 206f; WOLFF, Anthropologie 173f). Wenn Paulus in Röm 9,3 nichtchristliche Juden in seine Bruderschaft einschließt, dann ist damit nicht auf die gemeinsame jüdische Herkunft abgehoben (sie wird durch συγγενῶν μου κατὰ σάρκα signalisiert), sondern auf eine Verbundenheit innerhalb einer Gemeinschaft, die unter dem göttlichen Heilswillen steht (vgl. CRANFIELD, Röm II 458f; WILCKENS, Röm II 187f). κατὰ σάρκα schränkt diese Bruderschaft nicht ein (gegen KLUMBIES, Vorzüge 136). Es bezieht sich nur auf συγγενῶν μου (mit WILCKENS, Röm II 187f, Anm. 825; CRANFIELD, Röm II 459, gegen J. BEUTLER, EWNT I 71; GRÄSSER, Bund 19) und hat auch in dieser Verbindung nicht abwertenden Sinn, sondern präzisiert die Verwandtschaft der Brüder als eine der irdisch-menschlichen Abstammung nach (vgl. E. SCHWEIZER, ThWNT VII 126). In 11,14 nennt Paulus den nichtglaubenden Teil Israels ohne jede abwertende Tendenz σάρξ μου.

[126] Das μέν-solitarium (vgl. REHKOPF, Grammatik § 447, 2.: »μέν hebt das Wort oder den Satz, bei dem es steht, hervor.«) akzentuiert das paulinische Selbstzeugnis gegenüber dem vorher festgestellten Tatbestand, etwa wiederzugeben mit »mein Herzenswille jedenfalls«. Richtig stellt BADENAS, End 108, den Bezug auf das Vorangehende heraus. 9,30–33 ist am besten als Übergangsstück zu fassen. Dadurch kann man einerseits der

der Adressaten als ἀδελφοί sowie die gewählte sprachliche Form eines »religiösen Selbstzeugnisses«[127] bilden deutlich ein Signal zur Erhöhung der Aufmerksamkeit bei den Hörern[128]. Die εὐδοκία τῆς ... καρδίας ist mehr als ein subjektiv empfundener Wunsch. Sie benennt die Ausrichtung des Willens auf ein Tun, das zu seiner Verwirklichung drängt[129].

Dies Tun ist für Paulus sein für Israel bei Gott eintretendes Gebet[130]. Seine Fürsprache hat Israels Rettung aus dem eschatologischen Gericht zum Ziel[131]. Mit solcher Bitte bringt Paulus den Adressaten gegenüber zum Ausdruck, daß er aus der gegenwärtigen Heilsferne Israels (vgl. 9,31 f) nicht die unaufhebbar endgültige Verwerfung der jetzt nicht an Christus glaubenden Israeliten ableitet, vielmehr aus ihr den Anstoß empfängt, sich selbst aktiv für ihre künftige Rettung einzusetzen[132]. Dabei bringt er in Bezug auf das ungläubige Israel zwei Grundsätze zur Geltung, die seine Verkündigung als Christusapostel entscheidend bestimmen: Die Rettung aus dem Gericht ist nötig, weil sich Israel gegenwärtig als von einem gegen Gott gerichteten Eigenwillen beherrscht zeigt (10,2 f). Sie ist möglich für jeden, der sich der Gerechtigkeit Gottes im Glauben an Jesus, den von den Toten auferweckten Herrn, unterordnet (10,4–13)[133].

---

resümierenden Funktion der Verse und dem deutlichen Neueinsatz in 10,1, andererseits den ebenso klaren semantischen Bezügen zum Folgenden gerecht werden (vgl. zum Abgrenzungsproblem SCHMITT, Gottesgerechtigkeit 88 f mit Anm. 609–613; SIEGERT, Argumentation 115 f; LÜBKING, Israel 268, Anm. 967; RESE, Unwissen 255 ff). Zu 9,30–10,21 vgl. außer den o., Anm. 25, Genannten noch BRING, Paul 41–52; BARRETT, Fall 99–121; SANDERS, Law 36–43; GASTON, Believers 126–134; THIELMAN, Plight 111–115; RESE, Unwissen 252–266.

[127] BERGER, Formgeschichte 272. Hervorstechende Merkmale sind der Verweis auf subjektive Antriebsfaktoren (εὐδοκία τῆς ἐμῆς καρδίας) und die Anfügung eines Gebetsberichts (vgl. u., Anm. 129).

[128] SIEGERT, Argumentation 148, stellt das Pathos von 10,1 dem von 9,1–5 gleich. Semantische Bezüge unterstreichen das, vgl. δέησις – ηὐχόμην, καρδία, ὑπέρ.

[129] καρδία meint »das Innere des Menschen, den Sitz von Verstand, Erkenntnis und Wille« (A. SAND, EWNT II 616). Zu εὐδοκία vgl. G. SCHRENK, ThWNT II 743: »der Wille des Herzens..., der zur Bitte zu Gott wird«. Nicht das Gebet selbst gibt Paulus wieder, sondern das Faktum seiner Ausübung und seine Zielrichtung (vgl. ähnlich Phil 1,4.9; 2Thess 1,11). Paulus unterrichtet auf diese Weise die Adressaten über seine persönliche Einstellung und die aus ihr entspringende religiöse Aktivität.

[130] Vgl. zum alttestamentlichen Hintergrund, der Interzession der Propheten für das Volk, MICHEL, Röm 325, Anm. 3; ZELLER, Röm 185. Zu vergleichen wäre zusätzlich die Fürsprache Abrahams in Gen 18 f, zumal in Röm 9,29 im Rahmen des Jesajazitats gerade auf das Gericht über Sodom und Gomorrah angespielt worden ist. Zu Fürsprechern im Frühjudentum vgl. Test Abr Rez. A 14 (Abraham); slHen 64,5 (Henoch); AssMos 11,11; 12,6 f (Mose). Jeweils geht es um Fürsprache angesichts des Gerichts Gottes über die Sünden der Menschen.

[131] Vgl. zu σωτηρία o., Anm. 89.

[132] Vgl. SCHMITT, Gottesgerechtigkeit 90 f; LÜBKING, Israel 93.

[133] Vgl. 1,18–3,20; 3,21–26. Daß 10,4–13 die Möglichkeit zur von Paulus erbetenen Rettung Israels aufzeigt, belegen die Rückverweise auf εἰς σωτηρίαν in V. 9 f sowie die mehrfache Herausstellung des πᾶς (V. 4.11 f), das in V. 12 die Juden ausdrücklich einschließt (vgl. dazu HWANG, Verwendung 235–238).

Das Zeugnis über Israel vor dem Auditorium der römischen Christen (μαρ-τυρῶ, V. 2) begründet (γάρ) die Bitte um Rettung. Läßt die Formulierung der ersten Satzhälfte zunächst erwarten, daß Paulus seine Israelverbundenheit durch ein positives Urteil bekräftigend bezeugen will, so wird doch der Satz zu dem Urteil ἀλλ᾽ οὐ κατ᾽ ἐπίγνωσιν weitergeführt und erweist sich so als ein Israel überführendes Zeugnis[134]. Das fürbittende Eintreten des Apostels für Israel wird also mit dessen Rettungsbedürftigkeit begründet. Paulus bezeugt ihm einen verfehlten, auf der Nicht-Anerkennung des Gotteswillens beruhenden Eifer für Gott[135].

Das Nicht-Anerkennen der Gerechtigkeit Gottes (V. 3) kann aus dem Kontext nur als Verweigerung des Glaubens an Christus als den von Gott eingesetzten Anstoß-Stein (vgl. 9,31 ff) verstanden werden.

Die damit verbundene, der Gerechtigkeit Gottes entgegengestellte ἰδία δικαιοσύνη muß entsprechend von 9,32a her als eine Gesetzespraxis gedeutet werden, die solchem Christusglauben entgegengesetzt ist, ja, mit seiner Verweigerung ursächlich zusammenhängt[136]. Die Gesetzespraxis Israels, die darin besteht, durch Tun der Tora zu dem Ziel zu gelangen, das ihm in der Tora gegenübertritt als von Gott vorgegebene heilschaffende Lebensordnung der Gerechtigkeit (νόμος δικαιοσύνης, 9,31), erweist sich angesichts der jetzt von Gott offenbarten und von den Heiden aus Glauben erlangten Gerechtigkeit im Christusgeschehen als verfehlt, da sie einhergeht mit der Verweigerung des Glaubens (9,32a) und so dem Willen Gottes entgegensteht (τῇ δικαιοσύνῃ τοῦ θεοῦ οὐχ ὑπετάγησαν, 10,3)[137].

---

[134] Vgl. KLUMBIES, Vorzüge 145–150; BADENAS, End 109. Meist wird ἀλλ᾽ οὐ κατ᾽ ἐπίγνω-σιν lediglich als partielle Einschränkung der insgesamt positiven Aussage verstanden (so z. B. SIEGERT, Argumentation 149 mit Anm. 2, der die rhetorische Figur der concessio erkennen will). μαρτυρῶ ist aber auf den ganzen Satz zu beziehen, nicht nur auf ζῆλον θεοῦ ἔχουσιν. ἐπίγνωσις meint entsprechend biblischem Gebrauch Erkenntnis im Sinne der »Anerkenntnis (des Willens) Gottes, die im Verhalten des Erkennenden wirksam wird« (W. HACKENBERG, EWNT II 63). Dieses Verständnis wird durch die Weiterführung in V. 3 (ἀγνοοῦντες, οὐχ ὑπετάγησαν) bestätigt. Es kann also Paulus nicht darum gehen, »Israels Unglauben und Ungehorsam ... mit dem Hinweis auf seine Unkenntnis entschuldigend (zu) erklären«, wie RESE, Unwissen 263, meint.

[135] Es ist naheliegend, hier an das Urteil des Paulus über sein eigenes Judesein vor seiner Berufung zu denken (vgl. Gal 1,13f; Phil 3,5f), wenngleich er diese Beziehung nicht ausdrücklich herstellt (vgl. KIM, Origin 3f.298ff).

[136] Vgl. LIEBERS, Gesetz 55–58; BARRETT, Fall 106–117. 9,32a begründet sowohl V. 31 als auch V. 32b. Der Versuch VON DER OSTEN-SACKENS (Verständnis 33–36), im Interesse eines positiven Verständnisses von νόμος in 9,31; 10,4 einen Keil zwischen νόμος und ἔργα νόμου zu treiben, widerspricht m. E. frühjüdischem Gesetzesverständnis. Gibt es denn für einen Juden eine andere Haltung zum Gesetz, als es zu tun, und worauf richtet sich sein Tun, wenn nicht auf den Gehorsam gegenüber dem im Gesetz niedergelegten Gotteswillen?

[137] Die Schlußwendung von V. 3 faßt das Israel überführende Zeugnis von V. 2f zusammen. Vgl. dazu MICHEL, Röm 326: »Die Anklage auf Ungehorsam (οὐχ ὑπετάγησαν) ist also stark betont.«; KÄSEMANN, Röm 271: »Gehorsam..., den man kraft eines Verhältnisses der Unterordnung schuldet und dessen Verweigerung Rebellion bedeutet«. GARLINGTON, Idolatry 142–151, will von daher die Anklage des ἱεροσυλεῖν der Juden in 2,22 als gegen die Ablehnung des Christusglaubens aufgrund des Toragehorsams gerichtet verstehen.

Ziel der Tora ist wohl nach wie vor der in ihr dem Menschen begegnende Wille Gottes zur heilschaffenden Durchsetzung seiner Gerechtigkeit, und insofern hat νόμος in 10,4 wie in 9,31 positive Bedeutung. Aber Gott hat diesen seinen Heilswillen jetzt im Christusgeschehen definiert. Die Intention der Tora, Israel eine heilschaffende Lebensordnung zu gewähren, verwirklicht er gegenüber allen Menschen, Juden und Heiden, durch die Offenbarung seines Sohnes Jesus Christus. Deshalb ist Israel in seinem berechtigten und von Gott geforderten Streben nach dem νόμος δικαιοσύνης doch nicht bei diesem νόμος angelangt. Angesichts der Definition der δικαιοσύνη τοῦ θεοῦ (als dem intentionalen Inhalt der Tora, vgl. 9,31) in der Christusoffenbarung verfehlt Israel, sofern es versucht, dem Gotteswillen ἐξ ἔργων nachzukommen, den νόμος selbst, richtet es gegenüber der Gottesgerechtigkeit seine eigene Gerechtigkeit auf, die der Intention des νόμος widerspricht. Denn Ziel des Gesetzes, Instrument göttlichen Heilswillens, ist Christus, und deshalb kann jetzt der Intention des Gesetzes nur gerecht werden, wer an Christus glaubt.

Der Gegensatz zwischen Tora und Christus ist also nicht das Ergebnis der Christusoffenbarung, sondern gerade Israels Irrtum. Aus ihm resultiert die Fehlhaltung des ἐξ ἔργων. Weil Christus Ziel der Tora ist, kann man an der δικαιοσύνη nur im Glauben, nicht aber im Tun des Gesetzes Anteil gewinnen[138]. So ist Christus Ziel der Tora als Heilsgut Israels und damit, wie sich aus dem Aussagezusammenhang ergibt, ihr Ende als Heilsweg[139].

Ist somit das Israel des Ungehorsams gegen Gott überführende Zeugnis des Paulus in 10,2f stark akzentuiert, so ist es doch umklammert von dem persönlichen Einsatz des Apostels für seine Rettung und dem Aufweis der Möglichkeit solcher Rettung in der glaubenden Zuwendung zum und der Unterordnung unter den im Christusgeschehen erkennbar gewordenen und nahegekommenen Gotteswillen (10,4–13). Diese Möglichkeit ist den gegenwärtig nicht glaubenden Israeliten auch dadurch nicht verbaut, daß sie am von Gott selbst in Zion gesetzten Anstoß-Stein angestoßen sind[140]. Anders gäbe die Fürbitte des Paulus

---

[138] Vgl. VV. 5–13. Der durch δέ (V. 6) signalisierte Gegensatz zwischen V. 5 und dem Folgenden nimmt die bereits in 9,32; 10,3 enthaltenen Antithesen auf. Ein christologisches Verständnis von V. 5 (so CRANFIELD, Röm II 521 f; BADENAS, End 121–125; CAMPBELL, End 77 f) ist auszuschließen, da Christus in den VV. 6–13 mit der ἐκ πίστεως δικαιοσύνη koordiniert ist, während die δικαιοσύνη ἐκ νόμου nicht mehr positiv ausgeführt wird.

[139] Mit dieser Interpretation versuche ich zu der umfangreichen Diskussion um die Bedeutung von τέλος νόμου in Röm 10,4 Stellung zu nehmen, ohne sie im einzelnen referieren und bewerten zu können. Vgl. neben den Kommentaren in jüngerer Zeit (chronologisch geordnet, innerhalb gleicher Erscheinungsjahre alphabetisch) VAN DÜLMEN, Theologie 126 f.217 f; LUZ, Geschichtsverständnis 139–145.156 ff; HOWARD, End 331–337; PLAG, Wege 19–26; CRANFIELD, Notes 35–43; GETTY, Christ (non vidi); VON DER OSTEN-SACKEN, Beispiel 250–256; BARRETT, Fall 116 f; MUSSNER, Ende 31–44; TOEWS, Law (non vidi); CAMPBELL, End 73–81; MEYER, End 59–78; RHYNE, Faith 95–116; STEGEMANN, Gott 196–207; LINDEMANN, Gerechtigkeit 231–250; HOFIUS, Mose 64 ff; RÄISÄNEN, Law 53–56; SANDERS, Law 36–43; HÜBNER, Ich 60–94; REFOULÉ, Romains 321–350; SCHMITT, Gottesgerechtigkeit 92 ff; BADENAS, End; FEUILLET, Romains 851 ff; JEWETT, Law 349–354; SEIFRIED, Approach 3–37; SIEGERT, Argumentation 149; RHYNE, Nomos 486–499; KOCH, Schrift 291–296; LÜBKING, Israel 80–84; RÄISÄNEN, Analyse 2907 f; DUNN, Righteousness 221 ff; GETTY, Salvation 466 ff; LINSS, Exegesis 5–12; HOFIUS, Gesetz 110 f, Anm. 217; MARTIN, Christ 129–144; VON DER OSTEN-SACKEN, Verständnis 33–40.

[140] Vgl. BETZ, Rolle 18.

für ihre Rettung keinen Sinn. Sie erhält aber ihr charakteristisches Profil erst dadurch, daß sie nicht ablösbar ist von dem überführenden Zeugnis der gegenwärtig widergöttlichen Willensausrichtung Israels. Als jetzt dem Heil Ferne und dem Gericht Verfallene stehen die nicht glaubenden Israeliten auf einer Stufe mit den Heiden und damit wie diese vor der Möglichkeit der Rettung aus dem Gericht (σωτηρία, vgl. V. 11 ff!) in der glaubenden Zuwendung zu Christus (vgl. 3,9.22ff; 11,32).

d) 11,1b: Repräsentant ganz Israels

Der paulinische Selbstverweis 11,1b ist eingebunden in einen relativ straff strukturierten Argumentationszusammenhang, dessen formale Kennzeichen zwischen 10,18 und 11,15 zu beobachten sind[141]. Äußerlich auffälligstes Merkmal sind die vier jeweils mit einem Verweis auf das Sprecher-Ich eingeleiteten, mit μή konstruierten, also eine verneinende Antwort fordernden Fragen (10,18.19; 11,1.11). Darüber hinaus sind weitere Strukturparallelen zu beobachten (s. hierzu die Strukturübersicht auf der folgenden Seite).

Die zahlreichen verschiedenartigen Wiederholungen sichern dem Textstück einen hohen Grad an Kohärenz, der noch dadurch verstärkt wird, daß die den Adressaten gegenüber geführte Argumentation[142] weitgehend einen konstanten Referenten hat: die Beziehung Gott – Israel[143].

Läßt sich aufgrund der Textstruktur in 11,1 kein Neueinsatz ausmachen, so weckt doch V. 1b aus anderen Gründen die erhöhte Aufmerksamkeit der Adressaten[144]. Anstelle des nach der Analogie der beiden vorangehenden Argumentationsteile zu erwartenden Schriftarguments schiebt Paulus zunächst zur Begründung der emphatisch verneinten Möglichkeit, daß Gott sein Volk verstoßen habe, einen betonten Verweis[145] auf seine eigene Identität als Israelit ein[146]. Erst

---

[141] Diese Lokalisierung ist nicht als Abgrenzung eines selbständigen Gliederungsabschnitts zu verstehen, da gleichzeitig enge Bezüge zum Vorangehenden und Folgenden bestehen. Z. B. nimmt 10,18 (ἤκουσαν) das seit 10,14 regierende Subjekt auf; die Satzstruktur von 11,15f entspricht der von 11,12. Vgl. zu Struktur und Gedankengang von Kap. 11 außer den o., Anm. 25, Genannten noch JOHNSON, Structure 91–103; RESE, Rettung 422–430; SCHMELLER, Diatribe 286–332.

[142] Auf sie verweist der hier besonders konzentriert begegnende Frage-Antwort-Stil (vgl. SCHMELLER, Diatribe 324–329).

[143] Vgl. für die Seite Gottes neben ϑεός (11,1.2[2×].8) das sich in den Zitaten artikulierende Ich Gottes (10,19.20.21; 11,4), die Anrede κύριε (11,3) sowie das passivum divinum in 11,7.9f. Für die Seite Israels s. neben Ἰσραήλ (10,19.21; 11,2.7) und λαός (10,21; 11,1.2) die Israel repräsentierende 3. Pers. Plur. oder Sing. (10,18; 11,3.8.9f.11f), in 10,19 auch einmal die 2. Pers. Plur.

[144] Das οὖν allein reicht dazu nicht aus, da es häufig (so z. B. in 11,7.11) sowohl resümierende als auch weiterführende Funktion hat (gegen SIEGERT, Argumentation 116).

[145] Das ἐγώ verstärkt, vgl. REHKOPF, Grammatik § 277,1.

[146] Auch der Selbstverweis in 11,13f unterbricht in ähnlicher Weise die Argumentationsstruktur (s. die Übersicht auf der folgenden Seite).

Strukturübersicht Röm 10,18–11,15

Sprecher-Ich	μή-Frage	Verneinung	Zitat-einführung	Schrift-argument
10,18				
ἀλλὰ λέγω	μὴ οὐκ ἤκουσαν;	μενοῦνγε	–	εἰς πᾶσαν τὴν γῆν ...
10,19(–21)				
ἀλλὰ λέγω	μὴ Ἰσρα- ὴλ οὐκ ἔγνω;	–	πρῶτος Μωϋσῆς λέγει	ἐγὼ παρα- ζηλώσω ὑμᾶς ...
			Ἡσαΐας ... λέγει	εὑρέθημεν ἐν τοῖς ...
			πρὸς δὲ τὸν Ἰσραὴλ λέγει	ὅλην τὴν ἡμέραν ...
11,1(–4)				
λέγω οὖν	μὴ ἀπώσα- το ὁ θεὸς τὸν λαὸν αὐτοῦ;	μὴ γένοιτο	καὶ γὰρ ἐγὼ Ἰσραηλίτης εἰμι, ἐκ σπέρματος Ἀβρα- άμ, φυλῆς Βενιαμίν. οὐκ ἀπώσατο ὁ θεὸς τὸν λαὸν αὐτοῦ ὃν προέγνω.	
			... ἐν Ἠλίᾳ τί λέγει ἡ γραφή	κύριε, τοὺς προφήτας ...
			ἀλλὰ τί λέγει αὐτῷ ὁ χρημα- τισμός	κατέλιπον ἐμαυτῷ ...
11,11(13)				
λέγω οὖν	μὴ ἔπται- σαν ἵνα πέσωσιν;	μὴ γένοιτο	ἀλλὰ τῷ αὐτῶν παραπτώματι ἡ σωτηρία τοῖς ἔθνεσιν εἰς τὸ παραζηλῶσαι αὐτούς.	
			ὑμῖν δὲ λέγω τοῖς ἔθνεσιν · ἐφ’ ὅσον μὲν οὖν εἰμι ἐθ- νῶν ἀπόστολος ...	

danach folgt als zweites, den Selbstverweis bestätigendes Argument für das in V. 2 a schon formulierte Ergebnis der Hinweis auf die Schrift als die Autor und Adressaten gemeinsame Autorität[147].

Diese Voranstellung des persönlichen Arguments vor das Schriftargument ist auch inhaltlich auszuwerten. Zu bestimmen ist das Verhältnis zwischen dem Israeliten Paulus und dem Rest aus Israel sowie das Verhältnis beider zum von Gott nicht verstoßenen λαός[148]. Schon dadurch, daß Paulus den Verweis auf seine Israel-Identität als Argument zur Abweisung der Verstoßung Israels gebraucht, bekundet er mehr als nur seine Zugehörigkeit zu oder gar Solidarität mit Israel als Volk. Ebensowenig will er lediglich seine Zugehörigkeit zum Rest Israels herausstellen. Nicht erst, weil er zum Rest gehört, hat sein Israelit-Sein Beweiskraft gegen die Verwerfung Israels, sondern er als Israelit ist bereits für sich ein solcher Gegenbeweis, ebenso wie die anschließend ins Feld geführte Existenz des Restes. Der Hinweis auf Judenchristen vermag ja die provozierende Frage, ob Gott sein Volk verstoßen habe, nicht ausreichend zu beantworten, denn im Blick ist mit λαός zweifellos mehr als nur der glaubende Rest aus Israel[149]. Das Wort nimmt gezielt die Schlußwendung des Jesaja-Zitats in 10,21 (λαὸν ἀπειθοῦντα καὶ ἀντιλέγοντα) auf. Die Beweiskraft der angeführten Argumente hat sich also daran zu bewähren, ob sie die Verwerfung gerade des ungehorsamen und widerspenstigen Teils des Volkes zu widerlegen vermögen!

Einen Hinweis darauf, worin diese Beweiskraft zu suchen ist, können wir der Erweiterung der Formulierung der Frage von V. 1 a in der Antwort in V. 2 a entnehmen. Israelit sein bedeutet zuallererst, zu dem Volk zu gehören, das aus dem Vorhererkennen Gottes, dem Vorhererkanntsein durch Gott lebt. Darin liegt die Gewähr für die bleibend gültige Heilszusage Gottes an Israel.

Mit der betonten Selbstprädikation als Israelit beansprucht Paulus für sich die in 9,4f genannten, als Gottesgaben Israel zugesagten Heilsgüter. Ihm als »ech-

---

[147] ἢ οὐκ οἴδατε verankert das den Adressaten neue, lediglich in der Autorität des Apostels begründete Argument in dem »kollektiv Geltenden« (vgl. zu diesem Begriff SIEGERT, Argumentation 18, und – in Bezug auf den paulinischen Schriftgebrauch – 157ff; ähnlich SCHMELLER, Diatribe 291). Die gleiche Funktion hat die Wendung ἢ ἀγνοεῖτε ὅτι in 6,3f (übrigens in einer ganz ähnlich strukturierten Argumentation: Verweis auf das Sprecher-Ich – Frage – μὴ γένοιτο – 1. Begründung – ἢ ἀγνοεῖτε ὅτι – 2. Begründung unter Berufung auf gültige Tradition). Vgl. auch 7,1.
Daß 11,2a mit Worten der Schrift formuliert ist (aber nicht als Zitat!), widerlegt diese Argumentationsanalyse nicht. Das *Argument* bringt Paulus in eigenen Worten (V. 1b). V. 2a hält lediglich den Argumentationserfolg fest (vgl. auch KOCH, Schrift 18).
[148] Die argumentative Funktion des Selbstverweises wird in der Literatur weitgehend unterschätzt (vgl. z. B. SCHMITHALS, Röm 387; JOHNSON, Structure 94f; SCHMELLER, Diatribe 290f; LÜBKING, Israel 100). Als Beispiel charakterisieren ihn z. B. WILCKENS, Röm II 237; LUZ, Geschichtsverständnis 34; CAMPBELL, Salvation 66, als »Unterpfand für die bleibende Erwählung« MICHEL, Röm 338 (ähnlich SCHMITT, Gottesgerechtigkeit 98).
[149] Mit LÜBKING, Israel 100; HÜBNER, Ich 100, Anm. 343b; KUSS, Röm 785f; KÄSEMANN, Röm 289; DREYFUS, Passé 142; MUSSNER, Warum 67f.

ten« Juden sind sie nicht streitig zu machen[150]. Ganz jüdischem Selbstverständnis entsprechend liegt die Gewähr dafür, daß Gott sein Volk nicht verstoßen hat, in seiner Erwählung, an der Paulus nicht nur im Blick auf Israel festhält, sondern an der er gleichzeitig als Israelit Anteil zu haben beansprucht.

Dabei ist die in den Argumentationsteilen von 9,6–10,21 aufgewiesene Verwirklichung der Heilszusagen an Israel durch Gottes Berufen[151] in das Selbstverständnis des Paulus als Israelit einzubeziehen. Dort war deutlich geworden, daß Gott in der Berufung der christlichen Gemeinde aus Juden und Heiden am Werk ist, seine Heilszusage gegenüber Israel einzulösen. Die gegenwärtige Heilsteilhabe der Christen ist so der göttlichen Heilsdurchsetzung entsprechend seiner Zusage an Israel eingeordnet. Genau in diesem Sinne ist der Christ Paulus als Israelit Repräsentant des von Gott nicht verstoßenen ganz Israel[152].

Dieses Ergebnis wird durch einen kurzen Blick auf das zweite Argument anhand des Rest-Gedankens bestätigt und vertieft. Auch der Verweis auf die Existenz eines Restes aus Israel dient der Gesamtargumentation, die beweisen soll, daß Gott sein Volk, und das heißt eben, auch dessen ungehorsamen Teil, nicht verstoßen hat. Ähnlich wie in V. 2a das ὃν προέγνω den entscheidenden Hinweis darauf gab, worin die Beweiskraft des paulinischen Selbstverweises liegt, erfährt die Feststellung der gegenwärtigen Existenz des Restes die für ihre argumentative Auswertung entscheidende Erweiterung κατ' ἐκλογὴν χάριτος (V. 5). Darin, daß sich am Rest Gottes Heilswirken gemäß seiner in der Erwählung gründenden Gnadenzusage an Israel bereits realisiert hat, liegt die Gewähr für sein Heilswirken gegenüber seinem Volk. So wie der Israelit Paulus repräsentiert auch der berufene Rest als Teil Israels das von Gott nicht verstoßene ganz Israel[153].

Paulus bewältigt somit das zur Debatte stehende Problem der Verheißungstreue Gottes angesichts des Unglaubens in Israel, indem er auf die Identität Gottes als des an Israel Handelnden verweist. Nur in der souveränen Durchsetzung des Heilswillens Gottes, nicht aber in der Beschaffenheit oder dem Verhalten der Menschen – ebensowenig Israels wie der aus Juden und Heiden berufenen Christen – ist die Gewißheit begründet, daß Gott seinen Heilszusagen treu bleibt. Diese Souveränität seines Berufens und Erbarmens über Israel hat Gott erwiesen in der Konstituierung der christlichen Gemeinde aus Juden und Heiden. Die Paulus wie dem Rest als Israeliten geltende Heilszusage ist an ihnen

---

[150] Die Näherbestimmungen in V. 1b haben die Funktion, das exemplarische Judesein des Paulus zu unterstreichen (vgl. LÜBKING, Israel 100; KÄSEMANN, Röm 289). Vgl. zu den einzelnen erwählungstheologisch gefüllten Bezeichnungen, auch unter – hier nicht im Blick stehenden – autobiographischen Geschichtspunkten, o., S. 105 f. 130 ff.

[151] Vgl. o., S. 143 ff.

[152] Vgl. DE VILLIERS, Salvation 209 f; anders KLUMBIES, Vorzüge 155 f.

[153] Vgl. DREYFUS, Passé 140–144; JOHNSON, Structure 94 ff.

Wirklichkeit geworden durch Gottes Berufen. So repräsentieren sie als Israeliten ganz Israel, an dem sich Gottes souveränes Heilshandeln auswirkt.

Nicht übersehen werden sollte, daß es Paulus, der Heidenapostel, ist, der sich heidenchristlichen Adressaten gegenüber so betont in seiner Identität als Israelit präsentiert[154]. Als von Gott berufener Apostel, betraut mit dem Evangelium Gottes für Juden und Heiden (vgl. 1,1.16f), ist er in seiner Identität und in seinem Auftrag betroffen von dem Geschick der nicht an Christus glaubenden Israeliten (9,1ff; 10,1). Als Israelit und Heidenapostel ist er aber gleichzeitig sichtbarer Beweis für Gottes Treue zu seinem Volk.

e) 11,13f: Heidenapostel um Israels willen

In 11,7–15 entwickelt Paulus den für seine Bewältigung des Israel-Problems entscheidenden Gedanken, daß die gegenwärtige Heilsferne eines Teils aus Israel als Verhärtung durch Gott zu deuten ist und innerhalb der Heilsdurchsetzung Gottes gegenüber Juden und Heiden einen positiven Zweck erfüllt. Das nicht glaubende Israel ist nicht nur nicht aus der göttlichen Erwählung herausgefallen, sein Unglaube bildet sogar den Grund für die Heilsteilhabe der Heiden (V. 11). Aber gerade dadurch, daß er das Israel zugesagte Heil den Heiden zukommen läßt, wirkt Gott darauf hin, daß Israel seinen Unglauben aufgibt (εἰς τὸ παρα-ζηλῶσαι αὐτούς, V. 11). So kommt die künftige uneingeschränkte Heilsteilhabe Israels als Vollendung des gegenwärtig schon an Heiden und dem Rest Israels Wirklichkeit gewordenen Heils in den Blick (V. 12.15)[155].

Geradezu eingeklammert in diesen Aussagezusammenhang ist der paulinische Selbstverweis in V. 13f[156]. Textpragmatisch herausgehoben ist er durch die persönliche, eine spezifische Gegebenheit der Adressaten benennende Anrede[157], durch die Artikulation des Sprecher-Ichs sowie durch seine Position innerhalb der Argumentationsstruktur[158].

---

[154] Unter den Kommentatoren hat diesen Aspekt lediglich CRANFIELD, Röm II 544, gebührend gewürdigt.

[155] Vgl. o., S. 146f.

[156] Vgl. RESE, Rettung 426; DAHL, Future 150f. In V. 15 begründet Paulus die Ausrichtung seines Heidenapostolats auf die Rettung Israels (V. 14) dadurch, daß er als Motiv für diese Ausrichtung auf die mit der Annahme ganz Israels verbundene eschatologische Vollendung verweist. Dabei nimmt er V. 12 weiterführend auf, indem er, dem Kontext entsprechend am soteriologischen Gewinn für die Heiden aus dem Geschick Israels orientiert, auf »das mit der Auferstehung der Toten verbundene, aber als dessen Folge gedachte, qualitativ unüberbietbare eschatologische Endheil« (LÜBKING, Israel 111) verweist (vgl. auch WILCKENS, Röm II 244f).

[157] Vgl. zum von der Anrede betroffenen Adressatenkreis o., Anm. 111.

[158] Betrachtet man V. 11b.12 entsprechend der Stellung von 11,1b.2a innerhalb des Argumentationsteils 11, 1–4 (vgl. o., S. 167ff, sowie die Übersicht, S. 168) als einen das spezifisch paulinische, neuartige Argument enthaltenden Einschub, so nimmt 11,13f, darin V. 2b–4 entsprechend, die Stelle des zweiten, bekräftigenden Arguments ein (vgl. die Adressatenanreden in V. 2b und 13a!), das in V. 2b–4 wie in 10,18 und 10,19ff als Schriftargument formuliert ist.

Nicht nur durch seine Stellung zwischen den aufeinander bezogenen VV. 12 und 15, sondern auch durch das verknüpfende δέ[159] sowie durch verschiedene semantische Bezüge ist der Selbstverweis eng mit der ihn umschließenden Aussage verbunden. So bindet Paulus die Adressaten, indem er sie als τὰ ἔθνη anredet, direkt ein in das Heilsgeschehen, das er unmittelbar zuvor grundsätzlich zur Sprache gebracht hat: Die Adressaten selbst gehören zu denen, die aufgrund des Unglaubens in Israel Anteil am Heil gewonnen haben und erst recht künftig von der Annahme Israels profitieren werden[160]. Ebenso steht sein eigener Dienst als Heidenapostel in direkter Beziehung zu dem Geschehen, in welchem die σωτηρία zu den Heiden gelangt ist[161]. Aber darüber hinaus steht er als Israelit auch in einer persönlichen Beziehung zu denen, deren παράπτωμα bzw. ἀποβολή der Heilsteilhabe der Heiden zugute kommt, und zwar zum einen als Glied desselben Volkes (μου τὴν σάρκα, vgl. 9,3), zum andern dadurch, daß er sein Wirken als Heidenapostel genau dem Ziel unterordnet, das er in V. 11 als Zweckbestimmung des göttlichen Wirkens gegenüber dem nicht glaubenden Israel erkannt hat (παραζηλώσω)[162].

Es ist damit deutlich geworden, daß die in V. 13f sprachlich signalisierte Kommunikation zwischen Autor und Adressaten aufs engste mit der in den VV. 11–15 verhandelten Sache in Verbindung steht. Diese Verbindung soll nun inhaltlich näher bestimmt werden.

In der unlösbaren Verbindung des eschatologischen Geschicks von Heiden und Juden angesichts der Christusoffenbarung als dem Geschehen, in welchem Gott sein Israel zugesagtes Heil an allen Menschen Wirklichkeit werden läßt, ist sowohl das Röm 9–11 zugrunde liegende Problem als auch dessen spezifisch paulinische Lösung begründet. Dies wird daran deutlich, daß in dem Abschnitt, in dem Paulus seine Argumentation zum abschließenden Ergebnis vorantreibt (11,11–32), sich grundsätzliche Argumentation und paränetische Ausrichtung ständig durchdringen[163].

Paulus verliert, auch wenn er in paränetischer Ausrichtung den Heiden gegenüber auf die Ursache ihrer Heilsteilhabe verweist, nicht sein eigentliches Aussa-

---

[159] Vgl. Siegert, Argumentation 166: »Das δέ, Signal der Neuheit, ist das der näheren Ausführung.«

[160] Vgl. ἔθνη in VV. 11.12, κόσμος in VV. 12.15. Zur Sache vgl. Rese, Rettung 428; Beker, Apostle 333.

[161] Vgl. dazu u., S. 174f. Zur σωτηρία (bzw. zum σῴζειν) der Heiden als Zielrichtung des paulinischen Wirkens vgl. 1,16; 8,24; 10,9f; 1Kor 9,22; 15,2; 2Kor 1,6; 2,15; 6,2; Phil 1,28; 1Thess 2,16. Zu καταλλαγὴ κόσμου in Verbindung mit dem Apostelamt des Paulus vgl. 2Kor 5,17–20.

[162] Auch der Genitiv Plural αὐτῶν, der auf die λοιποί, die nicht zur ἐκλογή gehörenden Verhärteten aus Israel (V. 7), zurückverweist, verbindet den paulinischen Selbstverweis mit V. 11 f.15 (5× αὐτῶν, 1× αὐτούς), auch wenn er innerhalb des V. 14 μου τὴν σάρκα aufnimmt.

[163] Vgl. die gründliche Erörterung der »paränetischen Stoßrichtung« von 11,11–32 bei Lübking, Israel 105–118, sowie o., S. 151 ff.

geziel aus dem Blick, das Geschick Israels unter der göttlichen Heilszusage. So führt er den Gedanken von V. 11 weiter zu einer Israel betreffenden Aussage (εἰς τὸ παραζηλῶσαι αὐτούς). Wird hier zunächst nur die zweckbestimmte Auswirkung der Heilsteilhabe der Heiden formuliert, so bildet deren Ergebnis, die Aufhebung des Unglaubens in Israel, in den VV. 12.15 die Grundlage für die Gültigkeit der Qal-Wachomer-Schlüsse. Im Rahmen der Teilargumentation der VV. 11–15 ist freilich nicht die uneingeschränkte Heilsteilhabe Israels Argumentationsziel, sondern die Positionsbestimmung der Heidenchristen in dem Heiden und Juden betreffenden Heilsgeschehen. Die künftige Annahme des jetzt nicht glaubenden Israel kommt in diesem Zusammenhang unter dem Aspekt ihrer Auswirkung auf den soteriologischen Gewinn der Heiden zur Sprache. Wenn schon Israels Fall den Heiden das Heil zukommen ließ, um wieviel mehr wird dann Israels Annahme ihnen die Teilhabe am uneingeschränkten eschatologischen Heil sichern[164].

Allerdings hat der Verweis auf Israels Annahme und die mit ihr verbundene eschatologische Vollendung eine darüber hinausreichende Funktion im Blick auf die Gesamtargumentation. Wie in V. 11 am Schluß angedeutet, in V. 13f von Paulus expressis verbis auf sein eigenes Wirken als Heidenapostel bezogen und ab V. 16 dann ausgeführt, hat der Heilsgewinn der Heiden Rückwirkungen auf den des nicht glaubenden Israel, ja, ist letztlich von diesem Ziel nicht ablösbar. Israel ist nicht ein beliebiges Mittel, das Gott zum Zweck der Heilsverwirklichung an den Heiden benutzt, sondern gemeinsam mit den Heiden Adressat desselben Heilswirkens, das in der Heilszusage gegenüber dem erwählten Volk wurzelt, so daß dieses auch den Heiden gegenüber erst zur Vollendung gelangt ist, wenn es sich Israel gegenüber durchgesetzt hat[165]. Eine Heilsverwirklichung an den Heiden, die nicht die Heilsteilhabe ganz Israels einschließt, wäre für Paulus nur um den Preis der Aufgabe der Verheißungstreue Gottes denkbar, würde aber damit gerade die Gewißheit der Heilsteilhabe der Heiden zerstören[166].

Berücksichtigt man diese Zusammenhänge, dann wird deutlich, daß Paulus in 11,11–15 entsprechend seiner paränetischen Absicht den Briefadressaten als Heiden vorhält, daß sie doppelt von Israel soteriologisch profitieren, sowohl von Israels Fall als auch von seiner Annahme. Gleichzeitig damit vermittelt er ihnen aber auch den für den Nachweis der Verheißungstreue Gottes und damit für die Gewißheit auch der Heilsteilhabe der Heiden zentralen Sachverhalt, daß Gottes Heilszusage gegenüber Israel gerade in diesem die Heiden betreffenden

---

[164] Daß V. 15b entsprechend V. 12 am soteriologischen Gewinn der Heiden orientiert ist, unterstreichen LÜBKING, Israel 110f; WILCKENS, Röm II 245.

[165] Vgl. WILCKENS, Röm II 245; DE VILLIERS, Salvation 218f; RICHARDSON, Israel 127–130; LONGENECKER, Answers 103–107; BEKER, Faithfulness 13ff; BOERS, Problem 6ff.

[166] Vgl. o., S. 140. Ähnlich urteilt jetzt auch ELLIOTT, Rhetoric 271 mit Anm. 2.

Geschehen auch an Israel zum Ziel kommt und damit eben nicht hinfällig geworden ist.

In dieses Geschehen ordnet nun Paulus seine eigene Existenz und sein Wirken als Heidenapostel ein[167]. Mit der Selbstbezeichnung als ἐθνῶν ἀπόστολος knüpft er an seine Selbstvorstellung im Briefpräskript an (vgl. 1,1–5.13 ff). Hat Paulus dort die Adressaten ausdrücklich in sein (geplantes) Wirken als Heidenapostel einbezogen (1,13.15), so unterstellt er sie hier, indem er sie speziell als Heiden anredet, zumindest seiner Zuständigkeit und Autorität. Da zudem sein Dienst als Heidenapostel dem in V. 11 beschriebenen Geschehen der Heilszuwendung an die Heiden integriert ist ebenso wie die Briefadressaten als Heiden zu denen gehören, die in diesem Geschehen Zugang zum Heil erlangt haben[168], ist die textpragmatische Beziehung zwischen Autor und Adressaten untersetzt durch die Einbindung beider in das von Paulus zur Sprache gebrachte Heilsgeschehen. Paulus ist also nicht nur als Autorität beanspruchender Briefautor, sondern ebenso in seinem Wirken als Heidenapostel indirekt beteiligt am Geschick der römischen Heidenchristen.

Durch Herausstellung dieser Beziehung gewinnt er den Standort, von dem aus er die Adressaten über die Zielrichtung seines Dienstes als Heidenmissionar unterrichten kann. Diese besteht nämlich nicht lediglich darin, den Heiden Anteil am Heil zukommen zu lassen (vgl. V. 11), sondern entspricht dem in diesem Geschehen angelegten göttlichen Zweck, das nicht glaubende Israel eifersüchtig zu machen und einige von ihnen zu retten (vgl. V. 14)[169].

Paulus stellt also sein Wirken als Heidenapostel in den Dienst der Heilsdurchsetzung Gottes gegenüber ganz Israel. In der Aussicht, durch die ihm übertragene Aufgabe der Evangeliumsverkündigung an die Heiden zur Rettung seines Volkes beitragen zu können, findet er die Begründung, seinem Dienst göttliche Herrlichkeit zuschreiben zu können (τὴν διακονίαν μου δοξάζω, V. 13)[170]. Dabei wahrt er durchaus die Grenze zwischen seiner eigenen Aktivität und dem Wirken Gottes. Wohl richtet sich das seiner Heidenmission entspringende παραζηλοῦν auf sein Volk als ganzes (vgl. das uneingeschränkte αὐτούς in V. 11!),

---

[167] ἐφ᾽ ὅσον benennt nicht einen Zeitraum, sondern eine spezifische Gegebenheit der paulinischen Existenz (»sofern«, nicht »solange«), vgl. WILCKENS, Röm II 244, Anm. 1095; CRANFIELD, Röm II 559; SCHLIER, Röm 330; KÄSEMANN, Röm 296. μὲν οὖν verstärkt und resümiert (mit SIEGERT, Argumentation 117; SCHLIER, Röm 330), ohne daß nach einem im μέν implizierten Gegensatz gesucht zu werden braucht (so aber WILCKENS, Röm II 242, Anm. 1095; CRANFIELD, Röm II 559), vgl. das μέν-solitarium in 10,1.

[168] Vgl. den Aufweis der Bezüge o., S. 172.

[169] Durch πως verstärktes εἴ zum »Ausdruck einer eine Handlung begleitenden Erwartung« (REHKOPF, Grammatik § 375). Das παραζηλοῦν bzw. σώζειν wäre demnach nicht die Handlung selbst (sie besteht in der διακονία der Heidenmission), sondern die sie begleitende Erwartung!

[170] Vgl. die Verbindung von paulinischer διακονία und δόξα in 2 Kor 3,7–11; 4,3 f.6. Die δόξα als wesentlichen Bezugspunkt des paulinischen Selbstverständnisses stellt BAMMEL, Paulus 399–408, heraus.

doch Grund genug, diesen seinen eigenen Dienst zu preisen, ist bereits die Aussicht, wenigstens einige von ihnen zu retten, während die Annahme der Gesamtheit des nicht glaubenden Israel nicht von seinem Wirken abhängig ist, sondern ganz Gott überlassen bleibt (V. 15, vgl. V. 26 f). Dennoch kommt seinem Dienst auch im Blick auf Israel heilsgeschichtliche Bedeutung zu, freilich nicht in dem Sinne, daß sein missionarisches Wirken gegenüber den Heiden als indirekte Judenmission anzusehen wäre[171], wohl aber in der Weise, daß seine spezifische Aufgabe, die Heidenmission, einbezogen ist in die sich allein dem Handeln Gottes verdankende Verwirklichung der seinem Volk geltenden Heilszusage und im Rahmen dieses Geschehens eine aktive Rolle gegenüber Israel spielt[172].

4. Zusammenfassung

Am Ende seines uns durch seine Briefe dokumentierten Weges als Christusapostel für die Heiden schreibt Paulus an die ihm in ihrer Gesamheit persönlich noch unbekannte Christenheit in Rom, um einen geplanten Besuch dort vorzubereiten und die römischen Christen um Unterstützung für sein Missionswerk zu bitten. In einer für das Gelingen seines Missionswerkes entscheidenden Situation angesichts von Konflikten um das Verhältnis seines Evangeliums zu den Heilsgütern Israels legt Paulus ihnen dieses als Botschaft von der rettenden Macht Gottes für Juden und Heiden aufgrund ihrer Zuwendung zu Christus dar.

In den Kapiteln 9–11 entfaltet Paulus, herausgefordert durch die Erfahrung der Ablehnung des Christusevangeliums bei einem Teil Israels, in grundsätzlicher Reflexion Konsequenzen der gegenwärtigen Situation für die Glaubwürdigkeit seines Evangeliums und die Teilhabe der römischen Christen an dem durch es vermittelten Heil. Dabei stellt er das Festhalten an der Treue Gottes zu seinem Volk gemäß seiner Erwählung auch angesichts des Unglaubens in Israel als konstitutiv für die Gewißheit der Heilsteilhabe der Heiden heraus. Sein Evangelium wurzelt in der ihm aufgrund seiner Berufung zum Heidenapostel zugekommenen Überzeugung, daß Gott das Israel zugesagte Heil dadurch verwirklicht, daß er aus Juden und Heiden die Gemeinde beruft, die im Glauben an den von den Toten auferweckten Christus Jesus der eschatologischen Rettung teilhaftig wird.

---

[171] Zwar kann das Verb σῴζειν als Terminus der Missionssprache angesehen werden (so z. B. WILCKENS, Röm II 244 mit den entsprechenden Belegen in Anm. 1096), es bezeichnet aber, im Aktiv gebraucht, bei Paulus nie die missionarische Aktivität, sondern deren Ergebnis, vgl. bes. 1Kor 9,22 (mit τίνας als Objekt und neben dem das missionarische Tun bezeichnenden Verb κερδαίνειν); 1Thess 2,16 (mit λαλεῖν als Bezeichnung der Missionspredigt).

[172] Vgl. die ausführliche Diskussion über »Israels Rettung als Ziel paulinischer Mission« bei LÜBKING, Israel 118–122. S. a. ZELLER, Christus 275.

Da Paulus im Christusgeschehen den Gott am Werk sieht, der Israel erwählt
und ihm Heil zugesagt hat, muß er die Ablehnung des Christusevangeliums
durch Israeliten als Abwendung von und Ungehorsam gegenüber ihrem Gott
bewerten, was die Konsequenz nach sich zieht, daß die nicht glaubenden Israeliten wie die Heiden vor ihrer Zuwendung zur Christusoffenbarung dem eschatologischen Gericht unterworfen sind. Damit stehen sie freilich ebenso wie jene
vor der Möglichkeit, im Glauben an Christus aus dem Gerichtszorn Gottes
gerettet zu werden.

In verschiedenen Argumentationsansätzen versucht Paulus die innere Spannung zu bewältigen, die sich ihm aus der Gerichtsverfallenheit eines Teils aus
Israel aufgrund der Ablehnung des Christusevangeliums einerseits und der
konstitutiven Funktion der Verheißungstreue Gottes gegenüber ganz Israel
andererseits ergibt. Ihre Kohärenz finden diese unterschiedlichen Argumenta-
tionsgänge darin, daß Paulus jeweils das Handeln Gottes, nicht den Status oder
das Verhalten der Menschen, als entscheidende Voraussetzung für die Heilsteilhabe herausstellt, sowie darin, daß er durchgängig Israel und die Heiden als
Adressaten des einheitlichen, universalen Heilswirkens Gottes in unlösbare
Verbindung miteinander setzt. Auf diese Weise kann Paulus an seiner Grundüberzeugung von der Erwähltheit Israels, die seine künftige Rettung impliziert,
festhalten, gleichzeitig aber sein Evangelium von der Offenbarung der Gerechtigkeit Gottes im Christusgeschehen für Juden und Heiden zur Geltung bringen
und in paränetischer Ausrichtung gegenüber den römischen Heidenchristen
angesichts der gegenwärtigen Ablehnung der Christusbotschaft in Israel die
Treue Gottes zu seinen Israel gegebenen Heilszusagen herausstellen. Die Heiden
verdanken ihre Teilhabe am Heil dem Gott, der in der Berufung von Juden und
Heiden zum Christusglauben am Werk ist, seine Heilszusage an Israel zu erfül-
len. Würden sie angesichts des Unglaubens in Israel Gottes Treue zu seinem
Volk in Frage stellen, so würden sie damit die Gewißheit ihrer eigenen Heilsteilhabe untergraben und das paulinische Evangelium seiner Glaubwürdigkeit be-
rauben. Die Heiden können nur mit Israel gemeinsam zum Heil kommen,
ebenso wie Israels Heilsteilhabe allein dem Gott verdankt ist, der Heiden und
Juden aufgrund des Christusglaubens zum Heil beruft. Heil für die Heiden ohne
Heil für Israel wäre Abwendung von dem Gott, der im Christusgeschehen seine
Heilszusage gegenüber Israel wahrmacht. Nur als Messias für Israel kann Jesus
auch Christus für die Heiden sein, weil er die Verwirklichung von Gottes
Heilszusage an Israel repräsentiert (vgl. 15,8f; 1,3f!).[173]

Hintergrund dieser grundsätzlichen Verhältnisbestimmung zwischen der
Heilsteilhabe der Heiden und dem eschatologischen Geschick Israels ist die
geschichtliche Situation, in der sich das paulinische Missionswerk zur Zeit der
Abfassung des Römerbriefs befindet. Sie ist geprägt von der Erfahrung der

---

[173] Vgl. dazu auch THEOBALD, Juden 376–392; BOERS, Problem 8f.

Zuwendung von Heiden zum Evangelium, verbunden mit ihrer einschränkungslosen Aufnahme in die christlichen Gemeinschaften, und gleichzeitig der Abwendung eines Teils aus Israel von diesem Geschehen, sowie von den Auseinandersetzungen, die sich um die Bewertung dieser Situation und die Reaktion auf sie in den christlichen Gemeinden erhoben. Briefautor und Adressaten sind selbst Beteiligte an dieser Situation. Dies schlägt sich darin nieder, daß Paulus an zentralen Stellen seiner Argumentation auf sich selbst in seiner Identität als Glied Israels und seinem Auftrag als Heidenapostel verweist. Die gegenwärtige Situation in Israel ist ihm Anlaß zu Trauer und Schmerz, da die zu konstatierende Heilsferne und Gerichtsverfallenheit eines Teils aus Israel seine Christusbeziehung und seine Glaubwürdigkeit als Apostel in Frage stellt, insofern als sie der Zuverlässigkeit Gottes bei der Durchsetzung seines Heilswillens zu widersprechen scheint. In seinem Schmerz und seiner Trauer um das gegenwärtig heilferne Israel hält er um der Glaubwürdigkeit seines Evangeliums willen die Verbundenheit auch mit denjenigen Israeliten als unaufgebbar aufrecht, die Christus als Erfüllung der ihnen geltenden göttlichen Heilszusagen ablehnen, und schließt sie in seine vom Christusglauben bestimmte Bruderschaft ein, ohne sie damit dem Gerichtsurteil Gottes über ihren Unglauben zu entheben.

Gerade die Gültigkeit dieses Urteils über das heilferne Israel ist ihm Anlaß, den heidenchristlichen Adressaten in Rom die Ausrichtung seines Willens auf und sein fürbittendes Eintreten bei Gott für die eschatologische Rettung der nicht glaubenden Israeliten zu bekunden. In der glaubenden Unterordnung unter den im Christusgeschehen offenbar gewordenen Gotteswillen sieht er die Möglichkeit zur Rettung aus dem Gericht, die jedem, Juden wie Heiden und somit auch dem gegenwärtig nicht glaubenden Israel, offensteht.

Indem Paulus sich selbst den römischen Heidenchristen als Israelit präsentiert, dem die göttlichen Heilszusagen gelten und an dem sie offenkundig durch seine Berufung zum Christusglauben bereits Wirklichkeit geworden sind, bezeugt er ihnen, daß Gott am Werk ist, seinen Heilswillen gegenüber ganz Israel durchzusetzen. Gemeinsam mit dem glaubenden Rest aus Israel repräsentiert er als Israelit das von Gott nicht verstoßene ganz Israel, das unter Gottes souveränem Heilswirken steht.

In einem für die Bewältigung der spannungsvollen Gegenwartserfahrung entscheidenden Gedankengang verbindet Paulus schließlich die konstatierbare Heilsferne eines Teils aus Israel, die Heilsteilhabe von Heiden (einschließlich der Briefadressaten), seine eigene Identität als Israelit und seinen Auftrag als Heidenapostel zu einem Deutungsversuch, in welchem er die Zielrichtung des Handelns Gottes, dessen Auswirkungen er an der gegenwärtigen Stellung von Juden und Heiden zum Christusevangelium bemißt, zu erkennen und zur Geltung zu bringen sucht. Die gegenwärtige Heilsferne von Israeliten begreift er als Auswirkung ihrer Verhärtung durch Gott, der so Heiden in sein Heilshandeln einbezieht und dabei gleichzeitig an seinem Heilswillen gegenüber ganz Israel festhält. Seinen eigenen Dienst als Heidenapostel ordnet er diesem Heilswillen Gottes gegenüber Israel ein und faßt ihn damit als Dienst zugunsten Israels auf. Damit gelingt es Paulus, auch angesichts einer Situation, in der sich offenkundig ein Teil des Volkes, dem Gott sein Heil verbindlich zugesagt hat, von diesem seinem Gott abgewandt hat, an der Treue Gottes zu seinen Heilszusagen festzuhalten, die die Gewähr für die Glaubwürdigkeit und Zuverlässigkeit seiner Evangeliumsverkündigung gegenüber den Heiden bietet.

Von dieser Basis aus kann er seinen Adressaten die ihm durch ein Mysterium zugekommene Gewißheit kundtun, daß Gott selbst die Dauer der Verhärtung eines Teils aus Israel auf den Zeitraum befristet hat, in welchem die Vollzahl der Heiden Anteil am Heil gefunden hat, und somit die eschatologische Rettung ganz Israels sicher bevorsteht.

Ergebnisse

Die Person des Apostels und der Inhalt seiner Verkündigung sind bei Paulus unlösbar miteinander verknüpft. Dies ist ein charakteristisches Kennzeichen der uns überlieferten Korrespondenz des Paulus mit seinen Gemeinden. In seinen Briefen kommt er immer wieder auf das Ereignis zu sprechen, das den zentralen Gehalt seines Wirkens ausmacht und zum Fundament seiner persönlichen Existenz geworden ist: die Offenbarung des auferstandenen Jesus als Sohn Gottes und die damit verbundene Beauftragung zur Verkündigung der im Christusgeschehen gegenwärtigen eschatologischen Heilsbotschaft an die Heiden. Alle uns überlieferten Äußerungen des Paulus wurzeln in diesem Ereignis der Biographie des Apostels und müssen auf seinem Hintergrund interpretiert werden.

Die in der vorliegenden Untersuchung behandelten Textteile der paulinischen Korrespondenz zeigen, daß Paulus in für sein Selbstverständnis als Christusapostel zentralen Aussagezusammenhängen Bezug nimmt auf seine jüdische Herkunft und Identität. In der Explikation der Glaubwürdigkeit seiner Person und seiner Botschaft gegenüber den Adressaten seiner Briefe nimmt der Rekurs auf sein Judesein einen bedeutenden Platz ein. Die vier untersuchten expliziten Bezugnahmen auf die jüdische Identität des Paulus entstammen jeweils unterschiedlichen Aussagezusammenhängen und richten sich in je verschiedene konkrete Situationen der angesprochenen Gemeinden. Sie sind Ausdruck reflektierten Eingreifens des Apostels in konkrete Vorgänge in den Adressatengemeinden. Soweit sich das aus den allein erhaltenen paulinischen Zeugnissen erschließen läßt, stehen diese Vorgänge jeweils im Zusammenhang mit Auseinandersetzungen um Konsequenzen aus der Christusverkündigung für die Bewertung jüdischen Heilsverständnisses und für die Haltung gegenüber von der Tora geforderten Verhaltensweisen. Freilich wird nicht deutlich, ob diese Auseinandersetzungen in den verschiedenen Gemeinden in genuinem geschichtlichem Zusammenhang miteinander stehen, und die Stellungnahmen des Paulus weichen entsprechend der jeweils vom Autor in den Gemeinden vorausgesetzten Situation und seiner spezifischen Aussageintention in Inhalt, Gestaltung und Tendenz erheblich voneinander ab.

Im Galaterbrief versucht Paulus, unter Einsatz seiner persönlichen Autorität und mit Hilfe schriftgelehrter Argumentation die Adressaten davon abzuhalten, sich nach ihrer Zuwendung zum Christusglauben noch beschneiden zu lassen. Der Rekurs auf seinen einstigen »Wandel im Judaismos« ist Teil eines autobiographischen Rechenschaftsberichts, mit dem Paulus seine Autorität, Glaubwürdigkeit und Kompetenz im Blick auf die von den Adressaten zu treffende Entscheidung herausstellen will. Als konsequent tora-treuer Jude hatte er einst selbst die Christengemeinden wegen ihrer Haltung zur Tora als Gefahr für die Identität des von Gott erwählten Volkes betrachtet und mit allen ihm zur Verfügung stehenden Mitteln verfolgt. Seit seiner Berufung zum Christusapostel für die Heiden aber hat er kraft seiner ihm durch Gott verliehenen Autorität eine entgegengesetz-te Position zur Frage der Beschneidung als der Voraussetzung für die Zulassung von Heiden zur christlichen Gemeinde und ihre Teilhabe am eschatologischen Heil vertreten und in Auseinandersetzungen bewährt.

Auch die im Philipperbrief vorausgesetzten Adressaten sind als Christen einer Agita-tion zur Übernahme der Beschneidung ausgesetzt. Paulus ermahnt sie, sich darauf zu besinnen, daß sie schon aufgrund ihrer Zuwendung zu Christus ohne beschnitten zu sein einschränkungslos Zugang zum eschatologischen Heil gefunden haben. In dieser Inten-tion präsentiert er ihnen sich selbst als Vorbild dafür, im Blick auf die Teilhabe am Heil und angesichts gegenwärtiger Bedrängnisse seine Existenz ganz auf die bereits gegenwär-tig wirksame, wenn auch noch nicht in Vollendung sichtbare Christusgemeinschaft zu gründen und nicht durch Berufung auf die Zugehörigkeit zur Sozialgestalt der jüdischen Religion sichern zu wollen.

Im 2. Korintherbrief sieht sich Paulus einer in der Gemeinde Fuß fassenden Opposition konfrontiert, die seine Autorität als Apostel zu untergraben sucht und ihre eigene aposto-lische Autorität u. a. durch Verweis auf ihre Zugehörigkeit zum Gottesvolk untermauert. Mit dem Ziel, im Blick auf einen bevorstehenden Besuch in der Gemeinde seine Position dort zu sichern, verteidigt Paulus sein Erscheinungsbild und seine Wirksamkeit als Apostel, indem er seinen Aposteldienst im Auftrag Gottes verankert und darauf verweist, daß er aus dem Christusgeschehen selbst seine Gestalt gewinnt. Seine eigene Zugehörig-keit zum Gottesvolk führt er in dieser Auseinandersetzung zur Untermauerung seines Autoritätsanspruchs positiv ins Feld, wenngleich erst sein exklusiver Anspruch, Diener Christi zu sein, das entscheidende Argument ist, die Adressaten auf seine Seite zu ziehen.

In den Kapiteln 9–11 des Römerbriefs reflektiert Paulus die für die Glaubwürdigkeit seiner Verkündigung bedrohliche Erfahrung, daß das Christusevangelium zwar bei Hei-den Aufnahme gefunden hat, ein erheblicher Teil Israels aber sich ihm verschlossen hat, so daß die Treue Gottes zu seinen Heilszusagen an Israel fraglich zu werden droht, da die nicht glaubenden Israeliten dem eschatologischen Gericht unterworfen sind. In verschie-denen Argumentationsansätzen versucht Paulus, diese Gegenwartserfahrung gedanklich zu bewältigen und mit seiner Grundüberzeugung von der Zuverlässigkeit Gottes bei der Durchsetzung seines Heilswillens gegenüber ganz Israel, die sich ihm gerade in der Berufung von Heiden und Juden zum Christusevangelium erschlossen hat, in Einklang zu bringen. Die gegenwärtige Heilsferne eines Teils an Israel begreift er dabei als Auswir-kung der Verhärtung durch Gott, der auf diese Weise am Werk ist, seinen Heilswillen an Juden und Heiden zu verwirklichen. Sich selbst als Israelit präsentiert er den römischen Heidenchristen als Beleg dafür, daß Gott ganz Israel einschließlich seines jetzt nicht glaubenden Teils nicht verstoßen hat.

Sind die vier ausdrücklichen Bezugnahmen des Paulus auf seine jüdische Identität auch durch je verschiedene Situationen herausgefordert und nicht miteinander nach Art eines »Lehrstücks« zu systematisieren, so geben sie doch bestimmte Gemeinsamkeiten zu erkennen, die für die Beurteilung des paulini-schen Selbstverständnisses als Heidenapostel aus dem Volk Israel wesentlich sind.

Negativ ist als für die Einschätzung der Selbstaussagen des Paulus grundlegend festzuhalten, daß er an keiner Stelle seine gegenwärtige Identität als Christusapostel mit seiner »jüdischen Vergangenheit« in einer Weise kontrastiert, als habe er sich seit seiner Berufung vom »Judentum« als einer Religion, deren Werte durch seine Christuserfahrung prinzipiell überholt seien, grundsätzlich abgewendet. Das »Judentum« als Ausdruck für die Sozialgestalt einer Religion, aus der er, sie von außen betrachtend und beurteilend, heraustreten könnte, gibt es für Paulus nicht. Er versteht sich auch und gerade als Christusapostel als ein Glied des Volkes Israel.

Allerdings gestaltet Paulus zwei der vier untersuchten Texte so, daß er seine gegenwärtige Existenz als Apostel einer in der Vergangenheit liegenden, maßgeblich von der Ausrichtung an der Tora als dem Gotteswillen bestimmten, also exemplarisch jüdischen Lebensphase gegenüberstellt (Gal 1,13f; Phil 3,5f). An beiden Stellen kehrt er besonders heraus, daß er in dieser Lebensphase sich bemühte, als Glied des Gottesvolkes der Erwählung durch Gott in der Weise zu antworten, daß er sein Leben ganz an der Tora orientierte und sich mit aller Kraft dafür einsetzte, sie als Lebensgrundlage des Gottesvolkes vor Gefährdungen zu bewahren. Als konsequenten Ausdruck dieses Bemühens nennt er jeweils seinen persönlichen Einsatz bei der Bekämpfung von Juden, die im Christusgeschehen das eschatologische Handeln Gottes erkannt hatten und Folgerungen daraus für ihre Haltung gegenüber der Tora gezogen hatten.

Für die biographische Einordnung des Paulus in Ausprägungen des Judentums seiner Zeit, die für die Beurteilung seines Gesichtskreises und seiner Kompetenz hinsichtlich der Darstellung des antiken Judentums von Bedeutung ist, ergibt sich aus diesen Selbstzeugnissen unter kritischer Berücksichtigung der Darstellung der Apostelgeschichte: Paulus entstammt nicht einem Randbereich des Judentums, sondern repräsentierte vor seiner Berufung eine seiner zentralen Ausprägungen. In der Diaspora geboren, gehörte er einer gesetzestreuen, auf das jüdische Mutterland orientierten Familie an. Zu konsequentem Toragehorsam erzogen, schloß er sich nach der Übersiedlung nach Palästina dort einer pharisäischen Genossenschaft an, um so das Ideal eines ganz am Gotteswillen ausgerichteten Lebens im Alltag zu verwirklichen. In Konsequenz dieser Einstellung nahm er aktiv an Auseinandersetzungen um die Bewahrung der jüdischen Lebensgrundlagen teil, die er bei Jesusanhängern aus den hellenistischen Synagogen in Jerusalem durch deren Haltung zur Tora gefährdet sah.

In dieser Frage der Funktion der Tora ist er aufgrund seiner Christusbegegnung vor Damaskus, bei welcher er Jesus als den zu Gott erhöhten auferstandenen Christus erfuhr, zu einer grundsätzlichen Umwertung veranlaßt worden. Als von Gott berufener Apostel, der den Heiden den Anbruch des eschatologischen Heils in diesem Christusgeschehen zu verkünden hatte, beurteilte er jetzt die Forderung zur Übernahme der Beschneidung als Voraussetzung uneingeschränkter Teilhabe am Heil gegenüber Heiden, die bereits zum Christusglauben gekommen waren, als Abwertung des Christusgeschehens und damit als

Abwendung von dem in diesem Geschehen handelnden Gott. Genau diese Umwertung liegt dem Kontrast zugrunde, den er in Gal 1 und Phil 3 zwischen seinem einstigen exemplarisch jüdischen Lebenswandel und seiner gegenwärtigen Existenz als Christusapostel aufbaut. Das bedeutet, daß nicht die Ausprägungen konsequent jüdischen Lebens als solche oder die ihnen entsprechende Lebensphase des Paulus vor seiner Berufung der Umwertung unterliegen, sondern die Übertragung der aus ihnen abgeleiteten Normen auf die Frage des Zugangs zum eschatologischen Heil.

Daß für Paulus mit solcher Umwertung der Funktion der Tora in Bezug auf die Teilhabe am eschatologischen Heil nicht die Aufgabe seiner Identität als Israelit verbunden ist, bringt er im 2. Korintherbrief zum Ausdruck. In vergleichender Auseinandersetzung mit judenchristlichen Agitatoren, die unter Berufung auf ihre Zugehörigkeit zu Israel versuchen, seine apostolische Autorität in der Gemeinde zu untergraben, stellt er seine eigene Zugehörigkeit zum Gottesvolk auf eine Ebene mit seinem Selbstverständnis als Christusapostel und führt sie so zum Erweis seiner Glaubwürdigkeit gegenüber der Gemeinde ins Feld. Seinen entscheidenden Vorzug gegenüber den mit ihm konkurrierenden Agitatoren findet er allerdings in dem exklusiven Anspruch, als Diener Christi sein apostolisches Wirken an der Gestalt auszurichten, die Gott selbst seinem Heilswirken im Christusgeschehen gegeben hat. Dadurch relativiert er zwar implizit seine Berufung auf die Zugehörigkeit zu Israel gegenüber dem Verweis auf seine apostolische Identität, da er gerade in letzterer meint, den Gegnern gegenüber einen Vorzug zu besitzen. Er wertet sie damit aber keineswegs als für sein Selbstverständnis als Christusapostel irrelevant ab.

Entscheidend für die Beurteilung seiner eigenen Identität als Christusapostel und Glied des Volkes Israel ist es, daß Paulus im Christusgeschehen, das seit seiner Berufung zur Grundlage seiner Existenz geworden ist[1], den Gott, der der Gott Israels ist, eschatologisch handelnd erfährt[2]. Von daher sieht er in der Erhöhung des gekreuzigten Jesus zum auferweckten Gottessohn die endzeitliche Verwirklichung des in der Tora und durch die Propheten verheißenen universalen Heilswillens Gottes. Seinen eigenen Dienst als von Gott berufener Heidenapostel begreift er als endzeitliche Analogie zur Verkündigung der Heilsbot-

---

[1] Vgl. dazu zuletzt LUCK, Bekehrung 187–208; DUNN, Light 251–266.

[2] Die Untersuchung der theologischen Hintergründe der paulinischen Selbstaussagen bestätigt somit das Urteil, das HENGEL, Paulus 212f, seiner vorwiegend biographischen Darstellung des vorchristlichen Paulus zugrundelegt: »Gerade als intellektuelle und religiöse Persönlichkeit, oder sagen wir ruhig: als Theologe, gehört er *auch ins Judentum,* denn das Nachdenken über Gottes Wort und seine Wirkungen sowie über Gottes Offenbarung in der Geschichte gegenüber seinem Volk in Gericht und Gnade hat Paulus nicht erst als Christ gelernt, es gehört bereits zu den grundlegenden *jüdischen* Voraussetzungen seines Lebens... Die Paulusbriefe sind nicht nur die früheste und wichtigste Quelle für die Entstehung des frühesten Christentums, sondern auch eine bedeutsame Quelle für das religiöse Denken eines großen ›jüdischen Außenseiters‹ im 1. Jh. n. Chr.«

schaft an die Heiden durch die Propheten. Der Einschluß der Heiden ist deshalb für Paulus unabdingbarer Bestandteil des eschatologischen Heilshandelns des Gottes Israels im Christusgeschehen geworden. Sein früheres Engagement um die Bewahrung der Tora im Alltag erkennt er im Lichte seiner Christuserfahrung nachträglich als gegen den Willen Gottes gerichtet, da es ihn dazu veranlaßt hat, gerade diejenigen aus der Heilswirklichkeit Gottes auszugrenzen, die in Jesus Gott endzeitlich am Werk sahen.

Liegt diese Verknüpfung des endzeitlichen Heilshandelns des Gottes Israels mit dem eschatologischen Geschick der Heiden aufgrund des Christusgeschehens implizit bereits den Darstellungen seiner jüdischen Existenz und seiner in ihr erfahrenen Berufung zum Heidenapostel im Galater- und Philipperbrief zugrunde, so reflektiert und entfaltet Paulus sie für uns erkennbar grundsätzlich erst, herausgefordert durch Erfahrungen und Auseinandersetzungen im Zusammenhang mit seinem missionarischen Wirken, im Römerbrief. Angesichts der Ablehnung des Christusevangeliums bei einem Teil Israels, die Paulus, da er in diesem Geschehen den Gott Israels am Werk sieht, nur als Ungehorsam gegenüber und Abkehr von diesem Gott beurteilen kann, welche den Gerichtszorn Gottes erwirken, erhebt sich die Frage, ob nicht Gott seinen eigenen Heilszusagen gegenüber Israel untreu geworden sei. Wäre diese Frage zu bejahen, dann geriete die Glaubwürdigkeit des paulinischen Evangeliums in Zweifel, die ja darauf beruht, daß es der Gott Israels ist, der im Christusgeschehen seine für die Endzeit verheißenen Heilszusagen an Juden und Heiden wahrmacht und der Paulus zur Verkündigung dieser Heilsbotschaft an die Heiden berufen hat.

Paulus begegnet dieser Infragestellung seiner Verkündigung mit einer mehrschichtigen Argumentation, für welche das Festhalten an der Treue Gottes gegenüber ganz Israel die Voraussetzung ist, welche es gilt, in der reflektierenden Bewältigung der Gegenwartserfahrungen aufrecht zu erhalten und existentiell nachvollziehbar seinen Adressaten zu vermitteln. Für seine Argumentation in Röm 9–11 bestimmend ist der Gedanke, daß die Teilhabe am eschatologischen Heil allein dem Handeln Gottes verdankt ist, der aus Juden und Heiden die Heilsgemeinde der Endzeit beruft. In dieses Handeln einbegriffen bleibt für Paulus auch der Teil Israels, der sich selbst Gott gegenüber angesichts seiner Selbstkundgabe im Christusgeschehen ungehorsam erweist und daher gegenwärtig unter seinem Gerichtszorn steht. Seine Abwendung von Gott begreift Paulus als Verhärtung durch Gott, die dazu dient, den Heiden Anteil am Heil zu gewähren. In der Heilsteilhabe der Heiden wiederum erkennt er eine Absicht Gottes, den nicht glaubenden Israeliten die Möglichkeit der Rettung aus dem eschatologischen Gericht aufgrund der Zuwendung zum Christusgeschehen vor Augen zu führen. Die Zugehörigkeit zum Gottesvolk bewahrt die Israeliten nicht vor dem Gericht Gottes, wenn sie sich von seinem Heilshandeln im Christusgeschehen abwenden. Allein in der Treue Gottes zu seinen Heilszusagen ist es begründet, daß sie als Glieder Israels vor der Gewißheit der Rettung aus dem Gericht stehen, die Gott selbst bewirken wird, indem er ihre Verhärtung bei der Parusie Christi aufheben wird und sie so als Teil ganz Israels im Christusgeschehen Heil finden lassen wird.

Es ist für sein Selbstverständnis als Apostel charakteristisch, daß Paulus im Zuge dieser Argumentation viermal in wesentlichen Aussagezusammenhängen auf sich selbst in seiner Identität als Israelit und Heidenapostel verweist. Beide Seiten dieser Identität sind für ihn untrennbar miteinander verbunden. Im Bewußtsein seiner Autorität als Heidenapostel schreibt er den Heidenchristen in Rom und verweist sie auf seine Identität als Israelit. Als Israelit steht er in unaufgebbarer Verbundenheit auch mit den jetzt nicht an Christus glaubenden Gliedern seines Volkes und ordnet seinen Dienst als Heidenapostel dem Geschehen ein, in welchem Gott das zugesagte Heil an ganz Israel einschließlich seines gegenwärtig nicht glaubenden Teils verwirklichen wird. Als von Gott gegen seinen eigenen Willen berufener Christusverkündiger aus dem Volk Israel verkörpert er exemplarisch ganz Israel, das sich der Durchsetzung des göttlichen Heilswillens nicht entziehen kann. Als Heidenapostel aus Israel ist er gleichzeitig Heidenapostel um Israels willen[3].

Ansatzpunkte für weitere Untersuchungen

Die vorliegende Untersuchung beschränkte sich bewußt auf die Textstücke, in denen Paulus ausdrücklich auf sich selbst als Juden verweist, und konzentrierte sich im wesentlichen darauf, die Relevanz herauszuarbeiten, die der Apostel seinem Judesein in der brieflichen Kommunikation mit seinen Gemeinden zumißt. Eine Reihe von weiterführenden Fragen, die sich im Laufe der Erörterungen anboten, konnten deshalb nur in Andeutungen aufgenommen oder mußten ganz außer Betracht gelassen werden. Einige der m. E. wichtigsten sollen abschließend kurz benannt werden.

Die Frage nach einer erkennbaren Entwicklung in der Theologie des Paulus konnte anhand seiner Stellungnahmen zur Bedeutung seiner jüdischen Identität für sein Apostolatsverständnis nicht thematisiert werden. Nach meinem Eindruck lassen die untersuchten Textstücke eine solche Entwicklung, sei es, im Sinne einer kontinuierlichen Ausformung von Ansätzen zu einem in sich konsistenten Entwurf, sei es auch, im Sinne grundlegender Wendungen, nicht erkennen. Die Stellungnahmen richten sich in unterschiedliche Situationen, dienen verschiedenen Intentionen und sind Teil thematisch ganz unterschiedlich ausgerichteter Aussagezusammenhänge. Zweifellos sind die Selbstaussagen innerhalb

---

[3] Vgl. zu dieser Formulierung STUHLMACHER, Stellung 148.

von Röm 9–11 inhaltlich die weitreichendsten und am konsequentesten reflektiert (wenn auch kaum miteinander im modernen Sinne systematisierbar), aber dies erklärt sich eher aus der spezifischen Abfassungssituation und -intention des Römerbriefs als daraus, daß Paulus hier das Zielstadium eines seinen missionarischen Weg begleitenden Reflexionsprozesses erreicht habe[4].

In Weiterführung der in dieser Untersuchung erreichten Ergebnisse wäre es interessant, weitere Texte heranzuziehen, in denen Paulus seine Identität als Jude sachlich voraussetzt, ohne sie eigens zu thematisieren. An erster Stelle wäre hier Gal 2,15 in seinem Kontext zu nennen, womit freilich die Gesamtthematik des paulinischen Gesetzesverständnisses und seiner Rechtfertigungslehre verbunden ist, eine Thematik, die hier nicht behandelt werden konnte[5]. Auch Röm 1,18–32 läßt erkennen, daß Paulus von jüdischer Position aus in herkömmlicher Weise die Heiden beurteilt, ohne daß er sich auf diese Position explizit beruft (was freilich durch die Fortführung der Argumentation in Röm 2 ohnehin problematisch wäre)[6].

Angesichts der zentralen Bedeutung für sein Selbstverständnis als Heidenapostel und Israelit, die Paulus in seinen Briefen seiner Berufungserfahrung vor Damaskus beimißt, wäre nach weiteren Texten zu suchen, in denen er diese Erfahrung und ihre Konsequenzen im Blick auf sein Judesein voraussetzt, ohne sie ausdrücklich zu benennen. Könnte etwa das Urteil über das nicht glaubende Israel in 1 Thess 2,15 f[7] und Röm 10,2 f aus der Reflexion seiner eigenen einstigen Willensausrichtung herrühren? Sieht er in der Ankündigung der künftigen Rettung ganz Israels durch das Erscheinen des auferstandenen Christus, verbunden mit der Abwendung ihrer Gottlosigkeit und der Wegnahme ihrer Sünden (Röm 11,26 f), das nicht glaubende Israel vor genau dem Geschick, dem er selbst

---

[4] Der Frage der Entwicklung des Verhältnisses des Paulus gegenüber den Juden hat R. PENNA einen umfangreichen Aufsatz gewidmet (Évolution 390–421). »Wandlungen im theologischen Denken des Paulus« bezüglich der Beurteilung des Schicksals Israels zwischen dem 1. Thessalonicherbrief und dem Römerbrief konstatiert RESE, Rolle 316 ff, einen theologischen Lernprozeß zwischen beiden Briefen THEOBALD, Kirche 3–9. LÜDEMANN, Judentum 32–35, findet innerhalb von Röm 9–11 drei verschiedene, ja, untereinander widersprüchliche Antworten auf die Frage nach der Verwirklichung der Verheißung an Israel, von denen »die ersten beiden ... zweifellos älter als die dritte« seien, wie ihre sachliche Nähe zu den Aussagen des 1. Thessalonicherbriefs zeige (a.a.O., 35). HOLTZ, Gericht 119–131, wendet sich gegen die Auffassung, zwischen den Aussagen von 1 Thess 2,15 f und Röm 11,25 f läge eine Wende im theologischen Urteil des Paulus über das nicht glaubende Israel, und zeigt grundlegende Übereinstimmungen zwischen beiden Texten auf.

[5] Vgl. o., Anm. 1 zu S. 2.

[6] Vgl. zu Röm 1,18–32 zuletzt WALTER, Zorn 218–226.

[7] Vgl. dazu in jüngerer Zeit MICHEL, Fragen 50–59; RICHARDSON, Israel 102–111; PEARSON, Interpolation 79–94; HYLDAHL, Jesus 238–254; COPPENS, Diatribe 90–95; OKEKE, Fate 127–136; BROER, Antisemitismus 59–89; SCHMIDT, Evidence 269–279; DONFRIED, Paul 242–253; BAARDA, Rodrigues 186–193; GEIGER, Initiationstext 154–160; HURD, Time 21–36; PENNA, Évolution 391–397; GILLIARD, Problem 481–502; HOLTZ, Gericht 119–131.

vor Damaskus unterworfen wurde?[8] Auch 2Kor 4,6 in seinem Kontext (Kap. 3!) könnte in dieser Perspektive aussagekräftig sein[9].

Näher zu untersuchen wäre weiterhin, wie das in seiner Berufungserfahrung wurzelnde Selbstverständnis des Paulus als Heidenapostel aus Israel sich in der Geschichte seines Missionswerkes und seiner Gemeinden niedergeschlagen hat. Die offenbar nicht unproblematische, aber dennoch von Paulus bis zum Ende seiner für uns erkennbaren Wirksamkeit aufrecht erhaltene Beziehung zu Jerusalem und der dortigen Urgemeinde böte für eine solche Untersuchung einen wichtigen Ansatzpunkt[10].

Ausbaufähig wären die Hinweise auf den möglichen Hintergrund des paulinischen Apostolatsverständnisses im Wirken und in der Botschaft der alttestamentlichen Propheten, besonders der prophetischen Überlieferung des Jesajabuchs. Bekanntlich liefert das Jesajabuch einen auffällig großen Teil der von Paulus argumentativ verwendeten Schriftbezüge. Es wäre zu untersuchen, ob und inwiefern die von Paulus eschatologisch gedeutete Prophetie des Jesajabuchs nicht nur sein Selbstverständnis als Heidenapostel, sondern auch die Ausprägung seiner Christusverkündigung inhaltlich beeinflußt hat und ob sich spezifische Züge seiner Argumentation in Röm 9–11 von daher besser einordnen und verstehen ließen.

Eng im Zusammenhang mit dieser Frage steht die nach der in unserer Untersuchung eher vorausgesetzten als in ihren Einzelzügen aufgewiesenen Verwurzelung des paulinischen Gottesverständnisses in biblisch-frühjüdischen Traditionen. Daß Paulus Gott als den an Israel heilschaffend Handelnden erfährt auch und gerade dann, wenn sich Israeliten, ihn selbst eingeschlossen, eigenwillig von ihm abkehren, dürfte seine Präfiguration ebenfalls in der Gotteserfahrung und der aus ihr herrührenden Botschaft der alttestamentlichen Propheten finden. Auch die Zusage, daß Gott den, der sich ihm wieder zuwendet, aus dem Gericht, dem er wegen seiner Abwendung von Gott verfallen ist, erretten kann, wurzelt in der Gestalt der prophetischen Überlieferung, die im Frühjudentum als maßgebliche Schrift rezipiert wurde und von daher Paulus zugänglich war. Sie dürfte eine wesentliche Wurzel für sein Selbstverständnis als Heidenapostel aus Israel und um Israels willen sein[11].

---

[8] Einen solchen Bezug stellen her: STUHLMACHER, Stellung 155; LONGENECKER, Answers 100f; HOFIUS, Evangelium 198; MUSSNER, Verstockung 52.

[9] Vgl. KIM, Origin 193–268.

[10] Vgl. STUHLMACHER, Stellung 148–155; GASTON, Jerusalem 61–72; DUNN, Relationship 461–478, sowie die umfangreiche, hier nicht zu nennende Forschung zum Apostelkonzil.

[11] Daß Paulus gerade im Präskript des Römerbriefs seine Christusverkündigung betont mit dem in der Schrift zugänglichen Heilshandeln Gottes an Israel verknüpft (1,1–5; vgl. auch 15,8f), kann diese Annahme erhärten.

Literaturverzeichnis

Es wird nur im Textteil oder in den Anmerkungen zitierte oder erwähnte Literatur aufgeführt. Die Abkürzungen richten sich (wie die im Text und in den Anmerkungen verwendeten) nach SCHWERDTNER, Siegfried: Theologische Realenzyklopädie. Abkürzungsverzeichnis, Berlin/New York 1976. Für dort nicht aufgeführte antike Quellen werden gelegentlich die Abkürzungen des EWNT verwendet. Artikel aus den Nachschlagwerken BHH, BL, EWNT, KP, RGG, RE, THAT, ThWAT, ThWNT werden in den Anmerkungen mit Autornamen genannt, erscheinen aber nicht im Literaturverzeichnis.

Zusätzliche Abkürzungen:

EWNT	Exegetisches Wörterbuch zum Neuen Testament, hg. v. H. Balz/G. Schneider, 3 Bde., Stuttgart u. a. 1980/1981/1983
JSNT	Journal for the Study of the New Testament, Sheffield
JSNT.S	dasselbe, Supplement Series
NEB	Die Neue Echter Bibel. Kommentar zum Neuen Testament mit der Einheitsübersetzung, hg. v. J. Gnilka/R. Schnackenburg, Würzburg
ÖTK	Ökumenischer Taschenbuchkommentar zum Neuen Testament, hg. v. E. Gräßer/K. Kertelge, Gütersloh/Würzburg
Hyp	Hypothetika des Philo (nach Euseb, Praeparatio Evangelica VIII)
TragEz	Tragiker Ezechiel
11Q Miqdasch	Tempelrolle von Qumran

1. Quellen

a) Neues Testament

Nestle-Aland: Novum Testamentum Graece post Eberhard Nestle et Erwin Nestle communiter ediderunt K. ALAND u. a., apparatum criticum recensuerunt et editionem novis curis elaboraverunt K. Aland et B. Aland una cum Instituto studiorum textus Novi Testamenti Monasteriensi (Westphalia), Stuttgart [26]1979 (10. Druck 1988)

b) Altes Testament, Septuaginta

Biblia Hebraica Stuttgartensia, hg. v. K. ELLIGER/W. RUDOLPH, Stuttgart [2]1983 (verkleinerte Ausgabe 1984)

Septuaginta. Id est Vetus Testamentum graece iuxta LXX interpretes edidit Alfred RAHLFS, Editio minor, Stuttgart o. J. (Copyright 1935)

The Old Testament in Greek according to the Septuagint, hg. v. Henry Barclay SWETE, 3 Bde., Cambridge [3/4]1925–1930

c) Frühjüdische Literatur

Flavii Iosephi Opera edidit et apparatu critico instruxit Benedictus Niese, 7 Bde., Berlin 1885–1895

Flavius Josephus. De Bello Judaico/Der Jüdische Krieg. Griechisch und Deutsch, hg. v. Otto Michel/Otto Bauernfeind, 3 Bde., München ²1962–1969

Des Flavius Josephus Jüdische Altertümer. Übersetzt und mit Einleitung und Anmerkungen versehen von Heinrich Clementz, 2 Bde., Nachdruck Wiesbaden ⁶1985

Des Flavius Josephus kleinere Schriften (Selbstbiographie – Gegen Apion – Über die Makkabäer). Übersetzt und mit Anmerkungen versehen von Heinrich Clementz, Halle o. J.

Philonis Alexandrini Opera quae supersunt, hg. v. Leopold Cohn/Paul Wendland, 7 Bde., Berlin 1896–1930

Les œuvres de Philon d'Alexandrie publiées sous le patronage de l'Université de Lyon par R. Arnaldez u. a., Vol XXXIV/A: Quaestiones et solutiones in Genesim I et II e versione armeniaca. Introduction, traduction et notes par C. Mercier, Paris 1979

Die Werke Philos von Alexandrien in deutscher Übersetzung, hg. v. Leopold Cohn/Isaak Heinemann u. a., 7 Bde., Breslau/Berlin 1909–1964

Philo. Supplement I. Questions and Answers on Genesis. Translated from the Ancient Armenian Version of the Original Greek by Ralph Marcus (LCL), London 1953

Eusebius Werke. Achter Band. Die Praeparatio Evangelica, hg. v. Karl Mras, I (GCS 43,1), Berlin 1954

Jüdische Schriften aus hellenistisch-römischer Zeit, hg. v. Werner Georg Kümmel u. a., 5 Bde. (in Einzellieferungen), Gütersloh 1973 ff

Habicht, Christian: 2. Makkabäerbuch, in: JSHRZ I 167–285 (1976)

Klauck, Hans-Josef: 4. Makkabäerbuch, in: JSHRZ III 647–763 (1989)

Wahl, Otto: Apocalypsis Esdrae, Apocalypsis Sedrach, Visio Beati Esdrae (PVTG 4), Leiden 1977

d) Qumran-Literatur

Die Texte aus Qumran. Hebräisch und Deutsch. Mit masoretischer Punktation. Übersetzung, Einführung und Anmerkungen, hg. v. Eduard Lohse, München ²1971

Yadin, Yigael (Hg.): The Temple Scroll, 3 Bde., Jerusalem 1983 (= hebr. 1977)

Maier, Johann: Die Tempelrolle vom Toten Meer (UTB 829), München 1978

e) Sonstiges

Stern, Menahem (Hg.): Greek and Latin Authors on Jews and Judaism, 3 Bde., Leiden 1974/Jerusalem 1980/1984

Tcherikover, Victor/Fuks, Alexander (Hgg.); Corpus Papyrorum Judaicarum, 3 Bde., Cambridge 1957/1960/1964

Corpus of Jewish Inscriptions. Jewish Inscriptions from the Third Century B.C. to the Seventh Century A.D., hg. v. Jean-Baptiste Frey, Vol I: Europe, Prolegomenon by Baruch Lifshitz, New York 1975

Deissmann, Adolf: Licht vom Osten. Das Neue Testament und die neu entdeckten Texte der hellenistisch-römischen Welt, Tübingen ⁴1923

Müller, Nikolaus: Die Inschriften der jüdischen Katakombe am Monteverde zu Rom. Entdeckt u. erklärt v. N. M., Nach des Vf. Tode vervollständigt u. hg. v. A. Bees, Leipzig 1919

Hieronymus. Liber de viris inlustribus. Gennadius. Liber de viris inlustribus, hg. v. Ernest Cushing Richardson (TU 14,1), Leipzig 1896

2. Hilfsmittel

Vollständige Konkordanz zum griechischen Neuen Testament. Unter Zugrundelegung aller modernen kritischen Textausgaben und des textus receptus in Verbindung mit H. Riesenfeld u. a. neu zusammengestellt unter der Leitung v. K. ALAND, Bd. I, 2 Teile (ANTT 4,1), Berlin/New York 1983

A Concordance to the Septuagint and the other Greek Versions of the Old Testament (including the Apocryphal Books), hg. v. Edwin HATCH/Henry A. REDPATH, 2 Bde., Nachdruck Graz 1954

RENGSTORF, Karl Heinrich (Hg.): A complete Concordance to Flavius Josephus, 4 Bde., Leiden 1973–1983

DENIS, Albert-Marie: *Concordance* Grecque des Pseudépigraphes d'Ancien Testament. Concordance. Corpus des textes. Indices, Louvain-la-Neuve 1987

BAUER, Walter: Griechisch-deutsches *Wörterbuch* zu den Schriften des Neuen Testaments und der frühchristlichen Literatur, 6., völlig neu bearb. Aufl. hg. v. Kurt Aland/ Barbara Aland, Berlin/New York 1988

LIDDELL, Henry George/SCOTT, Robert: A Greek-English *Lexicon*. Revised and augmented throughout by H. S. Jones/R. McKenzie. With a Supplement 1968, Oxford (Reprint) 1985

GESENIUS, Wilhelm: Hebräisches und Aramäisches *Handwörterbuch* über das Alte Testament, bearb. v. F. Buhl, unveränderter Neudruck der 1915 ersch. 17. Aufl., Berlin u. a. 1962

KOEHLER, Ludwig/BAUMGARTNER, Walter: Hebräisches und aramäisches *Lexikon* zum Alten Testament, 3. Aufl. neu bearb. v. W. Baumgartner/J. J. Stamm, Lfg. I–III, Leiden 1967/1974/1983

BLASS, Friedrich/DEBRUNNER, Albert: *Grammatik* des neutestamentlichen Griechisch, bearb. v. Friedrich REHKOPF, Göttingen ^{15}1979

SPICQ, Ceslas: *Notes* de Lexicographie Néo-Testamentaire, 2 Bde. (OBO 22), Fribourg/ Göttingen 1978

3. Kommentare

BARRETT, C(harles) K(ingsley): A Commentary on the Second Epistle to the Corinthians (BNTC), London 1973 (Reprint ^{4}1982)

BECKER, Jürgen: Der Brief an die Galater, in: Die Briefe an die Galater, Epheser, Philipper, Kolosser, Thessalonicher und Philemon. Übersetzt und erklärt v. J. Becker u. a. (NTD 8), Göttingen $^{(16)}$ ^{3}1985, 1–85

BETZ, Hans Dieter: Der Galaterbrief. Ein Kommentar zum Brief des Apostels Paulus an die Gemeinden in Galatien, München 1988 (= engl.: Galatians. A Commentary on Paul's Letter to the Churches in Galatia [Hermeneia], Philadelphia 1979)

BORSE, Udo: Der Brief an die Galater. Übersetzt und erklärt v. U. B. (RNT), Regensburg 1984

CONZELMANN, Hans: Die Apostelgeschichte. Erklärt v. H. C. (HNT 7), Tübingen 1963 (^{2}1973)

DERS.: Der erste Brief an die Korinther. Übersetzt und erklärt v. H. C. (KEK 5), Göttingen ^{2}1981

CRANFIELD, C(harles) E(rnest) B(urland): A Critical and Exegetical Commentary on the Epistle to the Romans, 2 Bde. (ICC), Edinburgh 1975/1979

DIBELIUS, Martin: An die Thessalonicher I II. An die Philipper. Erklärt v. M. D. (HNT 11), Tübingen ³1937

EGGER, Wilhelm: Galaterbrief. Philipperbrief. Philemonbrief (NEB 9.11.15), Würzburg 1985

FRIEDRICH, Gerhard: Der Brief an die Philipper, in: Die Briefe an die Galater, Epheser, Philipper, Kolosser, Thessalonicher und Philemon. Übersetzt und erklärt von J. Bekker u. a. (NTD 8), Göttingen [(16)] ³1985, 125–175

FURNISH, Victor Paul: II Corinthians. Translated with Introduction, Notes, and Commentary by V.P.F. (AncB 32 A), Garden City 1984

GNILKA, Joachim: Das Evangelium nach Markus (EKK 2), Leipzig 1982 (= Zürich u. a. 1980)

DERS.: Der Philipperbrief. Auslegung v. J. G. (HThK 10,3), Freiburg u. a. 1968 (²1976)

GOLDSTEIN, Jonathan A.: II Maccabees. A New Translation with Introduction and Commentary (AncB 41 A), Garden City 1983

HAENCHEN, Ernst: Die Apostelgeschichte. Neu übersetzt und erklärt v. E. H. (KEK 3), Göttingen [(16)] ⁷1977

HOLTZ, Traugott: Der erste Brief an die Thessalonicher (EKK 13), Zürich u. a. 1986

KÄSEMANN, Ernst: An die Römer. Kommentar zum Paulusbrief (HNT 8a), Berlin 1978 (= Tübingen ³1974)

KLAUCK, Hans-Josef: 2. Korintherbrief (NEB 8), Würzburg 1986

KUSS, Otto: Der Römerbrief. Übersetzt und erklärt v. O. K., 3 Lieferungen, Regensburg ²1963/1978

LANG, Friedrich: Die Briefe an die Korinther. Übersetzt und erklärt v. F. L. (NTD 7), Göttingen [(16)] 1986

LIETZMANN, Hans: An die Galater. Erklärt v. H. L. (HNT 10), Tübingen ³1932

DERS.: An die Korinther I.II. Erklärt v. H. L. (HNT 9), Tübingen ³1931

LOHMEYER, Ernst: Der Brief an die Philipper. Übersetzt und erklärt v. E. L., Nach dem Handexemplar des Vf. durchgesehene Ausgabe (KEK 9,1), Göttingen ¹³1964

LÜHRMANN, Dieter: Der Brief an die Galater (ZBK 7), Zürich 1978

MARTIN, Ralph P.: 2 Corinthians (Word Biblical Commentary, 40), Waco 1986

MICHEL, Otto: Der Brief an die Römer. Übersetzt und erklärt v. O. M. (KEK 4), Göttingen [(14)] ⁵1978

MUSSNER, Franz: Der Galaterbrief. Auslegung v. F. M. (HThK 9), Leipzig 1974 (= Freiburg 1974)

OEPKE, Albrecht: Der Brief des Paulus an die Galater, bearb. v. J. Rohde (ThHK 9), Berlin ³1973

PESCH, Rudolf: Die Apostelgeschichte, 2 Bde. (EKK 5), Zürich u. a. 1986

ROHDE, Joachim: Der Brief des Paulus an die Galater (ThHK 9), Berlin 1989

ROLOFF, Jürgen: Die Apostelgeschichte. Übersetzt und erklärt v. J. R. (NTD 5), Göttingen [(17)] 1981

SCHENK, Wolfgang: Die Philipperbriefe des Paulus. Kommentar, Stuttgart 1984

SCHILLE, Gottfried: Die Apostelgeschichte des Lukas (ThHK 5), Berlin 1983

SCHLIER, Heinrich: Der Brief an die Galater. Übersetzt und erklärt v. H. S. (KEK 7), Göttingen [(14)] ⁵1971

DERS.: Der Römerbrief. Kommentar (HThK 6), Leipzig 1978 (= Freiburg 1977)

SCHMITHALS, Walter: Der Römerbrief. Ein Kommentar, Gütersloh 1988

SCHNEIDER, Gerhard: Die Apostelgeschichte, 2 Bde. (HThK 5), Freiburg u. a. 1980/1982

STRACK, Hermann L./BILLERBECK, Paul: *Kommentar* zum Neuen Testament aus Talmud und Midrasch, 6 Bde., München 1922–1961

STUHLMACHER, Peter: Der Brief an die Römer. Übersetzt und erklärt v. P. S. (NTD 6), Göttingen/Zürich [(14)] 1989

WEISER, Alfons: Die Apostelgeschichte, 2 Bde. (ÖTK 5), Gütersloh/Würzburg 1983/1985
WILCKENS, Ulrich: Der Brief an die Römer, 3 Bde. (EKK 6), Zürich u. a. ²1987/1980/1982
WOLFF, Christian: Der erste Brief des Paulus an die Korinther. Zweiter Teil: Auslegung
  der Kapitel 8–16 (ThHK 7,2), Berlin 1982
DERS.: Der zweite Brief des Paulus an die Korinther (ThHK 8), Berlin 1989
ZELLER, Dieter: Der Brief an die Römer. Übersetzt und erklärt v. D. Z. (RNT), Regens-
  burg 1985

4. Monographien, Aufsätze, Artikel

AAGESON, James W.: *Scripture* and Structure in the Development of the Argument in
  Romans 9–11, CBQ 48, 1986, 265–289
DERS.: *Typology,* Correspondence, and the Application of Scripture in Romans 9–11,
  JSNT 31, 1987, 51–72
AEJMELAEUS, Lars: *Streit* und Versöhnung. Das Problem der Zusammensetzung des 2.
  Korintherbriefes (Schr. d. Finnischen Exegetischen Gesellschaft, 46), Helsinki 1987
ALETTI, Jean-Noël: L'*argumentation* paulinienne en Rm 9, Bib. 68, 1987, 41–56
ALLISON, Jr., Dale C.: Romans 11: 11–15: A *Suggestion,* PRSt 12, 1985, 23–30
AMIR, Yehoshua: Der *Begriff* Ioudaïsmós – zum Selbstverständnis des hellenistischen
  Judentums, in: ders.: Studien zum Antiken Judentum (Beitr. zur Erforschung d. AT u.
  d. Antiken Judentums, 2), Frankfurt/M. u. a. 1985, 101–113)
ANNEN, Franz: *Saulus,* der Christenverfolger – Paulus, der Kritiker des Judentums, in:
  Kritik und Gegenkritik in Christentum und Judentum, hg. v. Simon Lauer (Judaica et
  Christiana, 3), Bern u. a. 1981, 37–66
ARGYLE, A. W.: *Greek* among the Jews of Palestine in New Testament Times, NTS 20,
  1974, 87–89
AUNE, David: *Rez. Betz,* Hans Dieter: *Galatians* (Hermeneia), Philadelphia 1979, Reli-
  gious Studies Review (Waterloo) 7, 1981, 323–328
BAARDA, Tj.: 1 Thess. 2:14–16. *Rodrigues* in ›Nestle-Aland‹, NedThT 39, 1985, 186–193
BADENAS, Robert: Christ the *End* of the Law. Romans 10.4 in Pauline Perspective
  (JSNT.S 10), Sheffield 1985
BAIRD, William: *Abraham* in the New Testament. Tradition and the New Identity, Interp.
  42, 1988, 367–379
BAMMEL, Ernst: *Galater* 1₂₃, ZNW 59, 1968, 108–112
DERS.: *Paulus,* der Moses des Neuen Bundes, Theol(A) 61, 1983, 399–408
BARCLAY, John M. G.: Paul and the *law:* observations on some recent debates, Themelios
  (Leicester) 12, 1986, 5–15
DERS.: *Mirror-Reading* a Polemical Letter: Galatians as a Test Case, JSNT 31, 1987, 73–93
BARNETT, P. W.: *Opposition* in Corinth, JSNT 22, 1984, 3–17
BARNIKOL, Ernst: Die vorchristliche und frühchristliche *Zeit* des Paulus (FEUC 1), Kiel
  1929
BARRETT, C(harles) K(ingsley): Paul's *Opponents* in II Corinthians, NTS 17, 1970/71,
  233–254 (= ders., Essays 60–86)
DERS.: Romans 9.30–10.21: *Fall* and Responsibility of Israel, in: de Lorenzi, Israelfrage
  99–121 (1977) (= ders., Essays 132–153)
DERS.: *Essays* on Paul, London 1982
DERS.: Paulus als *Missionar* und Theologe, ZThK 86, 1989, 18–32
BARTH, Markus: *Jesus,* Paulus und die Juden, Zürich 1967 (a.a.O., 40–82 = engl.: Was
  Paul an Anti-Semite?, JES 5, 1968, 78–104)

DERS.: Das *Volk* Gottes. Juden und Christen in der Botschaft des Paulus, in: Paulus – Apostat oder Apostel? Jüdische und christliche Antworten. Mit Beitr. v. M. Barth u. a., Regensburg 1977, 45–134

DERS.: Der gute *Jude* Paulus, in: Richte unsere Füße auf den Weg des Friedens (FS H. Gollwitzer, hg. v. A. Baudis u. a.), München 1979, 107–137 (= engl.: St. Paul – a Good Jew, Horizons in Biblical Theology [Pittsburgh] 1, 1979, 7–37)

BAUMBACH, Günther: *Jesus* von Nazareth im Lichte der jüdischen Gruppenbildung (AVTRW 54), Berlin 1971

DERS.: Die von Paulus im Philipperbrief bekämpften *Irrlehrer,* in: Gnosis und Neues Testament. Studien aus Religionswissenschaft und Theologie, hg. v. Karl-Wolfgang Tröger, Berlin 1973, 293–310 (= Kairos 13, 1971, 252–266)

DERS.: Der sadduzäische *Konservativismus,* in: Maier/Schreiner, Literatur 201–213 (1973)

BAXTER, A. G./ZIESLER, J. A.: Paul and *Arboriculture:* Romans 11.17–24, JSNT 24, 1985, 25–32

BECKER, Jürgen: *Paulus.* Der Apostel der Völker, Tübingen 1989

BEKER, J(ohan) C(hristiaan): Paul the *Apostle.* The Triumph of God in Life and Thought, Edinburgh 1980

DERS.: The *Faithfulness* of God and the Priority of Israel in Paul's Letter to the Romans, in: Christians among Jews and Gentiles (FS K. Stendahl, hg. v. G. W. E. Nickelsburg/G. W. MacRae), HThR 79, 1986, 10–16

BELLEVILLE, Linda L.: ›Under *Law*‹: Structural Analysis and the Pauline Concept of Law in Galatians 3.21–4.11, JSNT 26, 1986, 53–78

BEN-CHORIN, Schalom: Paulus. Der *Völkerapostel* in jüdischer Sicht, München 1980

BENOIT, Pierre: *Conclusion* par mode de synthèse, in: de Lorenzi, Israelfrage 217–236 (1977)

BERGER, Klaus: *Abraham* in den paulinischen Hauptbriefen, MThZ 17, 1966, 47–89

DERS.: *Volksversammlung* und Gemeinde Gottes. Zu den Anfängen der christlichen Verwendung von »ekklesia«, ZThK 73, 1976, 167–207

DERS.: *Exegese* des Neuen Testaments. Neue Wege vom Text zur Auslegung (UTB 658), Heidelberg ²1984

DERS.: *Formgeschichte* des Neuen Testaments, Heidelberg 1984

DERS.: Jesus als *Pharisäer* und frühe Christen als Pharisäer, NT 30, 1988, 231–262

BETZ, Hans Dieter: Der *Apostel* Paulus und die sokratische Tradition. Eine exegetische Untersuchung zu seiner »Apologie« 2 Korinther 10–13 (BHTh 45), Tübingen 1972

BETZ, Otto: Paulus als *Pharisäer* nach dem Gesetz. Phil 3,5–6 als Beitrag zur Frage des frühen Pharisäismus, in: Treue zur Thora. Beiträge zur Mitte des christlich-jüdischen Gesprächs (FS G. Harder, hg. v. P. von der Osten-Sacken) (Veröff. aus d. Institut Kirche und Judentum bei d. Kirchl. Hochschule Berlin, 3), Berlin 1977, 54–64 (= ders., Herr 103–113)

DERS.: Die heilsgeschichtliche *Rolle* Israels bei Paulus, ThBeitr 9, 1978, 1–21 (= ders., Herr 312–337)

DERS.: *Probleme* des Prozesses Jesu, ANRW II 25,1, 565–647 (1981)

DERS.: Jesus. Der *Herr* der Kirche. Aufsätze zur biblischen Theologie II (WUNT 52), Tübingen 1990

DERS.: Der fleischliche *Mensch* und das geistliche Gesetz. Zum biblischen Hintergrund der paulinischen Gesetzeslehre, in: ders., Herr 129–196

BLACK, David Alan: Paul, *Apostle* of Weakness, New York 1984

BLANK, Josef: *Paulus* und Jesus. Eine theologische Grundlegung (StANT 18), München 1968

DERS.: Paulus – *Jude* und Völkerapostel. Als Frage an Juden und Christen, in: ders.: Paulus. Von Jesus zum Christentum. Aspekte der paulinischen Lehre und Praxis, München 1982, 15–41

DE BOER, Martinus C.: *Images* of Paul in the Post-Apostolic Period, CBQ 42, 1980, 359–380

BOERS, H(endrikus W.): The *Problem* of Jews and Gentiles in the Macro-Structure of Romans, Neotestamentica (Pretoria) 15, 1981, 1–11 (= SEÅ 47, 1982, 184–196)

BORNKAMM, Günther: Der Römerbrief als *Testament* des Paulus, in: ders.: Studien zum Neuen Testament, Berlin 1985, 197–216 (= in: ders.: Geschichte und Glaube. Zweiter T., Ges. Aufs. Bd. IV [BEvTh 53], München 1971, 120–139)

DERS.: *Paulus,* Berlin 1977 (= Stuttgart u. a. ²1969)

BORSE, Udo: Paulus in *Jerusalem,* in: Kontinuität und Einheit (FS F. Mußner, hg. v. P.-G. Müller/W. Stenger), Freiburg u. a. 1981, 43–64

BOVON, François: L'*homme* nouveau et la loi chez l'apôtre Paul, in: Die Mitte des Neuen Testaments. Einheit und Vielfalt neutestamentlicher Theologie (FS E. Schweizer, hg. v. U. Luz/H. Weder), Göttingen 1983, 22–33

BRANDENBURGER, Egon: Paulinische *Schriftauslegung* in der Kontroverse um das Verheißungswort Gottes (Röm 9), ZThK 82, 1985, 1–47

BREWER, Raymond R.: The *Meaning* of Politeuesthe in Philippians 1_{27}, JBL 73, 1954, 76–83

BRING, Ragnar: *Paul* and the Old Testament. A Study of the ideas of Election, Faith and Law in Paul, with special reference to Romans 9:30–10:30, StTh 25, 1971, 21–60

BRINSMEAD, Bernard Hungerford: Galatians – Dialogical *Response* to Opponents (SBLDS 65), Chico 1982

BROER, Ingo: »*Antisemitismus*« und Judenpolemik im Neuen Testament. – Ein Beitrag zum besseren Verständnis von 1Thess 2,14–16, Biblische Notizen (Bamberg) 20, 1983, 59–89

BRUCE, Frederick Fyvie: Further *Thoughts* on Paul's Autobiography. Galatians 1:11–2:11, in: Jesus und Paulus (FS W. G. Kümmel, hg. v. E. E. Ellis/E. Gräßer), Göttingen 1975, 21–29

DERS.: THE *Curse* of the Law, in: Paul and Paulinism (FS C. K. Barrett, hg. v. M. D. Hooker/S. G. Wilson), London 1982, 27–36

BURCHARD, Christoph: Der dreizehnte *Zeuge.* Traditions- und kompositionsgeschichtliche Untersuchungen zu Lukas' Darstellung der Frühzeit des Paulus (FRLANT 103), Göttingen 1970

DERS.: Paulus in der *Apostelgeschichte,* ThLZ 100, 1975, 881–895

CAMPBELL, W. S.: *Salvation* for Jews and Gentiles: Krister Stendahl and Paul's Letter to the Romans, in: Studia Biblica 1978, III. Papers on Paul and other New Testament Authors (JSNT.S 3), Sheffield 1980, 65–72

DERS.: Christ the *End* of the Law: Romans 10:4, in: Studia Biblica (s. o.) 73–81 (1980)

DERS.: The Romans *Debate,* JSNT 10, 1981, 19–28

DERS.: THE *Freedom* and Faithfulness of God in Relation to Israel, JSNT 13, 1981, 27–45

DERS.: THE *Place* of Romans ix-xi within the Structure and Thought of the Letter, in: Studia Evangelica Vol. VII. Papers presented to the Fifth Congress on Biblical Studies held at Oxford, 1973, hg. v. E. A. Livingstone (TU 126), Berlin 1982, 121–131

CARREZ, M(aurice): Le ›*Nous*‹ en 2 Corinthiens. Paul parle-t-il au nom de toute la communauté, du groupe apostolique, de l'équipe ministérielle ou en son nom personnel? Contribution à l'étude de l'apostolicité dans 2 Corinthiens, NTS 26, 1980, 474–486

DERS.: *Réalité* christologique et référence apostolique de l'apôtre Paul en présence d'une église divisée (2Co 10–13), in: Vanhoye, Paul 163–183 (1986)

CLEMENTS, Ronald E.: »A *Remnant* Chosen by Grace« (Rom 11:5): The Old Testament Background and Origin of the Remnant Concept, in: Pauline Studies (FS F. F. Bruce, hg. v. D. A. Hagner/M. J. Harris), Grand Rapids 1980, 106–121

CONZELMANN, Hans: *Grundriß* der Theologie des Neuen Testaments (EETh 2), München ²1968

DERS.: *Geschichte* des Urchristentums (GNT 5), Berlin 1972 (= Göttingen [2]1971)

COPPENS, J.: Une *Diatribe* Antijuive dans I Thess., II, 13–16, EThL 51, 1975, 90–95

CRANFIELD, Charles Ernest Burland: Some *Notes* on Romans 9:30–33, in: Jesus und Paulus (FS W. G. Kümmel, hg. v. E. E. Ellis/E. Gräßer), Göttingen 1975, 35–43

DAHL, Nils Astrup: The *Future* of Israel, in: ders.: Studies in Paul. Theology for the Early Christian Mission, Minneapolis 1977, 137–158

DASSMANN, Ernst: Der *Stachel* im Fleisch. Paulus in der frühchristlichen Literatur bis Irenäus, Münster 1979

DAUTZENBERG, Gerhard: *Gesetzeskritik* und Gesetzesgehorsam in der Jesustradition, in: Kertelge, Gesetz 46–70 (1986)

DERS.: *Motive* der Selbstdarstellung des Paulus in 2Kor 2,14–7,4, in: Vanhoye, Paul 150–162 (1986)

DERS.: Der zweite *Korintherbrief* als Briefsammlung. Zur Frage der literarischen Einheitlichkeit und des theologischen Gefüges von 2Kor 1–8, ANRW II 25,4, 3045–3066 (1987)

DAVIES, W(illiam) D(avid): Paul and the *People* of Israel, NTS 24, 1978, 4–39

DERS.: Romans 11:13–24. A *Suggestion,* in: Paganisme, Judaisme, Christianisme (FS M. Simon), Paris 1978, 131–144 (= Paul and the Gentiles: A Suggestion Concerning Romans 11:13–24, in: ders.: Jewish and Pauline Studies, Philadelphia 1984, 153–163)

DERS.: Paul and the *Law.* Reflections on Pitfalls in Interpretation, in: Paul and Paulinism (FS C. K. Barrett, hg. v. M. D. Hooker/S. G. Wilson), London 1982, 4–16

DEIDUN, Tom: ›Having His *Cake* and Eating It.‹ Paul on the Law, HeyJ 17, 1986, 43–52

DEISSMANN, Adolf: *Paulus.* Eine kultur- und religionsgeschichtliche Skizze, Tübingen [2]1925

DELLING, Gerhard: Partizipiale *Gottesprädikationen* in den Briefen des Neuen Testaments, StTh 17, 1963, 1–59

DERS.: Geprägte partizipiale *Gottesaussagen* in der urchristlichen Verkündigung, in: ders.: Studien zum Neuen Testament und zum hellenistischen Judentum. Ges. Aufs. 1950–1968, hg. v. F. Hahn u. a., Berlin 1970, 401–424

DERS.: Zur eschatologischen *Bestimmtheit* der Paulinischen Theologie, in: ders.: Zeit und Endzeit. Zwei Vorl. (BSt 58), Neukirchen-Vluyn 1970, 57–101

DERS.: Die *Bezeichnung* »Söhne Gottes« in der jüdischen Literatur der hellenistisch-römischen Zeit, in: God's Christ and His People (FS N. A. Dahl, hg. v. J. Jervell/W. A. Meeks), Oslo u. a. 1977, 18–28

DERS.: DIE »*Söhne* (Kinder) Gottes« im Neuen Testament, in: Die Kirche des Anfangs (FS H. Schürmann, hg. v. R. Schnackenburg u. a.) (EThSt 38), Leipzig 1977, 615–631

DERS.: Die *Bewältigung* der Diasporasituation durch das hellenistische Judentum, Berlin 1987

DEWEY, Arthur J.: A *Matter* of Honor: A Social-Historical Analysis of 2 Corinthians 10, HThR 78, 1985, 209–217

DIETERLÉ, Christiane: Être *juste* ou vivre (Galates 1, 11–2,21), FV 84, 1985, 5–18

DIETZFELBINGER, Christian: Die *Berufung* des Paulus als Ursprung seiner Theologie (WMANT 58), Neukirchen-Vluyn 1985

DOEVE, J. W.: Paulus der *Pharisäer* und Galater i 13–15, NT 6, 1963, 170–181

DONALDSON, T(erence) L.: The ›*Curse* of the Law‹ and the Inclusion of the Gentiles: Galatians 3.13–14, NTS 32, 1986, 94–112

DERS.: *Zealot* and Convert: The Origin of Paul's Christ – Torah Antithesis, CBQ 51, 1989, 655–682

DONFRIED, Karl Paul: *Paul* and Judaism. I Thessalonians 2:13–16 as a Test Case, Interp. 38, 1984, 242–253

DRANE, John W.: *Why* Did Paul Write Romans?, in: Pauline Studies (FS F. F. Bruce, hg. v. D. A. Hagner/M. J. Harris), Grand Rapids 1980, 208–227

DREYFUS, François: Le *passé* et le présent d'Israël (Rom., 9,1–5; 11,1–24), in: de Lorenzi, Israelfrage 131–151 (1977)

DSCHULNIGG, Peter: Die *Rede* des Stephanus im Rahmen des Berichtes über sein Martyrium (Apg 6,8–8,3), Jud. 44, 1988, 195–213

VAN DÜLMEN, Andrea: Die *Theologie* des Gesetzes bei Paulus (SBM 5), Stuttgart 1968

DUNN, James D. G.: The *Relationship* between Paul and Jerusalem according to Galatians 1 and 2, NTS 28, 1982, 461–478

DERS.: The *Incident* at Antioch (Gal. 2:11–18), JSNT 18, 1983, 3–57

DERS.: The New *Perspective* on Paul, BJRL 65, 1983, 95–122

DERS.: *Works* of the Law and the Curse of the Law (Galatians 3.10–14), NTS 31, 1985, 523–542

DERS.: ›A *Light* to the Gentiles‹: the Significance of the Damascus Road Christophany for Paul, in: The Glory of Christ in the New Testament. Studies in Christology (FS G. B. Caird, hg. v. L. D. Hurst), Oxford 1987, 251–266

DERS.: Paul's *Epistle* to the Romans: An Analysis of Structure and Argument, ANRW II 25,4, 2842–2890 (1987)

DERS.: »*Righteousness* from the Law« and »Righteousness from Faith«: Paul's Interpretation of Scripture in Romans 10:1–10, in: Tradition and Interpretation in the New Testament (FS E. E. Ellis, hg. v. G. F. Hawthorne/O. Betz), Grand Rapids/Tübingen 1987, 216–228

DUPONT, Jacques: La *conversion* de Paul et son influence sur sa conception du salut par la foi, in: Foi et Salut selon S. Paul, hg. v. M. Barth u. a. (AnBib 42), Rom 1970, 67–88 (= engl.: The Conversion of Paul and its Influence on his Understanding of Salvation by Faith, in: Apostolic History and the Gospel [FS F. F. Bruce], Exeter/Devon 1970, 176–194

ECKERT, Jost: Die urchristliche *Verkündigung* im Streit zwischen Paulus und seinen Gegnern nach dem Galaterbrief (BU 6), Regensburg 1971

DERS.: Die *Verteidigung* der apostolischen Autorität im Galaterbrief und im zweiten Korintherbrief. Ein Beitrag zur Kontroverstheologie, ThGl 65, 1975, 1–19

DERS.: Paulus und *Israel*. Zu den Strukturen paulinischer Rede und Argumentation, TThZ 87, 1978, 1–13

DERS.: Die *Kollekte* des Paulus für Jerusalem, in: Kontinuität und Einheit (FS F. Mußner, hg. v. P.-G. Müller/W. Stenger), Freiburg u. a. 1981, 65–80

EGGER, Wilhelm: *Methodenlehre* zum Neuen Testament. Einführung in linguistische und historisch-kritische Methoden, Freiburg u. a. 1987

EICHHOLZ, Georg: Die *Theologie* des Paulus im Umriß, Neukirchen-Vluyn 1972

ELLIOTT, Neil: The *Rhetoric* of Romans. Argumentative Constraint and Strategy and Paul's Dialogue with Judaism (JSNT.S 45), Sheffield 1990

EPP, Eldon Jay: Jewish-Gentile *Continuity* in Paul: Torah and/or Faith? (Romans 9:1–5), in: Christians among Jews and Gentiles (FS K. Stendahl, hg. v. G. W. E. Nickelsburg/ G. W. MacRae), HThR 79, 1986, 80–90

EVANS, Craig A.: Paul and the *Hermeneutics* of »True Prophecy«: A Study of Romans 9–11, Bib. 65, 1984, 560–570

FELDMAN, Louis H.: *Josephus* and Modern Scholarship (1937–1980), Berlin/New York 1984

FEUILLET, A(lbert): L'*espérance* de la conversion d'Israël en Rom. XI, 25–32. L'interprétation du verset 26 et 31, in: De la Torah au Messie (FS H. Cazelles), Paris 1981, 483–494

DERS.: Art. *Romains* (Épître aux), DBS X 739–863 (1985)

FIEDLER, Peter: Die *Tora* bei Jesus und in der Jesusüberlieferung, in: Kertelge, Gesetz 71–87 (1986)

FINKELSTEIN, Louis: The *Pharisees*. The Sociological Background of their Faith, 2 Bde., Philadelphia 1938 (^{3}1962)

FISCHER, John: Paul in his Jewish *Context,* EvQ 57, 1985, 211–236

FISCHER, Karl Martin: Das *Urchristentum* (Kirchengeschichte in Einzeldarstellungen, I/1), Berlin 1985

FITZMYER, Joseph A.: *Crucifixion* in Ancient Palestine, Qumran Literature, and the New Testament, CBQ 40, 1978, 493–513

FLUSSER, David: Die jüdische und griechische *Bildung* des Paulus, in: Lessing, Erich: Paulus. Zeuge Jesu und Völkerapostel, Freiburg 1982, 150–181

DERS.: »Durch das *Gesetz* dem Gesetz gestorben« (Gal 2,19), Jud. 43, 1987, 30–46

FORBES, Christopher: *Comparison,* Self Praise and Irony: Paul's Boasting and the Conventions of Hellenistic Rhetoric, NTS 32, 1986, 1–30

FRAIKIN, Daniel: The Rhetorical *Function* of the Jews in Romans, in: Richardson/Granskou, Anti-Judaism 91–105 (1986)

GARLAND, David E.: The *Composition* and Unity of Philippians. Some neglected literary Factors, NT 27, 1985, 141–173

GARLINGTON, D. B.: Hierosylein and the *Idolatry* of Israel (Romans 2.22), NTS 36, 1990, 142–151

GASTON, Lloyd: Paul and the *Torah,* in: Davies, A.T.: Anti-Semitism and the Foundation of Christianity, New York 1979, 48–71 (= ders., Paul 15–34)

DERS.: Israels *Enemies* in Pauline Theology, NTS 28, 1982, 400–423 (= ders., Paul 80–99)

DERS.: Paul and *Jerusalem,* in: From Jesus to Paul (FS F. W. Beare, hg. v. P. Richardson/J. C. Hurd), Waterloo 1984, 61–72 (= ders., Paul 107–115)

DERS.: Paul and the *Law* in Galatians 2–3, in: Richardson/Granskou, Anti-Judaism 37–57 (1986) (= ders., Paul 64–79)

DERS.: *Paul* and the Torah, Vancouver 1987

DERS.: For All the *Believers.* The Inclusion of Gentiles as the ultimate Goal of Torah in Romans, in: ders., Paul 116–134 (1987)

DERS.: Israel's *Misstep* in The Eyes of Paul, in: ders., Paul 135–150 (1987)

DERS.: Paul and the Torah in 2 *Corinthians* 3, in: ders., Paul 151–168 (1987)

GAVENTA, B(everly) R(oberts): *Galatians* 1 and 2: Autobiography as Paradigm, NT 28, 1986, 309–326

GEIGER, Georg: 1 Thess 2,13–16: Der *Initiationstext* des christlichen Antisemitismus?, BiLi 59, 1986, 154–160

GENTHE, Hans Jochen: Die spezifische *Bedeutung* von kata mit dem Akkusativ in den theologischen Aussagen des Apostels Paulus, Diss. Theol. Halle 1969 (masch.)

GEORGI, Dieter: Die *Gegner* des Paulus im 2. Korintherbrief. Studien zur religiösen Propaganda in der Spätantike (WMANT 11), Neukirchen-Vluyn 1964 (= engl.: The Opponents of Paul in Second Corinthians, Philadelphia 1986)

GERHARDSSON, Birger: *Memory* and Manuscript. Oral Tradition and Written Transmission in Rabbinic Judaism and Early Christianity (ASNU 22), Uppsala 1961

GETTY, Mary Ann: *Structure* and Interpretation of Romans 9–11. State of the Question, Diss. Theol. (Liz.) Louvain 1971 (masch.)

DIES.: *Christ* is the End of the Law: Rom 10.4 in its Context, Diss. Theol. Leuven 1975 (masch.)

DIES.: Paul and the *Salvation* of Israel: A Perspective on Romans 9–11, CBQ 50, 1988, 456–469

GILLIARD, Frank, D.: The *Problem* of the Antisemitic Comma between 1 Thessalonians 2.14 and 15, NTS 35, 1989, 481–502

GOODBLATT, D.: The *Place* of the Pharisees in First Century Judaism: The State of the Debate, JSJ 20, 1989, 12–30

GOPPELT, Leonhard: Die apostolische und nachapostolische *Zeit* (KIG 1 A), Göttingen 1962

DERS.: *Theologie* des Neuen Testaments, hg. v. J. Roloff, 2 Bde., Berlin 1977/1978 (= Göttingen 1975/1976)

GORDON, T. David: The *Problem* at Galatia, Interp. 41, 1987, 32–43

GRÄSSER, Erich: *Acta-Forschung* seit 1960, ThR 41, 1976, 141–194.259–290; 42, 1977, 1–68

DERS.: »Ein einziger ist *Gott*« (Röm 3,30). Zum christologischen Gottesverständnis bei Paulus, in: »Ich will euer Gott werden«. Beispiele biblischen Redens von Gott (SBS 100), Stuttgart 1981, 177–205 (= ders., Studien 231–258)

DERS.: Zwei *Heilswege?* Zum theologischen Verhältnis von Israel und Kirche, in: Kontinuität und Einheit (FS F. Mußner, hg. v. P.-G. Müller/W. Stenger), Freiburg u. a. 1981, 411–429 (= ders., Studien 212–230)

DERS.: *Christen* und Juden. Neutestamentliche Erwägungen zu einem aktuellen Thema, PTh 71, 1982, 431–449 (= ders., Studien 271–289)

DERS.: Der Alte Bund im Neuen. Exegetische *Studien* zur Israelfrage im Neuen Testament (WUNT 35), Tübingen 1985

DERS.: Der Alte *Bund* im Neuen. Eine exegetische Vorlesung, in: ders., Studien 1–134 (1985)

GRUNDMANN, Walter: Das palästinische *Judentum* im Zeitraum zwischen der Erhebung der Makkabäer und dem Ende des Jüdischen Krieges, in: Leipoldt/Grundmann, Umwelt I 143–291 (1966)

GÜTTGEMANNS, Erhard: Der leidende *Apostel* und sein Herr. Studien zur paulinischen Christologie (FRLANT 90), Göttingen 1966

DERS.: *Heilsgeschichte* bei Paulus oder Dynamik des Evangeliums? Zur strukturellen Relevanz von Röm 9–11 für die Theologie des Römerbriefs, in: ders.: studia linguistica neotestamentica. Ges. Aufs. z. linguistischen Grundlage einer Ntl. Theol. (BEvTh 60), München 1971, 34–58

GUNDRY, R. H.: *Grace,* Works, and Staying Saved in Paul, Bib. 66, 1985, 1–38

GUNDRY VOLF, Judith M.: Paul and *Perseverance.* Staying in and Falling Away (WUNT II 37), Tübingen 1990

GUNTHER, John J.: St. Paul's *Opponents* and their Background. A Study of apocalyptic and Jewish sectarian teachings (NT.S 35), Leiden 1973

HAACKER, Klaus: War Paulus *Hillelit?,* in: Das Institutum Judaicum der Universität Tübingen in den Jahren 1971–1972 (Tübingen 1972), 106–120

DERS.: Die *Berufung* des Verfolgers und die Rechtfertigung des Gottlosen. Erwägungen zum Zusammenhang zwischen Biographie und Theologie des Apostels Paulus, ThBeitr 6, 1975, 1–19

DERS.: Paulus und das *Judentum,* Jud. 33, 1977, 161–177

DERS.: Die neutestamentliche *Wissenschaft* und die Erneuerung des Verhältnisses zwischen Christen und Juden, ThBeitr 14, 1983, 188–201

DERS.: Paulus und das Judentum im *Galaterbrief,* in: Gottes Augapfel. Beiträge zur Erneuerung des Verhältnisses von Christen und Juden, hg. v. E. Brocke/J. Seim, Neukirchen-Vluyn ²1988, 95–111

DERS.: Der Römerbrief als *Friedensmemorandum,* NTS 36, 1990, 25–41

HAFEMANN, Scott: ›*Self-Commendation*‹ and Apostolic Legitimacy in 2 Corinthians: A Pauline Dialectic?, NTS 36, 1990, 66–88

HAGNER, Donald A.: Paul in Modern Jewish *Thought,* in : Pauline Studies (FS F. F. Bruce, hg. v. D. A. Hagner/J. Harris), Grand Rapids 1980, 143–165

HAHN, Ferdinand: Das Verständnis der *Mission* im Neuen Testament (WMANT 13), Neukirchen-Vluyn ²1965

DERS.: Zum *Verständnis* von Röm 11.26 a: ›... und so wird ganz Israel gerettet werden‹, in: Paul and Paulinism (FS C. K. Barrett, hg. v. M. D. Hooker/S. G. Wilson), London 1982, 221–236

DERS.: Der gegenwärtige *Stand* der Erforschung der Apostelgeschichte. Kommentare und Aufsatzbände 1980–1985, ThRv 82, 1986, 177–190

DERS.: Die *Verwurzelung* des Christentums im Judentum, KuD 34, 1988, 193–209

HALL, Jerome: Paul, the *Lawyer,* on Law, The Journal of Law and Religion 3, 1985, 1–49

HALL, Robert G.: The Rhetorical *Outline* for Galatians. A Reconsideration, JBL 106, 1987, 277–287

HARRINGTON, Daniel J.: God's *People* in Christ. New Testament Perspectives on the Church and Judaism, Philadelphia 1980

HARRISON, Everett F.: Acts 22:3 – A *Test* Case for Luke's Reliability, in: Longenecker, R. N./Tenney, M. C. (Hgg.): New Dimensions in New Testament Study, Grand Rapids 1974, 251–260

HAYS, Richard B.: The *Faith* of Jesus Christ. An Investigation of the Narrative Substructure of Galatians 3:1–4:11 (SBLDS 56), Chico 1983

HECHT, Richard: The Exegetical *Contexts* of Philo's Interpretation of Circumcision, in: Nourished with Peace (FS S. Sandmel, hg. v. F. E. Greenspahn u. a.), Chico 1984, 51–79

HEGERMANN, Harald: Das hellenistische *Judentum*, in: Leipoldt/Grundmann, Umwelt I 292–345 (1966)

HEIL, John P(aul): *Romans* – Paul's Letter of Hope (AnBib 112), Rom 1987

HEILIGENTHAL, Roman: Soziologische *Implikationen* der paulinischen Rechtfertigungslehre im Galaterbrief am Beispiel der »Werke des Gesetzes«. Beobachtungen zur Identitätsfindung einer frühchristlichen Gemeinde, Kairos 26, 1984, 38–53

HENGEL, Martin: Die *Synagogeninschrift* von Stobi, ZNW 57, 1966, 145–183

DERS.: *Proseuche* und Synagoge. Jüdische Gemeinde, Gotteshaus und Gottesdienst in der Diaspora und in Palästina, in: Tradition und Glaube (FS K. G. Kuhn, hg. v. G. Jeremias u. a.), Göttingen 1971, 157–184

DERS.: Die *Ursprünge* der christlichen Mission, NTS 18, 1971/72, 15–38

DERS.: *Christologie* und neutestamentliche Chronologie. Zu einer Aporie in der Geschichte des Urchristentums, in: Neues Testament und Geschichte (FS O. Cullmann, hg. v. H. Baltensweiler/B. Reicke), Zürich/Tübingen 1972, 43–67 (= ThJb[L] 1973, 164–186)

DERS.: Zeloten und *Sikarier.* Zur Frage nach der Einheit und Vielfalt der jüdischen Befreiungsbewegung 6–74 nach Christus, in: Josephus-Studien. Untersuchungen zu Josephus, dem antiken Judentum und dem Neuen Testament (FS O. Michel, hg. v. O. Betz u. a.), Göttingen 1974, 175–196

DERS.: Der *Sohn* Gottes. Die Entstehung der Christologie und die jüdisch-hellenistische Religionsgeschichte, Tübingen 1975

DERS.: Zwischen *Jesus* und Paulus. Die »Hellenisten«, die »Sieben« und Stephanus (Apg 6,1–15; 7,54–8,3), ZThK 72, 1975, 151–206

DERS.: Die *Zeloten.* Untersuchungen zur jüdischen Freiheitsbewegung in der Zeit von Herodes I. bis 70 n. Chr. (AGSU 1), Leiden/Köln ²1976

DERS.: *Mors* turpissima crucis. Die Kreuzigung im antiken Welt und die »Torheit« des »Wortes vom Kreuz«, in: Rechtfertigung (FS E. Käsemann, hg. v. J. Friedrich u. a.), Tübingen/Göttingen 1976, 125–184 (= erw. engl. ders., Crucifixion 91–185)

DERS.: Der stellvertretende *Sühnetod* Jesu. Ein Beitrag zur Entstehung des urchristlichen Kerygmas, IKaZ 9, 1980, 1–25.135–147

DERS.: The *Atonement.* The Origins of the Doctrine in the New Testament, London 1981 (= in: ders., Cross 189–292)

DERS.: Zur urchristlichen *Geschichtsschreibung,* Stuttgart ²1984

DERS.: *Jakobus* der Herrenbruder – der erste »Papst«?, in: Glaube und Eschatologie (FS W. G. Kümmel, hg. v. E. Gräßer/O. Merk), Tübingen 1985, 71–104

DERS.: The *Cross* of the Son of God, London 1986

DERS.: *Crucifixion*. In the Ancient World and the Folly of the Message of the Cross, in: ders., Cross 91–185 (1986)

DERS.: *Judentum* und Hellenismus. Studien zu ihrer Begegnung unter besonderer Berücksichtigung Palästinas bis zur Mitte des 2. Jh.s v. Chr. (WUNT 10), Tübingen [3]1988

DERS.: Der vorchristliche *Paulus*, in: Paulus und das antike Judentum, hg. v. Martin Hengel/Ulrich Jeckel (WUNT 58), Tübingen 1991, 177–293

HESTER, James D.: The Rhetorical *Structure* of Galatians 1:11–2:14, JBL 103, 1984, 223–233

DERS.: The *Use* and Influence of Rhetoric in Galatians 2:1–14, ThZ 42, 1986, 386–408

HOFIUS, Otfried: Das Gesetz des *Mose* und das Gesetz Christi, ZThK 80, 1983, 262–286 (= ders., Paulusstudien 50–74)

DERS.: Das *Evangelium* und Israel. Erwägungen zu Römer 9–11, ZThK 83, 1986, 297–324 (= ders., Paulusstudien 175–202)

DERS.: *Paulusstudien* (WUNT 51), Tübingen 1989

DERS.: *Gesetz* und Evangelium nach 2. Korinther 3, in: ders., Paulusstudien 75–120 (1989)

HOLMBERG, Bengt: Paul and *Power*. The Structure of Authority in the Primitive Church as Reflected in the Pauline Epistles (CB.NT 11), Lund 1978

HOLTZ, Traugott: Zum *Selbstverständnis* des Apostels Paulus, ThLZ 91, 1966, 321–330 (= ders., Geschichte 129–139)

DERS.: *Theo-logie* und Christologie bei Paulus, in: Glaube und Eschatologie (FS W. G. Kümmel, hg. v. E. Gräßer/O. Merk), Tübingen 1985, 105–121 (= ders., Geschichte 189–204)

DERS.: Der antiochenische *Zwischenfall* (Galater 2.11–14), NTS 32, 1986, 344–361 (= ders., Geschichte 171–188)

DERS.: Das *Gericht* über die Juden und die Rettung ganz Israels (1Thess 2,15f und Röm 11,25f), in: Wissenschaft und Kirche (FS E. Lohse, hg. v. K. Aland/S. Meurer) (Texte und Arbeiten zur Bibel, 4), Bielefeld 1989, 119–131 (= ders., Geschichte 313–325)

DERS.: Christus *Diakonos*. Zur christologischen Begründung der Diakonie in der nachösterlichen Gemeinde, in: Diakonie – biblische Grundlagen und Orientierungen. Ein Arbeitsbuch zur theologischen Verständigung über den diakonischen Auftrag, hg. v. G. K. Schäfer / T. Strohm, Heidelberg 1990, 127–143 (= ders., Geschichte 399–416)

DERS.: *Geschichte* und Theologie des Urchristentums. Ges. Aufs., hg. v. E. Reinmuth / Ch. Wolff (WUNT 57), Tübingen 1991

HOOKER, Morna D.: Paul and ›Covenantal *Nomism*‹, in: Paul and Paulinism (FS C. K. Barrett, hg. v. M. D. Hooker/S. G. Wilson), London 1982, 47–56

HORBURY, W.: Paul and *Judaism,* ET 90, 1979, 116–118

HOWARD, George E.: Christ the *End* of the Law: The Meaning of Romans 10,4ff., JBL 88, 1969, 331–337

DERS.: Paul: *crisis* in Galatia. A Study in Early Christian Theology (MSSNTS 35), Cambridge 1979

HÜBNER, Hans: Gal 3,10 und die *Herkunft* des Paulus, KuD 19, 1973, 215–231

DERS.: Das *Gesetz* bei Paulus. Ein Beitrag zum Werden der paulinischen Theologie (FRLANT 119), Göttingen 1978 ([3]1982)

DERS.: Der Galaterbrief und das Verhältnis von antiker Rhetorik und *Epistolographie,* ThLZ 109, 1984, 241–250

DERS.: Gottes *Ich* und Israel. Zum Schriftgebrauch des Paulus in Römer 9–11 (FRLANT 136), Göttingen 1984

DERS.: Was heißt bei Paulus »*Werke* des Gesetzes«?, in: Glaube und Eschatologie (FS W. G. Kümmel, hg. v. E. Gräßer/O. Merk), Tübingen 1985, 123–133

DERS.: *Paulusforschung* seit 1945. Ein kritischer Literaturbericht, ANRW II 25,4, 2649–2840 (1987)

HULTGREN, Arland J.: On *Translating* and Interpreting Galatians 1.13, BiTr 26, 1975, 146–148

DERS.: Paul's Pre-Christian *Persecutions* of the Church: Their Purpose, locale, and Nature, JBL 95, 1976, 97–111

HURD, John C.: Paul Ahead of His *Time:* 1Thess. 2:13–16, in: Richardson/Granskou, Anti-Judaism 21–36 (1986)

HWANG, Hyon Suk: Die *Verwendung* des Wortes pas in den paulinischen Briefen, Diss. Theol. Erlangen 1985 (masch.)

HYLDAHL, Niels: *Loven* og troen. En analyse af Filipperbrevets tredie kapitel (AJut.T 11), Aarhus 1968

DERS.: *Jesus* og jøderne ifølge 1Thess 2,14–16, SEÅ 27/28, 1972/73, 238–254

DERS.: Die *Frage* nach der literarischen Einheit des Zweiten Korintherbriefes, ZNW 64, 1973, 289–306

JEREMIAS, Joachim: *Jerusalem* zur Zeit Jesu. Kulturgeschichtliche Untersuchung zur neutestamentlichen Zeitgeschichte, Berlin [3]1963

DERS.: Paulus als *Hillelit*, in: Neotestamentica et Semitica (FS M. Black, hg. v. E. E. Ellis/ M. Wilcox), Edingburgh 1969, 88–94

DERS.: Einige vorwiegend sprachliche *Beobachtungen* zu Röm 11,25–36, in: de Lorenzi, Israelfrage 193–205 (1977)

JERVELL, Jacob: Paulus – der *Lehrer* Israels. Zu den apologetischen Paulusreden in der Apostelgeschichte, NT 10, 1968, 164–190 (= engl. in: ders.: Luke and the People of God. A new look at Luke-Acts, Minneapolis 1972, 153–184)

DERS.: Der *Brief* nach Jerusalem. Über Veranlassung und Adresse des Römerbriefes, StTh 25, 1971, 61–73

DERS.: Paulus in der *Apostelgeschichte* und die Geschichte des Urchristentums, NTS 32, 1986, 378–392

JEWETT, Robert: The *Agitators* and the Galatian Congregation, NTS 17, 1970/71, 198–212

DERS.: *Paulus-Chronologie.* Ein Versuch, München 1982 (= engl.: A Chronology of Paul's Life, Philadelphia 1979)

DERS.: The *Law* and the Coexistence of Jews and Gentiles in Romans, Interp. 39, 1985, 341–356

JOHNSON, Dan G.: The *Structure* and Meaning of Romans 11, CBQ 46, 1984, 91–103

KAHL, Brigitte: *Armenevangelium* und Heidenevangelium. »Sola scriptura« und die ökumenische Traditionsproblematik im Lichte von Väterkonflikt und Väterkonsens bei Lukas, Berlin 1987

KASHER, Aryeh: The *Term* Politeia in Philo and Josephus, in: ders.: The Jews in Hellenistic and Roman Egypt. The Struggle for Equal Rights (Texte und Studien zum Antiken Judentum, 7), Tübingen 1985, 358–364

KASTING, Heinrich: Die *Anfänge* der urchristlichen Mission. Eine historische Untersuchung (BEvTh 55), München 1969

KAYLOR, Robert David: Paul's Covenant *Community.* Jew and Gentile in Romans, Atlanta 1988

KERTELGE, Karl: Gesetz und *Freiheit* im Galaterbrief, NTS 30, 1984, 382–394

DERS.: *Autorität* des Gesetzes und Autorität Jesu bei Paulus, in: Vom Urchristentum zu Jesus (FS J. Gnilka, hg. v. H. Frankemölle/K. Kertelge), Freiburg u. a. 1989, 358–376

DERS. (Hg.): Das *Gesetz* im Neuen Testament (QD 108), Freiburg u. a. 1986

KETTUNEN, Markku: Der *Abfassungszweck* des Römerbriefes (AASF Dissertationes humanarum litterarum, 18), Helsinki 1979

KIM, Chang-Nack: Der *Kampf* des Paulus für das Evangelium in Galatien, Diss. Theol. Mainz 1984 (masch.)

KIM, Seyoon: The *Origin* of Paul's Gospel (WUNT II 4), Tübingen 1981 ([2]1984)

KLAPPERT, Bertold: *Traktat* für Israel (Römer 9–11). Die paulinische Verhältnisbestimmung von Israel und Kirche als Kriterium neutestamentlicher Sachaussagen über die Juden, in: Jüdische Existenz und die Erneuerung der christlichen Theologie. Versuch der Bilanz des christlich-jüdischen Dialogs für die Systematische Theologie, hg. v. M. Stöhr (ACJD 11), München 1981, 58–137

KLEIN, Günter: Die Zwölf *Apostel*. Ursprung und Gehalt einer Idee (FRLANT 77), Göttingen 1961

DERS.: *Präliminarien* zum Thema »Paulus und die Juden«, in: Rechtfertigung (FS E. Käsemann, hg. v. J. Friedrich u. a.), Tübingen/Göttingen 1976, 229–243

DERS.: *Antipaulinismus* in Philippi. Eine Problemskizze, in: Jesu Rede von Gott und ihre Nachgeschichte im frühen Christentum. Beiträge zur Verkündigung Jesu und zum Kerygma der Kirche (FS W. Marxsen, hg. v. D.-A. Koch u. a.), Gütersloh 1989, 297–313

KLEINKNECHT, Karl Theodor: Der leidende *Gerechtfertigte*. Die alttestamentlich-jüdische Tradition vom ›leidenden Gerechten‹ und ihre Rezeption bei Paulus (WUNT II 13), Tübingen ²1988

KLIJN, A. F. J.: Paul's *Opponents* in Philippians iii, NT 7, 1964/65, 278–284

KLUMBIES, Paul-Gerhard: Israels *Vorzüge* und das Evangelium von der Gottesgerechtigkeit in Römer 9–11, WuD 18, 1985, 135–157

DERS.: Zwischen *Pneuma* und Nomos. Neuorientierung in den galatischen Gemeinden, WuD 19, 1987, 109–135

KNOX, John: *Chapters* in a Life of Paul, New York/Nashville o. J. (1950)

KOCH, Dietrich-Alex: Die *Schrift* als Zeuge des Evangeliums. Untersuchungen zur Verwendung und zum Verständnis der Schrift bei Paulus (BHTh 69), Tübingen 1986

KRAABEL, A. Thomas: The *Disappearance* of the ›God-Fearers‹, Numen 28, 1981, 113–126

KÜMMEL, Werner Georg: Römer 7 und die *Bekehrung* des Paulus (UNT 17), Leipzig 1929 (= ders.: Römer 7 und das Bild des Menschen im Neuen Testament. Zwei Studien, München 1974, 1–160)

DERS.: Jesus und der jüdische *Traditionsgedanke*, ZNW 33, 1934, 105–130 (= ders., Heilsgeschehen I 15–35)

DERS.: Die *Theologie* des Neuen Testaments nach seinen Hauptzeugen Jesus. Paulus. Johannes (GNT 3), Göttingen 1969

DERS.: Die *Probleme* von Römer 9–11 in der gegenwärtigen Forschungslage, in: de Lorenzi, Israelfrage 13–33 (1977) (= ders., Heilsgeschehen II 245–260)

DERS.: *Heilsgeschehen* und Geschichte. Ges. Aufs., hg. v. E. Gräßer u. a., 2 Bde. (MThSt 3.16), Marburg 1965/1978

DERS.: *Einleitung* in das Neue Testament, Heidelberg ²¹1983

KUHN, Heinz-Wolfgang: *Jesus* als Gekreuzigter in der frühchristlichen Verkündigung bis zur Mitte des 2. Jahrhunderts, ZThK 72, 1975, 1–46

DERS.: Die *Kreuzesstrafe* während der frühen Kaiserzeit. Ihre Wirklichkeit und Wertung in der Umwelt des Urchristentums, ANRW II 25,1, 648–793 (1981)

LAMBRECHT, Jan: Our *Commonwealth* is in Heaven, LouvSt 10, 1985, 199–205

DERS.: *Gesetzesverständnis* bei Paulus, in: Kertelge, Gesetz 88–127 (1986)

LAMPE, Peter: Die stadtrömischen *Christen* in den ersten beiden Jahrhunderten. Untersuchungen zur Sozialgeschichte (WUNT II 18), Tübingen ²1989

LAPIDE, Pinchas: Der *Rabbi* von Tarsus, in: ders./Stuhlmacher, Peter: Paulus. Rabbi und Apostel. Ein jüdisch-christlicher Dialog, Stuttgart/München 1981, 35–61

LARSSON, Edvin: Paul: *Law* and Salvation, NTS 31, 1985, 425–436

LATEGAN, Bernard: Is Paul *Defending* His Apostleship in Galatians? The Function of Galatians 1.11–12 and 2.19–20 in the Development of Paul's Argument, NTS 34, 1988, 411–430

Lausberg, Heinrich: *Elemente* der literarischen Rhetorik. Eine Einführung für Studierende der klassischen, romanischen, englischen und deutschen Philologie, München ³1967

Leipoldt, Johannes/Grundmann, Walter (Hgg.): *Umwelt* des Urchristentums, I Darstellung des neutestamentlichen Zeitalters, Berlin ⁵1966

Lichtenberger, Hermann: *Studien* zur paulinischen Anthropologie in Römer 7, HabSchr. Tübingen 1985 (masch.)

Liebers, Reinhold: Das *Gesetz* als Evangelium. Untersuchungen zur Gesetzeskritik des Paulus (AThANT 75), Zürich 1989

Lindars, Barnabas: The Old Testament and *Universalism* in Paul, BJRL 69, 1986/87, 511–527

Lindemann, Andreas: Paulus im ältesten *Christentum*. Das Bild des Apostels und die Rezeption der paulinischen Theologie in der frühchristlichen Literatur bis Marcion (BHTh 58), Tübingen 1979

Ders.: Die *Gerechtigkeit* aus dem Gesetz. Erwägungen zur Auslegung und zur Textgeschichte von Röm 10, ZNW 73, 1982, 231–250

Linss, Wilhelm C.: *Exegesis* of telos in Romans 10:4, BR 33, 1988, 5–12

Loader, Bill: Paul and Judaism – Is He *Fighting* Strawmen?, Colloquium (Auckland) 16, 1984, 11–20

Löning, Karl: Die *Saulustradition* in der Apostelgeschichte (NTA 9), Münster 1973

Ders.: *Paulinismus* in der Apostelgeschichte?, in: Paulus in den neutestamentlichen Spätschriften. Zur Paulusrezeption im Neuen Testament, hg. v. K. Kertelge (QD 89), Freiburg u. a. 1981, 202–234

Lohse, Eduard: *Umwelt* des Neuen Testaments (GNT 1), Göttingen 1971 (⁷1986)

Longenecker, Bruce W.: Different *Answers* to Different Issues: Israel, the Gentiles and Salvation History in Romans 9–11, JSNT 36, 1989, 95–123

De Lorenzi, Lorenzo (Hg.): Die *Israelfrage* nach Röm 9–11 (Monogr. R. v. Ben., ökum. Abt., 3), Rom 1977

Luck, Ulrich: Die *Bekehrung* des Paulus und das Paulinische Evangelium. Zur Frage der Evidenz in Botschaft und Theologie des Apostels, ZNW 76, 1985, 187–208

Lübking, Hans-Martin: Paulus und *Israel* im Römerbrief. Eine Untersuchung zu Römer 9–11 (EHS.T 260), Frankfurt/M. u. a. 1986

Lüdemann, Gerd: Paulus, der *Heidenapostel,* I Studien zur Chronologie, II Antipaulinismus im frühen Christentum, 2 Bde. (FRLANT 123.130), Göttingen 1980/1983

Ders.: Paulus und das *Judentum* (TEH 215), München 1983

Ders.: Das frühe *Christentum* nach den Traditionen der Apostelgeschichte. Ein Kommentar, Göttingen 1987

Lull, David J.: »The *Law* Was Our Pedagogue«: A Study in Galatians 3:19–25, JBL 105, 1986, 481–498

Luz, Ulrich: Das *Geschichtsverständnis* des Paulus (BEvTh 49), München 1968

Ders.: Das *Gesetz* im Frühjudentum. Das Neue Testament, in: Smend, Rudolf/Luz, Ulrich: Gesetz (Bibl. Konfrontationen, 1015), Stuttgart u. a. 1981, 45–156

Lyons, George: Pauline *Autobiography*. Toward a New Understanding (SBLDS 73), Atlanta 1985

Maddox, Robert: The *Purpose* of Luke-Acts (FRLANT 126), Göttingen 1982

Maier, Gerhard: *Mensch* und freier Wille. Nach den jüdischen Religionsparteien zwischen Ben Sira und Paulus (WUNT 12), Tübingen 1971

Maier, Johann: *Geschichte* der jüdischen Religion. Von der Zeit Alexander des Großen bis zur Aufklärung mit einem Ausblick auf das 19./20. Jahrhundert, Berlin/New York 1972

Ders.: Die gesetzlichen *Überlieferungen*, in: Maier/Schreiner, Literatur 57–64 (1973)

Ders./Schreiner, Josef (Hgg.): *Literatur* und Religion des Frühjudentums. Eine Einführung, Würzburg 1973

MAILLOT, A.: *Essai* sur les citations vétérotestamentaires contenues dans Romains 9 à 11. Ou comment se servir de la Torah pour montrer que le »Christ est la fin de la Torah«, ETR 57, 1982, 55–73

MARCUS, Joel: The *Circumcision* and the Uncircumcision in Rome, NTS 35, 1989, 67–81

MARGUERAT, Daniel: 2 Corinthiens 10–13. Paul et l'*Expérience* de Dieu, ETR 63, 1988, 497–519

MARSHALL, Peter: *Enmity* in Corinth: Social Conventions in Paul's Relations with the Corinthians (WUNT II 23), Tübingen 1987

MARTIN, Brice L.: *Christ* and the Law in Paul (NT.S 62), Leiden u. a. 1989

MARTIN, Ralph P.: The *Opponents* of Paul in 2 Corinthians: An Old Issue Revisited, in: Tradition and Interpretation in the New Testament (FS E. E. Ellis, hg. v. G. F. Hawthorne/O. Betz), Grand Rapids/Tübingen 1987, 279–289

MARTYN, J. Louis: A Law-Observant *Mission* to Gentiles; The Background of Galatians, SJTh 38, 1985, 307–324

DERS.: Paul and His Jewish-Christian *Interpreters,* USQR 42, 1988, 1–15

MARXSEN, Willi: *Einleitung* in das Neue Testament. Eine Einführung in ihre Probleme, Gütersloh ²1964 (⁴1978)

MAYER, Bernhard: Unter Gottes *Heilsratschluß.* Prädestinationsaussagen bei Paulus (fzb 15), Würzburg 1974

McCANT, Jerry W.: Paul's *Thorn* of Rejected Apostleship, NTS 34, 1988, 550–572

McCLELLAND, Scott E.: »*Super-Apostles,* Servants of Christ, Servants of Satan«: A response, JSNT 14, 1982, 82–87

MEARNS, Chris L.: The *Identity* of Paul's Opponents at Philippi, NTS 33, 1987, 194–204

MENGEL, Berthold: *Studien* zum Philipperbrief. Untersuchungen zum situativen Kontext unter besonderer Berücksichtigung der Frage nach der Ganzheitlichkeit oder Einheitlichkeit eines paulinischen Briefes (WUNT II 8), Tübingen 1982

MENOUD, Philippe H.: Le *sens* du verbe porthein. Gal 1₁₃.₂₃ Act 9₂₁, in: Apophoreta (FS E. Haenchen, hg. v. W. Eltester/F. H. Kettler) (BZNW 30), Berlin 1964, 178–186 (= in: ders.: Jésus-Christ et la Foi. Recherches néotestamentaires, Neuchâtel-Paris 1975, 40–47)

MERKLEIN, Helmut: Die *Ekklesia* Gottes. Der Kirchenbegriff bei Paulus und in Jerusalem, BZ 23, 1979, 48–70 (= ders.: Studien zu Jesus und Paulus [WUNT 43], Tübingen 1987, 296–318)

DERS.: Die *Bedeutung* des Kreuzestodes Christi für die paulinische Gerechtigkeits- und Gesetzesthematik, in: ders., Studien (s. o.) 1–106

MEYER, Paul W.: Romans 10:4 and the »*End*« of the Law, in: The Divine Helmsman. Studies in God's Control of Human Events (FS L. H. Silberman), New York 1980, 59–78

MEYER, Rudolf: *Tradition* und Neuschöpfung im antiken Judentum. Dargestellt an der Geschichte des Pharisäismus (SSAW.PH 110,2), Berlin 1965, 7–88 (= in: ders.: Zur Geschichte und Theologie des Judentums in hellenistisch-römischer Zeit. Ausgewählte Abhandlungen, hg. v. W. Bernhardt, Berlin 1989, 130–187)

MICHEL, A./Le MOYNE, J.: Art. *Pharisiens,* DBS VII 1022–1115 (1966)

MICHEL, Otto: *Opferbereitschaft* für Israel, in: In Memoriam Ernst Lohmeyer, hg. v. W. Schmauch, Stuttgart 1951, 94–100

DERS.: *Fragen* zu 1. Thessalonicher 2,14–16: Antijüdische Polemik bei Paulus, in: Antijudaismus im Neuen Testament? Exegetische und systematische Beiträge, hg. v. W. P. Eckert u. a. (ACJD 2), München 1967, 50–59 (= in: ders.: Dienst am Wort. Ges. Aufs., hg. v. K. Haacker, Neukirchen-Vluyn 1986, 202–210)

MILLER, Ernest C.: *Politeuesthe* in Philippians 1.27: Some Philological and Thematic Observations, JSNT 15, 1982, 86–96

Moo, Douglas J.: »Law«, »*Works* of the Law«, and Legalism in Paul, WThJ 45, 1983, 73–100

Ders.: Paul and the *Law* in the Last Ten Years, SJTh 40, 1987, 287–307

Moule, C. F. D.: *Jesus,* Judaism and Paul, in: Tradition and Interpretation in the New Testament (FS E. E. Ellis, hg. v. G. F. Hawthorne/O. Betz), Grand Rapids/Tübingen 1988, 43–52

Moxness, Halvor: *Theology* in Conflict. Studies in Paul's Understanding of God in Romans (NT.S. 53), Leiden 1980

Müller, Karlheinz: *Anstoß* und Gericht. Eine Studie zum jüdischen Hintergrund des paulinischen Skandalon-Begriffs (StANT 19), München 1969

Müller, Paul-Gerhard: Der »*Paulinismus*« in der Apostelgeschichte. Ein forschungsgeschichtlicher Überblick, in: Paulus in den neutestamentlichen Spätschriften. Zur Paulusrezeption im Neuen Testament, hg. v. K. Kertelge (QD 89), Freiburg u. a. 1981, 157–201

Mussner, Franz: »Ganz *Israel* wird gerettet werden« (Röm 11,26). Versuch einer Auslegung, Kairos 18, 1976, 241–255

Ders.: »Christus (ist) des Gesetzes *Ende* zur Gerechtigkeit für jeden, der glaubt« (Röm 10,4), in: Paulus – Apostat oder Apostel? Jüdische und christliche Antworten. Mit Beitr. v. M. Barth u. a., Regensburg 1977, 31–44

Ders.: *Heil* für alle. Der Grundgedanke des Römerbriefs, Kairos 23, 1981, 207–214

Ders.: *Gesetz* – Abraham – Israel, Kairos 25, 1983, 200–222 (200–208 = ders., Kraft 27–38)

Ders.: Die *Kraft* der Wurzel. Judentum – Jesus – Kirche, Freiburg u. a. 1987

Ders.: Israels »*Verstockung*« und Rettung nach Röm 9–11, in: ders., Kraft 39–54 (1987)

Ders.: »*Mitteilhaberin* an der Wurzel«. Zur Ekklesiologie von Röm 11,11–24, in: ders., Kraft 153–159 (1987)

Ders.: *Warum* muß es den Juden post Christum noch geben? Reflexionen im Anschluß an Röm 9–11, in: Christus bezeugen (FS W. Trilling, hg. v. K. Kertelge u. a.) (EThSt 59), Leipzig 1989, 67–73

Neusner, Jacob: The Rabbinic *Traditions* about the Pharisees before 70, 3 Bde., Leiden 1971

Ders.: *Emergent* Rabbinic Judaism in a Time of Crisis. Four Responses to the Destruction of the Second Temple, Jdm 21, 1972, 313–327 (= ders., Early Rabbinic Judaism 34–49)

Ders.: Die pharisäischen rechtlichen *Überlieferungen,* in: Maier/Schreiner, Literatur 64–72 (1973)

Ders.: »*Pharisaic-Rabbinic*« Judaism. A Clarification, HR 12, 1973, 250–270 (= ders., Early Rabbinic Judaism 50–70)

Ders.: *Early Rabbinic Judaism.* Historical Studies in Religion, Literature and Art (SJLA 13), Leiden 1975

Ders.: Three *Pictures* of the Pharisees: A Reprise, in: ders.: Formative Judaism: Religious, Historical, and Literary Studies: Fifth Ser.: Revisioning the Written Records of a Nascent Religion (Brown Judaic Studies, 91), Chico 1985, 51–77

Niebuhr, Karl-Wilhelm: *Gesetz* und Paränese. Katechismusartige Weisungsreihen in der frühjüdischen Literatur (WUNT II 28), Tübingen 1987

Nolland, John: Uncircumcised *Proselytes?,* JSJ 12, 1981, 173–194

Oepke, Albrecht: *Probleme* der vorchristlichen Zeit des Paulus, ThStKr 105, 1933, 387–424 (= in: Das Paulusbild in der neueren Forschung, hg. v. K. H. Rengstorf/U. Luck [WdF 24], Darmstadt 1969, 410–446)

Okeke, G. E.: I Thessalonians 2.13–16: The *Fate* of the Unbelieving Jews, NTS 27, 1981, 127–136

Osborne, William L.: The Old Testament *Background* of Paul's ›All Israel‹ in Romans 11:26a, Asia Journal of Theology (Singapore) 2, 1988, 282–293

VON DER OSTEN-SACKEN, Peter: Römer 8 als *Beispiel* paulinischer Soteriologie (FRLANT 112), Göttingen 1975

DERS.: *Erwägungen* zur Abfassungsgeschichte und zum literarisch-theologischen Charakter des Römerbriefes, ThViat 12, 1975, 109–120 (= ders., Evangelium 119–130)

DERS.: Das Evangelium als Einheit von *Verheißung* und Gesetz. Grundzüge paulinischer Theologie, ThViat 14, 1979, 87–108 (= ders., Evangelium 9–30)

DERS.: *Grundzüge* einer Theologie im christlich-jüdischen Gespräch (ACJD 12), München 1982

DERS.: *Evangelium* und Tora. Aufsätze zu Paulus (TB 77), München 1987

DERS.: Römer 9–11 als *Schibbolet* christlicher Theologie, in: ders., Evangelium 294–314 (1987)

DERS.: Die *Heiligkeit* der Tora. Studien zum Gesetz bei Paulus, München 1989

DERS.: Das *Verständnis* des Gesetzes im Römerbrief, in: ders., Heiligkeit 9–59 (1989)

DERS.: Paulus und die *Wahrheit* des Evangeliums. Zum Umgang des Apostels mit Evangelium, Gegnern und Geschichte in Galater 1–2, in: ders., Heiligkeit 116–160 (1989)

PANIER, Louis: *Parcours* pour lire l'épître aux Galates. 2ème série: 1,11–2,21, Sémiotique et Bible (Lyon) 43, 1986, 23–29

PEARSON, Birger A.: 1 Thessalonians 2:13–16: A Deutero-Pauline *Interpolation*, HThR 64, 1971, 79–94

PENNA, Romano: Les *Juifs* à Rome au temps de l'apôtre Paul, NTS 28, 1982, 321–347

DERS.: L'*Évolution* de l'Attitude de Paul envers les Juifs, in: Vanhoye, Paul 390–421 (1986)

PIPER, John: The *Justification* of God. An Exegetical and Theological Study of Romans 9,1–23, Grand Rapids 1983

PLAG, Christoph: Israels *Wege* zum Heil. Eine Untersuchung zu Römer 9 bis 11 (AzTh I/40), Stuttgart 1969

RABELLO, Alfredo Mordechai: The Legal *Condition* of the Jews in the Roman Empire, ANRW II 13, 662–762 (1980)

RADERMAKERS, J./SONNET, J.-P.: *Israël* et l'Église, NRTh 107, 1985, 675–697

RÄISÄNEN, Heikki: *Legalism* and Salvation by the Law. Paul's portrayal of the Jewish religion as a historical and theological problem, in: Die Paulinische Literatur und Theologie. Anläßlich der 50jährigen Gründungs-Feier der Universität von Aarhus hg. v. Sigfred Pedersen (Teologiske Studier, 7), Aarhus/Göttingen 1980, 63–83 (=ders., Torah 25–54)

DERS.: Paul and the *Law* (WUNT 29), Tübingen 1983 (^{2}1987)

DERS.: Galatians 2.16 and Paul's *Break* with Judaism, NTS 31, 1985, 543–553 (= ders., Torah 168–184)

DERS.: The *Torah* and Christ. Essays in German and English on the problem of the law in Early Christianity (Publications of the Finnish Exegetical Society, 45), Helsinki 1986

DERS.: Paul's *Call* Experience and His Later View of the Law, in: ders., Torah 55–92 (1986)

DERS.: The »*Hellenists*« – A Bridge Between Jesus and Paul?, in: ders., Torah 242–306 (1986)

DERS.: Paul's *Conversion* and the Development of His View of the Law, NTS 33, 1987, 404–419

DERS.: Römer 9–11: *Analyse* eines geistigen Ringens, ANRW II 25,4, 2891–2939 (1987)

RAJAK, Tessa: Jewish *Rights* in the Greek Cities under Roman Rule: A New Approach, in: Approaches to Ancient Judaism. V: Studies in Judaism and Its Greco-Roman Context, hg. v. W. S. Green (Brown Judaic Studies, 32), Atlanta 1985, 19–35

REFOULÉ, François: »... Et *ainsi* tout Israël sera sauvé«. Romains 11,25–32 (LeDiv 117), Paris 1984

DERS.: *Romains*, X,4. Encore une fois, RB 91, 1984, 321–350

REICKE, Bo: Paulus über das *Gesetz,* ThZ 41, 1985, 237–257

REINHARTZ, Adele: On the *meaning* of the Pauline exhortation: »mimētai mou ginesthe – become imitators of me«, SR 16, 1987, 393–403

REINMUTH, Eckart: *Geist* und Gesetz. Studien zu Voraussetzungen und Inhalt der paulinischen Paränese (ThA 44), Berlin 1985

DERS.: ›Nicht *vergeblich‹* bei Paulus und Pseudo-Philo, Liber Antiquitatum Biblicarum, NT 33, 1991, 97–123

RENGSTORF, K(arl) H(einrich): Das *Ölbaum-Gleichnis* in Röm 11,16ff. Versuch einer weiterführenden Deutung, in: Donum Gentilicium (FS D. Daube, hg. v. E. Bammel u. a.), Oxford 1978, 127–164

RESE, Martin: Die *Rolle* Israels im apokalyptischen Denken des Paulus, in: Lambrecht, Jan (Hg.): L'Apocalypse johannique et l'Apocalyptique dans le Nouveau Testament (BEThL 53), Leuven 1980, 311–318

DERS.: Die *Rettung* der Juden nach Römer 11, in: Vanhoye, Paul 422–430 (1986)

DERS.: *Israel* und Kirche in Römer 9, NTS 34, 1988, 208–217

DERS.: Israels *Unwissen* und Ungehorsam und die Verkündigung des Glaubens durch Paulus in Römer 10, in: Jesu Rede von Gott und ihre Nachgeschichte im frühen Christentum. Beiträge zur Verkündigung Jesu und zum Kerygma der Kirche (FS W. Marxsen, hg. v. D.-A. Koch u. a.), Gütersloh 1989, 252–266

RHYNE, C(lyde) Thomas: *Faith* Establishes the Law (SBLDS 55), Chico 1981

DERS.: *Nomos* Diakiosynēs and the Meaning of Romans 10:4, CBQ 47, 1985, 486–499

RICHARDSON, P(eter): *Israel* in the Apostolic Church (MSSNTS 10), New York 1970

DERS./GRANSKOU, David (Hgg.): *Anti-Judaism* in Early Christianity, I Paul and the Gospels (Studies in Christianity and Judaism, 2,1), Waterloo 1986

RIESNER, Rainer: Jesus als *Lehrer.* Eine Untersuchung zum Ursprung der Evangelien-Überlieferung (WUNT II 7), Tübingen ³1988

DERS.: Die *Frühzeit* des Paulus. Studien zur Chronologie, Missionsstrategie und Theologie des Apostels bis zum ersten Thessalonicher-Brief, HabSchr. Tübingen 1990

RIVKIN, Ellis: Defining the *Pharisees:* The Tannaitic Sources, HUCA 40/41, 1970, 205–249

ROLLAND, Philippe: La *structure* littéraire de la Deuxième Epître aux Corinthiens, Bib. 71, 1990, 73–84

ROLOFF, Jürgen: Die *Paulus-Darstellung* des Lukas. Ihre geschichtlichen Voraussetzungen und ihr theologisches Ziel, EvTh 39, 1979, 510–531

RUSSELL III, Walter B.: An Alternative *Suggestion* for the Purpose of Romans, Bibliotheca Sacra (Dallas) 145, 1988, 174–184

SÄNGER, Dieter: *Rettung* der Heiden und Erwählung Israels. Einige vorläufige Erwägungen zu Röm 11,25–27, KuD 32, 1986, 99–119

DERS.: Neues Testament und *Antijudaismus.* Versuch einer exegetischen und hermeneutischen Vergewisserung im innerchristlichen Gespräch, KuD 34, 1988, 210–231

SAMPLEY, J. Paul: ›Before *God,* I Do Not Lie‹ (Gal. I. 20). Paul's Self-Defence in the Light of Roman Legal Praxis, NTS 23, 1977, 477–482

SANDERS, E(d) P(arish): *Patterns* of Religion in Paul and Rabbinic Judaism: A Holistic Method of Comparison, HThR 66, 1973, 455–478

DERS.: *Paul* and Palestinian Judaism. A Comparison of Patterns of Religion, London 1977 (= dt. ders., Paulus)

DERS.: On the Question of *Fulfilling* the Law in Paul and Rabbinic Judaism, in: Donum Gentilicium (FS D. Daube, hg. v. E. Bammel u. a.), Oxford 1978, 103–126

DERS.: Paul's *Attitude* Toward the Jewish People, USQR 33, 1978, 175–187

DERS.: *Jesus,* Paul and Judaism, ANRW II 25,1, 390–450 (1981)

DERS.: Paul, the *Law,* and the Jewish People, Philadelphia 1983

DERS.: *Judaism* and the Grand »Christian« Abstractions Love, Mercy, and Grace, Interp. 39, 1985, 357–372

DERS.: *Paulus* und das palästinische Judentum. Ein Vergleich zweier Religionsstrukturen (StUNT 17), Göttingen 1985 (= engl. ders., Paul)

DERS.: Paul on the Law, His *Opponents*, and the Jewish People in Philippians 3 and 2 Corinthians 11, in: Richardson/Granskou, Anti-Judaism 75–90 (1986)

SCHELKLE, Karl Hermann: *Paulus*. Leben – Briefe – Theologie (EdF 152), Darmstadt 1981

SCHENK, Wolfgang: Der *Philipperbrief* in der neueren Forschung (1945–1985), ANRW II 25,4, 3280–3313 (1987)

SCHENKE, Hans-Martin/FISCHER, Karl Martin: *Einleitung* in die Schriften des Neuen Testaments, I Die Briefe des Paulus und Schriften des Paulinismus, Berlin 1978

SCHILLE, Gottfried: Das älteste *Paulus-Bild*. Beobachtungen zur lukanischen und zur deuteropaulinischen Paulus-Darstellung, Berlin 1979

SCHLATTER, A(dolf): *Geschichte* Israels von Alexander dem Großen bis Hadrian, Stuttgart ³1925

SCHMELLER, Thomas: Paulus und die »*Diatribe*«. Eine vergleichende Stilinterpretation (NTA 19), Münster 1987

SCHMIDT, Daryl: 1Thess 2:13–16: Linguistic *Evidence* for an Interpolation, JBL 102, 1983, 269–279

SCHMITHALS, Walter: *Paulus* und Jakobus (FRLANT 85), Göttingen 1963

DERS.: Der *Römerbrief* als historisches Problem (StNT 9), Gütersloh 1975

DERS.: *Judaisten* in Galatien?, ZNW 74, 1983, 27–58

DERS.: Paulus als *Heidenmissionar* und das Problem seiner theologischen Entwicklung, in: Jesu Rede von Gott und ihre Nachgeschichte im frühen Christentum. Beiträge zur Verkündigung Jesu und zum Kerygma der Kirche (FS W. Marxsen, hg. v. D.-A. Koch u. a.), Gütersloh 1989, 235–251

SCHMITT, Rainer: *Gottesgerechtigkeit* – Heilsgeschichte – Israel in der Theologie des Paulus (EHS.T 240), Frankfurt/M. u. a. 1984

SCHNABEL, Eckhard J.: *Law* and Wisdom from Ben Sira to Paul. A Tradition Historical Enquiry into the Relation of Law, Wisdom, and Ethics (WUNT II 16), Tübingen 1985

SCHNEEMELCHER, Wilhelm: Das *Urchristentum*, Stuttgart u. a. 1981

SCHOEPS, Hans-Joachim: *Paulus*. Die Theologie des Apostels im Lichte der jüdischen Religionsgeschichte, Tübingen 1959

SCHRAGE, Wolfgang: »*Ekklesia*« und »Synagoge«. Zum Ursprung des urchristlichen Kirchenbegriffs, ZThK 60, 1963, 178–202

DERS.: »... den Juden ein *Skandalon*«? Der Anstoß des Kreuzes nach 1Kor 1,23, in: Gottes Augapfel. Beiträge zur Erneuerung des Verhältnisses von Christen und Juden, hg. v. E. Brocke/J. Seim, Neukirchen-Vluyn ²1988, 59–76

SCHREINER, Josef: Jeremia 9,22.23 als *Hintergrund* des paulinischen »Sich-Rühmens«, in: Neues Testament und Kirche (FS R. Schnackenburg, hg. v. J. Gnilka), Freiburg 1974, 530–542

SCHREINER, Thomas R.: Paul and Perfect *Obedience* to the Law: An Evaluation of the Views of E. P. Sanders, WThJ 47, 1985, 245–278

DERS.: The *Abolition* and Fulfillment of the Law in Paul, JSNT 35, 1989, 47–74

SCHÜRER, Emil: The *History* of the Jewish People in the Age of Jesus Christ (175 B.C. – A.D. 135), hg. v. G. Vermes u. a., 3 Bde., Edinburgh 1973/1979/1986/1987

SCHWARZ, Roland: *Israel* und die nichtjüdischen Christen im Römerbrief (Kapitel 9–11), BiLi 59, 1986, 161–164

SEIFRIED, Mark A.: Paul's *Approach* to the Old Testament in Rom 10:6–8, Trinity Journal (Deerfield) 6, 1985, 3–37

SEVENSTER, J(an) N(icolaas): Do You Know *Greek*? How Much Greek Could the First Jewish Christians Have Known? (NT.S 19), Leiden 1968

SIEGERT, Folker: *Gottesfürchtige* und Sympathisanten, JSJ 4, 1973, 109–164

DERS.: *Argumentation* bei Paulus gezeigt an Röm 9–11 (WUNT 34), Tübingen 1985

SMALLWOOD, E. Mary: The *Jews* under Roman Rule. From Pompey to Diocletian (SJLA 20), Leiden 1976

SMIGA, George Michael: *Language,* Experience, and Theology: The Argumentation of Galatians 3:6–4:7 in Light of the Literary Form of Letter, Diss. Theol. Rom 1985

SMIT, Joop: Paulus, de *galaten* en het judaïsme. Een narratieve analyse van Galaten 1–2, TTh 25, 1985, 337–362

DERS.: The *Letter* of Paul to the Galatians: A Deliberative Speech, NTS 35, 1989, 1–26

SMITH, M(orton): The *Reasons* for the Persecution of Paul and the Obscurity of Acts, in: Studies in Mysticism and Religion (FS G. G. Scholem, hg. v. E. R. Urbach), Jerusalem 1967, 261–268

SNEEN, D.: The *Root,* the Remnant, and the Branches, Word and World (St. Paul) 6, 1986, 398–409

SNODGRASS, Klyne: *Spheres* of Influence: A Possible Solution to the Problem of Paul and the Law, JSNT 32, 1988, 93–113

SPENCER, Aída Besançon: Paul's Literary *Style.* A Stylistic and Historical Comparison of II Corinthians 11:16–12:13, Romans 8:9–39, and Philippians 3:2–4:13, Jackson 1984

STANDAERT, Benoît: La *rhétorique* antique et l'épître aux Galates, FV 84, 1985, 33–40

STANLEY, Christopher D.: ›Under a *Curse‹:* A Fresh Reading of Galatians 3.10–14, NTS 36, 1990, 481–511

STEGEMANN, Ekkehard: Der *Jude* Paulus und seine antijüdische Auslegung, in: Auschwitz – Krise der christlichen Theologie. Eine Vortragsreihe, hg. v. R. Rendtorff/E. Stegemann (ACJD 10), München 1980, 117–139

DERS.: Der eine *Gott* und die eine Menschheit. Israels Erwählung und die Erlösung von Juden und Heiden nach dem Römerbrief, HabSchr. Heidelberg 1981 (masch.)

DERS.: Die umgekehrte *Tora.* Zum Gesetzesverständnis des Paulus, Jud. 43, 1987, 4–20

STEGEMANN, Wolfgang: War der *Apostel* Paulus ein römischer Bürger?, ZNW 78, 1987, 200–229

STEGNER, William Richard: Romans 9.6–29 – A *Midrash,* JSNT 22, 1984, 37–52

STEIGER, Lothar: *Schutzrede* für Israel. Römer 9–11, in: Fides pro mundi vita. Missionstheologie heute (FS H. W. Gensichen, hg. v. T. Sundermeier u. a.) (MWF 14), Gütersloh 1980, 44–58

STENDAHL, Krister: The *Apostle* Paul and the Introspective Conscience of the West, HThR 56, 1963, 199–215 (= ders.: Paul among Jews and Gentiles and other Essays, London 1977, 78–96)

DERS.: *Paul* among Jews and Gentiles, in: ders., Essays (s. o.) 1–77 (1977)

STENGER, Werner: *Biographisches* und Idealbiographisches in Gal 1,11–2,14, in: Kontinuität und Einheit (FS F. Mußner, hg. v. P.-G. Müller/W. Stenger), Freiburg u. a. 1981, 123–140

STERN, Menahem: Die *Zeit* des Zweiten Tempels, in: Geschichte des jüdischen Volkes, hg. v. H. H. Ben-Sasson, I: Von den Anfängen bis zum 7. Jahrhundert, München ²1981, 229–373

STOLLE, Volker: Der *Zeuge* als Angeklagter. Untersuchungen zum Paulusbild des Lukas (BWANT 102), Stuttgart 1973

STOWERS, Stanley Kent: The *Diatribe* and Paul's Letter to the Romans (SBLDS 57), Chico 1981

STRACK, Hermann L./STEMBERGER, Günter: *Einleitung* in Talmud und Midrasch, München ⁷1982

STRECKER, Georg: *Befreiung* und Rechtfertigung. Zur Stellung der Rechtfertigungslehre in der Theologie des Paulus, in: Rechtfertigung (FS E. Käsemann, hg. v. J. Friedrich

u. a.), Tübingen/Göttingen 1976, 479–508 (= in: ders.: Eschaton und Historie. Aufs., Göttingen 1980, 229–259)

STUHLMACHER, Peter: *Gerechtigkeit* Gottes bei Paulus (FRLANT 87), Göttingen ²1966

DERS.: Das paulinische *Evangelium*. I. Vorgeschichte (FRLANT 95), Göttingen 1968

DERS.: »Das *Ende* des Gesetzes«. Über Ursprung und Ansatz der paulinischen Theologie, ZThK 67, 1970, 14–39 (= ders., Versöhnung 166–191)

DERS.: Zur *Interpretation* von Römer 11$_{25-32}$, in: Probleme biblischer Theologie (FS G. von Rad, hg. v. H. W. Wolff), München 1971, 555–570

DERS.: Jesus als *Versöhner*. Überlegungen zum Problem der Darstellung Jesu im Rahmen einer Biblischen Theologie des Neuen Testaments, in: Jesus Christus in Historie und Theologie (FS H. Conzelmann, hg. v. G. Strecker), Tübingen 1975, 87–104 (= ders., Versöhnung 9–26)

DERS.: Zur neueren *Exegese* von Röm 3,24–26, in: Jesus und Paulus (FS W. G. Kümmel, hg. v. E. E. Ellis/E. Gräßer), Göttingen 1975, 315–333 (= ders., Versöhnung 117–135)

DERS.: Achtzehn Thesen zur paulinischen *Kreuzestheologie,* in: Rechtfertigung (FS E. Käsemann, hg. v. J. Friedrich u. a.), Tübingen/Göttingen 1976, 509–525 (= ders., Versöhnung 192–208)

DERS.: Das *Gesetz* als Thema biblischer Theologie, ZThK 75, 1978, 251–280 (= ders., Versöhnung 136–165)

DERS.: *Versöhnung,* Gesetz und Gerechtigkeit. Aufsätze zur biblischen Theologie, Göttingen 1981

DERS.: Jesu *Auferweckung* und die Gerechtigkeitsanschauung der vorpaulinischen Missionsgemeinden, in: ders., Versöhnung 66–86 (1981)

DERS.: Paulus – *Apostat* oder Apostel?, in: Lapide, Pinchas/Stuhlmacher, Peter: Paulus. Rabbi und Apostel. Ein jüdisch-christlicher Dialog, Stuttgart/München 1981, 11–34

DERS.: Paul's *Understanding* of the Law in the Letter to the Romans, SEÅ 50, 1985, 87–104

DERS.: DER *Abfassungszweck* des Römerbriefs, ZNW 77, 1986, 180–193

DERS.: The *Theme* of Romans, ABR 36, 1988, 31–44

DERS.: Die *Stellung* Jesu und des Paulus zu Jerusalem. Versuch einer Erinnerung, ZThK 86, 1989, 140–156

STUHLMANN, Rainer: Das eschatologische *Maß* im Neuen Testament (FRLANT 132), Göttingen 1983

SUHL, Alfred: Paulus und seine *Briefe*. Ein Beitrag zur paulinischen Chronologie (StNT 11), Gütersloh 1975

DERS.: DER *Galaterbrief* – Situation und Argumentation, ANRW II 25,4, 3067–3134 (1987)

DERS.: Die Galater und der *Geist*. Kritische Erwägungen zur Situation in Galatien, in: Jesu Rede von Gott und ihre Nachgeschichte im frühen Christentum. Beiträge zur Verkündigung Jesu und zum Kerygma der Kirche (FS W. Marxsen, hg. v. D.-A. Koch u. a.), Gütersloh 1989, 267–296

SUMNEY, Jerry L.: *Identifying* Paul's Opponents. The Question of Method in 2 Corinthians (JSNT.S 34), Sheffield 1990

TALBERT, Charles H.: Paul on the *Covenant*, RExp 84, 1987, 299–313

TCHERIKOVER, Victor: Hellenistic *Civilization* and the Jews, Philadelphia 1961

THEISSEN, Gerd: *Legitimation* und Lebensunterhalt. Ein Beitrag zur Soziologie urchristlicher Missionare, NTS 21, 1975, 192–221 (= ders., Studien zur Soziologie des Urchristentums [WUNT 19], Tübingen 1979, 201–230)

THEOBALD, Michael: »Dem *Juden* zuerst und auch dem Heiden«. Die paulinische Auslegung der Glaubensformel Röm 1,3f., in: Kontinuität und Einheit (FS F. Mußner, hg. v. P.-G. Müller/W. Stenger), Freiburg u. a. 1981, 376–392

DERS.: Die überströmende *Gnade*. Studien zu einem paulinischen Motivfeld (fzb 22), Würzburg 1982

DERS.: *Kirche* und Israel nach Röm 9–11, Kairos 29, 1987, 1–22

THIELMAN, Frank: From *Plight* to Solution. A Jewish Framework for Understanding Paul's View of the Law in Galatians and Romans (NT.S 61), Leiden u. a. 1989

THOMA, Clemens: Der *Pharisäismus*, in: Maier/Schreiner, Literatur 254–272 (1973)

THRALL, Margaret E.: The *Problem* of II Cor. VI.14–VII.1 in Some Recent Discussion, NTS 24, 1978, 132–148

DIES.: *Super-Apostles,* Servants of Christ, and Servants of Satan, JSNT 6, 1980, 42–57

TOEWS, John E.: The *Law* in Paul's Letter to the Romans. A Study of Romans 9.30–10.13, Ph.D. Diss. Northwestern University 1977

DU TOIT, A. B.: *Persuasion* in Romans 1:1–17, BZ 33, 1989, 192–209

TRAVIS, S. H.: Paul's *Boasting* in 2 Corinthians 10–12, in: Studia Evangelica VI. Papers presented to the Fourth International Congress on New Testament Studies held at Oxford, 1969, hg. v. E. A. Livingstone (TU 112), Berlin 1973, 527–532

TROBISCH, David: Die *Entstehung* der Paulusbriefsammlung. Studien zu den Anfängen christlicher Publizistik (Novum Testamentum et Orbis Antiquus, 10), Freiburg/Göttingen 1989

TUCKETT, C(hristopher) M.: Deuteronomy 21,23 and Paul's *Conversion,* in: Vanhoye, Paul 345–350 (1986)

ULONSKA, Herbert: *Gesetz* und Beschneidung. Überlegungen zu einem paulinischen Ablösungskonflikt, in: Jesu Rede von Gott und ihre Nachgeschichte im frühen Christentum. Beiträge zur Verkündigung Jesu und zum Kerygma der Kirche (FS W. Marxsen, hg. v. D.-A. Koch u. a.), Gütersloh 1989, 314–331

VAN UNNIK, W(illem) C(ornelis): *Tarsus* or Jerusalem. The City of Paul's Youth, in: Sparsa Collecta. The Collected Essays of W. C. v. U., I Evangelia. Paulina. Acta (NT.S 29), Leiden 1973, 259–320 (= London 1962)

DERS.: *Aramaisms* in Paul, in: ders., Sparsa Collecta (s. o.) I 129–143

VANHOYE, A.: L-Apôtre *Paul*. Personnalité, Style et Conception du Ministère (BEThL 73), Leuven 1986

VIELHAUER, Philipp: *Geschichte* der urchristlichen Literatur. Einleitung in das Neue Testament, die Apokryphen und die Apostolischen Väter, Berlin 1978

DE VILLIERS, J. L.: The *Salvation* of Israel according to Romans 9–11, Neotestamentica (Pretoria) 15, 1981, 199–221

VOLLENWEIDER, Samuel: *Zeit* und Gesetz. Erwägungen zur Bedeutung apokalyptischer Denkformen bei Paulus, ThZ 44, 1988, 97–116

VOUGA, François: Zur rhetorischen *Gattung* des Galaterbriefes, ZNW 79, 1988, 291–292

WALTER, Nikolaus: Die Philipper und das *Leiden*. Aus den Anfängen einer heidenchristlichen Gemeinde, in: Die Kirche des Anfangs (FS H. Schürmann, hg. v. R. Schnackenburg u. a.) (EThSt 38), Leipzig 1977, 417–434

DERS.: *Apostelgeschichte* 6.1 und die Anfänge der Urgemeinde in Jerusalem, NTS 29, 1983, 370–393

DERS.: Zur *Interpretation* von Römer 9–11, ZThK 81, 1984, 172–195

DERS.: Paulus und die *Gegner* des Christusevangeliums in Galatien, in: Vanhoye, Paul 351–356 (1986)

DERS.: Gottes *Zorn* und das »Harren der Kreatur«. Zur Korrespondenz zwischen Römer 1,18–32 und 8,19–22, in: Christus bezeugen (FS W. Trilling, hg. v. K. Kertelge u. a.) (EThSt 59), Leipzig 1989, 218–226

WASCHKE, Ernst-Joachim: *Schuld* und Schuldbewältigung nach dem prophetischen Zeugnis des Alten Testaments, ThLZ 115, 1990, 1–10

WATSON, Duane F.: A Rhetorical *Analysis* of Philippians and its Implications for the Unity Question, NT 30, 1988, 57–88

WATSON, Francis: 2 Cor. X–XIII and Paul's Painful *Letter* to the Corinthians, JThS 35, 1984, 324–346

DERS.: *Paul,* Judaism and the Gentiles. A sociological Approach (MSSNTS 56), Cambridge u. a. 1986

WATTS, James W.: The *Remnant* Theme: A Survey of New Testament Research, 1921–1987, PRSt 15, 1988, 109–129

WEDDERBURN, A. J. M.: Paul and the *Law,* SJTh 38, 1985, 613–622

DERS.: Paul and *Jesus:* Similarity and Continuity, NTS 34, 1988, 161–182

DERS.: The *Reasons* for Romans, hg. v. J. Riches, Edinburgh 1988

WEDER, Hans: Das *Kreuz* Jesu bei Paulus. Ein Versuch, über den Geschichtsbezug des christlichen Glaubens nachzudenken (FRLANT 125), Göttingen 1981

DERS.: *Gesetz* und Sünde. Gedanken zu einem qualitativen Sprung im Denken des Paulus, NTS 31, 1985, 357–376

DERS.: *Einsicht* in Gesetzlichkeit. Paulus als verständnisvoller Ausleger des menschlichen Lebens, Jud. 43, 1987, 21–29

WEISER, Alfons: Zur Gesetzes- und *Tempelkritik* der »Hellenisten«, in: Kertelge, Gesetz 146–168 (1986)

WEISS, Hans Friedrich: Der *Pharisäismus* im Lichte der Überlieferung des Neuen Testaments (SSAW.PH 110,2), Berlin 1965, 89–132

WEISS, Johannes: Das *Urchristentum,* hg. v. R. Knopf, Göttingen 1917

WESTERHOLM, Stephen: *Torah,* nomos, and law: A question of ›meaning‹, SR 15, 1986, 327–336

WIDMANN, Martin: Der *Israelit* Paulus und sein antijüdischer Redaktor, in: »Wie gut sind deine Zelte, Jaakow...« (FS R. Mayer, hg. v. E. L. Ehrlich u. a.), Gerlingen 1986, 150–158

WIEFEL, Wolfgang: Die jüdische *Gemeinschaft* im antiken Rom und die Anfänge des römischen Christentums. Bemerkungen zu Anlaß und Zweck des Römerbriefs, Jud. 26, 1970, 65–88

DERS.: Die missionarische *Eigenart* des Paulus und das Problem des frühchristlichen Synkretismus, Kairos 17, 1975, 218–231

DERS.: Paulus in jüdischer *Sicht,* Jud. 31, 1975, 109–115.151–172

DERS.: Paulus und das *Judentum,* ZdZ 40, 1986, 142–147

WIESER, Friedrich Emanuel: Die *Abrahamvorstellungen* im Neuen Testament (EHS.T 317), Bern u. a. 1987

WIKENHAUSER, Alfred/SCHMID, Josef: *Einleitung* in das Neue Testament, Leipzig [6]1973

WILCKENS, Ulrich: Die *Missionsreden* der Apostelgeschichte. Form- und traditionsgeschichtliche Untersuchungen (WMANT 5), Neukirchen-Vluyn [3]1974

DERS.: Über *Abfassungszweck* und Aufbau des Römerbriefs, in: ders.: Rechtfertigung als Freiheit. Paulusstudien, Neukirchen-Vluyn 1974, 110–170

DERS.: Zur *Entwicklung* des paulinischen Gesetzesverständnisses, NTS 28, 1982, 154–190

WILCOX, Max: »Upon the *Tree«* – Deut 21:22–23 in the New Testament, JBL 96, 1977, 85–99

WINKEL, Johannes: *Argumentationsanalyse* von Röm 9–11, LingBibl 58, 1986, 65–79

WOLFF, Christian: *Jeremia* im Frühjudentum und Urchristentum (TU 118), Berlin 1976

WOLFF, Hans Walter: *Anthropologie* des Alten Testaments, Berlin 1980 (= München [3]1977)

WOLTER, Michael: Der *Apostel* und seine Gemeinden als Teilhaber am Leidensgeschick Jesu Christi: Beobachtungen zur paulinischen Leidenstheologie, NTS 36, 1990, 535–557

WUELLNER, Wilhelm: Paul's *Rhetoric* of Argumentation in Romans: An Alternative to the Donfried-Karris Debate over Romans, CBQ 38, 1976, 330–351

DERS.: *Toposforschung* und Torahinterpretation bei Paulus und Jesus, NTS 24, 1978, 463–483

YADIN, Yigael: *Pescher* Nahum (4QpNahum) erneut untersucht, in: Qumran, hg. v. K.-E. Grözinger u. a. (WdF 410), Darmstadt 1981, 167–184 (= engl.: Pesher Nahum/4Qp-Nahum/Reconsidered, IEJ 21, 1971, 1–12)

YATES, Roy: Saint Paul and the *Law* in Galatians, IThQ 51, 1985, 105–124

ZAHN, Theodor, *Einleitung* in das Neue Testament, 2 Bde., Leipzig ³1906/1907

ZELLER, Dieter: *Israel* unter dem Ruf Gottes (Röm 9–11), IKaZ 2, 1973, 289–301

DERS.: *Juden* und Heiden in der Mission des Paulus. Studien zum Römerbrief (fzb 1), Stuttgart 1973 (²1976)

DERS.: *Christus,* Skandal und Hoffnung. Die Juden in den Briefen des Paulus, in: Gottesverächter und Menschenfeinde? Juden zwischen Jesus und frühchristlicher Kirche, hg. v. H. Goldstein, Düsseldorf 1979, 256–278

DERS.: Zur neueren *Diskussion* über das Gesetz bei Paulus, ThPh 62, 1987, 481–499

ZENGER, Erich: Die späte *Weisheit* und das Gesetz, in: Maier/Schreiner, Literatur 43–56 (1973)

ZMIJEWSKI, Josef: Der *Stil* der paulinischen »Narrenrede«. Analyse der Sprachgestaltung in 2Kor 11,1–12,10 als Beitrag zur Methodik von Stiluntersuchungen neutestamentlicher Texte (BBB 52), Köln/Bonn 1978

Stellenregister (Auswahl)

★ bezieht sich auf Stellen, die nur in den Anmerkungen der betreffenden Seite genannt werden.
Die *kursiv* hervorgehobenen Stellen werden zusammenhängend behandelt.

1. Altes Testament/Septuaginta

2. Apokryphen und Pseudepigraphen zum Alten Testament

3. Weitere jüdische Quellen

4. Neues Testament

5. Weitere frühchristliche Quellen

6. Pagane Quellen

Autorenregister

Sach- und Namenregister

*   verweist auf Begriffe, die nur in den Anmerkungen der betreffenden Seite vorkommen.

Wissenschaftliche Untersuchungen zum Neuen Testament

Alphabetisches Verzeichnis
der ersten und zweiten Reihe

APPOLD, MARK L.: The Oneness Motif in the Fourth Gospel. 1976. *Band II/1.*

BACHMANN, MICHAEL: Sünder oder Übertreter. 1991. *Band 59.*

BAMMEL, ERNST: Judaica. 1986. *Band 37.*

BAUERNFEIND, OTTO: Kommentar und Studien zur Apostelgeschichte. 1980. *Band 22.*

BAYER, HANS FRIEDRICH: Jesus' Predictions of Vindication and Resurrection. 1986. *Band II/20.*

BETZ, OTTO: Jesus, der Messias Israels. 1987. *Band 42.*

– Jesus, der Herr der Kirche. 1990. *Band 52.*

BEYSCHLAG, KARLMANN: Simon Magnus und die christliche Gnosis. 1974. *Band 16.*

BITTNER, WOLFGANG J.: Jesu Zeichen im Johannesevangelium. 1987. *Band II/26.*

BJERKELUND, CARL J.: Tauta Egeneto. 1987. *Band 40.*

BLACKBURN, BARRY LEE: 'Theios Anēr' and the Markan Miracle Traditions. 1991. *Band II/40.*

BOCKMUEHL, MARKUS N. A.: Revelation and Mystery in Ancient Judaism and Pauline Christianity. 1990. *Band II/36.*

BÖHLIG, ALEXANDER: Gnosis und Synkretismus. Teil 1 1989. *Band 47* – Teil 2 1989. *Band 48.*

BÜCHLI, JÖRG: Der Poimandres – ein paganisiertes Evangelium. 1987. *Band II/27.*

BÜHNER, JAN A.: Der Gesandte und sein Weg im 4. Evangelium. 1977. *Band II/2.*

BURCHARD, CHRISTOPH: Untersuchungen zu Joseph und Aseneth. 1965. *Band 8.*

CANCIK, HUBERT (Hrsg.): Markus-Philologie. 1984. *Band 33.*

CAPES, DAVID B.: Old Testament Yaweh Texts in Paul's Christology. 1992. *Band II/47.*

CARAGOUNIS, CHRYS C.: The Son of Man. 1986. *Band 38.*

DOBBELER, AXEL VON: Glaube als Teilhabe. 1987. *Band II/22.*

EBERTZ, MICHAEL N.: Das Charisma des Gekreuzigten. 1987. *Band 45.*

ECKSTEIN, HANS-JOACHIM: Der Begriff der Syneidesis bei Paulus. 1983. *Band II/10.*

EGO, BEATE: Im Himmel wie auf Erden. 1989. *Band II/34.*

ELLIS, E. EARLE: Prophecy and Hermeneutic in Early Christianity. 1978. *Band 18.*

– The Old Testament in Early Christianity. 1991. *Band 54.*

FELDMEIER, REINHARD: Die Krisis des Gottessohnes. 1987. *Band II/21.*

FOSSUM, JARL E.: The Name of God and the Angel of the Lord. 1985. *Band 36.*

GARLINGTON, DON B.: The Obedience of Faith. 1991. *Band II/38.*

GARNET, PAUL: Salvation and Atonement in the Qumran Scrolls. 1977. *Band II/3.*

GRÄSSER, ERICH: Der Alte Bund im Neuen. 1985. *Band 35.*

GREEN, JOEL B.: The Death of Jesus. 1988. *Band II/33.*

GUNDRY VOLF, JUDITH M.: Paul and Perseverance. 1990. *Band II/37.*

HAFEMANN, SCOTT J.: Suffering and the Spirit. 1986. *Band II/19.*

HECKEL, ULRICH: siehe HENGEL.

HEILIGENTHAL, ROMAN: Werke als Zeichen. 1983. *Band II/9.*

HEMER, COLIN J.: The Book of Acts in the Setting of Hellenistic History. 1989. *Band 49.*

HENGEL, MARTIN: Judentum und Hellenismus. 1969, ³1988. *Band 10.*

HENGEL, MARTIN und ULRICH HECKEL (Hrsg.:) Paulus und das antike Judentum. 1991. *Band 58.*

HENGEL, MARTIN und ANNA MARIA SCHWEMER (Hrsg.): Königsherrschaft Gottes und himmlischer Kult. 1991. *Band 55.*

HERRENBRÜCK, FRITZ: Jesus und die Zöllner. 1990. *Band II/41.*

HOFIUS, OTFRIED: Katapausis. 1970. *Band 11.*

– Der Vorhang vor dem Thron Gottes. 1972. *Band 14.*

– Der Christushymnus Philipper 2,6–11. 1976, ²1991. *Band 17.*

– Paulusstudien. 1989. *Band 51.*

HOLTZ, TRAUGOTT: Geschichte und Theologie des Urchristentums. Hrsg. von Eckart Reinmuth und Christian Wolff. 1991. *Band 57.*

HOMMEL, HILDEBRECHT: Sebasmata. Band 1. 1983. *Band 31.* – Band 2. 1984. *Band 32.*

KAMLAH, EHRHARD: Die Form der katalogischen Paränese im Neuen Testament. 1964. *Band 7.*

KIM, SEYOON: The Origin of Paul's Gospel. 1981, ²1984. *Band II/4.*

– »The ›Son of Man‹« as the Son of God. 1983. *Band 30.*

KLEINKNECHT, KARL TH.: Der leidende Gerechtfertigte. 1984, ²1988. *Band II/13.*

KLINGHARDT, MATTHIAS: Gesetz und Volk Gottes. 1988. *Band II/32*.

KÖHLER, WOLF-DIETRICH: Rezeption des Matthäusevangeliums in der Zeit vor Irenäus. 1987. *Band II/24*.

KUHN, KARL G.: Achtzehngebet und Vaterunser und der Reim. 1950. *Band 1*.

LAMPE, PETER: Die stadtrömischen Christen in den ersten beiden Jahrhunderten. 1987, [2]1989. *Band II/18*.

LIEU, SAMUEL N. C.: Manichaeism in the Later Roman Empire and Medieval China. 1992. *Band 63*.

MAIER, GERHARD: Mensch und freier Wille. 1971. *Band 12*.

– Die Johannesoffenbarung und die Kirche. 1981. *Band 25*.

MARSHALL, PETER: Enmity in Corinth: Social Conventions in Paul's Relations with the Corinthians. 1987. *Band II/23*.

MEADE, DAVID G.: Pseudonymity and Canon. 1986. *Band 39*.

MENGEL, BERTHOLD: Studien zum Philipperbrief. 1982. *Band II/8*.

MERKEL, HELMUT: Die Widersprüche zwischen den Evangelien. 1971. *Band 13*.

MERKLEIN, HELMUT: Studien zu Jesus und Paulus. 1987. *Band 43*.

METZLER, KARIN: Der griechische Begriff des Verzeihens. 1991. *Band II/44*.

NIEBUHR, KARL-WILHELM: Gesetz und Paränese. 1987. *Band II/28*.

NISSEN, ANDREAS: Gott und der Nächste im antiken Judentum. 1974. *Band 15*.

OKURE, TERESA: The Johannine Approach to Mission. 1988. *Band II/31*.

PILHOFER, PETER: Presbyteron Kreitton. 1990. *Band II/39*.

PROBST, HERMANN: Paulus und der Brief. 1991. *Band II/45*.

RÄISÄNEN, HEIKKI: Paul and the Law. 1983, [2]1987. *Band 29*.

REHKOPF, FRIEDRICH: Die lukanische Sonderquelle. 1959. *Band 5*.

REINMUTH, ECKHARDT: siehe HOLTZ.

REISER, MARIUS: Syntax und Stil des Markusevangeliums. 1984. *Band II/11*.

RICHARDS, E. RANDOLPH: The Secretary in the Letters of Paul. 1991. *Band II/42*.

RIESNER, RAINER: Jesus als Lehrer. 1981, [3]1988. *Band II/7*.

RISSI, MATHIAS: Die Theologie des Hebräerbriefs. 1987. *Band 41*.

RÖHSER, GÜNTER: Metaphorik und Personifikation der Sünde. 1987. *Band II/25*.

RÜGER, HANS PETER: Die Weisheitsschrift aus der Kairoer Geniza. 1991. *Band 53*.

SÄNGER, DIETER: Antikes Judentum und die Mysterien. 1980. *Band II/5*.

SANDNES, KARL OLAV: Paul – One of the Prophets? 1991. *Band II/43*.

SATO, MIGAKU: Q und Prophetie. 1988. *Band II/29*.

SCHIMANOWSKI, GOTTFRIED: Weisheit und Messias. 1985. *Band II/17*.

SCHLICHTING, GÜNTER: Ein jüdisches Leben Jesu. 1982. *Band 24*.

SCHNABEL, ECKHARD J.: Law and Wisdom from Ben Sira to Paul. 1985. *Band II/16*.

SCHUTTER, WILLIAM L.: Hermeneutic and Composition in I Peter. 1989. *Band II/30*.

SCHWARTZ, DANIEL R.: Studies in the Jewish Background of Christianity. 1992. *Band 60*.

SCHWEMER, A. M.: siehe HENGEL.

SCOTT, JAMES M.: Adoption as Sons of God. 1992. *Band II/48*.

SIEGERT, FOLKER: Drei hellenistisch-jüdische Predigten. Teil 1 1980. *Band 20*. – Teil 2 1992. *Band 61*.

– Nag-Hammadi-Register. 1982. *Band 26*.

– Argumentation bei Paulus. 1985. *Band 34*.

– Philon von Alexandrien. 1988. *Band 46*.

SIMON, MARCEL: Le christianisme antique et son contexte religieux I/II. 1981. *Band 23*.

SNODGRASS, KLYNE: The Parable of the Wicked Tenants. 1983. *Band 27*.

SPEYER, WOLFGANG: Frühes Christentum im antiken Strahlungsfeld. 1989. *Band 50*.

STADELMANN, HELGE: Ben Sira als Schriftgelehrter. 1980. *Band II/6*.

STROBEL, AUGUST: Die Studie der Wahrheit. 1980. *Band 21*.

STUHLMACHER, PETER (Hrsg.): Das Evangelium und die Evangelien. 1983. *Band 28*.

TAJRA, HARRY W.: The Trial of St. Paul. 1989. *Band II/35*.

THEISSEN, GERD: Studien zur Soziologie des Urchristentums. 1979, [3]1989. *Band 19*.

THORNTON, CLAUS-JÜRGEN: Der Zeuge des Zeugen. 1991. *Band 56*.

WEDDERBURN, A. J. M.: Baptism and Resurrection. 1987. *Band 44*.

WEGNER, UWE: Der Hauptmann von Kafarnaum. 1985. *Band II/14*.

WILSON, WALTER T.: Love without Pretense. 1991. *Band II/46*.

WOLFF, CHRISTIAN: siehe HOLTZ.

ZIMMERMANN, ALFRED E.: Die urchristlichen Lehrer. 1984, [2]1988. *Band II/12*.